Vahlens Handbücher
der Wirtschafts- und Sozialwissenschaften

IFRS-Rechnungslegung

Konzept, Regeln und Wirkungen

von

Prof. Dr. Dr. h.c. Wolfgang Ballwieser

Ludwig-Maximilians-Universität München

3., überarbeitete und erweiterte Auflage

Verlag Franz Vahlen München

Prof. Dr. Dr. h.c. Wolfgang Ballwieser leitet das Seminar für Rechnungswesen und Prüfung an der Ludwig-Maximilians-Universität München. Er ist Verfasser zahlreicher Publikationen zur Rechnungslegung und Unternehmensbewertung.

ISBN 3 8006 4562 6

© 2013 Verlag Franz Vahlen GmbH
Wilhelmstraße 9, 80801 Müchen
Satz: Fotosatz Buck,
Zweikirchener Str. 7, 84036 Kumhausen
Druck und Bindung: Beltz Bad Langensalza GmbH
Neustädter Str. 1–4, 99947 Bad Langensalza
Gedruckt auf säurefreiem, alterungsbeständigem Papier
(hergestellt aus chlorfrei gebleichtem Zellstoff)

Vorwort zur 3. Aufl.

Die IFRS sind ihrer Dynamik und Unübersichtlichkeit treu geblieben. Zahllose Projekte sind trotz mehrjähriger Beschäftigung noch im Fluss; die Lücke zwischen in London vom IASB verabschiedeten und in Brüssel von der EU übernommenen Regelungen wird breiter. Trotz dieser Probleme war eine Überarbeitung des Lehrbuchs geboten, weil viele Inhalte zu ergänzen, zu ersetzen oder zu modifizieren waren.

Die Überarbeitungen sind inhaltlicher und didaktischer Natur. Substanziell erfolgten sie im Bereich des Rahmenkonzepts, des Leasing, der Umsatzerlöse, des Konzernabschlusses und der empirisch messbaren Wirkungen von IFRS. Eine didaktische Unterstützung besteht in der nunmehr jedes Kapitel beschließenden Zusammenfassung in Thesen.

Durchgängig verwendet habe ich die in London vom IASB verabschiedeten aktuellen Regelungen, ohne an EU-Umsetzungen früherer Regelungen dann vorbeizugehen, wenn die IFRS aus London noch beträchtliche Umsetzungsrisiken in Brüssel aufweisen. Letzteres ist beispielsweise bei Finanzinstrumenten der Fall. Hier gibt es Doppeldarstellungen alter und (in kürzerem Umfang) zu erwartender neuer Regelungen.

Bei der Überarbeitung hat mir erneut mit großem Einsatz Frau Dr. Annette Witzleben, MBR, durch ihre gleichermaßen kritische wie konstruktive Durchsicht geholfen. Weitere hilfreiche Unterstützung erfuhr ich von Frau Dipl.-Kffr. Serpil Caliskan. Ihnen beiden gilt mein herzlicher Dank! Herrn Dennis Brunotte danke ich gleichermaßen für seine erneut gute Betreuung beim Verlag. Der Dank an meine Frau bleibt unermesslich.

Januar 2013   Wolfgang Ballwieser

Vorwort zur 2. Aufl.

Die IFRS sind ein dynamisches Regelwerk, wobei die Kurzfristigkeit bestehender Normen durch die Finanzkrise und die damit verbundene Diskussion über Zweckgesellschaften und fair values nochmals zugenommen hat. Die daraus sich ergebenden Wirkungen versucht die Neuauflage des vorliegenden, gut aufgenommenen Buches zu berücksichtigen. Wesentliche Veränderungen im Regelwerk betreffen die Präsentation des Abschlusses, den Segmentbericht, die Kapitalkonsolidierung und die Umklassifikation von Finanzinstrumenten. Darüberhinaus wurde Kapitel 10 über die empirisch festgestellten Wirkungen von IFRS beträchtlich erweitert. Ergänzt wurde das Buch um Abschnitt 2.6 zur Beziehung von Finanzkrise und fair values.

Durchgängig verwendet habe ich die in London vom IASB verabschiedeten Regelungen. Soweit EU-Umsetzungen fehlen, darf man davon ausgehen, dass diese in Kürze erfolgen werden.

Die Überarbeitung als wahres Vergnügen bezeichnen zu wollen, wäre übertrieben. Zu aufwändig ist – auch mit elektronischer Hilfe – die Informationsbeschaffung und deren Verdichtung. Ich danke deshalb umso herzlicher Herrn Dr. Michael Dobler, MBR, und Frau Dipl.-Kffr. Annette Witzleben für die kritische Durchsicht und die daraus resultierenden Anregungen. Herrn Dennis Brunotte danke ich herzlich für seine Geduld und die gute Betreuung beim Verlag. Der Dank an meine Frau ist unermesslich.

Ostern 2009   Wolfgang Ballwieser

Vorwort zur 1. Aufl.

Heute muss man die Notwendigkeit, sich mit den International Financial Reporting Standards (IFRS) auseinanderzusetzen, nicht mehr begründen. Durch die IAS-Verordnung der EU wurden sie für kapitalmarktorientierte Konzerne grundsätzlich ab dem Geschäftsjahr 2005 obligatorisch, für andere Konzerne oder Gesellschaften stehen sie zur Wahl. Zu der rechtlichen Verpflichtung kommen die freiwillige Wahl und die damit verbundene faktische Bedeutung, wenn man sich durch Verwendung der IFRS wirtschaftliche Vorteile erhofft.

Dieses Buch richtet sich an Praktiker und Studenten, die einen knappen Überblick über das Konzept und die Regeln der IFRS erhalten möchten, ohne in einer Flut an Details unterzugehen. Neben der Vermittlung dieses Grundlagenwissens geht es um eine Wertung des Regelwerks im Hinblick auf Konsistenz, Verständlichkeit und – soweit dies bereits erhoben werden konnte – empirische Wirkungen am Kapitalmarkt. Dabei interessieren mich nicht Fallstudien oder exemplarische Geschäftsberichte, sondern großzahlige empirische Wirkungsstudien, die es erlauben, allgemeine Erkenntnisse zu erlangen.

Ich habe mit der Auseinandersetzung mit den IFRS lange gezögert, weil sie mir nur als eine Vorstufe auf die US-GAAP erschienen. Letztere hatte ich erstmals im Jahr 1994 adressiert, wobei ich den Anstoß hierzu durch einen sehr renommierten Wirtschaftsprüfer erhielt, dem ich dafür besonders dankbar bin. Mittlerweile können die IFRS nicht mehr vernachlässigt werden, auch wenn es spannend sein wird, zu sehen, ob und wie weit sie sich im Endstadium von den US-GAAP abheben werden oder ein Einheitswerk – wie durch das Konvergenzprojekt angelegt – geschaffen wird.

Den Praktikern schafft die Vielfalt der Rechnungslegungssysteme HGB, EStG, IFRS und US-GAAP zahlreiche Anwendungs- und Kommunikationsprobleme, den Hochschullehrern nicht minder große Ausbildungsschwierigkeiten. Zusammen mit der Verkürzung von Studienzeiten durch den Ersatz des Diploms, das nach acht Semestern abgelegt werden konnte, durch den Bachelor mit einer Studiendauer von sechs Semestern werden die Probleme in der grundständigen Lehre zunehmen. Ich hoffe, dass das vorliegende Buch etwas dazu beitragen kann, die Probleme zu bewältigen.

Ich danke sehr herzlich meinen Mitarbeitern an der Ludwig-Maximilians-Universität München für die kritische Durchsicht des Manuskripts in kürzester Zeit und die daraus resultierenden Verbesserungsvorschläge. Hier sind Herr Dr. Michael Dobler, MBR, Frau Dr. Silvia Hettich, MBA, MBR, Herr Dipl.-Kfm. Gerhard Kurz, Herr Dipl.-Kfm. Michael Seifert, Frau Dipl.-Kffr. Salima Sifi, Herr Dipl.-Kfm. Raimo Reese, MBR, und Herr Dipl.-Kfm. Christian Wappenschmidt zu erwähnen. Frau Barbara Kober half bei der Erstellung des Stichwortverzeichnisses. Herrn Dr. Jürgen Schechler gilt mein herzlicher Dank für den Anstoß des Projekts und die gute Betreuung beim Verlag Vahlen. Meine Frau trug die Last einer sehr begrenzten Ansprechbarkeit erneut mit großer Geduld und Liebe. Ihr gegenüber bin ich in echter Schuld.

Ostern 2006   Wolfgang Ballwieser

Inhaltsübersicht

Vorworte...	V
Inhaltsverzeichnis	XI
Abbildungs- und Tabellenverzeichnis	XV
1. IFRS als EU-weite Rechnungslegungsnormen	1
2. Regelungsphilosophie des IASB	11
3. Vermögensabbildung versus Gewinnermittlung	35
4. Bilanzansatz	47
5. Bilanzbewertung	91
6. Gesamtergebnisrechnung	141
7. Weitere Instrumente	149
8. Generalklausel: Vermittlung des den tatsächlichen Verhältnissen entsprechenden Bildes	159
9. Konzernbesonderheiten	163
10. Vermeintliche Vorteile der IFRS gegenüber dem HGB	213
11. Probleme der IFRS	235
Abkürzungsverzeichnis der Zeitschriften	245
Literaturverzeichnis...	247
Stichwortverzeichnis	267

Inhaltsverzeichnis

Vorworte	V
Inhaltsübersicht	IX
Abbildungs- und Tabellenverzeichnis	XV
1. IFRS als EU-weite Rechnungslegungsnormen	1
2. Regelungsphilosophie des IASB	11
2.1 IFRS als qualitativ hochwertige Normen der Informationsvermittlung für kapitalmarktorientierte Konzerne	11
2.2 IFRS als reduzierte Normen für Unternehmen ohne öffentliche Rechenschaftspflicht	13
2.3 Relevanz und glaubwürdige Darstellung der Informationen als Leitlinien	15
2.4 Prinzipienorientierung und Bestimmtheit der Normen	23
2.5 Hinwendung des IASB zur Zeitwertbilanzierung	27
2.6 Zeitwertbilanzierung und Finanzkrise	29
2.7 Zusammenfassung in Thesen	32
3. Vermögensabbildung versus Gewinnermittlung	35
3.1 Denkbare Abbildungsziele der Rechnungslegung und Wertungsnotwendigkeit	35
3.2 Gewinnkonzept der IFRS	42
3.2.1 Systemgrundsätze	42
3.2.2 Gesamtergebnisrechnung (Statement of Comprehensive Income)	44
3.2.3 Abschlusskonzept der IFRS	45
3.3 Zusammenfassung in Thesen	46
4. Bilanzansatz	47
4.1 Posten und Gliederung	47
4.2 Aktiva	52
4.2.1 Eigenschaften	52
4.2.2 Sachanlagen (ohne Leasing und als Finanzinvestition gehaltene Immobilien)	55
4.2.3 Leasinggüter und als Finanzinvestition gehaltene Immobilien	58

Inhaltsverzeichnis

4.2.4	Finanzielle Vermögenswerte (inklusive Finanzanlagen, ohne als Finanzinvestition gehaltene Immobilien und at equity bewertete Finanzanlagen)................	67
4.2.5	Immaterielle Anlagewerte.........................	74
4.2.6	Zur Veräußerung vorgesehene langfristige Vermögenswerte................................	77
4.2.7	Vorräte	77
4.2.8	Fertigungsaufträge..............................	77
4.2.9	Aktive Steuerposten.............................	78
4.3	Passiva..	79
4.3.1	Eigenschaften von Schulden.......................	79
4.3.2	Finanzielle Verbindlichkeiten......................	80
4.3.3	Rückstellungen.................................	82
4.3.4	Abgegrenzte Schulden...........................	85
4.3.5	Passive Steuerposten	86
4.3.6	Eigenkapital....................................	86
4.4	Zusammenfassung in Thesen	88

5. Bilanzbewertung 91
 5.1 Gemischter Wertansatz............................... 91
 5.2 Zugangsbewertung.................................. 98
  5.2.1 Prinzip 98
  5.2.2 Beizulegender Zeitwert 99
  5.2.3 Anschaffungs- oder Herstellungskosten für Vermögenswerte................................ 103
  5.2.4 Fertigungsaufträge mit Herstellungskosten plus Gewinnanteil.................................. 109
  5.2.5 „Anschaffungskosten" für Schulden................. 110
 5.3 Folgebewertung..................................... 116
  5.3.1 Sachanlagen................................... 116
   5.3.1.1 Wahlmöglichkeit 116
   5.3.1.2 Neubewertungsmethode 117
   5.3.1.4 Außerplanmäßige Abschreibungen 125
   5.3.1.5 Zuschreibungen........................ 125
  5.3.2 Finanzielle Vermögenswerte 126
  5.3.3 Immaterielle Anlagewerte........................ 129
  5.3.4 Vorräte 131
  5.3.5 Fertigungsaufträge.............................. 132
  5.3.6 Finanzielle Verbindlichkeiten...................... 132
  5.3.7 Rückstellungen................................. 132
 5.4 Fair-value-Problematik 133
 5.5 Kongruenzprinzip (clean surplus accounting) und Verstöße 137
 5.6 Zusammenfassung in Thesen 139

6.	**Gesamtergebnisrechnung**.	141
6.1	Struktur.	141
6.2	Posten	143
6.3	Zusammenfassung in Thesen	148
7.	**Weitere Instrumente**	149
7.1	Überblick.	149
7.2	Anhang.	149
7.3	Eigenkapitalveränderungsrechnung	150
7.4	Kapitalflussrechnung	151
7.5	Zwischenbericht.	152
7.6	Segmentbericht.	154
7.7	Management Commentary	157
7.8	Zusammenfassung in Thesen	158
8.	**Generalklausel: Vermittlung des den tatsächlichen Verhältnissen entsprechenden Bildes**	159
8.1	Vorrangiges Einblicksgebot	159
8.2	Anwendungsprobleme	159
8.3	Zusammenfassung in Thesen	162
9.	**Konzernbesonderheiten**	163
9.1	Ziel des Konzernabschlusses.	163
9.2	Vorarbeiten für die Aufstellung eines Konzernabschlusses.	167
9.3	Konzernentstehung.	168
9.4	Notwendigkeit des Konzernabschlusses	171
9.5	Theoretische Grundlagen des Konzernabschlusses.	172
9.6	Konsolidierungskreis	176
9.7	Stichtagsanpassung.	176
9.8	Konzerneinheitliche Bilanzierung und Bewertung	177
9.9	Fremdwährungsumrechnung.	178
9.10	Erstkonsolidierung (Vollkonsolidierung)	181
	9.10.1 Kapitalkonsolidierung.	181
	9.10.1.1 Überblick.	181
	9.10.1.2 Ermittlung der Anschaffungskosten	184
	9.10.1.3 Identifikation der einzeln erworbenen Vermögenswerte	185
	9.10.1.4 Bewertung der einzeln erworbenen Vermögenswerte	190
	9.10.1.5 Goodwillberechnung	192
	9.10.1.6 Verteilung des Goodwill.	194
	9.10.1.7 Würdigung.	197
	9.10.2 Schuldenkonsolidierung.	199
	9.10.3 Ertrags- und Aufwandskonsolidierung	199
	9.10.4 Zwischenergebniseliminierung.	200

9.11	Werthaltigkeitstest des Goodwill	200
9.12	Equity-Bewertung	209
9.13	Zusammenfassung in Thesen	211

10. Vermeintliche Vorteile der IFRS gegenüber dem HGB 213
   10.1 Plausibilitäten 213
   10.2 Fragestellungen empirischer Untersuchungen zur Wirkung von IFRS 214
   10.3 Prognoseeignung von IFRS-Kennzahlen 219
   10.4 Wertrelevanz von IFRS-Kennzahlen 220
   10.5 Gewinneigenschaften von IFRS-Abschlüssen 221
   10.6 Informationsasymmetrie und IFRS 223
   10.7 Eigenkapitalkostensenkung 227
      10.7.1 Einflussfaktoren auf Eigenkapitalkosten 227
      10.7.2 Messung von Eigenkapitalkosten 229
      10.7.3 Empirische Ergebnisse für Eigenkapitalkosten 231
   10.8 Einfluss auf Fremdkapitalkosten 233
   10.9 Zusammenfassung in Thesen 234

11. Probleme der IFRS 235
   11.1 Konzeptionelle Probleme 235
   11.2 Akzeptanzprobleme 238
   11.3 Durchsetzungsprobleme 240
   11.4 Entwicklungsprobleme 241
   11.5 Zusammenfassung in Thesen 244

Abkürzungsverzeichnis der Zeitschriften 245

Literaturverzeichnis 247

Stichwortverzeichnis 267

Abbildungs- und Tabellenverzeichnis

Abb. 1:	Bilanzmindestgliederung	51
Abb. 2:	Bilanzposten	52
Abb. 3:	Gliederungskriterien	52
Abb. 4:	Typisierung der Leasingverträge	60
Abb. 5:	Entscheidungsbaum zur Qualifikation der Finanzinstrumente	73
Abb. 6:	Wertkategorien für Vermögenswerte	97
Abb. 7:	Bestimmung des beizulegenden Zeitwertes bei Finanzinstrumenten	100
Abb. 8:	Folgebewertung von finanziellen Vermögenswerten	127
Abb. 9:	GuV nach Gesamtkostenverfahren gemäß IAS 1.102	141
Abb. 10:	GuV nach Umsatzkostenverfahren gemäß IAS 1.92	142
Abb. 11:	Ertragsbegriffe in den englischen IFRS	143
Abb. 12:	Geschäftstypen zur Ertragserzielung gemäß IAS 18	144
Abb. 13:	Eigenkapitaländerungen	151
Abb. 14:	Indirekte Cash Flow-Ermittlung	152
Abb. 15:	Vorarbeiten für den Konzernabschluss	167
Abb. 16:	Kaufpreisaufteilung	183
Abb. 17:	Verfahren der Markenbewertung	191
Abb. 18:	Goodwillberechnung	194
Abb. 19:	Fragestellungen kapitalmarktorientierter Studien	218
Tab. 1:	Aktivierungs- und Passivierungskonsequenzen von Leasingverträgen	63
Tab. 2:	Kriterien für den Ansatz von Rückstellungen und die Angabe von Eventualschulden	83
Tab. 3:	Wertkategorien	92
Tab. 4:	Aktienorientierte Vergütungen	114
Tab. 5:	Nutzungsdaueränderungen	124
Tab. 6:	Auszug aus Konzern-GuV der Société Générale 2008	160
Tab. 7:	Grad der Einflussnahme und Konzernabschlusserfassung	166
Tab. 8:	Wesentliche Konsequenzen von Einheits- und Interessentheorie	175
Tab. 9:	Ertrags- und Aufwandssaldierung bei der Lieferung von Vorräten	200
Tab. 11:	Zahlungsströme	230

1. IFRS als EU-weite Rechnungslegungsnormen

Die International Financial Reporting Standards oder **IFRS** sind aufgrund der EG-Verordnung Nr. 1606/2002[1] grundsätzlich seit dem Jahr 2005 **obligatorisch für die Konzernabschlüsse kapitalmarktorientierter Unternehmen in der EU** (vgl. § 315a Abs. 1 und 2 HGB für Deutschland)[2]. **Kapitalmarktorientierte Unternehmen** weisen Eigen- oder Fremdkapitaltitel auf, die an einem organisierten Markt gehandelt werden[3].

Die **IFRS** dürfen – wenn, dann nur in Gänze – **wahlweise** auch für den Konzernabschluss nicht kapitalmarktorientierter Unternehmen (§ 315a Abs. 3 HGB) und für den publizierten Jahresabschluss einer großen Kapitalgesellschaft, der dann den Namen Einzelabschluss trägt (§ 325 Abs. 2a Satz 1 HGB), verwendet werden. Kleine und mittelgroße Kapitalgesellschaften und bestimmte andere Unternehmen dürfen gleichermaßen mit dem Einzelabschluss nach IFRS informieren. Die IFRS ersetzen damit in weiten Teilen die Regelungen des HGB, auch wenn die Ausschüttungsbemessung von Kapitalgesellschaften nach einem HGB-Jahresabschluss vorzunehmen ist, der parallel erstellt werden muss.

Die einheitliche Bilanzierung nach IFRS von den betroffenen Unternehmen in der EU erhöht die Vergleichbarkeit von deren Abschlüssen, wenn die Regeln in den jeweiligen Ländern einheitlich angewendet werden. Letzteres ist nicht selbstverständlich. Durchsetzungs- oder **Enforcement**-Institutionen, die wie die seit 2005 tätige Deutsche Prüfstelle für Rechnungslegung **(DPR)** eigens geschaffen wurden, sollen neben Schulungsangeboten, Abschlussprüfern und Aufsichtsorganen dafür sorgen.

---

[1] Vgl. Artikel 4 der Verordnung (EG) Nr. 1606/2002 des Europäischen Parlaments und des Rates vom 19.7. 2002 betreffend die Anwendung internationaler Rechnungslegungsstandards.

[2] Die Verordnung betrifft nicht die Aufstellungspflicht von Konzernabschlüssen, die im nationalen Recht bei § 290 HGB verbleibt. Sie betrifft nur die anzuwendenden Regeln. Vgl. auch Hayn/Grüne (2006), S. 4. Es ist nicht nötig, dass das Mutterunternehmen kapitalmarktorientiert ist; es reicht die Eigenschaft bei einem Tochterunternehmen.

[3] Vgl. EG-Verordnung Nr. 1606/2002, Art. 4. Die Wertpapiere des Unternehmens müssen in einem beliebigen Mitgliedstaat der EU in einem geregelten Markt im Sinne des Art. 1 Abs. 13 der Richtlinie 93/22/EWG des Rates vom 10. Mai 1993 über Wertpapierdienstleistungen zugelassen sein. In Deutschland ist das präzisiert durch § 2 Abs. 1 Satz 1 und Abs. 5 WpHG. Es reicht gemäß § 315a Abs. 2 HGB der Antrag auf Zulassung.

1. IFRS als EU-weite Rechnungslegungsnormen

Im Juli 2007 schlug die US-amerikanische Wertpapier- und Börsenaufsichtsbehörde **SEC** (Securities and Exchange Commission) vor, die IFRS in den Vereinigten Staaten von Amerika als gleichwertig zu den **US-GAAP** (US-Generally Accepted Accounting Principles)[4], welche von in den USA börsennotierten Unternehmen grundsätzlich angewendet werden müssen, anzuerkennen[5]. Die SEC verzichtete daraufhin im ersten Schritt ab November 2007 auf eine Überleitungsrechnung (reconciliation) von Gewinn und Eigenkapital nach IFRS auf korrespondierende Größen nach US-GAAP[6]. Im November 2008 schlug die SEC im zweiten Schritt vor, die IFRS bis zum Jahr 2014 auch für US-amerikanische Gesellschaften verpflichtend zu machen[7]. Dies wurde bis heute nicht realisiert. Die SEC-Vorsitzende Mary Schapiro kündigte bereits Mitte Januar 2009 im US-Senat an, dass die IFRS für US-Unternehmen nicht mehr erste Priorität haben sollten[8]. Ein Bericht des SEC-Stabs hat dies im Juli 2012 bestätigt[9].

Die denkbare Öffnung der USA für die IFRS hat ihre Grundlage im Konvergenzprojekt von International Accounting Standards Board **(IASB)** und Financial Accounting Standards Board **(FASB)**[10], das im Jahr 2002 durch das sog. **Norwalk Agreement** eingeleitet wurde. Zu diesem Projekt haben die EU und die SEC[11] im April 2005 in Washington einen Fahrplan verabschiedet, nach dem die IFRS „so schnell wie möglich, spätestens aber bis 2009"[12] auch in den USA gelten sollten. Daraus entstand im Februar 2006 ein Memorandum of Understanding **(MoU)** zwischen FASB und IASB, das im September 2008 vervollständigt wurde[13]. Das Projekt kam aber spätestens durch die Finanzkrise und die daraus abgeleiteten Überarbeitungsbedarfe wichtiger Regelungen zu Finanzinstrumenten, insbesondere zur Klassifikation, Behandlung gesicherter Posten und Wertminderung finanzieller Vermögenswerte, stark ins Stocken. Hinzu

---

[4] Vgl. hierzu insb. Schildbach (2002); Ballwieser (2000); Niehus/Thyll (2000); Wüstemann (1999).
[5] Vgl. SEC (2007).
[6] Trotz großer Ähnlichkeit von IFRS und US-GAAP gibt es beachtliche Abweichungen im Detail. Zu quantitativ bedeutsamen Größen vgl. die Analyse von Dobler/Günther (2008).
[7] Vgl. SEC (2008a).
[8] Vgl. auch Lanfermann (2009).
[9] Vgl. SEC (2012). Der Rücktritt von Mary Schapiro zum 14. Dezember 2012 wird hieran voraussichtlich nichts ändern.
[10] Vgl. hierzu insb. IASB (2006), FASB (2006) und Johnson (2004).
[11] Vgl. hierzu insb. Kiefer (2003).
[12] Süddeutsche Zeitung Nr. 93 vom 23./24. April 2005, S. 24: „USA wollen IFRS-Abschluss dulden". Vgl. auch http://www.sec.gov/news/press/2005-62.htm (Stand: 21. Dezember 2012).
[13] Zu finden über http://www.ifrs.com/updates/FASB-IASB_Projects.html (Stand: 21. Dezember 2012).

1. IFRS als EU-weite Rechnungslegungsnormen

kamen unterschiedliche Auffassungen über Kriterien zur Umsatzrealisierung und zur Behandlung von Leasingobjekten.

Nach der Website des IASB verlangen oder erlauben seit 2001 nahezu 120 Länder die IFRS oder konvergieren auf sie[14]. Mit der Akzeptanz am größten Kapitalmarkt der Welt in den USA hätte die Bedeutung der IFRS über die EU und viele weitere Nationen hinaus entscheidend zugenommen. Entsprechend groß ist das Bedauern über die „US SEC non-decision on IFRS"[15], wie es Steven Maijoor, Vorsitzender der European Securities and Markets Authority (ESMA), ausdrückt. Er beklagt, dass beachtliche Vorleistungen des IASB nur unzureichende Anerkennung gefunden hätten:

„Some of the efforts to facilitate US IFRS adoption were difficult topics for the IASB's constituents to accept, especially in Europe, but they were willing to pay the price to get the US on board. Today I cannot avoid the feeling that all these efforts do not seem to be enough which suggests that it will never be enough. I believe many people feel as I do, which is disappointment that there is no progress or clean sign of political will to keep IFRS adoption high on the agenda in the US. We have made so many far-reaching mutual decisions over the last years that it would be a shame to miss the opportunity by walking away from IFRS."[16]

Gemäß IAS 1.7 **bestehen die IFRS aus**

(a) International Financial Reporting Standards **(IFRS)**,
(b) International Accounting Standards **(IAS)**[17] und
(c) **Interpretationen** des International Financial Reporting Interpretations Committee **(IFRIC)** und des Standing Interpretations Committee **(SIC)** .

Der Selbstbezug von IFRS ist ungewöhnlich, schafft aber inhaltlich keine Probleme. Jedoch sind die IFRS (noch) kein abgeschlossenes Werk. Erstens fehlen zahlreiche in Angriff genommene Regelungen, woruber die Homepage des IASB **(www.iasb.org)** informiert; zweitens sind bestehende Regelungen im Fluss, u. a. wegen des Konvergenzprojekts von FASB und IASB, aber auch wegen der durch die Finanzkrise im Jahr 2008 ausgelösten Maßnahmen. Um einer stabilitätsgefährdenden Wirkung von Rechnungslegungsregeln, insbesondere bei Banken und Versiche-

---

[14] Vgl. http://www.ifrs.org/The-organisation/Documents/WhoWeAre2012 MarchEnglish.pdf (Stand: 15. Dezember 2012).
[15] Maijoor (2012), S. 7.
[16] Ebda., S. 8.
[17] Die alten Standards heißen IAS, auch wenn sie derzeit überarbeitet werden, und die neuen (ab 2001) IFRS; Entsprechendes gilt für SIC und IFRIC.

rungen, entgegenzuwirken[18], wurden und werden zahlreiche Vorschläge zur Reform der IFRS, insbesondere hinsichtlich der Behandlung von Finanzinstrumenten und Versicherungsverträgen, unterbreitet.

Unabhängig davon sind die in London vom IASB verabschiedeten IFRS von den durch die EU-Kommission in Brüssel gebilligten IFRS zu unterscheiden[19]. Brüsseler Institutionen sind der Filter, den die IFRS aus London im Rahmen eines **Anerkennungsverfahrens (Endorsement)** passieren müssen, um EU-Recht zu werden[20]. Im Jahr 2004 gab es hier Probleme bei IAS 39, die bis heute noch nicht vollständig behoben sind. Im Jahr 2005 kam es bei der bilanziellen Behandlung von Emissionsrechten zu Unstimmigkeiten, was zur Zurücknahme von IFRIC 3 durch den IASB führte[21].

Kein Bestandteil, aber wichtiger Hintergrund für den Anspruch, das Verständnis und die Interpretation der IFRS wie für die Aufgaben des IASB ist das **Rahmenkonzept**[22]. Die ursprüngliche Version stammt aus dem Jahre 1989. Sie war mit einzelnen Regelungen inhaltlich nicht vereinbar (beispielsweise zum Schuldenansatz), vermied zum Teil Festlegungen (beispielsweise zur Relevanz bestimmter Bewertungskonzepte) und enthielt darüber hinaus Lücken (beispielsweise zu Mehrkomponentenverträgen). Aufgrund dieser Mängel und wegen des Konvergenzprojekts **wurde** es in Zusammenarbeit mit dem FASB **überarbeitet**. Die Bearbeitung wurde hierzu in acht Phasen A bis H mit vielen Teilprojekten gegliedert, von denen bisher nur die Teilprojekte aus Phase A vollendet wurden. Zu ihnen gehören die beiden Kapitel über „Die Zielsetzung der Rechnungslegung für allgemeine Zwecke" und über „Qualitative Anforderungen an nützliche Finanzinformationen". Für das Kapitel zur „Berichtseinheit" existiert ein bisher noch nicht verabschiedeter Entwurf vom März 2010 (ED/2010/2). Nicht zuletzt wegen des Stockens im Konvergenzprozess mit dem FASB wurde im September 2012 ein **Neustart** des Projekts **ohne Einbezug anderer Standardsetzer**, d.h. auch ohne FASB, beschlossen. Er soll in einem einzigen Diskussionspapier (und späteren Standardentwurf) zu Abschlussposten (mit Ansatz und Ausbuchung), Bewertung, Berichtseinheit, Darstellung und Offenlegung (Angaben) münden. Der IASB will hierzu ein Beratungsgremium, in

---

[18] Diese Wirkung ist umstritten und ihre Diskussion erfolgt oft mit Bezug auf den Ansatz von Zeitwerten bei Finanzinstrumenten. Zur hier geäußerten These vgl. Kapitel 2.6.
[19] Vgl. auch Knorr/Schmidt (2006).
[20] Die Freigabe durch Brüssel wirkt unmittelbar in das nationale, d.h. auch deutsche Recht. Der nationale Gesetzgeber ist nicht mehr nötig. Man spricht vom Komitologieverfahren.
[21] Vgl. auch Berndt/Hommel (2005), S. 414f.
[22] Zur Funktion von Rahmenkonzepten vgl. z.B. Ballwieser (2003).

1. IFRS als EU-weite Rechnungslegungsnormen

dem nationale Standardsetzer einen wesentlichen Anteil haben, schaffen und das Projekt bis September 2015 abschließen[23].

Über das **Ausmaß der freiwilligen Anwendung** von IFRS im Konzernabschluss von nicht kapitalmarktorientierten Unternehmen und im Jahresabschluss gibt es mittlerweile erste Erfahrungen für Deutschland. Küting/Lam fanden in einer Stichprobe von 2 000 der rd. 3 500 bis 4 000 Konzernabschlüsse nicht kapitalmarktorientierter Unternehmen des Jahres 2009 nur bei etwas über 5 % eine IFRS-Verwendung, bei knapp 95 % hingegen HGB-Konzernabschlüsse[24]. Für das Geschäftsjahr 2009 wurden nur 14 Einzelabschlüsse nach IFRS ausfindig gemacht[25].

Zwar gehen die Vermutungen dahin, dass sich ein gewisser Sog auch auf nicht zu IFRS verpflichteten Unternehmen erstrecken wird, weil beispielsweise Banken für ihre Kreditvergabe Abschlüsse nach diesem Regelwerk verlangen könnten. Dem steht entgegen, dass viele Unternehmen, insbesondere kleinere, eine **Einheitsbilanz**, also eine Identität von Handels- und Steuerbilanz, bevorzugen, die durch einen Übergang auf die IFRS im Jahresabschluss zerstört wird. Weiterhin ist unklar, ob Kreditinstitute einen IFRS-Abschluss derart bereinigen, dass er einem HGB-Abschluss nahe kommt[26]. Schließlich sind für Zwecke der Ausschüttungsbemessung noch Jahresabschlüsse nach HGB nötig. Eine Änderung dieser rechtlichen Situation wird seit geraumer Zeit erwogen[27], ist aber vermutlich wegen gesellschaftsrechtlicher Probleme nicht leicht zu bewerkstelligen und wurde bisher nicht realisiert.

Das im Jahr 2009 verabschiedete **Bilanzrechtsmodernisierungsgesetz (BilMoG)**[28] wird weiterhin dazu beitragen, die Bedeutung von IFRS für in Deutschland ansässige Unternehmen zu relativieren. Das BilMoG hat zwar das HGB um Wahlrechte gemindert und sich in mehreren

---

[23] Vgl. http://www.ifrs.org/Current-Projects/IASB-Projects/Conceptual-Framework/Meeting-Summaries-and-Observer-Notes/Pages/IASB-Sep-2012.aspx (Stand: 21. Dezember 2012).
[24] Vgl. Küting/Lam (2011), S. 994.
[25] Vgl. http://www.fmm-magazin.de/professor-kueting-mittelstand-ignoriert-das-internationale-bilanzrecht-finanzen-mm_kat52_id5834.htm (Stand: 21. Dezember 2012).
[26] Vorschläge hierfür liefert die Literatur. Vgl. Küting/Wohlgemuth (2004), S. 18*. Zu entsprechenden Empfehlungen für die Gestaltung von Kreditverträgen in den USA und einigen empirischen Erfahrungen vgl. Leftwich (1983). Ewert/Wagenhofer (2003), S. 609–611, werten mehrere Studien aus und belegen, dass die Verwendung der Rechnungslegung in amerikanischen Kreditverträgen unterschiedlich ist und sich verallgemeinernde Schlussfolgerungen verbieten.
[27] Vgl. Merkt (2006); Pellens/Jödicke/Richard (2005); Kuhner (2005a); Schulze-Osterloh (2003).
[28] Vgl. Bilanzrechtsmodernisierungsgesetz vom 26. März 2009 (Bundestag).

1. IFRS als EU-weite Rechnungslegungsnormen

Punkten (wie der Aktivierung nicht entgeltlich erworbener immaterieller Vermögensgegenstände des Anlagevermögens, der Einengung des Ansatzes von Aufwandsrückstellungen oder der Ermittlung von Herstellungskosten) an die IFRS angelehnt. Strategisch versteht es der deutsche Gesetzgeber aber als **Alternative zu den IFRS**, weil diese kleine und mittlere Unternehmen überfordern. Trotz dieses eigenständigen Wegs im Vergleich zu den IFRS hat es die Einheitsbilanz keineswegs gefördert, vielmehr den Graben zwischen Handels- und Steuerbilanz verbreitert, u. a. durch Aufgabe der Umkehrmaßgeblichkeit, aber auch durch die Behandlung nicht entgeltlich erworbener immaterieller Vermögensgegenstände des Anlagevermögens. Überlegungen zu einem eigenständigen Bilanzsteuerrecht, unter Aufgabe des Maßgeblichkeitsprinzips in § 5 Abs. 1 Satz 1 EStG[29], finden damit (erneut) Nahrung[30].

Interessant sind in diesem Zusammenhang empirische Ergebnisse zur Finanzierung deutscher Unternehmen, weil die Finanzierungsart ein wesentlicher Grund für die geringe freiwillige Nutzung von IFRS in Deutschland sein kann. Da die IFRS grundsätzlich auf Kapitalmarktadressaten abstellen (vgl. unten die Kapitel 2.1 und 2.3), haben Gerum/Mölls/Shen jüngst geprüft, in welchem Umfang **deutsche Großunternehmen** kapitalmarktorientiert finanziert sind. Sie finden eine **Dominanz kapitalmarktferner Finanzierung**[31].

Die Autoren untersuchen zunächst für die Jahre 2001 bis 2009 die finanzierungsrelevanten Bilanzposten für die nach Konzernumsatz des Jahres 2005 größten deutschen Konzernobergesellschaften in Form einer AG[32]. Hierbei werden – wie üblich – Banken und Versicherungen wegen unterschiedlicher Geschäftsmodelle und unterschiedlicher Bedeutung von Schulden im Vergleich zu Industrie- und Handelsunternehmen vernachlässigt. Anschließend betrachten die Autoren die Bilanzposten der 100 größten Gesellschaften des German Entrepreneurial Index (GEX) für das Jahr 2005. Die Gesellschaften im GEX zählen als Repräsentanten mittelständischer Unternehmen, denn: „Der GEX enthält deutsche Unternehmen aus dem Prime Standard der Frankfurter Wertpapierbörse, die seit maximal 10 Jahren börsennotiert sind und von ihren Eigentümern geführt werden. Die Eigentümer wiederum müssen über mindestens 25 % und maximal 75 % der Aktien verfügen."[33]

---

[29] Vgl. zu dessen Würdigung jüngst Ballwieser (2011b).
[30] Vgl. hierzu auch Rammert/Thies (2009), S. 39–46; Herzig (2010).
[31] Vgl. Gerum/Mölls/Shen (2011), S. 534.
[32] Vgl. Gerum/Mölls/Shen (2011), S. 544.
[33] Gerum/Mölls/Shen (2011), S. 544.

1. IFRS als EU-weite Rechnungslegungsnormen

Über die für die größten deutschen Konzernobergesellschaften in Form einer AG untersuchten neun Jahre hinweg lassen sich aufgrund der Finanzierungsanalyse zwei Gruppen unterscheiden, die als

(a) mischfinanzierte Unternehmen und
(b) kapitalmarktorientierte Unternehmen

bezeichnet werden.

Die mischfinanzierten Unternehmen weisen eine Eigenkapitalquote von 34% bis 38% auf und finanzieren sich extern vor allem durch Bankkredite und kaum durch Unternehmensanleihen[34]. Sie machen rd. 2/3 bis rd. 4/5 der 100 größten deutschen Unternehmen aus. Die kapitalmarktorientierten Unternehmen haben hingegen vor allem eine „Finanzierung durch Anleihen am Kapitalmarkt und nicht durch Kredite sowie eine im Vergleich zu ihren internationalen Pendants recht niedrige Eigenkapitalquote zwischen 27% und 37%"[35]. In beiden Gruppen wird bei den Konzernobergesellschaften in einem ähnlichen Maße Gewinn thesauriert[36].

Für die 100 größten GEX-Gesellschaften des Jahres 2005 erhalten die Autoren aufgrund der Finanzierungsanalyse drei Gruppen:

(a) bankenorientierte Unternehmen,
(b) mischfinanzierte Unternehmen und
(c) eigenkapitalorientierte Unternehmen.

Mit 61 Besetzungen ist die erste Gruppe am größten, die letzte Gruppe hat 28, die mittlere 11 Teilnehmer[37].

Insgesamt zeigt sich damit, dass eine den IFRS zugrundeliegende **Kapitalmarktorientierung bei** den untersuchten Unternehmen, zu denen auch die **größten Konzernobergesellschaften Deutschlands** (ohne Finanzdienstleister) gehören, nur **schwach ausgeprägt** ist.

Gerum/Mölls/Shen begrüßen deshalb, dass in Deutschland von einer umfassenden Pflichtanwendung der IFRS abgesehen wurde. „Bezogen auf die konkrete Einführung der kapitalmarktorientierten (Konzern-) Rechnungslegung muss allerdings eine ‚undifferenzierte' Vorgehensweise konstatiert werden: Die pauschale Vorgabe ‚Nutzung eines (geregelten) Eigen- und/oder Fremdkapitalmarktes' als Auslösetatbestand einer Rechnungslegung nach IFRS blendet das Ausmaß der Kapitalmarktorientierung aus und differenziert deshalb nicht in ausreichendem Maße zwischen den betroffenen Unternehmen. Dadurch können de facto wichtige Adressatengruppen vernachlässigt werden, was ins-

---

[34] Vgl. Gerum/Mölls/Shen (2011), S. 547 f.
[35] Gerum/Mölls/Shen (2011), S. 548.
[36] Vgl. Gerum/Mölls/Shen (2011), S. 551.
[37] Vgl. Gerum/Mölls/Shen (2011), S. 556.

1. IFRS als EU-weite Rechnungslegungsnormen

besondere hinsichtlich der Informationsinteressen der Kreditinstitute zur Gefahr einer (unerwünschten) dauerhaften Parallelität der Rechnungslegung führen könnte. Zur Vermeidung dieser Probleme böte sich im Rahmen der Regulierung eine Orientierung an den Kriterien ‚Unternehmensgröße' sowie ‚Branche' an, da diese Faktoren die Art der externen Unternehmensfinanzierung in Deutschland maßgeblich determinieren."[38]

Die geschilderten Ergebnisse werden von Fülbier/Gassen in einer Studie für den Deutschen Genossenschafts- und Raiffeisenverband e.V. (DGRV) unterstützt. Fülbier/Gassen untersuchen die Effekte einer potentiellen Übernahme des 2009 verabschiedeten IFRS for SMEs (IFRS für kleine und mittelgroße Unternehmen (KMU); siehe unten Kapitel 2.2) in der EU. Sie konstatieren, dass die Bereitstellung bewertungsrelevanter Informationen zur Einordnung von Preisen auf Kapitalmärkten von der vertragsorientierten Rolle der Rechnungslegung zu unterscheiden und letztere für KMU besonders bedeutsam sei. Auf Basis von über 1,1 Mio. Unternehmen und über 7,7 Mio. Unternehmensjahr-Beobachtungen zeigen sie, „dass nicht kapitalmarktorientierte KMU ihre Rechnungslegung in Abhängigkeit von ihrer Finanzierungsstruktur auf Gläubiger- und auf Eigentümerbedürfnisse ausrichten. Technisch stellen wir hierbei auf die im Verhältnis zu den Cashflows ermittelte Gewinnglättung ab (...), deren Ausprägung mit stärkerer Fremdfinanzierung ansteigt und eine stärker gläubigerorientierte Rechnungslegung induziert. Wir können auch den (...) Einfluss der landesspezifischen Infrastruktur auf die Rechnungslegung nachweisen: In den Ländern, in denen die Handelsbilanz auch für die steuerliche Gewinnermittlung herangezogen wird, zeigen sich deutlich stärkere Gewinnglättungen. Zudem scheint es, dass nicht kapitalmarktorientierte KMU mit ihrer Rechnungslegung auf die landesspezifische Governance-Struktur reagieren."[39] Die Autoren schließen daraus, „dass zentrale Voraussetzungen für eine erfolgreiche Harmonisierung der KMU-Rechnungslegung in Europa – zumindest gegenwärtig – nicht erfüllt sind."[40]

Die zunehmende Verwendung von IFRS schafft grundsätzlich **positive Netzwerkeffekte**[41]. Diese entstehen, wenn zahlreiche Marktteilnehmer sich desselben Guts bedienen und dadurch Abhängigkeiten im Konsum resultieren. Je mehr Parteien dieselbe Rechnungslegung verwenden, desto wertvoller wird sie. Erzeuger und Nutzer erzielen Größen- und Reichweitenvorteile. Die Ausbildungskosten pro Anwender sinken und

---

[38] Gerum/Mölls/Shen (2011), S. 566.
[39] Fülbier/Gassen (2010), S. 11.
[40] Fülbier/Gassen (2010), S. 11.
[41] Vgl. Währisch (2001), S. 57–67.

es lassen sich komplementäre Güter wie Prüfungsleistungen auf die einheitliche Rechnungslegung ausrichten und preiswerter als bei Rechnungslegungsvielfalt erstellen. Zugleich sinken die Informationskosten der Adressaten der Rechnungslegung wegen deren Vergleichbarkeit[42]. Freilich verlangt dies nicht nur einheitliche Regeln, sondern auch eine einheitliche Nutzung bzw. Durchsetzung der Regeln, deren Vorliegen heute vielfach bezweifelt wird und zu Forderungen nach umfassenden, insbesondere auch übernationalen Enforcement-Institutionen führt.

Die bereits oben angesprochene **ESMA** versteht es als ihre Aufgabe, hier zu helfen: „In the European Union, the supervision of financial statements and their subsequent enforcement falls within the competence of national supervisory authorities. However, benefits of strong enforcement could disappear within the EU if we do not aim to improve on the consistent application at the Union level, and enhance comparability within the single market and at the global level. Therefore, consistent application of IFRS needs pan-EU coordination, which is one of ESMA's primary objectives."[43]

Die in Deutschland ab dem Jahr 2005 tätige Deutsche Prüfstelle für Rechnungslegung (**DPR**) hat in ihren Prüfungen erstaunlich hohe Fehlerzahlen bei IFRS-Abschlüssen festgestellt: Bei 113 Prüfungen im Jahr 2012 (110 Stichprobenprüfungen und drei anlassbezogene oder Verlangensprüfungen) wurde z. B. eine Quote von 16 % für Fälle mit fehlerhafter Rechnungslegung festgestellt, was nicht nur gegenüber dem Vorjahr mit 25 % bei 110 Prüfungen oder dem Jahr 2009 mit 26 % bei 118 Prüfungen deutlich niedriger liegt[44]. Sie führt die hohen Fehlerzahlen nicht zuletzt auf die Komplexität des Regelwerks zurück[45].

Mit der **inhaltlichen Güte** der IFRS haben die als positiv anzusehenden Netzwerkeffekte aber allenfalls indirekt etwas zu tun. Sie ist davon getrennt anhand verschiedenster Kriterien wie Konsistenz, Verständlichkeit und empirischer Wirkung zu untersuchen. Entsprechendes gilt für den Vergleich von Rechnungslegungssystemen[46]. Die weltweite Konzentration auf ein einheitliches System ist ferner geeignet, einen Wettbewerb verschiedener Systeme untereinander mit der Chance ihrer kontinuierlichen Verbesserung zu behindern statt zu fördern[47].

---

[42] Es sei dahingestellt, ob sie gesichert ist. Zu Zweifeln hieran vgl. Ball/Robin/Wu (2003), S. 260; Benston/Bromwich/Litan/Wagenhofer (2006), S. 231 und S. 234–236. Vgl. auch Kapitel 11.1.
[43] Maijoor (2012), S. 4.
[44] Vgl. DPR, Tätigkeitsbericht 2012, S. 3; http://www.frep.info/docs/jahresberichte/2012/2012_tb_pruefstelle.pdf (Stand: 30. Januar 2013).
[45] Vgl. Ebda., S. 8. Eine weitere Ursache war freilich auch im HGB mit den Regelungen zum Lagebericht zu sehen.
[46] Vgl. hierzu auch Ballwieser (1997).
[47] Vgl. auch Wagenhofer (2009), S. 62–65; Ballwieser (2001a) und (2005d).

1. IFRS als EU-weite Rechnungslegungsnormen

Zusammenfassung in Thesen:

(1) Die IFRS sind für die Konzernabschlüsse kapitalmarktorientierter Unternehmen in der EU zwingend und können zugleich von nicht kapitalmarktorientierten Unternehmen für den Konzern- wie für den Jahresabschluss verwendet werden.

(2) Die Bedeutung der IFRS erstreckt sich weit über die EU hinaus, ohne in den USA residierende Unternehmen einzuschließen. Insofern sind IFRS nur begrenzt international, definitiv nicht global.

(3) Die freiwillige Anwendung von IFRS im Konzern- oder Jahresabschluss ist in Deutschland noch selten. Ein wesentlicher Grund hierfür könnte (neben Komplexität der Regeln und hoher Kosten ihrer Anwendung) die in Deutschland vorherrschende kapitalmarktferne Finanzierungsstruktur sein.

(4) Eine umfassende Anwendung von IFRS schafft positive Netzwerkeffekte und trägt zur Vergleichbarkeit von Abschlüssen bei. Vergleichbarkeit verlangt aber nicht nur einheitliche Regeln, sondern auch einheitliche Anwendung und Durchsetzung.

(5) Die Güte der IFRS ist unabhängig von ihrer Reichweite nach Kriterien wie Konsistenz, Verständlichkeit und empirischer Wirkung zu beurteilen.

2. Regelungsphilosophie des IASB

2.1 IFRS als qualitativ hochwertige Normen der Informationsvermittlung für kapitalmarktorientierte Konzerne

Die IFRS werden in London vom **IASB** grundsätzlich nach einem Entstehungsprozess über mehrere Stufen hinweg verabschiedet[48]. Von diesem Grundsatz wurde während der Finanzkrise auf Druck der EU und einzelner europäischer Staaten abgesehen, um die Umwidmung von Finanzinstrumenten und die damit verbundene veränderte Bewertung mit Anschaffungskosten statt beizulegendem Zeitwert zu erlauben[49].

Das Zustandekommen und die Legitimität dieses aus 16 Personen zusammengesetzten Gremiums kann kritisch gesehen werden, sei hier aber nicht problematisiert[50].

Der IASB ist Organ der **IFRS Foundation**, die im März 2001 unter dem Namen International Accounting Standards Committee Foundation (IASCF) als unabhängige **Dachorganisation** in Delaware, USA, gegründet wurde. Die Satzung der IFRS Foundation, die den IASB über ihr zugehörige Treuhänder (trustees) als Standardsetzer etabliert, enthält die Ziele der Stiftung, damit auch die Ziele von IASB und IFRS. Wir lesen in ihr:

„The objectives of the IFRS Foundation are:

(a) to develop, in the public interest, a single set of high quality, understandable, enforceable and globally accepted financial reporting standards based upon clearly articulated principles. These standards should require high quality, transparent and comparable information in financial statements and other financial reporting to help investors, other participants in the world's capital markets and other users of financial information make economic decisions.

---

[48] Vgl. die IASB Homepage (www.iasb.org) sowie Pellens/Fülbier/Gassen/Sellhorn (2011), S. 100–102; Wagenhofer (2009), S. 77–81. Kritisch hierzu Preißler (2005), S. 298–302.

[49] Vgl. auch Zwirner (2009), S. 353: „Nur zwei Tage nach der entsprechenden Beschlussfassung durch das IASB hat die Europäische Kommission am 15.10.2008 die Regelungen bereits übernommen."

[50] Vgl. hierzu Schildbach (2004); Kirchner/Schmidt (2005). Die fehlende Repräsentanz der Adressaten der Rechnungslegung kritisiert Kaiser (2009), S. 82–87.

(b) to promote the use and rigorous application of those standards.

(c) in fulfilling the objectives associated with (a) and (b), to take account of, as appropriate, the needs of a range of sizes and types of entities in diverse economic settings.

(d) to promote and facilitate adoption of International Financial Reporting Standards (IFRSs), being the standards and interpretations issued by the IASB, through the convergence of national accounting standards and IFRSs." (IFRS Foundation Constitution. Approved January 2010. Updated December 2010, Abs. 2)

Danach wird das **Ziel der Entscheidungsunterstützung von Nutzern der Rechnungslegung** genannt, zu dessen Erreichung hochwertige, transparente und vergleichbare Informationen benötigt werden, die wiederum durch Anwendung hochwertiger, verständlicher, durchsetzbarer und weltweit akzeptierter Standards auf Basis klar artikulierter Prinzipen erzeugt werden. Verkürzend sei von **qualitativ hochwertigen Normen der Informationsvermittlung** als Anspruch an IFRS gesprochen.

Das obige Zitat lässt die **Vorrangstellung der Regeln für kapitalmarktorientierte Konzerne** noch nicht ganz deutlich werden. Zwar ist unter Buchstabe (a) bei den Rechnungslegungsadressaten von Teilnehmern in den Kapitalmärkten der Welt die Rede, aber auch von anderen Nutzern. Die Vorrangstellung ergibt sich aber aus dem Rahmenkonzept in den Absätzen OB2 und OB10, die die anderen Nutzer lediglich auf Kreditgeber (Gläubiger) ausweiten. Letztere müssen nicht zwangsläufig Kapitalmarkttitel halten, aber es spricht viel dafür, dass diese im Vordergrund stehen. Das Rahmenkonzept sagt in der zuerst erwähnten Regelung:

„Die Zielsetzung der Rechnungslegung für allgemeine Zwecke besteht darin, Finanzinformationen über das berichtende Unternehmen zur Verfügung zu stellen, die für bestehende und potenzielle Investoren, Kreditgeber und andere Gläubiger nützlich sind, um Entscheidungen für die Bereitstellung von Ressourcen an das Unternehmen zu treffen. Zu diesen Entscheidungen gehören das Kaufen, Verkaufen oder Halten von Eigenkapitalinstrumenten oder Schuldinstrumenten sowie das Bereitstellen oder Valutieren von Darlehen und anderen Kreditformen." (OB2)[51]

---

[51] Da das Rahmenkonzept keinen IFRS darstellt, unterliegt es nicht dem Genehmigungsverfahren der EU und erfährt keine Übersetzung durch die EU. Ich nutze deshalb – wie sonst nur bei noch nicht in der EU übernommenen Standards – die Übersetzung des IASB. Sie fällt gelegentlich ungewohnt aus, wie hier bei „Valutieren" für „settling". Ansonsten weichen die Übersetzungen von IASB und EU oft ab, z. B. bei IAS 1.29, bei dem in der EU-Übersetzung von „Gruppe gleichartiger Gegenstände", in der IASB-Übersetzung von „Klasse

Nach der zweiten Regelung gilt:

„Andere Parteien, wie Aufsichtsbehörden und andere Mitglieder der Öffentlichkeit als Investoren, Kreditgeber und andere Gläubiger, können Finanzberichte für allgemeine Zwecke auch als nützlich erachten. Diese Berichte sind jedoch nicht in erster Linie für diese anderen Gruppen bestimmt." (OB10)

Zur These, wonach sogar vorrangig die Eigenkapitalgeber oder Investoren, die in Kapitalmärkten aktiv sind, die zentralen Adressaten der IFRS sind, passt auch die Existenz von IAS 33 Ergebnis je Aktie.

Schließlich ist der Konzernabschluss das die Eigentümer vorrangig interessierende Gebilde, weil er die Situation der wirtschaftlichen Einheit nach bestimmten Regeln darstellt. Mit dem Konzernabschluss beschäftigen sich mehrere IFRS, insbesondere IFRS 3 Unternehmenszusammenschlüsse, IFRS 10 Konzernabschlüsse, IFRS 11 Gemeinschaftliche Vereinbarungen, IFRS 12 Angaben zu Anteilen an anderen Unternehmen, IAS 24 Angaben über Beziehungen zu nahe stehenden Unternehmen und Personen sowie IAS 28 Anteile an assoziierten Unternehmen und Gemeinschaftsunternehmen.

2.2 IFRS als reduzierte Normen für Unternehmen ohne öffentliche Rechenschaftspflicht

Am 30. Juni 2009 hat der IASB einen International Financial Reporting Standard for Small and Medium-sized Entities **(IFRS for SMEs)** verabschiedet. Nach seinem Vorwort (Abs. P9) zielt er auf Unternehmen, die in verschiedenen Rechtsordnungen KMU, private Unternehmen oder Unternehmen ohne öffentliche Rechenschaftspflicht genannt werden. Insofern ist der Titel des Standards irreführend und wurde in der langwierigen Entwicklungsgeschichte der Regelung auch mehrfach geändert.

SMEs werden in Abschnitt 1.2 des Standards **als Unternehmen ohne öffentliche Rechenschaftspflicht definiert**, die für externe Adressaten Mehrzweckabschlüsse veröffentlichen. Öffentliche Rechenschaftspflicht bestehe, wenn ein Unternehmen Eigen- oder Fremdkapitaltitel in einem öffentlichen Markt handeln lasse oder Vermögenswerte treuhänderisch für eine große Gruppe von Außenstehenden verwalte.

Hintergrund für die Entwicklung des Standards war das Anliegen, den angesprochenen Unternehmen auf Basis des Rahmenkonzepts und der einzelnen IFRS erleichterte Gliederungs- und Offenlegungs- so-

---

gleichartiger Gegenstände" die Rede ist. Wesentlich größere Abweichungen enthalten z. B. die Übersetzungen von IAS 1.69(d).

2. Regelungsphilosophie des IASB

wie andere Gewinnermittlungsregeln zu liefern. Auslöser dafür war die Vermutung, dass die IFRS den Ansprüchen dieser Unternehmen nicht gerecht werden würden und die Unternehmen überfordern und mit unangemessenen Kosten belasten könnten[52]. Der Standard wurde dementsprechend durch Rückgriff auf das Rahmenkonzept und die IFRS entwickelt. **Resultat ist ein** (mit einer Ausnahme; vgl. Abs. 11.2(b)) **grundsätzlich eigenständiges**[53]**, aber gegenüber den IFRS vereinfachtes Regelwerk.** Das Regelwerk ist gegenüber den IFRS im Inhalt beschränkt (z. B. fehlen Regelungen zur Segmentberichterstattung), übernimmt einen Großteil von Bilanzierungswahlrechten der IFRS nicht (z. B. das Wahlrecht zur Klassifizierung von Finanzinstrumenten), hat Ansatz- und Bewertungsvorschriften vereinfacht oder abgewandelt (z. B. den Wertminderungstest beim Geschäfts- oder Firmenwert) und verlangt deutlich weniger umfangreiche Anhangangaben.

Weitere Details können an dieser Stelle entfallen, denn der **Standard** fällt nicht unter die in Kapitel 1 zitierte EG-Verordnung Nr. 1606/2002 und wird **nicht** im Rahmen des Komitologieverfahrens **in der EU umgesetzt**. Deutschland hätte sich bei der jüngsten Bilanzrechtsreform an dem Standard orientieren können, hat dies aber mit dem BilMoG im Jahr 2009 bewusst nicht getan, sondern eine eigenständige Alternative zu den IFRS gesucht (vgl. oben S. 6).

Unabhängig davon gab es aus unterschiedlichen Gründen Stellungnahmen gegen die Entwicklung des IFRS für KMU:

Erstens wurde auf die Diskrepanz von IFRS für KMU und bereits bestehenden Erleichterungen im Rahmen eines sog. Differential Reporting verwiesen. Zweitens wurden wegen bereits bestehender nationaler Regelungen, aber auch fehlender Marktanalyse die Nachfrage nach IFRS für KMU bestritten und Kostenerhöhungen ohne Zusatznutzen befürchtet. Drittens wurde betont, dass es für identische Geschäfte nur identische Ansatz- und Bewertungsregeln geben könne, während allenfalls die Zahl und der Inhalt der Erläuterungen zur Disposition stehen könnten.

Der IASB hat sich davon nicht irritieren lassen, aber mit dem Standard seine **eigene Zielsetzung konterkariert**, wonach es „a single set of high quality (…) globally accepted financial reporting standards" entwickeln soll (vgl. Satzung der IFRS Foundation und Kapitel 2.1, S. 11), da die einzige Menge nicht mehr existiert, sondern durch die Ableitung

---

[52] Vgl. auch Coenenberg (2005), S. 111: „Die Anwendung der IFRS in ihrer vollen Breite und Tiefe auf mittelständische Unternehmen würde diese völlig überstrapazieren. Darüber besteht in Literatur und Praxis weitgehend Einigkeit." Vgl. ferner Ballwieser (2004b).

[53] Prasse (2009), Tz. 32, moniert jedoch, dass einige Regelungen ohne Zuhilfenahme der IFRS schwer verständlich sind.

der Teilmenge aus den IFRS und ihre teilweise Änderung (z. B. bei der Abschreibung des Geschäfts- oder Firmenwerts) verschiedene Mengen entstanden sind. Zwar enthält die Satzung der IFRS Foundation in Abs. 2(c) eine Öffnungsklausel, wonach bei der Entwicklung der Standards unterschiedliche Bedürfnisse zu berücksichtigen seien („the needs of a range of sizes and types of entities in diverse economic settings"; vgl. Kapitel 2.1, S. 12), aber diese Öffnungsklausel ist höchst unbestimmt und kann keine unterschiedlichen Gewinnermittlungsregeln rechtfertigen. Die Vorgehensweise des IASB muss man vielmehr in dem Versuch sehen, die Regulierungsmacht des Gremiums zu erweitern.

2.3 Relevanz und glaubwürdige Darstellung der Informationen als Leitlinien

Das Rahmenkonzept sagt – wie bereits in Kapitel 2.1 ausgeführt – in Abs. OB2:

„Die Zielsetzung der Rechnungslegung für allgemeine Zwecke besteht darin, Finanzinformationen über das berichtende Unternehmen zur Verfügung zu stellen, die für bestehende und potenzielle Investoren, Kreditgeber und andere Gläubiger nützlich sind, um Entscheidungen für die Bereitstellung von Ressourcen an das Unternehmen zu treffen."

Wie in dem bereits in Kapitel 2.1 zitierten Abs. 2 der Satzung der IFRS Foundation tritt uns hier das Ziel der **Entscheidungsnützlichkeit oder Entscheidungsunterstützung** entgegen. Aber auch das Ziel der **Rechenschaft** findet sich in Abs. OB4 angesprochen, wo es heißt:

„Zur Einschätzung der Aussichten auf künftige Nettomittelzuflüsse eines Unternehmens benötigen bestehende und potenzielle Investoren, Kreditgeber und andere Gläubiger Informationen über die Ressourcen des Unternehmens, über Ansprüche gegen das Unternehmen und darüber, wie effizient und effektiv das Management und das Leitungsorgan des Unternehmens ihren Verpflichtungen nachkommen, die Ressourcen des Unternehmens einzusetzen."

Mit dem Nachweis des Nachkommens der Verpflichtungen von Management und Leitungsorgan wird die Funktion der Rechenschaft betont.

Beschränke ich mich im Folgenden auf die Entscheidungsnützlichkeit, so besagt Abs. QC4:

„Sollen Finanzinformationen nützlich sein, müssen sie relevant sein und glaubwürdig darstellen, was sie vorgeben darzustellen. Die Nützlichkeit

2. Regelungsphilosophie des IASB

von Finanzinformationen wird erhöht, wenn sie vergleichbar, nachprüfbar, zeitnah und verständlich sind."

Die zentralen Vokabeln sind danach Relevanz, glaubwürdige Darstellung, Vergleichbarkeit, Nachprüfbarkeit, Zeitnähe und Verständlichkeit. Ohne auf Vollständigkeit wert zu legen, seien hier einige Ausführungen zu **Relevanz** und **glaubwürdige Darstellung** hervorgehoben, um deren Bezüge diskutieren zu können (auf die verbleibenden Vokabeln gehe ich in Kapitel 2.4 ein).

Irritierend ist zum ersten die Trennung von Nützlichkeit und Relevanz. Relevanz ist das Fremdwort für Wichtigkeit oder Erheblichkeit, damit Nützlichkeit. Umgekehrt ist nach allgemeinem Sprachgebrauch Nützliches erheblich oder wichtig. Ist etwas nützlich, aber irrelevant oder ist etwas irrelevant, aber nützlich?

Relevanz wird wie folgt definiert:

„Relevante Finanzinformationen vermögen die Entscheidungen der Adressaten zu ändern. Informationen vermögen eine Entscheidung selbst dann zu beeinflussen, wenn sich einige Adressaten dafür entscheiden, sie nicht zu nutzen oder sie bereits von anderen Quellen kennen." (QC6) „Finanzinformationen vermögen Entscheidungen zu beeinflussen, wenn sie einen vorhersagenden Wert, bestätigenden Wert oder beides haben." (QC7)

Hiernach wird zum zweiten Entscheidungsrelevanz nach dem Rahmenkonzept anders als nach der Informationsökonomie verstanden, obwohl sich die IFRS-Terminologie an diese anlehnt. Nach der Informationsökonomie sind Informationen entscheidungsrelevant, wenn sie Entscheidungen verändern. Nur dann sind sie wertvoll; ein Adressat würde dafür zahlen[54]. Nach dem Rahmenkonzept werden sie hingegen auch dann als nützlich angesehen, wenn sie Entscheidungen lediglich bestätigen.

Schließlich finden sich unter dem Stichwort Relevanz Ausführungen zur **Wesentlichkeit**:

„Informationen sind wesentlich, wenn ihr Weglassen oder ihre fehlerhafte Darstellung die auf der Basis der Finanzinformationen über ein bestimmtes berichtendes Unternehmen getroffenen Entscheidungen der Adressaten beeinflussen könnten. Mit anderen Worten: Wesentlichkeit ist ein unternehmensspezifischer Aspekt der Relevanz, der auf der Art oder Größe der Posten oder beiden basiert, auf die sich die Informationen im Rahmen eines Finanzberichts eines einzelnen Unternehmens beziehen. Demzufolge kann der Board keinen einheitlichen quantitativen

---

[54] Vgl. z. B. Ballwieser (1985a), S. 25.

2.3 Relevanz und glaubwürdige Darstellung der Informationen

Schwellenwert für Wesentlichkeit spezifizieren oder vorherbestimmen, was in einer bestimmten Situation wesentlich sein könnte." (QC11)

Auch diese **Terminologie** ist **gewöhnungsbedürftig**. Naheliegend ist die Gleichsetzung von Relevanz und Wesentlichkeit, was auch in den ersten beiden Sätzen des obigen Zitats deutlich wird. Wiederum lässt sich fragen: Kann es etwas Unwesentliches geben, das relevant ist? Kann etwas relevant sein, ohne als wesentlich klassifiziert zu werden? Der entscheidende Punkt scheint zu sein, quantitative Kriterien abzuwehren. Aber warum soll Wesentlichkeit überhaupt an quantitativen Kriterien verankert werden?

Zur **glaubwürdigen Darstellung** finden wir die Aussagen[55]:

„Finanzberichte stellen wirtschaftliche Vorgänge in Worten und Zahlen dar. Um nützlich zu sein, müssen Finanzinformationen nicht nur relevante Vorgänge darstellen, sondern sie müssen auch die Vorgänge, die sie vorgeben darzustellen, glaubwürdig darstellen. Für eine perfekte glaubwürdige Darstellung würde eine Abbildung drei Merkmale aufweisen. Sie wäre *vollständig*, *neutral* und *fehlerfrei*. Perfektion ist natürlich selten, wenn überhaupt erreichbar. Die Zielsetzung des Board besteht darin, diese Qualitäten so weit wie möglich zu maximieren." (QC12; Hervorhebung im Original)

Zwischen glaubwürdiger Darstellung und Relevanz wird ein **Spannungsverhältnis** gesehen:

„Eine glaubwürdige Darstellung führt nicht unbedingt als solche zu nützlichen Informationen. Ein berichtendes Unternehmen kann beispielsweise Sachanlagen durch eine Zuwendung der öffentlichen Hand erhalten. Würde man berichten, dass ein Unternehmen einen Vermögenswert ohne Kosten erwarb, würde dies offensichtlich glaubwürdig dessen Anschaffungs- oder Herstellungskosten darstellen, aber wahrscheinlich wären diese Informationen nicht sehr nützlich. Ein etwas subtileres Beispiel ist eine Schätzung des Betrags, um den der Buchwert eines Vermögenswerts angepasst werden sollte, um eine Wertminderung im Wert des Vermögenswerts widerzuspiegeln. Diese Schätzung kann eine glaubwürdige Darstellung sein, wenn das berichtende Unternehmen einen angemessenen Prozess ordnungsgemäß angewendet hat, die Schätzung sachgemäß beschrieben und Ungewissheiten, die die Schätzung signifikant beeinflusst haben, erläutert hat. Wenn bei einer solchen Schätzung der Ungewissheitsgrad groß genug ist, wird diese Schätzung jedoch nicht besonders nützlich sein. Mit anderen

---

[55] Glaubwürdige Darstellung ersetzt im überarbeiteten Rahmenkonzept den Ausdruck Verlässlichkeit (oder Zuverlässigkeit). Der IASB verbindet damit inhaltlich keine Änderungen, sondern glaubt an eine Klarstellung. Kritik hieran äußern insbesondere Kirsch/Koelen/Olbrich/Dettenrieder (2012).

Worten: die Relevanz des glaubwürdig dargestellten Vermögenswerts ist fraglich. Gibt es keine alternative Darstellung, die glaubwürdiger ist, so kann diese Schätzung die am besten verfügbaren Informationen liefern." (QC16)

Das erste Beispiel überzeugt nicht, da es implizite Unterstellungen hat. Weshalb soll man bei für das Unternehmen per Saldo unentgeltlichem Erwerb einer Sachanlage fiktive Anschaffungskosten für entscheidungsnützlich halten? Das könnte Sinn geben, wenn man in der Bilanz den Verkehrswert (den für jedermann geltenden Marktpreis) der Maschine zeigen oder – bei abnutzbaren Sachanlagen – die über die Nutzungsdauer der Anlage entstehenden Bruttogewinne des Unternehmens mithilfe der Maschine mit Abschreibungen belasten möchte, um Gewinnprognosen zu erleichtern. Das verlangt aber die Entscheidung des Standardsetzers für ein bestimmtes Vermögens- und Gewinnkonzept und hat insoweit mit Entscheidungsnützlichkeit allenfalls indirekt zu tun. (Die Erleichterung der Gewinnprognose unterstellt ferner, dass spätere Wiederbeschaffungen der Sachanlagen nicht erneut durch Zuwendungen der öffentlichen Hand finanziert werden.) Versteht man Anschaffungskosten als eine Größe, die den Totalgewinn des Unternehmers mindert, weil sie Auszahlungen verkörpert, und sieht man in der Information über den periodenanteiligen Totalgewinn die Erfüllung des Anspruchs nach entscheidungsnützlicher Information, dann sind fiktive Anschaffungskosten nicht zu begründen.

Das zweite Beispiel spricht hingegen das **Spannungsverhältnis von Relevanz und Verlässlichkeit** (vgl. Fn. 55) an[56]:

Eigentümer bewerten unter finanziellen Gesichtspunkten ihre Eigenkapitalposition aufgrund (1) der Erwartungen über die mit ihrem Eigentum verbundenen Zahlungsmittelzuflüsse in Form von Ausschüttungen und Veräußerungspreisen und (2) ihrer alternativen Handlungsmöglichkeiten samt zugehöriger Marktpreise. Die erwarteten Mittelzuflüsse sind für den Kauf oder Verkauf einer Aktie oder die Entlastung einer Geschäftsführung entscheidungsrelevant, aber auch unzuverlässig in dem Sinne, dass allenfalls Wahrscheinlichkeitsverteilungen über ihre Realisationen geschätzt werden können. Hingegen sind bilanziell vermittelte Informationen über die Anschaffungskosten einer Maschine sehr gut nachprüfbar und bei Fehlerfreiheit verlässlich, aber allein betrachtet wenig relevant.

Zwar will der IASB mit Abschlüssen gar keine Ausschüttungsprognosen mitteilen lassen, aber das Rohmaterial dafür bereitstellen:

---

[56] Vgl. hierzu auch insb. Moxter (1974), S. 256–258 und S. 274–276; Moxter (2003), S. 16 f.; Kuhner (2001).

2.3 Relevanz und glaubwürdige Darstellung der Informationen

„Die Entscheidungen bestehender und potenzieller Investoren im Hinblick auf Kaufen, Verkaufen oder Halten von Eigenkapital- und Schuldinstrumenten hängt von den Erträgen ab, die sie von einer Investition in derartige Instrumente erwarten (...). Die Erwartungen der Investoren (...) hinsichtlich der Erträge hängt von deren Einschätzung der Höhe, des Zeitpunkts und der Unsicherheit der (Aussichten auf) künftige(n) Nettomittelzuflüsse beim Unternehmen ab. Demzufolge benötigen bestehende und potenzielle Investoren (...) Informationen, um ihnen bei der Einschätzung der Aussichten auf künftige Nettomittelzuflüsse bei einem Unternehmen zu helfen." (OB3)

Nimmt man die Kriterien von Entscheidungsnützlichkeit (Relevanz und glaubwürdige Darstellung) als Leitlinien, resultieren daraus zahlreiche **Probleme für die Verabschiedung von Rechnungslegungsregeln**:

(a) Arbeiten im Rahmen der Informationsökonomie zeigen, dass Entscheidungsnützlichkeit ex ante nur zu prüfen ist, wenn man das individuelle Entscheidungsproblem des Entscheiders kennt[57]. Eine von Individuen unabhängige, in diesem Sinne objektive Entscheidungsnützlichkeit gibt es nicht.

(b) Unstrittig ist, dass man ex post die Wirkungen bestimmter Nachrichten am Kapitalmarkt testen kann. Man testet hierbei zwar verbundene Hypothesen, weil man ein Modell benötigt, wie sich der Kapitalmarkt ohne die Nachricht entwickelt hätte, und die Gültigkeit dieses Modells unterstellt werden muss, um die Wirkung der Nachricht testen zu können, aber die Tests erscheinen hinreichend zuverlässig[58]. Ex ante hilft dieses Ergebnis aber nicht: Was soll der Regulierer daraus lernen, welche Informationen Unternehmen offenlegen müssen?

Man könnte zwar daran denken, Normen, die sich in anderen Rechtsordnungen ex post als entscheidungsnützlich herausgestellt haben, im Inland zu übernehmen. Hierzu wäre aber Voraussetzung, dass neben der Zielsetzung der Normen das weitere ökonomische und rechtliche Umfeld in den betrachteten Ländern gleich oder sehr ähnlich ist. Daran gibt es begründete Zweifel, die im Zusammenhang mit der Diskussion der Einflussfaktoren auf Eigenkapitalkosten derzeit intensiv diskutiert werden (vgl. Kapitel 10.7.1). Auch kann ein Regulierer nicht in dem Sinne Normen testen, dass er eine Regelung probeweise verabschiedet, um danach ihre Wirkung zu erheben und die Norm gegebenenfalls wieder zu ändern. Ein sol-

---

[57] Vgl. Demski (1973), S. 723. Vgl. auch Ballwieser (1982), S. 781 f.; Ballwieser (1985a), S. 25 f.; Preißler (2005), S. 38–49.
[58] Vgl. zu einem Überblick Möller/Hüfner (2002) und Kapitel 10.

2. Regelungsphilosophie des IASB

cher Prozess von Versuch und Irrtum kollidiert mit der gebotenen Rechtssicherheit.

(c) Der Regulierer kann lediglich Plausibilitätsüberlegungen darüber anstellen, was die Adressaten der Rechnungslegung für ihre Entscheidungen benötigen. Wo die Grenze des gebotenen oder noch akzeptablen Informationsbedarfs zu finden ist, lässt sich theoretisch nicht sauber belegen und verlangt Wertungen. Wie sehr diese Wertungen umstritten sind, zeigt die Klage vieler Praktiker und Theoretiker, wonach der IASB zahlreiche Informationspflichten etabliere, die hohe Kosten verursachen würden, ohne den Adressaten entsprechenden Nutzen zu stiften[59].

(d) Empirische Untersuchungen darüber, was Adressaten üblicherweise für Entscheidungen heranziehen, leiden unter vielen methodischen Problemen und einem konzeptionellen Mangel.

Methodisch ist zu fragen, wer die Adressaten sind: Finanzanalysten, Ratingagenturen, Groß- oder Kleinaktionäre[60], Groß- oder Kleingläubiger? Ist es zulässig, bei Untersuchungen dieser Frage – wie oftmals aus Bereitschafts- und Kostengründen geschehen – auf Studenten zurückzugreifen? Wie gelangt man zu repräsentativen Aussagen der in den Blick genommenen Gruppen? Wie sehr benötigen diese Gruppen bei neuen Informationen oder Informationsinstrumenten Zeit und Erfahrung, um diese zu verarbeiten und ihren Nutzen zu erlernen? Wie sehr äußern sie bei Befragungen ihre tatsächlichen Präferenzen[61]? Entsprechen die geäußerten Präferenzen ihren tatsächlichen Handlungsweisen[62]?

Konzeptionell ergibt sich das Problem, dass gesetzlich erzwungene Rechnungslegung dem Interessenschutz Dritter dient. Insofern darf bei empirischen Untersuchungen zur Frage, was (potentielle) Entscheider für wichtig halten, nur sehr begrenzt auf Stellungnahmen der rechnungslegenden Kaufleute oder deren Interessenverbände Rücksicht genommen werden[63]. Diese könnten vorrangig ihre eige-

---

[59] Vgl. insb. Küting (2012).
[60] Vgl. zu einer Untersuchung über den Bedarf privater und institutioneller Anleger Ernst/Gassen/Pellens (2009) und (2005).
[61] Ein Analyst kann Nachteile erlangen, wenn er genau sagt, auf was er achtet, weil sich dann die Analysierten – wenn auch nur in Grenzen – darauf einstellen und das Analyseergebnis potentiell verzerren können.
[62] Beispielsweise ist die Verarbeitung und Bedeutung von Rechnungslegungsinformationen für Ratingagenturen nur unzureichend bekannt. Vgl. White/Sondhi/Fried (2006), S. 658–666; SEC (2003).
[63] Von Interesse kann z. B. die Antwort auf die Frage sein, wie häufig bestimmte Informationen von bestimmten Adressaten in bestimmtem Umfeld nachgefragt wurden.

2.3 Relevanz und glaubwürdige Darstellung der Informationen

nen Interessen einbringen und würden damit die Schutzfunktion der Rechnungslegung unterlaufen.

Der IASB[64] schießt weit über das Machbare hinaus, wenn er betont, dass man anhand der Abschlüsse Höhe, Zeitpunkt und Sicherheit künftiger, die Adressaten interessierender Zahlungen einschätzen können sollte (OB3)[65]. Der Leser möge seine diesbezügliche Prognosefähigkeit an einer aktivierten Maschine, an Grundstücken und Gebäuden, aber auch an passivierten Steuer- oder Pensionsrückstellungen testen. Selbst bei der aktivierten Forderung mit angegebener Fälligkeit wird er Schwierigkeiten haben, weil sie vollständig oder teilweise ausfallen kann. Sieht man von der Kasse und ihr ähnlichen Konten ab, wird die Prognoseeignung sehr beschränkt sein. Das wird nicht wesentlich besser, wenn man auf die Gewinn- und Verlustrechnung und deren Extrapolationsbasis abstellt.

Damit verbunden ist die Tatsache, dass der IASB völlig offen lässt, wie Informationen verarbeitet werden können oder verarbeitet werden sollten. Selbstverständlich können Posten der Bilanz prognose- und entscheidungsrelevant sein. In welcher Form dies vorliegt, bleibt aber den Adressaten der Rechnungslegung überlassen. Was folgt aus solch einer Leitlinie für zu gestaltende Ansatz- und Bewertungsregeln?[66]

Wie wenig Konkretes aus dem Konzept der entscheidungsnützlichen Information folgt, lässt sich an Aktivierungsregeln nach IFRS und US-GAAP verdeutlichen:

(a) IAS 38.57 erzwingt unter bestimmten Bedingungen die Aktivierung von Entwicklungskosten. In den USA verbieten die US-GAAP genau dieses, obwohl ihnen nach den Statements of Financial Accounting Concepts (SFAC) das Konzept der Entscheidungsnützlichkeit und dieselben Leitlinien wie im Rahmenkonzept des IASB zu Grunde liegen.

(b) Werbekosten dürfen nach IAS 38.69(c) nicht aktiviert werden; nach US-GAAP ist die Aktivierung bestimmter Werbekosten gemäß SOP 93-7 par. 26 geboten.

Man kann die Bilanz verlassen und beispielsweise die Segmentberichterstattung betrachten. Hier gilt die Vermutung, dass detaillierte Information einer aggregierten vorgezogen wird. Das der Informationsökonomie geläufige Feinheitstheorem für kostenlose Informationssys-

---

[64] Ich folge ab hier weitgehend wörtlich Ballwieser (2005a), S. 733 f.
[65] Vgl. insb. Moxter (2000), S. 2146 f.; Streim (2000), S. 111.
[66] Vgl. auch Ohlson et al. (2012), S. 578, Fn. 3: „We do not entertain a role for the often-stated, broad objectives, such as 'relevance' or 'forecast the magnitudes and timing of future cash flows.' While these kinds of objectives are agreeable, they lack in practical implications."

2. Regelungsphilosophie des IASB

teme stützt diese Auffassung; danach sind feinere Informationssysteme gröberen immer vorzuziehen[67].

Empirisch hat sich hingegen gezeigt, dass die Informationszerlegung nur für Umsätze wertvoll zu sein scheint. Bei Gewinnen kommen Freiheitsgrade des Managements hinsichtlich der Aufwandsverrechnung hinzu, welche die positive Wirkung der Informationszerlegung konterkarieren[68].

Es ist deshalb angebracht, gegenüber den Verlautbarungen, die IFRS würden zu entscheidungsnützlicher Information beitragen, Skepsis walten zu lassen. Die Entscheidungsnützlichkeit ist eher vermutet oder behauptet statt bewiesen.

Entsprechendes gilt für Aussagen wie: „Abschlüsse haben die Vermögens-, Finanz- und Ertragslage sowie die Cashflows eines Unternehmens den tatsächlichen Verhältnissen entsprechend darzustellen." (IAS 1.15)[69]

Die Darstellung entsprechend den tatsächlichen Verhältnissen suggeriert, es gäbe eine voraussetzungslose Wahrnehmungsmöglichkeit der Realität. Das widerspricht der Erkenntnis, dass Realität stets abzubilden ist, wobei ein objektiver, für Dritte jederzeit nachvollziehbarer Maßstab fehlt und stattdessen Wertungen nötig werden (vgl. hierzu auch Kapitel 3.1).

Im Kern versteht das auch der IASB, wenn er in IAS 1.15 festhält: „Die Anwendung der IFRS, gegebenenfalls um zusätzliche Angaben ergänzt, führt annahmegemäß zu Abschlüssen, die ein den tatsächlichen Verhältnissen entsprechendes Bild vermitteln." Damit dreht man sich freilich im Kreise: Um das „richtige" Bild zu vermitteln, braucht man die IFRS. Verwendet man die IFRS, dann folgt das „richtige" Bild. **Das Problem ist doch: Was sind die richtigen IFRS?**

Einig ist man sich in der Theorie nur in Bezug auf einige Eigenschaften der Abbildungsregeln wie Widerspruchsfreiheit, Verständlichkeit, Vollständigkeit (nicht unbedingt durch Detailregelungen, sondern auch durch Prinzipien) und Operationalität.

Diese „Sekundäreigenschaften" der Abbildungsregeln lassen das Abbildungsziel, die „Primäreigenschaft" und deren Konkretisierung, noch offen. Diese Einsicht wird besonders bedeutsam beim Vergleich von Rechnungslegungssystemen[70].

---

[67] Vgl. Demski (1973), S. 722f.; grundlegend Blackwell/Girshick (1954), S. 330f.
[68] Vgl. Hacker (2002), S. 183f.; Ballwieser (2004a), S. 70–72.
[69] Kritisch hierzu auch Haufe IFRS-Kommentar/Lüdenbach/Hoffmann (2012), §1 Rz. 67f.
[70] Vgl. Haufe IFRS-Kommentar/Lüdenbach/Hoffmann (2012), §1 Rz. 70.

2.4 Prinzipienorientierung und Bestimmtheit der Normen

Die Satzung der IFRS Foundation nennt als Ziel des IASB, Rechnungslegungsregeln zu schaffen, die auf klar artikulierten Prinzipien basieren (vgl. oben Kapitel 2.1). Prinzipienorientierung und Bestimmtheit von Normen stehen in einem Widerspruch[71] und schaffen verschiedene bilanzpolitische Anreize[72]: Je bestimmter eine Norm im Sinne von umfang-, detailreich und konkret ist, desto weniger entspricht sie einem Prinzip, auch wenn ihr ein solches zu Grunde liegen kann. **Ein Prinzip ist eine allgemeine Richtschnur des Handelns**[73], die den Vorteil hat, auch nicht explizit erwähnte Sachverhalte generalklauselhaft zu regeln, was mit dem Nachteil gewisser Unbestimmtheit einhergeht. Das wird deutlich, wenn man an im deutschen Recht verankerte Prinzipien wie „Treu und Glauben", „Grundsätze ordnungsmäßiger Buchführung", „vernünftige kaufmännische Beurteilung" oder „wirtschaftliche Zurechnung" denkt.

Die Vorteile von Prinzipien sieht man in[74]

(a) dem breiten Geltungsbereich, der auch explizit nicht erwähnte Sachverhalte regelt,
(b) der damit verbundenen Offenheit für neue Entwicklungen und der stets gesicherten Aktualität des Regelungssystems,
(c) der gegenüber Einzelregelungen, die beispielsweise auf quantitative Kriterien abstellen, erschwerten Umgehungsmöglichkeit,
(d) der Möglichkeit des Rückgriffs auf das fachliche Urteilsvermögen,
(e) der größeren Widerstandskraft gegenüber lobbyistischen Maßnahmen und
(f) der Transparenz der tragenden Pfeiler des Regelungssystems.

Ihre Nachteile liegen in

(a) der Unbestimmtheit der Norm,
(b) der gebotenen Konkretisierungsnotwendigkeit im Einzelfall und
(c) der Notwendigkeit des Abwägens oder der Wertung von einander widersprechenden Aspekten.

Der IASB gibt seine Normen als prinzipienorientiert aus. Das lässt sich insbesondere mit der von ihm versuchten Abhebung von US-GAAP begründen, die auch als „cook-book accounting" geschmäht werden:

---

[71] Vgl. auch Kuhner (2004).
[72] Vgl. Dobler/Kuhner (2009), S. 29: „Es zählt zu den ehernen Erkenntnissen in der Rechnungslegung, dass prinzipienorientierte Ansätze (...) durch überdehnte Auslegung, streng regelungsorientierte Ansätze hingegen durch Lücken und Sachverhaltsgestaltung ausgehebelt werden können."
[73] Vgl. Preißler (2005), S. 13.
[74] Vgl. auch Preißler (2005), S. 22–25.

2. Regelungsphilosophie des IASB

„Both international standards and U.S. GAAP strive to be principles-based, in that they both look to a body of accounting concepts. U.S. GAAP tends, on the whole, to be more specific in its requirements and includes much more detailed implementation guidance."[75]

Und: „We plan to develop standards based on clear principles, rather than rules that attempt to cover every eventuality."[76]

Die US-GAAP in ihrer jetzigen Ausprägung kamen nicht zuletzt durch den Enron-Skandal, bei dem man bestimmte Konstruktionen für Zweckgesellschaften suchte, um diese nicht im Konzernabschluss konsolidieren zu müssen und einen Schuldenausweis vermeiden zu können[77], in Verruf[78].

In der Tat finden sich **im Rahmenkonzept zahlreiche Anforderungen und Annahmen verankert**, denen die IFRS folgen sollen und die man als Prinzipien verstehen kann (der Ausdruck Prinzipien wird hingegen nicht selbst verwendet). Das Rahmenkonzept erwähnt als **qualitative Anforderungen an die mit einem Abschluss vermittelten Informationen**: Relevanz, glaubwürdige Darstellung, Vergleichbarkeit, Nachprüfbarkeit, Zeitnähe und Verständlichkeit. Die ersten zwei werden als grundlegende, die restlichen vier als weiterführende qualitative Anforderungen bezeichnet. Zur Relevanz und glaubwürdigen Darstellung habe ich mich schon oben in Kapitel 2.3 geäußert. Deshalb gehe ich hier nur auf die verbleibenden vier Anforderungen ein.

Vergleichbarkeit verlangt, dass Informationen von einem Unternehmen mit denjenigen von anderen Unternehmen und mit denjenigen von demselben Unternehmen zu einem anderen Zeitpunkt verglichen werden können (QC20). Stetigkeit der Berichterstattung ist hierbei Hilfs-

---

[75] Tweedie (2002), S. 4.
[76] Tweedie (2002), S. 13. Dem widersprechen z. B. Kußmaul/Tcherveniachki (2005), S. 618, die feststellen: „Die Standards beinhalten außerdem eine stark ausgeprägte Einzelfallorientierung, d. h. sie sollen eine möglichst vollständige Beschreibung, Abgrenzung und Regulierung der bilanziellen Behandlung einzelner Sachverhalte gewährleisten." Sie vermissen demnach auch klare und allgemein gültige Rechnungslegungsprinzipien. Weiterhin kritisch zur Prinzipienorientierung von IFRS sind Preißler (2005), S. 37–66 und S. 155–296; Preißler (2002), Schildbach (2003a) und – hinsichtlich der Erfassung von Zweckgesellschaften – Dobler/Kuhner (2009), S. 29.
[77] Vgl. hierzu insb. Hartgraves (2004); Swartz/Watkins (2003); Benston/Bromwich/Litan/Wagenhofer (2003); Ballwieser/Dobler (2003).
[78] Vgl. Sunder (2002), S. 148: „Instead of writing a rule, which says ‚thou shalt not steal', the FASB has wrapped itself up in the endless chase of listing all the acts and circumstances that might constitute ‚stealing'. It is a losing game for rule writers. Every rule that covers a new contingency creates new gaps. If you write a rule, ‚you cannot steal a shirt', sooner or later someone asks: where does it say you cannot steal shirt buttons?"

2.4 Prinzipienorientierung und Bestimmtheit der Normen

mittel, Vergleichbarkeit das Ziel (QC22). Vergleichbarkeit kann durch Einschränkungen von Darstellungsmethoden gefördert werden (QC25).

Nachprüfbarkeit „bedeutet, dass verschiedene sachverständige und unabhängige Beobachter eine Übereinstimmung erreichen könnten, wenn auch nicht unbedingt ein vollständiges Einvernehmen darüber, dass eine bestimmte Darstellung eine glaubwürdige Darstellung ist." (QC26)

Zeitnähe einer Information wird daran verankert, dass sie Entscheidungen der Adressaten zu beeinflussen vermag (QC29).

Verständlichkeit verlangt, „Informationen deutlich und prägnant zu klassifizieren, zu beschreiben und darzustellen." (QC30) Wichtig ist der Hinweis, dass Informationen nicht allein mit dem Hinweis, sie seien für bestimmte Adressaten schwer verständlich, weggelassen werden dürfen (QC31 f.).

Ein Prinzip des IASB besteht schließlich in einer **Kosten-Nutzen-Abwägung** der Rechnungslegungsregeln (QC38). Eine einheitliche, für alle Unternehmensgrößen und Kapitalaufnahmebedingungen geltende Rechnungslegung wird damit nicht verbunden (QC39).

In Ergänzung zu diesen qualitativen Anforderungen hatte das alte Rahmenkonzept zwei den Abschlüssen zugrundeliegende Annahmen: Periodenabgrenzung (R.22 im Rahmenkonzept 1989) und Unternehmensfortführung (R.23 im Rahmenkonzept 1989). Die erste Annahme gilt für jede Form der Bilanzierung, denn Periodenabgrenzung bedeutet die Abhebung der Rechnungslegung von der reinen Zahlungs- oder Zahlungsüberschussrechnung. **Die Periodenabgrenzung von Zahlungen wird nach bestimmten Wertungen konstruiert**[79]. **Sie ergibt sich nicht aus der Natur der Sache.** Das zeigt sich bei der Ertragsrealisierung oder Ertragsvereinnahmung ebenso wie bei der Aufwandszuordnung. Hierzu führte das Rahmenkonzept nichts Präzises aus und verankerte insofern die Leerformel, Auswirkungen von Geschäftsvorfällen und anderen Ereignissen seien in der Periode auszuweisen, der sie zuzurechnen sind (R.22 im Rahmenkonzept 1989). Hier wurde lediglich das Wort „Abgrenzung" durch „Zurechnung" ersetzt.

Dieser Mangel sowie die als geboten angesehene, aber noch nicht zu Ende geführte Beschäftigung mit dem Standard zur Ertragsvereinnahmung haben möglicherweise dazu geführt, dass die Annahme der Periodenabgrenzung im jetzigen Stand des Rahmenkonzepts entfallen ist; allerdings findet sich der Ausdruck sowohl in IAS 1.27 als auch in OB17 des überarbeiteten Rahmenkonzepts. Die beiden Regelungen setzen

---

[79] Vgl. Schneider (1997), S. 35; Ballwieser (2001b), S. 161 f.; Ballwieser (2002b), S. 119. Vgl. auch die Diskussion der zahlreichen Abbildungsziele, aus denen nur zufällig identische Regelwerke folgen, bei Moxter (1984).

aber unterschiedliche Schwerpunkte: IAS 1.27 verweist auf die Ansatzkriterien der Posten in Bilanz und GuV als Konsequenz von Periodenabgrenzung; OB17 bemüht u. a. das Konzept der Prognosetauglichkeit der Informationen über die Ertragslage für künftige Mittelzuflüsse und -abflüsse. Wie dies zusammenpasst, bleibt offen.

Hingegen ist die **Annahme der Unternehmensfortführung** im Rahmenkonzept noch als solche enthalten (Abs. 4.1). Auch diese Annahme ist elementar für die periodische Abschlusserstellung. Das Rahmenkonzept ist mit den folgenden Ausführungen hierzu aber nur auf den ersten Blick konkret:

„Bei der Aufstellung von Abschlüssen wird im Regelfall (sic!) von der Annahme der Unternehmensfortführung für den absehbaren Zeitraum ausgegangen. Daher wird angenommen (sic!), dass das Unternehmen weder die Absicht hat noch gezwungen ist, seine Tätigkeiten einzustellen oder deren Umfang wesentlich (sic!) einzuschränken. Besteht eine derartige Absicht oder Notwendigkeit, so muss der Abschluss ggf. (sic!) auf einer anderen Grundlage erstellt werden, die dann anzugeben ist." (Abs. 4.2)

Präziser hingegen sind die Ausführungen in IAS 1.23 f.

Die erwähnten Prinzipien erschließen sich erst in Gänze, wenn man die Details der IFRS betrachtet. Das ist nicht ungewöhnlich. Jedoch gibt es zu Recht in jüngerer Zeit Kritik daran, dass **einzelne IFRS im Widerspruch zu den genannten Prinzipien** stehen oder auf Prinzipien zurückgehen, die im Rahmenkonzept fehlen. Ohne an dieser Stelle in Details gehen zu wollen, lässt sich das schnell verdeutlichen:

IAS 39 gestattet es Unternehmensleitungen, unter bestimmten Bedingungen einen finanziellen Vermögenswert und eine finanzielle Schuld erfolgswirksam zum fair value (beizulegenden Zeitwert) zu bewerten. Man spricht von der Fair-value-Option[80]. Diese Option war anfangs gar nicht an den Prinzipien von Relevanz oder Verlässlichkeit[81] verankert, sondern ging allein auf die Absicht des Managements zurück. Nobes konstatiert zu Recht: „The ‚intentions of the directors' is not a principle to be found in the frameworks. It is a poor principle because intentions

---

[80] Die uneingeschränkte Fair-value-Option war Bestandteil des IAS 39.45 (überarb. 2004). Die EU-Kommission hat sie mit Verordnung (EG) Nr. 2086/2004 vom 19. November 2004, in ABl. L 363/1 v. 9.12. 2004, nur für finanzielle Vermögenswerte übernommen, nicht für die finanziellen Verbindlichkeiten. Danach wurden Bedingungen konkretisiert, an die die Ausübung der Option gebunden ist. Der IASB verabschiedete hierzu am 16. Juni 2005 eine Ergänzung zu IAS 39, die von der EU-Kommission übernommen wurde. Zu den Änderungen vgl. Kuhn (2005).

[81] Verlässlichkeit war der Vorgänger von glaubwürdiger Darstellung im Rahmenkonzept. Vgl. auch Fn. 55.

can change, cannot directly be audited, and are sometimes unclear even to the directors."⁸² Er bringt weitere Beispiele, für die er Verletzungen zwischen Einzelnormen und Prinzipien belegt.

Nach der Überarbeitung von IAS 39 wird die Widmung der Finanzinstrumente zur Bewertung zum beizulegenden Zeitwert (fair value) an eine Erhöhung der Relevanz der Abschlussinformationen und eine Erhöhung der Zuverlässigkeit der Bewertung geknüpft. Danach darf die Widmung vorgenommen werden, wenn durch die Nutzung der Option

(a) eine Ansatz- oder Bewertungsinkongruenz reduziert werden kann,
(b) eine Übereinstimmung von Bilanzierung und Risikomanagement- oder Anlagestrategie erreicht werden kann (IAS 39.9),

oder wenn es sich um ein Instrument handelt, das ein bestimmtes eingebettetes Derivat enthält (IAS 39.11A).

Die Managementabsicht schlägt auch hier in Punkt (b) durch, weil die interne Steuerung die externe Bilanzierung prägt.

2.5 Hinwendung des IASB zur Zeitwertbilanzierung

In der jüngeren Zeit lässt sich beim IASB eine Hinwendung zum „**assets and liabilities approach**"⁸³ und der Bewertung mit dem beizulegenden Zeitwert **(fair value)** erkennen. Beides ist **nicht durch das Rahmenkonzept vorgegeben**. Dieses lässt vielmehr offen, wie der Gewinn zu ermitteln ist. Das Rahmenkonzept besagt zwar:

„Die direkt mit der Ermittlung des Gewinnes verbundenen Posten sind Erträge und Aufwendungen." (Abs. 4.24)

Diese Posten werden auch definiert:

„Erträge stellen eine Zunahme des wirtschaftlichen Nutzens in der Berichtsperiode in Form von Zuflüssen oder Erhöhungen von Vermögenswerten oder einer Abnahme von Schulden dar, die zu einer Erhöhung des Eigenkapitals führen, welche nicht auf eine Einlage der Anteilseigner zurückzuführen ist." (Abs. 4.25(a))

„Aufwendungen stellen eine Abnahme des wirtschaftlichen Nutzens in der Berichtsperiode in Form von Abflüssen oder Verminderungen von Vermögenswerten oder einer Erhöhung von Schulden dar, die zu einer Abnahme des Eigenkapitals führen, welche nicht auf Ausschüttungen an die Anteilseigner zurückzuführen ist." (Abs. 4.25(b))

---

[82] Nobes (2005), S. 29.
[83] Vgl. hierzu auch Preißler (2005), S. 83–89.

2. Regelungsphilosophie des IASB

Aber diese Definitionen lassen offen, wann Vermögenswerte zu- und abgehen, Schulden ab- und zugehen und Vermögenswerte und Schulden im Wert verändert werden. Der **Gewinn** als Saldo von Erträgen und Aufwendungen wird insofern **nur formal**, aber **nicht materiell** im Rahmenkonzept **definiert**.

Über mehrere Schritte hinweg hat der IASB immer stärker den Ansatz von Zeitwerten in der Folgebewertung von Vermögenswerten und Schulden favorisiert. Die historische Entwicklung lässt sich folgendermaßen skizzieren[84]:

Fair values spielten als Erstes zwingend bei bestimmten Finanzinstrumenten (trading securities und available-for-sale securities; IAS 39.68f. (1998)) und wahlweise bei bestimmtem Anlagevermögen (immaterielle Anlagewerte (IAS 38.64 (1998)), Sachanlagevermögen (IAS 16.29 (überarb. 1998)) und als Finanzinvestition gehaltenen Immobilien (IAS 40.24 und .27 (2000)) eine Rolle. Danach kamen fair values bei biologischen Vermögenswerten: In der Einführungsphase des im Jahre 2001 verabschiedeten IAS 41 kam es zwar zu heftigen Diskussionen über die Sinnhaftigkeit dieses Wertansatzes, aber biologische Vermögenswerte waren nicht zentral für die Öffentlichkeit. Aus der Diskussion über die Bilanzierung von Versicherungsverträgen ging im Dezember 1999 ein Issues Paper hervor, das eine Bilanzierung von Versicherungsverträgen mit einem am Absatzmarkt orientierten fair value vorsah. Das Draft Statement of Principles (DSOP) im Juni 2001 sah mit dem entity specific value einen Nutzwert für das Unternehmen vor. Mit IFRS 4 vom März 2004 wurde für Versicherungsverträge eine Übergangslösung geschaffen, die in eine endgültige Regelung münden soll. IFRS 4.25 erlaubt die Fortführung bisheriger Bewertungen unabhängig vom fair value. Der endgültig zu verabschiedende Standard fehlt bis heute. Ein im Juli 2010 verabschiedeter Entwurf fand nicht nur Zustimmung. Im Jahr 2013 soll ein überarbeiteter Entwurf vorgelegt werden; das Verabschiedungsdatum soll im zweiten Halbjahr liegen.

Im November 2005 hat der IASB den **fair value nicht nur bei der Folgebewertung, sondern auch bei der Erstbewertung** – und zwar über die bereits geltenden Regelungen hinaus – **als allgemeinen Wertansatz** diskutiert[85]. Das hätte z. B. den Ansatz von Anschaffungsnebenkosten verhindert und ihre erfolgswirksame Erfassung im Jahr der Anschaffung verlangt. Davon hat er ein Jahr später Abstand genommen und sich allein der Frage der Ermittlung von fair values gewidmet. Das führte zum im Mai 2011 verabschiedeten IFRS 13 Bewertung zum bei-

---

[84] Ich übernehme wörtlich Teile von Ballwieser/Küting/Schildbach (2004), S.544f.
[85] Vgl. IASB (2005).

zulegenden Zeitwert. Er klärt nur die Bestimmung von fair values. Die Frage, für welche Posten sie gelten sollen, bleibt der Überarbeitung des Rahmenkonzepts vorbehalten und ist noch unbehandelt.

Flankiert wurde das Projekt durch **Vorschläge zur Änderung der Ertragsvereinnahmung**[86]. Im Dezember 2008 hat der IASB ein Diskussionspapier mit Preliminary Views on Revenue Recognition in Contracts with Customers vorgelegt. Auslöser waren fehlende Regelungen, beispielsweise für Mehrkomponentenverträge (wie Mobiltelefone und zugehörige Netznutzungsverträge oder Softwarepakete mit Wartungsverträgen und Updates), und Inkonsistenzen zwischen IAS 18 Umsatzerlöse und IAS 11 Fertigungsaufträge. Es folgten zwei Standardentwürfe vom Juni 2010 und November 2011. Danach wird Ertrag grundsätzlich nach Lieferung und Leistung in Höhe der vertraglich vereinbarten Gegenleistung angesetzt. Das lässt vorher in die Diskussion gebrachte Zeitwerte von Leistungen außer Acht[87].

2.6 Zeitwertbilanzierung und Finanzkrise

Die Initiative zur Bewertung von Bilanzposten mit Zeitwerten, unabhängig von eventuell sie begrenzenden Anschaffungskosten, folgte u. a. dem Bestreben, Verwerfungen zwischen der internen Überwachung und Leistungsmessung und der externen Rechnungslegung bei Banken zu beseitigen. Es war deshalb kein Zufall, dass Zeitwerte früh bei Finanzinstrumenten eine Rolle spielten (siehe Kapitel 2.5), zumal man für viele Finanzinstrumente liquide Märkte und, damit verbunden, eine relativ problemlose Wertermittlung erwarten konnte.

Genau diese Märkte haben zur Entstehung oder Beschleunigung der Finanzkrise[88] beigetragen, während des Versuchs ihrer Bewältigung Probleme hervorgerufen und die Kritik an der Zeitwertbilanzierung gefördert:

Die Zeitwertbilanzierung lieferte während steigender Preise für Vermögenswerte Buchgewinne, die das Eingehen riskanter Geschäfte und die Ausschüttung hoher leistungsabhängiger Vergütungen an Manager begünstigte. Soweit die Buchwertgewinne auch das regulatorische Eigenkapital von Banken erhöhten, mussten diese – jenseits von Risikoüberlegungen – keine grundsätzlichen Bedenken bei der Ausdehnung ihrer

---

[86] Der IASB sah eine dem assets and liabilities approach folgende Bewertung zu fair values vor, die aber beim FASB auf Widerstand stieß. Vgl. Dobler (2008b).
[87] Vgl. insb. Hommel/Schmitz/Wüstemann (2009).
[88] Vgl. hierzu insb. Rudolph (2008) und (2011); Baetge (2009), S. 14; Dobler/Kuhner (2009), S. 25–27.

2. Regelungsphilosophie des IASB

Geschäfte haben. Das von Banken erfundene und realisierte Geschäftsmodell der Verbriefung unzulänglich gesicherter Kreditforderungen in Form sog. strukturierter Produkte und deren Handel über mehrere Stufen hinweg mittels nicht im Konzernabschluss konsolidierter Zweckgesellschaften führte bei vielen Industrieunternehmen sowie Banken und Versicherungen zu einem hohen Anteil von Vermögenswerten, die scheinbar werthaltig waren. Dies galt jedoch nur so lange, wie spekulative, d.h. auf Preissteigerung bedachte, Marktteilnehmer und Märkte für diese Produkte existierten.

Das Platzen der Immobilienmarktblase in den USA und der damit einhergehende Verfall der Marktpreise strukturierter Produkte wie die sich schnell ausbreitende Unsicherheit über die Werthaltigkeit bestehender Forderungen schaffte große Liquiditätsprobleme bei Investmentbanken und Geschäftsbanken, dem auch die Niedrigzinspolitik der Zentralbanken und die Ausdehnung der Geldmenge nicht entgegenwirken konnte. Es kam zum Erlahmen des Geldmarktes.

War die Zeitwertbilanzierung in Zeiten steigender Preise für Vermögenswerte ein Förderer (zu) riskanter Geschäftspolitik, so trägt sie in der Finanzkrise zur Abwärtsbewegung bei, zumindest insoweit, als die Zeitwerte das regulatorische Eigenkapital von Banken und die Stellung von Kreditsicherheiten von Unternehmen jeder Art beeinflussen. Fallende Marktpreise von Vermögenswerten bedeuten Restriktionen des Geschäfts wegen einer Minderung des Haftungskapitals und einer Verringerung des Wertes von Sicherheiten. Ausgerechnet dann, wenn Unternehmen jeder Art, die von der Krise durch fristeninkongruente Finanzierung und sich stark verschlechternde Ertragsaussichten betroffen sind, Geld von Banken zu bezahlbaren Konditionen benötigen, werden diese ihrer Funktion der Kapitalversorgung nur unzureichend gerecht. Verschlechtern sich dadurch die Ertragsaussichten und die Liquidität der Unternehmen, kommt es zu Abschreibungen von Beteiligungen und aktiviertem Geschäfts- oder Firmenwert, der aufgrund von Akquisitionen fremder Unternehmen entstanden ist (vgl. hierzu Kapitel 9.10.1). Das verschlechtert erneut die Ertragslage der betroffenen Unternehmen und trägt weiterhin zu einer Abwärtsspirale bei.

Der IASB wurde deshalb in der Finanzkrise durch die EU-Kommission und die europäischen Regierungen im Oktober 2008 dazu gedrängt, die Regeln zur Bewertung von Finanzinstrumenten in zweierlei Hinsicht zu ändern, um Abwertungsverluste zu vermeiden oder zu verringern:

(a) Man schuf durch Neufassung von IAS 39.50 und .AG 8 und die Ergänzung durch IAS 39.50B-50F Möglichkeiten der Umwidmung für die in vier Kategorien eingeteilten Finanzinstrumente (vgl. hierzu Kapitel 4.2.4). Deren Nutzung erlaubt es, der Zeitwertbilanzierung

2.6 Zeitwertbilanzierung und Finanzkrise

zu entgehen und fortgeschriebene Anschaffungskosten anzusetzen. Minderungen von Quartalsergebnissen konnten damit stark verringert werden[89].

(b) Man schuf Möglichkeiten, den Zeitwert in Form eines beobachtbaren und gegen Null tendierenden Marktpreises für unzweckmäßig zu erklären und durch einen Wert zu ersetzen, der aus einem durch Annahmen gestaltbaren Barwertkalkül resultiert. Ausgangspunkt waren hier die USA[90].

Das Vorgehen wurde gleichermaßen politisch für geboten gehalten wie konzeptionell kritisiert. Saarbrücker Professoren sahen die als entscheidungsnützlich ausgegebene Zeitwertbilanzierung als zu „einer konjunkturabhängigen Bewertungsidee degradiert"[91] an. Begründete Probleme sieht man darin, zwischen aussagefähigen und nicht aussagefähigen Marktpreisen zu trennen. Schließlich wurde der „due process" der Gewinnung von IFRS aufgehoben, um schneller zu politisch gewollten Ergebnissen zu gelangen. Man befürchtet den Präzedenzfall, dessen Weiterungen unabsehbar sind.

Die Frage, ob eine andere Bilanzierungsform die Finanzkrise gebremst hätte, ist kaum überzeugend zu beantworten, weil die Krise in erster Linie durch Spekulation auf immerwährend steigende Preise von Immobilien und anderen Gütern sowie ebenso wenig fristenkongruente wie risikogerechte Finanzierung von Transaktionen wenn nicht hervorgerufen, dann unterstützt wurde[92]. Immerhin sollte es aber Befürworter von IFRS und der Zeitwertbilanzierung nachdenklich stimmen, wenn man zur Bewältigung der Finanzkrise Regelungen einführt, die in den Wirkungen denen des früheren KWG[93] für Banken in der Rechtsform einer AG oder KGaA gleichkommen und die dem Vorwurf ausgesetzt waren, das Sanktionieren eines Fehlverhaltens von Managern zu verhindern. Mehr Transparenz wurde gefordert. Diese sollte die Zeitwertbilanzierung leisten. Dass mit dieser auch der Ausweis von Hoffnungswerten

---

[89] Vgl. Zwirner (2009), S. 353 f.; Dobler/Kuhner (2009), S. 31, Fn. 59, und Schildbach (2008).
[90] Vgl. SEC (2008b), FASB (2008). Zur Diskussion beim IASB vgl. IASB (2008c).
[91] Bieg et al. (2008), S. 2552. Hiergegen Dobler/Kuhner (2009), S. 32: Veränderte Halteabsichten führen zu unterschiedlichen Bewertungsregeln: „Unter rechnungslegungssystematischen Gesichtspunkten erscheint es vertretbar, wenn in der Krise eine Neutarierung der relativen Gewichte konkurrierender Ziele – hier: der Prävention bilanzpolitischer Missbräuche im Gegensatz zu der Vermeidung des Ausweises reiner Opportunitätsverluste – stattfindet." Für sie ist die Auflockerung des Fair Value-Paradigmas „logischer Reflex auf Abnormalitäten der Preisbildung an Wertpapiermärkten im Krisenumfeld." (S. 33)
[92] Vgl. Rudolph (2011), S. 149–192.
[93] Danach konnte das strenge Niederstwertprinzip außer Kraft gesetzt werden.

2. Regelungsphilosophie des IASB

und nicht gewünschte Anreize[94] verbunden waren, wollte man nicht sehen oder deren Gefahr für gering halten[95].

2.7 Zusammenfassung in Thesen

(1) Der IASB will Regeln gestalten, welche Informationen verlangen, die den Adressaten der Rechnungslegung zur Entscheidungsunterstützung und Rechenschaft dienen. Die Regeln stellen vorrangig auf Teilnehmer am Eigen- und Fremdkapitalmarkt ab.
(2) Als qualitative Anforderungen an die Rechnungslegung benennt der IASB in seinem Rahmenkonzept Relevanz (inklusive Wesentlichkeit), glaubwürdige Darstellung, Vergleichbarkeit, Nachprüfbarkeit, Zeitnähe und Verständlichkeit. Grundsätzlich soll der Rechnungslegung die Annahme der Unternehmensfortführung zugrunde liegen.
(3) Der IASB löst sich bei der Definition von Relevanz und Wesentlichkeit von der Informationsökonomie, weil auch bestätigende Nachrichten als relevant angesehen werden und Wesentlichkeit von Relevanz nur künstlich zu trennen ist.
(4) Die Entwicklung der IFRS soll einer Kosten-Nutzen-Abwägung unterworfen werden. Das ist sinnvoll, verlangt aber – entgegen einem ersten Eindruck – auch Wertungen, ergibt sich mit anderen Worten weder rein logisch aus den qualitativen Anforderungen noch aus der „Natur der Sache". Da Rechnungslegung dem Interessenschutz Dritter dient, ist es besonders wichtig zu erfahren, wie die von den Erstellern der Rechnungslegung ins Feld geführten Kosten berücksichtigt werden. Dazu schweigt das Rahmenkonzept.
(5) Die IFRS sollen prinzipienorientiert sein. Das Rahmenkonzept verwendet die Vokabel Prinzip aber bisher nicht. Man muss hierfür stellvertretend die qualitativen Anforderungen und die Annahme der Unternehmensfortführung nehmen.
(6) Der IFRS for SMEs fällt aus der Schwerpunktsetzung des IASB zur Entwicklung von Rechnungslegungsregeln für Adressaten am Kapitalmarkt heraus. Er torpediert das explizit genannte Ziel, nur eine einzige Menge von Rechnungslegungsregeln zu entwickeln, da er von den IFRS abweichende Gewinnermittlungsregeln enthält. Für Deutschland ist er wegen des BilMoG auf absehbare Zeit uninteressant; in der EU scheint ebenfalls die Neigung zu fehlen, den Standard in das Regelwerk aufzunehmen.

---

[94] Vgl. hierzu z. B. Ballwieser/Kuhner (1994), S. 97 f.
[95] A. A. z. T. Laux/Leuz (2009) und (2010). Vgl. ferner Ryan (2008), S. 1636.

(7) Seit einiger Zeit ist beim IASB eine Hinwendung zum assets and liabilities approach samt Ansatz von Zeitwerten zu beobachten. Eine allgemeine Regelung, wann Zeitwerte anderen Bewertungsmaßstäben vorzuziehen sind, findet sich (bisher) im Rahmenkonzept nicht. Auch IFRS 13 beschreibt nur, wie beizulegende Zeitwerte zu ermitteln sind.
(8) Die Zeitwertbilanzierung von Finanzinstrumenten hat die Finanzkrise nicht ausgelöst, aber beschleunigt. Der in diesem Zusammenhang maßgebliche IAS 39 ist bisher nur in Teilen überarbeitet. Es bleibt abzuwarten, welche Endfassung er erlangen wird und welche Anreize von ihm ausgehen werden.

3. Vermögensabbildung versus Gewinnermittlung

3.1 Denkbare Abbildungsziele der Rechnungslegung und Wertungsnotwendigkeit

Vermögen und Gewinn eines Unternehmens können nicht voraussetzungslos ermittelt werden. Beide Größen sind theoretische Begriffe, die zu präzisieren und deren Messvorschriften festzulegen sind[96].

Die Darstellung in Kapitel 2.4 hat deutlich gemacht, dass grundsätzlich von der Annahme der Unternehmensfortführung auszugehen ist. Dementsprechend kann es kein Ziel sein, ein Zerschlagungsvermögen darzustellen. Stattdessen ist dem IASB an einem **Fortführungsvermögen** gelegen.

Fortführungsvermögen lässt sich aber ganz unterschiedlich verstehen. Ich diskutiere im Folgenden als denkbare **Varianten eines Fortführungsvermögens**

(a) das Effektivvermögen,
(b) das Marktpreisvermögen aufgrund von Einzelbewertung,
(c) das Vermögen nach historischen Kosten.

Stellt man den Vermögensbegriff in den Vordergrund, resultiert Gewinn einfach als Vermögensänderung. Würde man hingegen den Gewinnbegriff in den Vordergrund stellen, resultieren Bilanzposten als Konsequenz dieses Gewinnbegriffs und sind u. U. nur schwer als Vermögensbestandteil im umgangssprachlichen Sinne zu qualifizieren. Das wird sich im Folgenden erschließen. Ich beginne mit den Vermögensvarianten:

Betrachtet man Unternehmen als Konsumquelle für die Eigentümer, lässt sich deren Vermögen durch Ansatz des (potentiellen) Marktpreises des Unternehmens messen. Da effektive Marktpreise für ganze Unternehmen nur selten zu beobachten sind und nicht aus einer Vielzahl von Angeboten und Nachfragen resultieren, werden potentielle Marktpreise durch einen Kapitalwertkalkül konstruiert. Man berechnet Unternehmenswerte, statt effektive Marktpreise zu erheben. Die Literatur kennt diesen Vorschlag zur Konkretisierung des Ausdrucks Fortführungsver-

---

[96] Vgl. Schneider (1997), S. 35; Ballwieser (2001b), S. 161 f.; Ballwieser (2002b), S. 119; Moxter (1984).

3. Vermögensabbildung versus Gewinnermittlung

mögen unter der Bezeichnung **Effektivvermögen**[97]. Die naheliegende Idee, bei börsennotierten Unternehmen auf die Börsen- oder Marktkapitalisierung (Zahl der Aktien mal Kurs) zurückzugreifen, vernachlässigt Paketzuschläge (oder Kontrollprämien), die sich empirisch beobachten lassen[98] und der theoretisch oftmals betonten Wertadditivität widersprechen.

Die Vermögensermittlung mit Kapitalwertkalkülen in Form der Ertragswert- oder verschiedener Varianten der Discounted-Cash-Flow-Methode[99] würde **relevante, aber höchst unzuverlässige Information** widerspiegeln. Für die Rechnungslegung und ihre Funktion des Interessenschutzes ist es nicht vorstellbar, dass Rechnungslegende künftige Zahlungen an die Eigentümer prognostizieren und diskontieren, um mit dem resultierenden Barwert eine nachprüfbare Vermögensgröße zu kommunizieren. Da weiterhin Änderungen des Unternehmenswerts nicht nur durch Leistungen des Managements, sondern auch durch Zinsänderungen verursacht werden, müsste man bei Gewinnermittlungen durch Rückgriff auf Unternehmenswerte neben dem Zeiteffekt den Zinsänderungseffekt herausrechnen[100], um Anreizkompatibilität zu erzielen[101].

Die Berechnung von Effektivvermögen basiert auf einer **Gesamtbewertung**. Rechnungslegung erfolgt hingegen auf Basis einer **Einzelbewertung**[102], d.h. das (Netto-)Vermögen ergibt sich aus der Addition von einzeln angesetzten und bewerteten Aktiva und der Subtraktion von einzeln angesetzten und bewerteten Schulden. Diese Art der Rechnung hat einen großen **Vorteil in der Objektivierung, also Verlässlichkeit**.

Wenn man Einzelbewertung akzeptiert, stellt sich die Frage nach dem Mengengerüst und den Wertkategorien:

(a) Was kennzeichnet Aktiva und wann sind sie anzusetzen?
(b) Was kennzeichnet Schulden und wann sind sie anzusetzen?
(c) Welche Wertkategorien gelten bei Zugang von Aktiva und Schulden (Zugangsbewertung)?
(d) Welche Wertkategorien gelten für die Bewertung zu künftigen Bilanzstichtagen (Folgebewertung)?

---

[97] Vgl. Moxter (1984), S. 25, 112 f., 159; Ballwieser (1985b), S. 1037.
[98] Vgl. Gaughan (2007), S. 556, m. w. N.; Ballwieser (2011a), S. 210 f.
[99] Vgl. z. B. Ballwieser (2011a), S. 13–198.
[100] Vgl. zu beidem Moxter (1982), S. 52–57.
[101] Zwar gibt es Modelle, nach denen der Manager auch nach Größen entlohnt werden soll, die er nicht selbst zu kontrollieren vermag. Vgl. z. B. Ewert/Wagenhofer (2008), S. 500–502. Aber diese Modelle sind wenig geeignet, der Realität gerecht zu werden. Ihre Annahmen sind zu weit davon entfernt.
[102] Das gilt auch für die IFRS, selbst wenn sich der Grundsatz dort nicht explizit findet. Vgl. Hettich (2006), S. 169.

3.1 Denkbare Abbildungsziele der Rechnungslegung

Eine theoretische Antwort hierauf liegt in dem Ansatz von allen einzeln marktgängigen Posten, die am Bilanzstichtag im Unternehmen vorhanden sind, über die der Kaufmann verfügen kann (Aktiva) oder die ihn belasten (Passiva) und die sämtlich zu Marktpreisen bewertet werden. Ich rede im Folgenden vom **Marktpreisvermögen aufgrund von Einzelbewertung**. Auf einen Erwerb von Dritten käme es bei den Aktiva so wenig an wie auf eine Vertragsgrundlage bei Schulden. Aktiva könnten selbsterstellt oder geschenkt worden sein, sie könnten sich im Eigentum oder nur im Besitz des Kaufmanns befinden; Schulden könnten eine privat-rechtliche, eine öffentlich-rechtliche oder eine rein faktische Grundlage aufweisen.

Ein erstes Problem der ersten Antwort liegt in dem Attribut „marktgängig", weil es offen lässt, ob der Posten einzeln marktgängig sein soll oder ob es ausreicht, im Verbund mit anderen Posten marktgängig zu sein. Auch ist der Ausdruck „marktgängig" selbst bei einer Beschränkung auf „einzeln marktgängig" weiter zu erläutern. Werden mit Marktgängigkeit nur Veräußerungsvorgänge von Aktiva verbunden oder gehören hierzu auch sonstige Verwertungsmöglichkeiten wie ein bedingter Verzicht gegenüber einer Behörde, z. B. ein bedingter Verzicht auf die Nutzung einer Konzession?

Weiterhin wäre zu klären, ob es überhaupt auf die Absatzmarktseite ankommt oder ob Beschaffungsvorgänge reichen. Zählen selbstgeschaffene Standortvorteile oder Mitarbeiter-Know-how (Belegschaftsqualität) zu den Aktiva, obwohl sie nicht isoliert veräußert werden können?

Ein zweites Problem liegt in dem Verständnis von Marktpreisen. Mit aussagefähigen und insofern relevanten Marktpreisen verbindet man regelmäßig den Zustand (nahezu) vollkommener Konkurrenz mit vielen Marktteilnehmern, großem Angebot und großer Nachfrage und daraus resultierenden Preisen, welche ohne beachtliche Transaktionskosten zustande kommen und die Wertvorstellungen aller Marktteilnehmer zu einem bestimmten Zeitpunkt widerspiegeln. Märkte mit diesen Eigenschaften sind liquide; sie verkraften große Pakete von Angeboten und Nachfragen ohne starken Preiseinfluss.

Die Realität ist von diesem Leitbild oft weit entfernt. Unternehmen kaufen nicht nur einzelne Wertpapiere, für die das Leitbild erfüllt sein mag, sondern auch Beteiligungen an Unternehmen (von bis zu 100 % Kapitalanteil) oder Spezialmaschinen, bei denen die Märkte ganz andere Eigenschaften aufweisen. Sie halten Forderungen gegenüber in ihrem Zahlungsverhalten schwer einschätzbaren Kunden; sie sind vor Gericht auf Schadenersatz verklagt oder müssen nur mit einer solchen Klage rechnen. Bei Beteiligungen und Spezialmaschinen liegen Marktpreise vor, aber sie resultieren aus bilateralen Monopolen oder Oligopolen; bei

3. Vermögensabbildung versus Gewinnermittlung

drohender Schadenersatzklage fehlt der isolierte Marktpreis. Derartige Klagen werden nicht isoliert gehandelt oder isoliert versichert. Selbst wenn eine Versicherung zustande käme, wäre die Marktsituation erneut eher einem bilateralen Monopol als einem Zustand bei (nahezu) vollkommener Konkurrenz ähnlich.

Marktpreise sind mit anderen Worten wahrscheinlich für viele Posten, an die wir in der Bilanz denken, nicht ohne weiteres zu erheben, sondern müssen in irgendeiner Form konstruiert werden. Selbst wenn sie zu erheben sind, kann der Markt andere Bedingungen aufweisen, als wir sie mit dem Modell der vollkommenen Konkurrenz verbinden.

Ein drittes Problem resultiert aus der Tatsache, dass Marktpreise vorhanden sein mögen, die Eigentümer des Unternehmens aber den Markt für die Aktiva oder Schulden nicht nutzen wollen. Ein entscheidendes Motiv könnte hierin liegen, dass die interne Nutzung des Aktivums einen höheren Wert stiftet als dessen Veräußerung. Soll es dann auf den für jeden geltenden Marktpreis oder den individuellen Nutzungswert ankommen?

Eine weitere Antwort auf die Frage, wie das Vermögen zu ermitteln ist, liegt darin, sämtliche Posten der Bilanz mit – gegebenenfalls fortgeschriebenen – Anschaffungs- oder Herstellungskosten anzusetzen. Ich rede im Folgenden von **Vermögen nach historischen Kosten**. Man muss Anschaffungs- und Herstellungskosten für Schulden erst interpretieren oder im übertragenen Sinne verstehen, aber das schafft keine unüberwindbaren Hindernisse.

Erkennbar sind die historischen Kosten oftmals weit von späteren Marktpreisen entfernt. Das gilt auf der Aktivseite häufig für Grundstücke und Gebäude, Wertpapiere, aber auch Spezialmaschinen. Mit den Marktpreisen als Referenzpunkt, der allerdings z. B. bei Spezialmaschinen dubios wäre, hätten die historischen Kosten einen Nachteil bezüglich der Relevanz. Ihr entscheidender Vorteil läge in der Verlässlichkeit der Wertermittlung. Wer diesen Vorteil betont, muss freilich die Freiräume bei der Bestimmung von Herstellungskosten oder bei der Aufteilung einer Kaufpreissumme auf einzelne erworbene Aktiva zur Bestimmung der Anschaffungskosten (vgl. auch Kapitel 9.10.1.3 und 9.10.1.4) vernachlässigen.

Als **Konsequenz** der drei denkbaren Vermögenskonzepte resultieren **Gewinne** aus

(a) Änderungen des Effektivvermögens; u. U. unter Außerachtlassung von Zinseffekten, nicht aber des Zeiteffektes,
(b) Änderungen der Marktpreise von Aktiva und Schulden oder
(c) Fortschreibungen historischer Kosten.

3.1 Denkbare Abbildungsziele der Rechnungslegung

Stellt man den Gewinnbegriff in den Vordergrund, ergeben sich andere Konsequenzen:

Hier ist vorab zu klären, welche Eigenschaften der (Perioden-) Gewinn aufweisen soll. Gewinn lässt sich insbesondere verstehen als

(a) periodendurchschnittliches zukünftiges Konsumpotential oder
(b) objektivierter, einkommensapproximativer Erfolg.

Das **periodendurchschnittliche zukünftige Konsumpotential** knüpft an das Effektivvermögen an. Dieses ist eine Zeitpunktgröße in Form eines Bruttokapitalwertes, den man finanzmathematisch in eine Annuität transformieren kann. Während das Effektivvermögen den Barwert des Konsumpotentials ausdrückt, ist die Annuität die damit verbundene Rente über einen bestimmten Zeitraum. Das Maß ist **relevant**, denn: „Man kann nun fragen, welcher Betrag in der gegenwärtigen Periode maximal entnommen werden könnte, ohne die Entnahme eines gleich großen Betrags in allen Folgeperioden zu beeinträchtigen."[103] Und: „Kapitaleigner wollen Informationen über das ‚Herausholbare'."[104]

Ohne weitere Objektivierungsmaßnahmen weist dieses Konzept aber für die Rechnungslegung gegenüber Dritten denselben **Mangel fehlender Verlässlichkeit** auf, wie er bereits gegenüber dem Effektivvermögen geäußert wurde.

Moxter hat unter dem Stichwort „einkommensapproximative Bilanzierung" gezeigt, wie man das Konzept objektivieren kann[105]. Bei der Ermittlung eines **objektivierten, einkommensapproximativen Erfolgs** sind Abweichungen von dem tatsächlich erwarteten Einkommen zwingend, denn: „Periodengewinnermittlung kann nicht bedeuten, sich zunächst eine Vorstellung von dem zu erwartenden (oder zu suggerierenden) Einkommen zu bilden, und anschließend die Komponenten des Periodengewinns so anzusetzen, daß jenes vorbestimmte Einkommen resultiert. Es wäre völlig überflüssig, einen Periodengewinn zu ermitteln durch relativ komplizierte Rechnungen, wenn dieser Periodengewinn bereits vor seiner Ermittlung feststeht. **Der Periodengewinn soll über das Einkommen informieren, nicht das Einkommen über den Periodengewinn.** Der Periodengewinn sollte unabhängig von Vor-Urteilen über das Einkommen ermittelt werden."[106]

Nach Moxters Konkretisierung wird der Letztjahresumsatz in die Zukunft fortgeschrieben und auch trotz besserer Erwartungen nicht verändert: „Als Periodenertrag gelten alle jene Einzahlungen, die durch

---

[103] Moxter (1974), S. 246; im Original hervorgehoben.
[104] Moxter (1974), S. 250; im Original z. T. hervorgehoben.
[105] Vgl. Moxter (1974), S. 245–329.
[106] Moxter (1974), S. 257 f.; Hervorhebung Verf.

'Leistungen' der Periode verursacht sind."[107] „Der hier relevante Leistungsbegriff ist (...) dem Recht der Schuldverhältnisse entlehnt (...)."[108] Zugleich werden den Umsatzerlösen die periodendurchschnittlichen Auszahlungen zugeordnet, die notwendig sind, um die Umsatzerlöse zu erzielen[109]. Aus Gründen der Objektivierung will Moxter nach dem Bilanzstichtag anfallende Auszahlungen nur ansetzen, wenn sie sich am Bilanzstichtag in Auszahlungsverpflichtungen gegenüber Dritten niedergeschlagen haben[110].

Schwierig ist die Behandlung zurückliegender Auszahlungen. Sie berührt die Frage, was ein Aktivum ist:

„Es ist klar, daß man ,Aktivum' jetzt anders als ,zu übertragende Auszahlungen' definieren muß, wenn eine Objektivierung gelingen soll."[111] Aufgrund des Verursachungsgedankens von Umsatzerlösen durch vergangene Auszahlungen kommt man leicht zur Aktivierung von Vorleistungen wie Gründungs-, Forschungs- und Reklamefeldzugsauszahlungen, die wegen fehlender Greifbarkeit des mit den Auszahlungen Erlangten nicht ohne weiteres als Vermögenswerte im bilanzrechtlichen Sinne qualifiziert werden können. Die erwähnten Posten können nicht selbständig am Rechtsverkehr teilnehmen, sind insoweit „rein wirtschaftliche Güter". „Das Problem der rein wirtschaftlichen Güter wirft (...) eine sehr unangenehme Alternative auf: entweder Verzicht auf die Einkommensapproximation oder Verzicht auf die Objektivierung."[112]

Moxter arbeitet nicht nur das Entscheidungsproblem des einer Bilanztheorie folgenden Regulierers oder die Wertungsnotwendigkeit, was man hier vorrangig bedienen möchte (Einkommensapproximation oder Objektivierung), sondern auch die weiteren Aussagegrenzen des Periodengewinns heraus[113]. Sie gehen u. a. auf unsichere Erwartungen, Fehlschätzungen und Fehlerkorrekturen, Möglichkeiten der Sachverhaltsgestaltung durch den Bilanzierenden und rein buchtechnische Manipulationsmöglichkeiten zurück.

Die Vorgehensweise von Moxter wurde in der Literatur angegriffen[114]. Wagner sieht zwar den Vorteil darin, dass das Konzept an den Zielen der Anteilseigner verankert ist[115], fragt aber, wie sehr – bei Bezug auf die Selbstinformation des Kaufmanns – auf die Auswertung von Er-

---
[107] Moxter (1974), S. 258.
[108] Moxter (1974), S. 258.
[109] Vgl. Moxter (1974), S. 268.
[110] Vgl. Moxter (1974), S. 270 f.
[111] Moxter (1974), S. 274; im Original z. T. hervorgehoben.
[112] Moxter (1974), S. 276; im Original z. T. hervorgehoben.
[113] Vgl. Moxter (1974), S. 288–292.
[114] Vgl. insb. Schneider (1983); Wagner (1984).
[115] Vgl. Wagner (1984), S. 1183 und S. 1185.

3.1 Denkbare Abbildungsziele der Rechnungslegung

fahrungswissen und Erwartungen über die Zukunft verzichtet werden darf, um die Nachprüfbarkeit der Rechnung zu sichern[116]. Bei der externen Rechnungslegung kommt die Agency- oder Täuschungs-Problematik des Managements hinzu, was dazu führt, dass die Abschlusszahlen auf ihre Gestaltung und Güte hin zu analysieren sind, statt dass man auf die Prognosegüte vertrauen darf[117].

Unabhängig von diesen Einwendungen wird die **Wertungsnotwendigkeit** deutlich, wenn man mit der Rechnungslegung eine aussagefähige oder entscheidungsnützliche Vermögens- oder Gewinnermittlung verbinden möchte. Selbst wenn man die Ertragskomponente bereits konkretisiert hat, hilft es nicht, auf periodengerechte Aufwandszuordnung zu verweisen:

„,Periodengerechte' Aufwandserfassung ist eine leere Vorschrift, solange es nicht gelingt, Kriterien für die Auszahlungsverursachung durch die einzelnen Periodenleistungen anzugeben. Die Schwierigkeiten solcher Zurechnungen sind indessen enorm: Wird etwa ein Reklamefeldzug unternommen, so kann man selbst ex post im Regelfall nicht sagen, welchen Periodenleistungen nun diese Auszahlungen in welchem Umfange zugute gekommen sind. Bei den Auszahlungen für die Unternehmensleitung ist selbst dem Laien klar, daß eine Aufteilung auf die Periodenleistungen verschiedener Perioden problematisch ist. Doch sogar die Materialeinkäufe, die für eine ganz bestimmte Periodenleistung verwendet wurden, sind dieser Periodenleistung nur unter Vorbehalten zurechenbar: So hängen zum Beispiel die Einkaufspreise ab von den Einkaufsmengen; geht in der Rechnungsperiode die Verkaufsmenge und mit ihr die Periodenleistung zurück, so muß sich das noch nicht auf die Einkaufspreise auswirken, zum Beispiel weil bei unveränderter Einkaufsmenge die Lagerhaltung erhöht wurde. Man steht jetzt vor der Frage, ob man der Rechnungsperiode die wirklichen (relativ niedrigen) Einkaufspreise zurechnen soll oder ob man dieser Rechnungsperiode fiktive Einkaufspreise (höhere) zuzuordnen hat."[118]

Selbstverständlich kann man die Einkommensapproximation aufgeben, aber welches Informationsziel verfolgt man dann?

---

[116] Vgl. Wagner (1984), S. 1189 f. sowie S. 1192: „Es ist bislang ungeklärt, wo die Grenzen der einkommensapproximativen Bilanzierung hinsichtlich der Berücksichtigung von Erfahrungswissen und Zukunftsinformationen liegen."
[117] Vgl. Wagner (1984), S. 1193–1195.
[118] Moxter (1974), S. 268; im Original z. T. hervorgehoben.

3. Vermögensabbildung versus Gewinnermittlung

3.2 Gewinnkonzept der IFRS

3.2.1 Systemgrundsätze

Prüft man das Gewinnkonzept der IFRS, wird man zumindest aufgrund einer Suche im Rahmenkonzept nicht fündig. Dort gibt es – wie die Ausführungen in den Kapiteln 2.4 und 2.5 gezeigt haben – qualitative Anforderungen an die Information, die Annahme der Unternehmensfortführung und auch eine formale Definition von Gewinn durch Rückgriff auf Erträge und Aufwendungen, aber **keine inhaltliche Präzisierung im Hinblick auf das Abbildungsziel.** Es lässt sich im Rahmenkonzept nicht einmal erkennen, ob der IASB vorrangig einer Vermögensermittlung und dem Gewinn als Vermögensänderung oder einer Gewinnermittlung und der Bilanz als Sammlung von Verrechnungsposten zuneigt. Zwar besagt Abs. OB7 im Rahmenkonzept: „Finanzberichte für allgemeine Zwecke sind nicht dazu bestimmt, den Wert eines berichtenden Unternehmens zu zeigen; sondern sie liefern Informationen, damit bestehende und potenzielle Investoren, Kreditgeber und andere Gläubiger den Wert des berichtenden Unternehmens einschätzen können." Damit ist eine Vermögensorientierung angesprochen und die Abbildung des Effektivvermögens ausgeschlossen. Aber weitere Anhaltspunkte für das Vermögens- oder Gewinnkonzept fehlen.

Mit der Annahme der Unternehmensfortführung ist inhaltlich wenig gewonnen. Auch die qualitativen Anforderungen von Vergleichbarkeit, Nachprüfbarkeit, Zeitnähe und Verständlichkeit führen nicht weiter. **Es bleiben die Annahmen der Relevanz und glaubwürdigen Darstellung. Ihre Erfüllung stellt aber das Kernproblem jeglicher Rechnungslegung dar.**

Man könnte versucht sein, einen Blick auf die Definition von Aktiva und Schulden und die verwendeten Wertkategorien zu werfen. Ohne den Ausführungen der Kapitel 4 und 5 vorgreifen zu wollen, zeigt sich, dass dieser Rückgriff wenig ergiebig ist:

Ein Aktivum oder Vermögenswert ist nach dem Rahmenkonzept „eine in der Verfügungsmacht des Unternehmens stehende Ressource, die ein Ergebnis von Ereignissen der Vergangenheit darstellt und von der erwartet wird, dass dem Unternehmen aus ihr künftiger wirtschaftlicher Nutzen zufließt." (Abs. 4.4(a))

Als derartige Ressource lässt sich neben den unproblematischen Sachen und Rechten auch jeder darüber hinausgehende wirtschaftliche Wert verstehen. Da IAS 12 aktive latente Steuern als widerspruchslos zu dieser Definition ansieht, weil diese gemäß IAS 12.12 aktiviert werden

3.2 Gewinnkonzept der IFRS

müssen[119], könnte man auch weitere grundsätzlich werthaltige Posten wie Forschungs- und Entwicklungsausgaben und das damit erlangte Know-how als Aktivum ansehen. Das wäre mit dem Konzept, den Umsatzerlösen jeder Periode die zurechenbaren Auszahlungen gegenüberzustellen, vereinbar.

Die Einschränkung in der Definition der Vermögenswerte resultiert weniger aus der Erwartung des Zufließens von künftigem wirtschaftlichem Nutzen als Ergebnis eines vergangenen Ereignisses als aus der notwendigen Verfügungsmacht des Unternehmens. Aber auch dies wäre beispielsweise bei einem aus Forschung und Entwicklung gewonnenen Know-how, das nicht ohne weiteres von Mitarbeitern durch Weggang mitgenommen werden kann, kein Problem.

Zwar wird für den Ansatz von Vermögenswerten weiterhin verlangt, dass der Nutzenzufluss wahrscheinlich sein muss und die Anschaffungs- oder Herstellungskosten oder der Wert des Sachverhaltes verlässlich ermittelt werden können (Rahmenkonzept Abs. 4.38), aber auch diese Anforderungen begrenzen kaum die Aktiva.

Immerhin lässt die Definition von Schulden erkennen, dass Innenverpflichtungen nicht angesetzt werden dürfen[120]:

„Eine Schuld ist eine gegenwärtige Verpflichtung des Unternehmens, die aus Ereignissen der Vergangenheit entsteht und deren Erfüllung für das Unternehmen erwartungsgemäß mit einem Abfluss von Ressourcen mit wirtschaftlichem Nutzen verbunden ist." (Rahmenkonzept Abs. 4.4(b))

„Eine Verpflichtung betrifft immer eine andere Partei, gegenüber der die Verpflichtung besteht." (IAS 37.20)

Damit wird scheinbar deutlich, dass reine Verrechnungsposten, die wegen des Verdrängens eines Postens aus der GuV in die Bilanz gelangen sollen, um die GuV für die Gewinnermittlung aussagekräftig zu machen, nicht ausreichen. Jedoch entsteht gemäß IAS 12.15 grundsätzlich

---

[119] „Falls der auf die laufenden und früheren Perioden entfallende und bereits bezahlte Betrag den für diese Perioden geschuldeten Betrag übersteigt, so ist der Unterschiedsbetrag als Vermögenswert anzusetzen." (IAS 12.12) Hierbei gilt das temporary concept, wonach grundsätzlich jede Bilanzierungs- oder Bewertungsdifferenz zwischen IFRS- und Steuerbilanz in die Steuerabgrenzung einbezogen wird. Vgl. auch Coenenberg/Blaum/Burkhardt (2010), Rz. 55.

[120] Die Grenze zwischen Innen- und Außenverpflichtungen verwischt allerdings, wenn rein faktische Außenverpflichtungen betrachtet werden. Vgl. auch Preißler (2005), S. 95 f.; Moxter (2003), S. 114 f. Das zeigt sich auch bei der Behandlung von Restrukturierungsrückstellungen. Diese werden nach IAS 37.70–83 unter bestimmten Bedingungen als faktische Verpflichtung gegenüber Dritten behandelt. Vgl. hierzu auch Hain (2000), S. 2–81.

3. Vermögensabbildung versus Gewinnermittlung

für alle zu versteuernden temporären Differenzen eine latente Steuerschuld. Dieser Posten ist nur schwer als gegenwärtige Verpflichtung zu verstehen.

Konsequenz aller Überlegungen ist, dass sich aus dem Rahmenkonzept allein das Gewinnkonzept nicht erschließt. Es kann nur deutlich werden, wenn man sämtliche IFRS in Verbindung mit dem Rahmenkonzept analysiert. Allerdings werden sich auch hier – wie noch in den Kapiteln 4 bis 6 zu zeigen ist – keine befriedigenden Resultate ergeben[121].

Damit ist das Rahmenkonzept aber einer wichtigen Aufgabe beraubt, die in ihm selbst mit „Unterstützung des Board bei der Entwicklung zukünftiger IFRS sowie bei der Überprüfung bereits bestehender IFRS" (Zweck und Status, S. A27) beschrieben wird. Wie kann man konsistente Standards gewinnen, wenn das Ziel der Bilanzierung im Sinne eines Vermögens- oder Gewinnkonzepts offen oder vage bleibt?

3.2.2 Gesamtergebnisrechnung (Statement of Comprehensive Income)

Im Rahmenkonzept der IFRS wird der Gewinn als ein Maß für die „performance" eines Unternehmens, die mit Ertragskraft übersetzt wird, genannt (Abs. 4.24 bis 4.28). Was genau darunter zu verstehen ist, wird nicht erläutert. Der Gewinn stellt einerseits die nicht auf Kapitaleinlagen und -entnahmen zurückgehende Eigenkapitalveränderung dar (IAS 1.109), andererseits – und enger – die Differenz aus Erträgen und Aufwendungen (Abs. 4.24), deren Erfassung und Bemessung (Bewertung) teilweise von dem zugrundeliegenden Kapitalerhaltungskonzept abhängt, wobei sich der IASB nicht auf ein Konzept festlegt (Abs. 4.57-65).

Nach welchen inhaltlichen Regelungen Erträge und Aufwendungen abgegrenzt werden, ergibt sich – genauso wie die Frage der Erfolgswirksamkeit oder Erfolgsneutralität – nicht aus einem klaren bilanztheoretischen Konzept, sondern nur aus einer Zusammenschau der einzelnen IFRS. Diesen unbefriedigenden Zustand konstatierte der IASB selbst und nannte ihn einen Grund für das im Jahr 2001 aufgenommene Projekt „Reporting Comprehensive Income", dem vormaligen „The Income Statement (Reporting Performance)"[122], das mittlerweile „Financial

---

[121] Vgl. Hettich (2006), S. 179–181.
[122] Die unbefriedigenden Regeln zur Gewinnrealisierung wurden als Grund für die Aufnahme des Projektes Revenue Recognition genannt, vgl. IASB (2008a).

Statement Presentation"[123] heißt, wobei dieses interessanterweise nicht mehr auf das oben erwähnte Motiv verweist.

Das comprehensive income oder Gesamtergebnis ist ein originärer Begriff der US-GAAP und erfasst alle Eigenkapitaländerungen einer Periode, die nicht auf Kapitaleinlagen oder Kapitalrückzahlungen zurückgehen (IAS 1.7). Es umschließt neben dem Gewinn oder Verlust (profit or loss) aus der Gewinn- und Verlustrechnung (income statement) diejenigen Posten, die an dieser vorbei direkt in das Eigenkapital oder aus dem Eigenkapital gebucht werden (other comprehensive income oder sonstiges Ergebnis). Der IASB hat den Ausdruck comprehensive income im Jahre 2007 im IAS 1 übernommen, nachdem er schon früher das Konzept ohne Namensnennung verwendet hat.

3.2.3 Abschlusskonzept der IFRS

Nach IAS 1.10 besteht ein vollständiger Abschluss aus mehr als Bilanz und GuV, mit deren Hilfe das Vermögen und der Gewinn ermittelt werden. Ein vollständiger Abschluss verlangt vielmehr

(a) eine Bilanz zum Abschlussstichtag,
(b) eine Gesamtergebnisrechnung für die Periode,
(c) eine Eigenkapitalveränderungsrechnung für die Periode,
(d) eine Kapitalflussrechnung für die Periode,
(e) einen Anhang mit zusammenfassender Darstellung der wesentlichen Rechnungslegungsmethoden und sonstigen Erläuterungen und
(f) eine Bilanz zu Beginn der frühesten Vergleichsperiode, wenn ein Unternehmen eine Rechnungslegungsmethode rückwirkend anwendet oder Posten im Abschluss rückwirkend anpasst, berichtigt oder umgliedert.

Die Gesamtergebnisrechnung besteht entweder aus einer einzigen integrierten Rechnung oder aus einer zweiteiligen Rechnung in Form einer gesonderten Gewinn- und Verlustrechnung und des unmittelbar anschließendes Teils „sonstiges Ergebnis" (IAS 1.10A).

---

[123] Hierzu liegt ein Diskussionspapier vom Oktober 2008 vor und es gab Änderungen zu IAS 1 am 16. Juni 2011.

3.3 Zusammenfassung in Thesen

(1) Rechnungslegung dient – auch unter dem (alleinigen) Gesichtspunkt von Entscheidungsnützlichkeit und Rechenschaft – der Vermögens- oder Gewinnermittlung. Es ist bekannt, dass „anspruchsvolle", ökonomisch interpretierbare Vermögensdarstellung mit „anspruchvoller", ökonomisch interpretierbarer Gewinndarstellung nicht zu vereinbaren ist. Um zweckgerechte und nachprüfbare Regeln ableiten zu können, ist das beabsichtigte Konzept zu präzisieren. Aus dem Vermögens- oder Gewinnkonzept ergeben sich Schlussfolgerungen für anzusetzende Aktiva und Passiva und für die Bewertungskategorien.

(2) Der IASB will grundsätzlich Fortführungsvermögen ermitteln lassen und schließt hierbei das Effektivvermögen (die Darstellung des Unternehmenswerts) explizit aus. Andere Konzepte wie Marktpreisvermögen aufgrund von Einzelbewertung oder Vermögen nach historischen Kosten sind denkbar, werden aber im Rahmenkonzept nicht diskutiert. Stattdessen werden Wertkategorien nur aufgezählt und beschrieben.

(3) Mit der Gesamtergebnisrechnung geht der IASB über die Gewinn- und Verlustrechnung (GuV) hinaus. Für ihre Darstellung enthält IAS 1 formale Kriterien im Sinne integrierter oder zweiteiliger Rechnung. Die inhaltlich bedeutsame Frage, nach welchen Prinzipien Erträge und Aufwendungen an der GuV vorbei direkt im Eigenkapital gebucht werden sollen, bleibt unbeantwortet.

(4) Der IASB rekurriert bei der Standardsetzung auf die qualitativen Anforderungen von Relevanz und glaubwürdiger Darstellung der Information. Das damit verbundene Vermögens- oder Gewinnkonzept ergibt sich nur aus der Betrachtung der einzelnen IFRS. Der ökonomische Aussagegehalt des Gewinns oder des Vermögens bleibt damit (noch) offen.

4. Bilanzansatz

4.1 Posten und Gliederung

Die Bilanz nach IFRS kennt nur drei übergeordnete Posten (IAS 1.9):
(a) Vermögenswerte,
(b) Schulden und
(c) Eigenkapital.

Gemäß IAS 1.27 hat ein Unternehmen seinen Abschluss nach dem Konzept der Periodenabgrenzung aufzustellen. Danach „werden Posten als Vermögenswerte, Schulden, Eigenkapital (…) dann erfasst, wenn sie die im Rahmenkonzept für die betreffenden Elemente enthaltenen Definitionen und Erfassungskriterien erfüllen." (IAS 1.28; im Original z. T. hervorgehoben)

Ein **Vermögenswert** ist im Rahmenkonzept **definiert** als „eine in der Verfügungsmacht des Unternehmens stehende Ressource, die ein Ergebnis von Ereignissen der Vergangenheit darstellt und von der erwartet wird, dass dem Unternehmen aus ihr künftiger wirtschaftlicher Nutzen zufließt." (Abs. 4.4(a))

Ein **Vermögenswert** ist im Abschluss zu **erfassen**, „wenn

(a) es wahrscheinlich ist, dass ein mit (ihm, Verf.) verbundener künftiger wirtschaftlicher Nutzen dem Unternehmen zufließen wird; und
(b) die Anschaffungs- oder Herstellungskosten oder der Wert (…) verlässlich ermittelt werden können." (Abs. 4.38)

Seine Kennzeichen sind mit anderen Worten:
- Nutzenbündel in der Verfügungsmacht des Unternehmens aufgrund vergangener Ereignisse
- mit erwartetem, d. h. wahrscheinlichem Nutzenzufluss und
- verlässlicher Bewertbarkeit.

Eine **Schuld** ist im Rahmenkonzept **definiert** als „eine gegenwärtige Verpflichtung des Unternehmens, die aus Ereignissen der Vergangenheit entsteht und deren Erfüllung für das Unternehmen erwartungsgemäß mit einem Abfluss von Ressourcen mit wirtschaftlichem Nutzen verbunden ist." (Abs. 4.4(b))

4. Bilanzansatz

Die **Schuld** ist im Abschluss zu **erfassen**, wenn es wahrscheinlich ist, dass künftiger Nutzen abfließen wird und dass der Erfüllungsbetrag verlässlich bewertet werden kann (Abs. 4.46).

Eigenkapital ist der **Saldo** aus Vermögenswerten und Schulden (Abs. 4.4(c)).

Zur **Aufgliederung** der Posten besagt IAS 1.29:

„Ein Unternehmen hat jede wesentliche Gruppe gleichartiger Posten gesondert darzustellen. Posten einer nicht ähnlichen Art oder Funktion werden gesondert dargestellt, sofern sie nicht unwesentlich sind."

Wesentlich wird folgendermaßen definiert:

„Auslassungen oder fehlerhafte Darstellungen eines Postens sind wesentlich, wenn sie einzeln oder insgesamt die auf der Basis des Abschlusses getroffenen wirtschaftlichen Entscheidungen der Adressaten beeinflussen könnten. Wesentlichkeit hängt vom Umfang und von der Art der Auslassung oder fehlerhaften Darstellung ab, wobei diese unter den gegebenen Begleitumständen beurteilt werden." (IAS 1.7) Diese Regelung entspricht Abs. QC11 des Rahmenkonzepts.

Vermögenswerte und Schulden dürfen nur miteinander saldiert werden, wenn einzelne IFRS das fordern oder erlauben (IAS 1.32).

Danach gelten die **gesonderte Darstellung jeder wesentlichen Postengruppe** und ein generelles **Saldierungsverbot**. Darüber hinaus gilt das grundsätzliche Gebot der **Darstellungsstetigkeit** (IAS 1.45).

IAS 1.60 verlangt:

„Ein Unternehmen hat (...) kurzfristige und langfristige Vermögenswerte sowie kurzfristige und langfristige Schulden als getrennte Gliederungsgruppen in der Bilanz darzustellen, sofern nicht eine Darstellung nach der Liquidität zuverlässig und relevanter ist. Trifft diese Ausnahme zu, sind alle Vermögenswerte und Schulden nach ihrer Liquidität darzustellen."

Die **Darstellung** in der Bilanz hat also **nach Fristigkeit oder Liquidität** zu erfolgen. Liquidität bleibt in IAS 1 undefiniert, meint aber die Nähe zum Geld oder zur Geldwerdung. Mit Fristigkeit wird die Haltedauer der Posten verbunden.

Die Darstellung nach Liquidität kann insbesondere für Banken geeigneter sein (IAS 1.63). Mischungen der beiden Kriterien sind erlaubt, „wenn hierdurch zuverlässige und relevantere Informationen zu erzielen sind." (IAS 1.64)

„Ein Unternehmen hat einen Vermögenswert in folgenden Fällen als kurzfristig einzustufen:

(a) die Realisierung des Vermögenswerts wird innerhalb des normalen Geschäftszyklus erwartet, oder der Vermögenswert wird zum Verkauf oder Verbrauch innerhalb dieses Zeitraums gehalten;
(b) der Vermögenswert wird primär für Handelszwecke gehalten;
(c) die Realisierung des Vermögenswerts wird innerhalb von zwölf Monaten nach dem Abschlussstichtag erwartet; oder
(d) es handelt sich um Zahlungsmittel oder Zahlungsmitteläquivalente (gemäß der Definition in IAS 7), es sei denn, der Tausch oder die Nutzung des Vermögenswerts zur Erfüllung einer Verpflichtung sind für einen Zeitraum von mindestens zwölf Monaten nach dem Abschlussstichtag eingeschränkt.

Alle anderen Vermögenswerte sind als langfristig einzustufen." (IAS 1.66)

„Ein Unternehmen hat eine Schuld in folgenden Fällen als kurzfristig einzustufen:

(a) die Erfüllung der Schuld wird innerhalb des normalen Geschäftszyklus erwartet;
(b) die Schuld wird primär für Handelszwecke gehalten;
(c) die Erfüllung der Schuld wird innerhalb von zwölf Monaten nach dem Abschlussstichtag erwartet; oder
(d) das Unternehmen hat kein uneingeschränktes Recht, die Erfüllung der Schuld um mindestens zwölf Monate nach dem Abschlussstichtag zu verschieben (…). Ist die Schuld mit Bedingungen verbunden, nach denen diese aufgrund einer Option der Gegenpartei durch die Ausgabe von Eigenkapitalinstrumenten erfüllt werden kann, so beeinflusst dies ihre Einstufung nicht.

Alle anderen Schulden sind als langfristig einzustufen." (IAS 1.69)

Die **Mindestgliederung der Bilanz** umfasst gemäß IAS 1.54

für Aktiva:

- Sachanlagen,
- als Finanzinvestitionen gehaltene Immobilien,
- immaterielle Vermögenswerte,
- finanzielle Vermögenswerte (außer nach der Equity-Methode bilanzierte Finanzanlagen, Forderungen sowie Zahlungsmittel),
- nach der Equity-Methode bilanzierte Finanzanlagen,
- biologische Vermögenswerte,
- Vorräte,
- Forderungen aus Lieferungen und Leistungen und sonstige Forderungen,

4. Bilanzansatz

- Zahlungsmittel und Zahlungsmitteläquivalente,
- Steuererstattungsansprüche gemäß IAS 12,
- latente Steueransprüche gemäß IAS 12,
- die Summe der Vermögenswerte, die gemäß IFRS 5 als zur Veräußerung klassifiziert werden, und der Vermögenswerte, die zu einer als zur Veräußerung gehalten klassifizierten Veräußerungsgruppe gehören.

Als Passiva sind mindestens auszuweisen:

- Verbindlichkeiten aus Lieferungen und Leistungen und sonstige Verbindlichkeiten,
- Rückstellungen,
- finanzielle Schulden,
- Steuerschulden gemäß IAS 12,
- latente Steuerschulden gemäß IAS 12,
- Minderheitsanteile am Eigenkapital,
- gezeichnetes Kapital und Rücklagen, die den Anteilseignern der Muttergesellschaft zuzuordnen sind,
- die Schulden, die den Veräußerungsgruppen zugeordnet sind, die gemäß IFRS 5 als zur Veräußerung gehalten klassifiziert werden.

Erkennbar eröffnen diese Anforderungen Freiräume. Darüber hinaus ist bei deutschen Unternehmen festzustellen, dass trotz dieser Anforderungen oftmals weitgehend am HGB-Gliederungsschema festgehalten wird[124].

Latente Steuerposten sind bei einer Gliederung nach der Fristigkeit **immer langfristige Posten** (IAS 1.56).

Aus den oben geschilderten Mindestanforderungen resultiert die in Abbildung 1 auf der folgenden Seite wiedergegebene grundsätzliche Bilanzgliederung nach Fristigkeit und unter Außerachtlassung biologischer Vermögenswerte[125].

„Ein Unternehmen hat in der Bilanz zusätzliche Posten, Überschriften und Zwischensummen darzustellen, wenn eine solche Darstellung für das Verständnis der Vermögens- und Finanzlage des Unternehmens relevant ist." (IAS 1.55)

Bezeichnungsänderungen sind möglich; die obige Aufzählung ist keine zwingende Reihenfolge (IAS 1.57).

---

[124] Vgl. von Keitz (2005), S. 27–32.
[125] Vgl. auch (den deutschen) RIC 1 Bilanzgliederung nach Fristigkeit gemäß IAS 1 Darstellung des Abschlusses vom 25. März 2009. Dort wurden die Reihenfolge und die Zusammenfassung von Posten leicht verändert. Vgl. ferner Haufe IFRS-Kommentar/Lüdenbach (2012), §2 Rz. 41.

4.1 Posten und Gliederung

„Ein Unternehmen hat weitere Unterposten entweder in der Bilanz oder in den Anhangangaben in einer für die Geschäftstätigkeit des Unternehmens geeigneten Weise anzugeben." (IAS 1.77) Hierbei besteht nicht nur ein Freiheitsgrad der rechnungslegenden Unternehmen, sondern es sind auch die durch weitere IFRS vorgegebenen Angabepflichten zu berücksichtigen (IAS 1.78).

Für alle Posten sind grundsätzlich „Vergleichsinformationen hinsichtlich der vorangegangenen Periode anzugeben." (IAS 1.38).

Bilanz	
AKTIVA **A. Langfristige Vermögenswerte** 1. Sachanlagen 2. Als Finanzinvestition gehaltene Immobilien 3. At equity bilanzierte Finanzanlagen 4. Weitere Finanzanlagen (ohne 2. und 3.) 5. Immaterielle Vermögenswerte 6. Latente Steueransprüche Summe langfristiger Vermögenswerte **B. Kurzfristige Vermögenswerte** 1. Vorräte 2. Forderungen aus Lieferungen und Leistungen und sonstige Forderungen 3. Weitere kurzfristige finanzielle Vermögenswerte 4. Steuererstattungsansprüche 5. Zahlungsmittel und Zahlungsmitteläquivalente Zwischensumme kurzfristiger Vermögenswerte 6. Zur Veräußerung gehaltene langfristige Vermögenswerte und Veräußerungsgruppen Summe kurzfristiger Vermögenswerte Bilanzsumme	**PASSIVA** **A. Eigenkapital** 1. Gezeichnetes Kapital 2. Rücklagen 3. Direkt im Eigenkapital erfaßte Erträge oder Aufwendungen im Zusammenhang mit Veräußerungswerten Eigene Anteile Minderheitsanteile Summe Eigenkapital **B. Langfristige Schulden** 1. Langfristige finanzielle Schulden 2. Langfristige Rückstellungen 3. Latente Steuerschulden Summe langfristiger Schulden **C. Kurzfristige Schulden** 1. Verbindlichkeiten aus Lieferungen und Leistungen und sonstige Verbindlichkeiten 2. Weitere kurzfristige finanzielle Schulden 3. Steuerschulden 4. Kurzfristige Rückstellungen Zwischensumme kurzfristiger Schulden 5. Schulden, die Veräußerungswerten zugeordnet sind Summe kurzfristiger Schulden Summe Schulden Bilanzsumme

Abb. 1: Bilanzmindestgliederung

4. Bilanzansatz

Die Abbildungen 2 und 3 fassen die wesentlichen Regelungen zusammen.

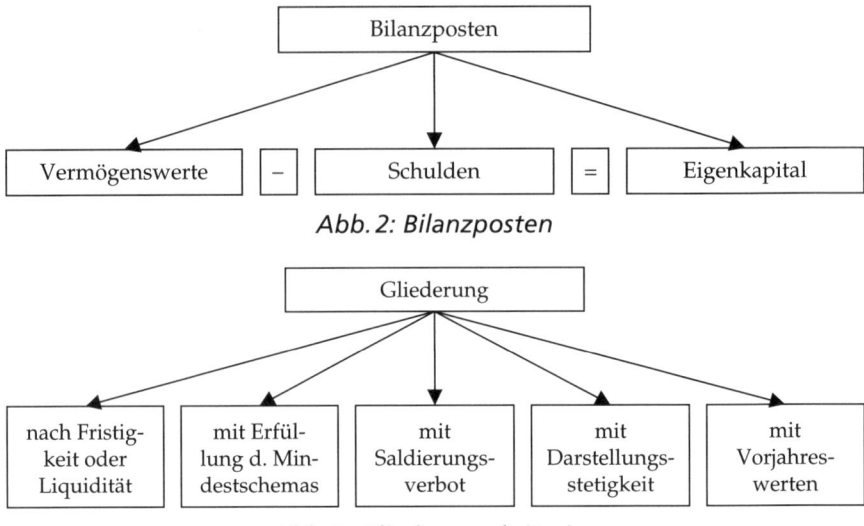

```
                      Bilanzposten
           ┌──────────────┼──────────────┐
    Vermögenswerte  −  Schulden   =   Eigenkapital
```

Abb. 2: Bilanzposten

```
                       Gliederung
      ┌───────────┬─────────┬─────────┬───────────┐
  nach Fristig-  mit Erfül-    mit        mit         mit
  keit oder      lung d. Min-  Saldierungs- Darstellungs- Vorjahres-
  Liquidität     destschemas   verbot     stetigkeit   werten
```

Abb. 3: Gliederungskriterien

4.2 Aktiva

4.2.1 Eigenschaften

Anzusetzende Aktiva sind – wie in Kapitel 4.1 erwähnt – Nutzenbündel

(a) in der Verfügungsmacht des Unternehmens aufgrund vergangener Ereignisse
(b) mit erwartetem, d. h. wahrscheinlichem Nutzenzufluss und
(c) verlässlicher Bewertbarkeit.

In der **Verfügungsmacht des Unternehmens** zu stehen bedeutet nach dem Rahmenkonzept nicht zwingend, Eigentum an den Vermögenswerten zu haben. „Bei der Bestimmung, ob ein Vermögenswert vorliegt, ist das Eigentumsrecht nicht entscheidend." (Abs. 4.12) Der wirtschaftliche Gehalt kann die rechtliche Gestaltung zurückdrängen (Abs. 4.6); der Besitzer eines Gegenstands kann diesen bilanzieren müssen, ohne Eigentümer zu sein. Das ist beispielsweise bei bestimmten Leasinggütern, bei sicherungsübereigneten oder unter Eigentumsvorbehalt gelieferten Gütern der Fall. Es gilt eine **wirtschaftliche Betrachtungsweise** (Abs. 4.12)[126], wonach es auf faktische Gegebenheiten statt auf das Rechtskleid ankommt.

---

[126] Vgl. auch Matena (2004).

4.2 Aktiva

Wann Verfügungsmacht vorliegt, ist weniger bei Sachen (Leasing ausgenommen) und Rechten als bei immateriellen Posten ein Problem. Einschlägig ist insbesondere IAS 38.69, wonach keine Aktivierungsmöglichkeit besteht bei Ausgaben für

- Forschung, außer wenn sie Teil der Kosten eines Unternehmenszusammenschlusses sind,
- die Gründung und den Anlauf des Geschäftsbetriebs,
- Aus- und Weiterbildungsaktivitäten,
- Werbekampagnen und Maßnahmen der Verkaufsförderung,
- die Verlegung oder Umorganisation von Unternehmensteilen oder des gesamten Unternehmens.

Die fehlende Verfügungsmacht für ein Nutzenbündel könnte ebenso wie der unerwartete (unwahrscheinliche) Nutzenzufluss oder die verlässliche Bewertbarkeit hierfür der Grund sein.

Wann ein **wahrscheinlicher Nutzenzufluss** vorliegt, wird nicht konkretisiert. Im Zusammenhang mit dem Ansatz von unsicheren Schulden besagt jedoch IAS 37.23:

„Für die Zwecke dieses Standards, wird ein Abfluss von Ressourcen oder ein anderes Ereignis als wahrscheinlich angesehen, wenn mehr dafür als dagegen spricht, d.h. die Wahrscheinlichkeit, dass das Ereignis eintritt, ist größer als die Wahrscheinlichkeit, dass es nicht eintritt."

Wahrscheinlich wird hier als mit mehr als 50% Eintrittswahrscheinlichkeit versehen verstanden.

Hingegen regelt IAS 37.35 zu Eventualforderungen:

„Wenn ein Zufluss wirtschaftlichen Nutzens so gut wie sicher geworden ist, werden der Vermögenswert und der diesbezügliche Ertrag im Abschluss des Berichtszeitraums erfasst, in dem die Änderung auftritt."

Mit „so gut wie sicher" wird mehr verlangt als ein „Mehr-dafür-als-dagegen-Sprechen". Insofern wird der unklare Wahrscheinlichkeitsbegriff zu Recht kritisiert[127].

Auch wenn bereits diese Mehrdeutigkeit unbefriedigend ist, liegt das inhaltliche Problem nicht allein in der fehlenden eindeutigen Vorgabe, sondern insbesondere auch in der Gewinnung und Objektivierung der zugrunde liegenden Wahrscheinlichkeitsverteilung[128].

---

[127] Vgl. z.B. Plock (2004), S.49; Heidemann (2005), S.63f. Vgl. weiterhin zu der Berücksichtigung von Wahrscheinlichkeiten auf der Aktiv- und Passivseite Haufe IFRS-Kommentar/Hoffmann/Lüdenbach (2012), §1 Rz. 88 und Haufe IFRS-Kommentar/Hoffmann (2012), §21 Rz. 35–50.

[128] Wie das Kriterium der Wahrscheinlichkeit demnächst behandelt werden wird, bleibt abzuwarten. Es wurde von FASB und IASB mit der Definition von Schulden verbunden. Hierfür bestehen bisher nur Arbeitsdefinitionen

4. Bilanzansatz

Verlässliche Bewertbarkeit verlangt die zuverlässige Ermittlung von Anschaffungs- oder Herstellungskosten oder sonstigen Werten. Verlässliche Bewertbarkeit schließt – mehr oder minder willkürliche – Zurechnungsvorgänge, wie sie bei der Verteilung von Gemeinkosten auf selbststellte Güter oder bei der Verteilung einer Kaufpreissumme auf einzelne erworbene Vermögenswerte notwendig sind, nicht aus. Gleichermaßen können Schätzungen notwendig werden. „Die Verwendung hinreichend genauer Schätzungen ist ein wesentlicher Teil der Aufstellung des Abschlusses, dessen Verlässlichkeit dadurch nicht beeinträchtigt wird." (Rahmenkonzept Abs. 4.41)

Anschaffung oder Herstellung sind keine zwingende Voraussetzung von Aktiva. Güter können geschenkt worden und aktivierungspflichtig sein (Rahmenkonzept Abs. 4.14). Insofern spielen die bei der Definition der verlässlichen Bewertung genannten sonstigen Werte nicht nur bei der Folgebewertung, sondern auch bei der Zugangsbewertung eine Rolle.

Der Hinweis, wonach Ausgaben für Forschung, außer wenn sie Teil der Kosten eines Unternehmenszusammenschlusses sind, nicht aktiviert werden dürfen (IAS 38.69), zeigt, dass die **Ansatzkriterien bei Unternehmenszusammenschlüssen gegenüber der Selbstherstellung aufgeweicht** werden. Der Grund liegt darin, dass man den Kaufpreis für ein erworbenes Unternehmen auf möglichst viele Vermögenswerte, die getrennt mit ihren Erwerbskosten zu aktivieren sind, aufteilen möchte, um den verbleibenden (in der Regel positiven) Restbetrag, der als Geschäfts- oder Firmenwert (Goodwill) auszuweisen ist, klein zu halten[129]. Das soll – unter anderem – die Folgebewertung erleichtern und aussagekräftiger machen.

Der hierbei einschlägige IFRS 3 nennt in seinen „Illustrative Examples" (IE) für erworbene Güter folgende Beispiele (IFRS 3.IE16-44):

(a) Absatzmarktbezogene immaterielle Vermögenswerte (IFRS 3.IE18)
- Warenzeichen, Firmennamen, Dienstleistungsmarken, Dachmarken und Zertifizierungszeichen,
- Aufmachung (besondere Farbe, Form oder Verpackungsgestaltung),
- Zeitungstitel,
- Internet-Domänennamen,
- Wettbewerbsunterlassungsvereinbarungen.

(b) Kundenbezogene immaterielle Vermögenswerte (IFRS 3.IE23)
- Kundenlisten,

---

im Zusammenhang mit der Überarbeitung des Rahmenkonzepts. Vgl. www.fasb.org/project/cf_phase-b.shtml (Stand: 19. Dezember 2012). Der IASB wird dieses aber demnächst alleine vorantreiben. Vgl. Kapitel 1.

[129] Vgl. auch Kuhner (2008), S. 17.

- Auftragsbestand oder Aufträge in Bearbeitung,
- Kundenverträge und damit verbundene Kundenbeziehungen,
- nichtvertragliche Kundenbeziehungen.
(c) Kunstbezogene immaterielle Vermögenswerte (IFRS 3.IE32)
    - Theaterstücke, Opern and Ballettstücke,
    - Bücher, Zeitschriften, Zeitungen and andere literarische Werke,
    - musikalische Werke wie Kompositionen, Liedtexte und Werbemelodien,
    - Bilder und Fotos,
    - Videoaufnahmen und audiovisuelle Aufzeichnungen, einschließlich Kino- und Spielfilme, Musikvideos und Fernsehprogramme.
(d) Vertragsbezogene immaterielle Vermögenswerte (IFRS 3.IE34)
    - Lizenzvereinbarungen, Verträge über Nutzungsentgelte und Stillhaltevereinbarungen,
    - Werbeverträge, Fertigungsaufträge, Geschäftsführungs-, Dienstleistungs- oder Lieferverträge,
    - Leasingverträge,
    - Baugenehmigungen,
    - Franchise-Verträge,
    - Betreiber- und Senderechte,
    - Verwaltungs-/Abwicklungsverträge und Hypothekenabwicklungsverträge,
    - Arbeitsverträge,
    - Nutzungsrechte.
(e) Technologiebezogene immaterielle Vermögenswerte (IFRS 3.IE39)
    - Patentierte Technologien,
    - Computersoftware und Topographien,
    - unpatentierte Technologien,
    - Datenbanken, einschließlich Grundbuchverzeichnisse,
    - Betriebsgeheimnisse wie Geheimverfahren, Prozesse und Rezepte.

Zur Problematik dieser Liste vergleiche unten Kapitel 9.10.1.3.

4.2.2 Sachanlagen (ohne Leasing und als Finanzinvestition gehaltene Immobilien)

Sachanlagen werden – unter Vernachlässigung biologischer Vermögenswerte (vgl. hierzu IAS 41) und zur Veräußerung gehaltener Vermögenswerte (vgl. hierzu Kapitel 4.2.6) – geregelt durch

(a) IAS 16 Sachanlagen,
(b) IAS 17 Leasingverhältnisse und
(c) IAS 40 Als Finanzinvestition gehaltene Immobilien.

4. Bilanzansatz

Sachanlagen umfassen **materielle Vermögenswerte**, die ein Unternehmen für Zwecke der Herstellung oder der Lieferung von Gütern und Dienstleistungen, zur Vermietung an Dritte oder für Verwaltungszwecke besitzt, und die erwartungsgemäß länger als eine Periode genutzt werden (IAS 16.6). **Materielle Vermögenswerte haben körperliche oder – anders ausgedrückt – physische Substanz.**

Unter Sachanlagen fallen insbesondere unbebaute Grundstücke, Grundstücke und Gebäude, Maschinen und technische Anlagen, Schiffe, Flugzeuge, Kraftfahrzeuge, Betriebs- und Geschäftsausstattung (IAS 16.37).

Strittig ist die Auslegung der Formulierung, wonach Sachanlagen „länger als eine Periode genutzt werden". Die Formulierung ist mit einer Nutzung über mindestens 12 Monate ebenso zu vereinbaren wie mit einer kürzeren Nutzung über zwei Geschäftsjahre. Ich halte die zweite Auslegung für schwach überlegen[130].

IAS 16 lässt offen, wie einzelne Vermögenswerte des Sachanlagevermögens von anderen abzugrenzen sind. Gemäß IAS 16.43 ist aber jeder Teil einer abnutzbaren Sachanlage, der einen bedeutsamen Anteil an den gesamten Anschaffungs- oder Herstellungskosten hat, separat zu betrachten und planmäßig abzuschreiben. Es gilt ein **Komponentenansatz**, wobei die genauen Kriterien zur Bestimmung der Komponenten fehlen. Zwar wurde im Übergang von IAS 16 (überarbeitet 1998) zu dem jetzt geltenden IAS 16 (veröffentlicht 18. Dezember 2003) die Bezeichnung „Komponente" durch „bedeutsamer Teil" ersetzt, aber auch dieser Begriff bleibt unbestimmt.

Während einerseits der Komponentenansatz verlangt, bedeutsame Teile eines größeren Ganzen getrennt zu betrachten (z. B. Flugwerk und Triebwerke eines Flugzeugs; IAS 16.44), kann es andererseits angemessen sein, einzelne unbedeutende Vermögenswerte, wie Press-, Gussformen oder Werkzeuge, zusammenzufassen und die Bilanzierungsvorschriften für einen Vermögenswert auf die zusammengefasste Menge anzuwenden (IAS 16.9).

Aus den im Mai 2012 verabschiedeten Annual Improvements ergibt sich eine veränderte Formulierung der früher in IAS 16 enthaltenen Hinweise zur Bilanzierung von Ersatzteilen, Bereitschaftsausrüstungen und Wartungsgeräten. Es wird nun nicht mehr davon ausgegangen, dass sie normalerweise unter das Vorratsvermögen (IAS 2) fallen und lediglich solche Teile zu den Sachanlagen gehören, die nur in Zusammenhang mit einem Gegenstand der Sachanlagen genutzt werden können oder die als bedeutend anzusehen sind und die erwartungsgemäß länger als eine Periode gebraucht werden. Stattdessen werden nun alle Ersatzteile, Be-

---

[130] Vgl. Ballwieser (2013), Tz. 10.

reitschaftsausrüstungen und Wartungsgeräte unter IAS 16 subsumiert, wenn sie die Definition von Sachanlagen erfüllen. Andernfalls kommt IAS 2 zur Anwendung. Diese Änderung gilt für Geschäftsjahre, die am oder nach dem 1. Januar 2013 beginnen.

Gegenstände der Sachanlagen können aus Gründen der Sicherheit oder des Umweltschutzes erworben werden, ohne dass durch sie direkt der wirtschaftliche Nutzen eines bereits vorhandenen Gegenstandes der Sachanlagen erhöht wird. Mögliche Beispiele für derartige Gegenstände sind Luftfilter- oder Kläranlagen[131]. Sie mögen aber notwendig sein, um den wirtschaftlichen Nutzen aus den anderen Vermögenswerten des Unternehmens überhaupt erst zu gewinnen oder zu erhöhen. In diesem Fall qualifizieren sich diese angeschafften Gegenstände als Vermögenswerte und sind eigenständig anzusetzen. Freilich ist ihr Ansatz nur insoweit erlaubt, wie der Buchwert eines solchen Vermögenswerts und seiner zugehörigen Vermögenswerte nicht den gesamten erzielbaren Betrag aus ihm und den zugehörigen Gegenständen übersteigt (IAS 36.8). Sie unterliegen demgemäß einer Überprüfung auf Wertminderungen gemäß IAS 36 (IAS 16.11).

Im Januar 2009 wurde IFRIC 18, Übertragung von Vermögenswerten durch einen Kunden, verabschiedet, der sich in Teilen auf den Ansatz von Sachanlagen auswirkt. Die Interpretation ist vor allem für Unternehmen des Versorgungssektors von Bedeutung (vgl. aber IFRIC 18.2 für weitere denkbare Anwendungsgebiete). Sie regelt die bilanzielle Behandlung von Sachanlagen, die ein Unternehmen von einem Kunden unter der Auflage erhält, sie für den Anschluss des Kunden an ein Netz oder die Einrichtung eines dauerhaften Zugangs zur Versorgung mit Gütern oder Dienstleistungen zu verwenden. IFRIC 18.9 stellt klar, dass aus Sicht des empfangenden Unternehmens die Definition eines Vermögenswertes nicht erfüllt ist, wenn der Kunde den übertragenen Gegenstand weiterhin beherrscht, unabhängig davon, ob das Eigentum auf das Unternehmen übergeht. Die Tatsache, dass die Sachanlage zweckgebunden einzusetzen ist, steht der Möglichkeit, dass das empfangende Unternehmen die Beherrschung über den Gegenstand erwirbt, nicht entgegen (IFRIC 18.10). Sind die Kriterien für das Vorliegen eines Vermögenswertes erfüllt, so ist dieser gemäß IFRIC 18.11 unter den Sachanlagen auszuweisen.

Für die **Einbuchung von Sachanlagen** gelten die in Kapitel 4.1. genannten Kriterien. IAS 16 regelt nur **Ausbuchungen** solcher Vermögenswerte des Sachanlagevermögens, die nicht unter IFRS 5 fallen. Nach diesem wird ein langfristiger Vermögenswert als zur Veräußerung gehalten angesehen, wenn sein Buchwert überwiegend durch ein Veräußerungsgeschäft

---

[131] Vgl. IDW (2012a), S. 1683 (Abschnitt N, Rz. 166).

statt durch fortgesetzte Nutzung erzielt wird (IFRS 5.6). Nach IAS 16.67 ist ein Gegenstand der Sachanlagen bei Abgang oder dann, wenn kein künftiger wirtschaftlicher Nutzen aus seiner Nutzung oder seinem Abgang erwartet wird, auszubuchen.

Der Zeitpunkt des Abgangs eines Vermögenswerts, etwa durch Verkauf oder Schenkung, bestimmt sich nach den Kriterien, die (derzeit noch) IAS 18 zur Umsatzrealisation enthält (zu Änderungsvorschlägen vgl. Kapitel 6.2). IAS 17 ist heranzuziehen, wenn der Abgang im Zuge einer Sale-and-leaseback-Transaktion erfolgt (IAS 16.69).

4.2.3 Leasinggüter und als Finanzinvestition gehaltene Immobilien

Für den Ansatz von Sachanlagen ist eine **wirtschaftliche Betrachtungsweise** geboten. Danach ist das Eigentum an der Sachanlage keine notwendige Voraussetzung. Welche Konsequenzen mit der wirtschaftlichen Betrachtungsweise verbunden sind, ist derzeit beachtlicher Streitpunkt. Während IAS 17 über Leasingverhältnisse noch gilt, existiert ein im August 2010 veröffentlichter neuer Standardentwurf (ED/2010/9), der stark umstritten ist und im zweiten Quartal 2013 zu einem überarbeiteten Standardentwurf führen soll. Ich schildere im Folgenden die geltende Regelung und schließe die Änderungsvorschläge an.

In der derzeitigen Auslegung der wirtschaftlichen Betrachtungsweise fordert IAS 17 vom Unternehmen den **Ansatz eines geleasten Sachanlagegegenstands**, wenn im Wesentlichen alle mit dessen Eigentum verbundenen Risiken und Chancen auf das Unternehmen übertragen werden **(risk and reward approach)**, und regelt dessen Ersterfassung.

Bei einem **Leasingverhältnis** überträgt der Leasinggeber (LG) dem Leasingnehmer (LN) das Recht auf Nutzung eines Vermögenswertes für einen vereinbarten Zeitraum gegen Zahlung (IAS 17.4). Werden im Wesentlichen alle mit dem Eigentum verbundenen Risiken und Chancen eines Vermögenswertes übertragen, so handelt es sich um **Finanzierungsleasing**. Ob das Eigentumsrecht übertragen wird oder nicht, ist unerheblich. Liegt Finanzierungsleasing nicht vor, handelt es sich um ein **Operating-Leasingverhältnis** (IAS 17.4 und .8).

„Ob es sich bei einem Leasingverhältnis um ein Finanzierungsleasing oder um ein Operating-Leasingverhältnis handelt, hängt eher von dem wirtschaftlichen Gehalt der Vereinbarung als von einer bestimmten formalen Vertragsform ab." (IAS 17.10; vgl. auch SIC-27)

Um den wirtschaftlichen Gehalt zu prüfen, gibt es Indikatoren, die – anders als nach deutschem Steuerrecht und US-GAAP – keine quanti-

4.2 Aktiva

tativen Grenzwerte aufweisen und ganzheitlich zu würdigen sind (IAS 17.10-11)[132]. **Indikatoren für** das Vorliegen von **Finanzierungsleasing** sind

(a) die vertraglich vorgesehene Übertragung des Eigentums am Ende der Laufzeit des Leasingverhältnisses auf den Leasingnehmer **(automatischer Eigentumsübergang)**,
(b) die vertraglich vorgesehene Kaufoption des Leasingnehmers, den Vermögenswert zu einem Preis zu erwerben, der erwartungsgemäß deutlich niedriger als der zum möglichen Optionsausübungszeitpunkt beizulegende Zeitwert des Vermögenswertes ist, sodass zu Beginn des Leasingverhältnisses hinreichend sicher ist, dass die Option ausgeübt wird **(günstige Kaufoption)**,
(c) die Laufzeit des Leasingverhältnisses, die den überwiegenden Teil der wirtschaftlichen Nutzungsdauer des Vermögenswertes umfasst **(Substanzaneignung über Laufzeit)**,
(d) der zu Beginn des Leasingverhältnisses geltende Barwert der Mindestleasingzahlungen, der im Wesentlichen mindestens dem beizulegenden Zeitwert des Leasinggegenstandes entspricht **(Kaufpreisäquivalenz)**,
(e) die ohne wesentliche Veränderungen nur vom Leasingnehmer mögliche Nutzung der Leasinggegenstände **(Spezialleasing)**,
(f) die Übernahme der durch Auflösung des Leasingverhältnisses durch den Leasingnehmer beim Leasinggeber entstehenden Verluste durch den Leasingnehmer **(Verlustübernahme)**,
(g) dem Leasingnehmer zufallende Gewinne oder Verluste, die durch Schwankungen des beizulegenden Zeitwertes des Restwertes entstehen **(Erfolgsbeteiligung)**,
(h) die Fortführung des Leasingverhältnisses durch den Leasingnehmer für eine zweite Mietperiode zu einer Miete, die wesentlich unter der marktüblichen Miete liegt **(Verlängerungsvorteil)**.

„Die Beispiele und Indikatoren (...) sind nicht immer schlüssig. Wenn aus anderen Merkmalen klar hervorgeht, dass ein Leasingverhältnis nicht im Wesentlichen alle Risiken und Chancen, die mit Eigentum verbunden sind, überträgt, wird es als Operating-Leasingverhältnis klassifiziert." (IAS 17.12)

Die **Vertragstypisierung** ist **zu Beginn des Leasingverhältnisses** vorzunehmen. „Als Beginn des Leasingverhältnisses gilt der frühere der beiden folgenden Zeitpunkte: der Tag der Leasingvereinbarung oder der Tag, an dem sich die Vertragsparteien über die wesentlichen Bestimmungen der Leasingvereinbarung geeinigt haben." (IAS 17.4; im Original z. T. hervorgehoben)

---

[132] Vgl. zu ihrer Präzisierung auch Kümpel/Becker (2006), S. 22–73, Adler/Düring/Schmaltz (2003), Abschnitt 12, Rz. 27–110.

4. Bilanzansatz

Der Beginn des Leasingverhältnisses ist zu unterscheiden von dem **Beginn der Laufzeit des Leasingverhältnisses**, der den Ansatz von Vermögenswerten und Schulden bestimmt. Er entspricht dem Tag, „ab dem der Leasingnehmer Anspruch auf die Ausübung seines Nutzungsrechts am Leasinggegenstand hat." (IAS 17.4)

Die Klassifikation erfolgt mithin nach den Kriterien wie in Abbildung 4 dargestellt.

```
            Wer ist wirtschaftlicher Eigentümer?
                           │
                           ▼
            Wer trägt im Wesentlichen die mit dem
            Eigentum verbundenen Risiken und Chancen?
                    ╱                ╲
            Leasingnehmer LN      Leasinggeber LG
                    │                    │
                    ▼                    ▼
            Finanzierungsleasing   Operating-Leasingverhältnis
```

Abb. 4: Typisierung der Leasingverträge

Bei **Finanzierungsleasing** wird der Vermögenswert vom **Leasingnehmer** als wirtschaftlichem Eigentümer aktiviert und eine Schuld in gleicher Höhe passiviert[133]:

„Leasingnehmer haben Finanzierungs-Leasingverhältnisse zu Beginn der Laufzeit des Leasingverhältnisses als Vermögenswerte und Schulden in gleicher Höhe in ihrer Bilanz anzusetzen, und zwar in Höhe des zu Beginn des Leasingverhältnisses beizulegenden Zeitwertes des Leasinggegenstandes oder mit dem Barwert der Mindestleasingzahlungen, sofern dieser Wert niedriger ist. Bei der Berechnung des Barwerts der Mindestleasingzahlungen ist der dem Leasingverhältnis zugrunde liegende Zinssatz als Abzinsungssatz zu verwenden, sofern er in

---

[133] Obwohl ich die Darstellung von Ansatz und Bewertung grundsätzlich trenne, werden hier Bewertungsaspekte miteinbezogen, um die für das Bewertungskapitel bevorzugte Gliederung nicht verändern zu müssen.

praktikabler Weise ermittelt werden kann. Ist dies nicht der Fall, ist der Grenzfremdkapitalzinssatz des Leasingnehmers anzuwenden. Dem als Vermögenswert angesetzten Betrag werden die anfänglichen direkten Kosten des Leasingnehmers hinzugerechnet." (IAS 17.20) Die direkten Kosten entstehen oft beim Aushandeln und Absichern von Leasingverträgen (IAS 17.24). Sie erhöhen nicht die Schuld.

Die relevanten Größen zur Bestimmung der Anschaffungskosten sind auf Grundlage der Verhältnisse zu Beginn des Leasingverhältnisses zu bestimmen (Tag der Leasingvereinbarung oder Tag der Einigung über deren wesentliche Bestimmungen), obwohl der Ansatz zu Beginn der Laufzeit des Leasingverhältnisses erfolgt (Tag, ab dem der Leasingnehmer Anspruch auf Nutzung hat)[134]. Der Vorbehalt besteht darin, dass die Anschaffungskosten vom beizulegenden Zeitwert oder dem Barwert der Mindestleasingzahlungen abweichen können. In praxi werden die fiktiven Anschaffungskosten des Leasingnehmers „regelmäßig durch den niedrigeren Barwert der Mindestleasingzahlungen determiniert"[135].

Die Begründung für den Ansatz von Vermögenswert und Schuld in gleicher Höhe (als Minimum von beizulegendem Zeitwert und Barwert der Mindestleasingzahlungen) besteht darin, dass der Leasingnehmer den Eigentumserwerb des Vermögenswertes bei gleichzeitiger Fremdfinanzierung durch das Eingehen des Leasingverhältnisses erspart hat. **Der Leasingvertrag ersetzt einen fremdfinanzierten Kauf des Vermögenswertes und hat grundsätzlich**[136] **dieselben bilanziellen Wirkungen.** Zugleich sind die Kriterien für den Ansatz von Vermögenswerten (Existenz eines Nutzenbündels in der Verfügungsmacht des Unternehmens aufgrund vergangener Ereignisse mit wahrscheinlichem Nutzenzufluss und verlässlicher Bewertbarkeit) und Schulden (Existenz einer gegenwärtigen Verpflichtung des Unternehmens aufgrund vergangener Ereignisse mit wahrscheinlichem Nutzenabfluss und verlässlicher Bewertbarkeit) erfüllt. „Werden solche Leasingtransaktionen nicht in der Bilanz des Leasingnehmers erfasst, so werden die wirtschaftlichen Ressourcen und die Höhe der Verpflichtungen eines Unternehmens zu niedrig dargestellt, wodurch finanzwirtschaftliche Kennzahlen verzerrt werden. Es ist daher angemessen, ein Finanzierungsleasing in der Bilanz des Leasingnehmers als Vermögenswert und als eine Verpflichtung für künftige Leasingzahlungen anzusetzen." (IAS 17.22)

---

[134] Zur Berücksichtigung der während des Schwebezustands resultierenden Ereignisse vgl. Kümpel/Becker (2006), S. 100–102.
[135] Kümpel/Becker (2006), S. 100. Ausnahmen ergeben sich in Niedrigzinsphasen.
[136] Vgl. aber den hinter Fn. 134 geäußerten Vorbehalt.

4. Bilanzansatz

Der **Leasinggeber aktiviert** statt des Vermögenswerts, der dem **Finanzierungsleasing** zugrunde liegt, eine **Forderung** in Höhe des Nettoinvestitionswertes (IAS 17.36). Dieser resultiert aus der abgezinsten Bruttoinvestition in ein Leasingverhältnis, definiert als Summe aus zu erhaltenden Mindestleasingzahlungen und nicht garantiertem Restwert, der zugunsten des Leasinggebers anfällt (IAS 17.4). Bei Finanzierungsleasing, an dem kein Hersteller oder Händler als Leasinggeber beteiligt ist, werden die anfänglichen direkten Kosten in die Bewertung miteinbezogen, was technisch über die Festlegung des Zinssatzes zur Ermittlung des Nettoinvestitionswertes geschieht (IAS 17.38). Liegt eine Beteiligung eines Herstellers oder Händlers vor, sind diese Kosten nicht einzubeziehen.

Da der Leasinggeber den Leasinggegenstand erwerben musste, behandelt er die ausstehenden Leasingzahlungen als Kapitalrückzahlung und Finanzertrag, erhält seine Finanzinvestition zurückerstattet und wird für seine Dienstleistung entlohnt (IAS 17.37)[137].

Bei einem **Operating-Leasingverhältnis** hat der **Leasinggeber** den Vermögenswert in seiner Bilanz entsprechend den Eigenschaften des Vermögenswertes darzustellen (IAS 17.49). Er aktiviert die Anschaffungs- oder Herstellungskosten zuzüglich der anfänglichen direkten Kosten.

Der **Leasingnehmer** weist weder eine Forderung noch eine Schuld aus, solange der Leasingvertrag nicht als belastend im Sinne von IAS 37.10 anzusehen ist. Es handelt sich regelmäßig um einen ausgeglichenen schwebenden Vertrag.

Im Ergebnis resultieren für den **Bilanzansatz zu Beginn der Laufzeit des Leasingverhältnisses** die folgenden Behandlungen:

	Leasinggeber erfasst im		Leasingnehmer erfasst im	
	Soll	Haben	Soll	Haben
Finanzierungsleasing	Forderung in Höhe des Nettoinvestitionswertes (IAS 17.36 und .38)	Zahlungsmittel oder Schuld	Minimum aus fair value und Barwert der Mindestleasingzahlungen plus anfängliche direkte Kosten (IAS 17.20)	Schuld in Höhe des Minimums ohne anfängliche direkte Kosten (IAS 17.20)

---

[137] Vereinfacht gesagt bucht er Forderung an Kasse/Verbindlichkeit.

	Leasinggeber erfasst im		Leasingnehmer erfasst im	
	Soll	Haben	Soll	Haben
Operating-Leasing-verhältnis	AHK plus anfängliche direkte Kosten (IAS 17.49 und .52)	Zahlungsmittel oder Schuld	Nichts wegen schwebenden Vertrags	Nichts, solange schwebender Vertrag ausgeglichen ist

Tab. 1: Aktivierungs- und Passivierungskonsequenzen
von Leasingverträgen
Legende: AHK = Anschaffungs- oder Herstellungskosten

Beim Operating-Leasingverhältnis „aktivisch abzugrenzen sind solche Zahlungen, die der Leasingnehmer zwischen dem Beginn des Leasingverhältnisses und dem Beginn der Laufzeit des Leasingverhältnisses entrichtet und die als vorausgezahltes Entgelt für die spätere Nutzungsüberlassung des Leasingobjekts zu beurteilen sind."[138] Zu passivischen Abgrenzungen kommt es bei mietreduzierten Perioden in der Anfangsphase des Leasingverhältnisses[139].

Beim Leasing von Grundstücken und Gebäuden sind die **Grundstücks- und Gebäudekomponenten** zum Zwecke der Leasingklassifizierung **gesondert zu betrachten** (IAS 17.15A). Es kann zu einer Gesamteinschätzung als Finanzierungsleasing oder als Operating-Leasingverhältnis wie zu einer unterschiedlichen Einschätzung beider Komponenten kommen.

„Gemäß IAS 40 hat ein Leasingnehmer die Möglichkeit, einen im Rahmen eines Operating-Leasingverhältnisses gehaltenen Immobilienanteil als Finanzinvestition zu klassifizieren. In diesem Fall wird dieser Immobilienanteil wie ein Finanzierungsleasing bilanziert (...)." (IAS 17.19; vgl. auch IAS 40.6) Der Leasingnehmer ist in diesem Fall kein wirtschaftlicher Eigentümer, d.h. die Immobilie wird vom Leasinggeber aktiviert; zugleich aktiviert der Leasingnehmer den Immobilienanteil als eine als Finanzinvestition gehaltene Immobilie.

Für **als Finanzinvestitionen gehaltene Immobilien** gilt IAS 40. Sie sind Immobilien, die vom Eigentümer oder vom Leasingnehmer im Rahmen eines Finanzierungsleasingverhältnisses zur Erzielung von Mieteinnahmen oder zum Zwecke der Wertsteigerung gehalten werden und nicht zur Herstellung oder Lieferung von Gütern, zur Erbringung von Dienstleistungen oder für Verwaltungszwecke oder zum Verkauf im Rahmen der gewöhnlichen Geschäftstätigkeit des Unternehmens (IAS

---

[138] Kümpel/Becker (2006), S. 142.
[139] Vgl. Kümpel/Becker (2006), S. 142.

40.5). Ex definitione werden sie **vom Eigentümer nicht selbst genutzt**. Für selbst genutzte Immobilien gilt IAS 16 (IAS 40.7).

„Einige Immobilien werden teilweise zur Erzielung von Mieteinnahmen oder zum Zwecke der Wertsteigerung und teilweise zum Zwecke der Herstellung oder Lieferung von Gütern bzw. der Erbringung von Dienstleistungen oder für Verwaltungszwecke gehalten. Wenn diese Teile gesondert verkauft (oder im Rahmen eines Finanzierungsleasingverhältnisses gesondert vermietet) werden können, bilanziert das Unternehmen diese Teile getrennt." (IAS 40.10) Andernfalls wird die Immobilie nur dann als Finanzinvestition klassifiziert, wenn der andere Nutzungsteil unbedeutend ist.

Für den Ansatz dieser besonderen Immobilien gelten die allgemeinen Ansatzkriterien für Vermögenswerte (IAS 40.16). „Eine als Finanzinvestition gehaltene Immobilie ist bei ihrem Abgang oder dann, wenn sie dauerhaft nicht mehr genutzt werden soll und ein zukünftiger wirtschaftlicher Nutzen aus ihrem Abgang nicht mehr erwartet wird, auszubuchen (und damit aus der Bilanz zu entfernen)." (IAS 40.66)

In praxi werden Leasingverträge meist so geschlossen, dass sie als Operating-Leasingverhältnis zu qualifizieren sind. Konsequenterweise zeigt die Bilanz des Leasingnehmers weder den Leasinggegenstand als Vermögenswert noch – bei ausgeglichenem schwebenden Vertrag – die in späteren Perioden zu erfüllenden finanziellen Verpflichtungen aus dem Vertrag als Schuld. Der Vertrag ist außerhalb der Bilanz („**off-balance**"). Der Leasingnehmer hat eine eigene Anschaffung des Vermögenswerts, die – oftmals mit Fremdkapital – zu finanzieren gewesen wäre, durch den Erhalt eines Nutzungsrechts, das über die Nutzungsdauer zu entgelten ist, ersetzt. Finanzierungsvorgänge außerhalb der Bilanz und damit verbundene verdeckte finanzielle Verpflichtungen sind aber spätestens seit der Finanzkrise suspekt.

Der **Entwurf zur Überarbeitung von IAS 17 (ED/2010/9)** sieht deshalb Folgendes vor:

(a) Die Aufteilung von Leasingverträgen in Finanzierungsleasing und Operating-Leasingverhältnis entfällt.
(b) Der Leasingnehmer aktiviert das vertraglich zugesicherte Nutzungsrecht und passiviert die zugehörige finanzielle Verpflichtung.
(c) Die finanzielle Verpflichtung wird zum Barwert der Leasingraten angesetzt, das Nutzungsrecht zum gleichen Betrag plus anfänglichen direkten Kosten (Rz. 12). Die Folgebewertung der Verpflichtung erfolgt zu fortgeführten Anschaffungskosten nach der Effektivzinsmethode (Rz. 16). Das Nutzungsrecht wird über die Vertragsdauer oder – falls kürzer – über die Nutzungsdauer des Vermögenswerts planmäßig abgeschrieben (Rz. 16 und 20). Die Notwendigkeit ei-

ner außerplanmäßigen Abschreibung ist in Übereinstimmung mit IAS 36 zu prüfen (Rz. 24).
(d) Beim Leasinggeber ist zu prüfen, ob maßgebliche Risiken und Chancen auf den Leasingnehmer übertragen werden (Rz. 29). Bei Erfüllung dieser Bedingung bucht der Leasinggeber das Leasinggut aus und die Leasingforderung sowie einen eventuell verbleibenden Restwert des Vermögenswertes ein (Ausbuchungsansatz; derecognition approach). Bei Nichterfüllung bleibt der Vermögenswert in der Bilanz des Leasinggebers; eingebucht werden die Leasingforderung und die Nutzungsverpflichtung (Leistungserbringungsansatz; performance obligation approach).
(e) Für die Laufzeit des Vertrags ist unter Berücksichtigung des „Mehrdafür-als-dagegen-Sprechen"-Kriteriums von der längstmöglichen Laufzeit auszugehen, wobei Optionen zur Mietverlängerung oder zur vorzeitigen Kündigung zu berücksichtigen sind (Rz. 13, 14 und 51).

Der Entwurf wurde vielfach kritisiert. Wichtige **Einwendungen** betreffen folgende Punkte:

(a) Es gibt außerhalb des Leasings weitere Nutzungsrechte, die bei ausgeglichenen Verträgen bisher nicht aktiviert wurden. Konzeptionell wären diese gleich zu behandeln; eine abweichende Lösung nur für Leasing lässt sich nicht begründen.
(b) Die Einschätzung der Vertragslaufzeit lässt den Bilanzierenden großen Gestaltungsspielraum, was die Relevanz und glaubwürdige Darstellung der Informationen beschädigen kann.
(c) Zwar erfassen wichtige Rechnungslegungsadressaten wie Finanzanalysten und Vertreter von Banken oder Investorengruppen die Zahllasten aus Leasingverträgen beim Leasingnehmer in korrigierten Bilanzen und Gewinn- und Verlustrechnungen, aber das geschieht auf unterschiedliche Weise. Damit ist nicht zu erwarten, dass die Neuregelung von allen Adressaten gleichermaßen begrüßt wird[140].
(d) Besonders umstritten sind die Höhe und der Ausweis der Aufwendungen in der GuV in Form von Abschreibungen des Vermögenswerts und von Zinsen aufgrund der Aufzinsung der Verbindlichkeit. Bei linearer Abschreibung führt dies zu im Zeitablauf abnehmenden Gesamtaufwendungen. Viele Adressaten bevorzugen hingegen ei-

---

[140] Zu den Punkten (c) und (d) vgl. das IASB Staff Paper vom 24. Mai 2012, insb. S. 4; http://www.ifrs.org/Current-Projects/IASB-Projects/Leases/Meeting-Summaries-and-Observer-Notes/Pages/IASBMay12.aspx (Stand: 1. Dezember 2012).

nen gleich hohen Gesamtaufwand, weil sie diesen als Näherung für periodische Zahlungsströme in ihren Prognosen verwenden.

Zum Zeitpunkt der Manuskriptabfassung (Januar 2013) ist über den neuen Standard noch nicht entschieden[141]. Wohin der IASB will, macht Hans Hoogervorst, Vorsitzender des IASB, in einer Rede vom 6. November 2012 an der London School of Economics mit drastischen Worten **gegen** eine **bilanzunwirksame Finanzierung** deutlich:

„The vast majority of lease contracts are not recorded on the balance sheet, even though they usually contain a heavy element of financing. For many companies, such as airlines and railway companies, the off-balance sheet financing numbers can be quite substantial.

What's more, the companies providing the financing are more often than not banks or subsidiaries of banks. If this financing were in the form of a loan to purchase an asset, then it would be recorded. Call it a lease and miraculously it does not show up in your books. In my book, if it looks like a duck, swims like a duck, and quacks like a duck, then it probably is a duck. So is the case with debt – leasing or otherwise.

Right now, most analysts take an educated guess on what the real but hidden leverage of leasing is by using the basic information that is disclosed and by applying a rule-of-thumb multiple. It seems odd to expect an analyst to guess the liabilities associated with leases when management already has this information at its fingertips. That is why it is urgent the IASB creates a new standard on leasing and that is exactly what we are doing, in close cooperation with the FASB.

Companies tend to love off-balance sheet financing, as it masks the true extent of their leverage and many of those that make extensive use of leasing for this purpose are not happy.

Furthermore, the leasing industry itself is fighting its own battle. Members of the US congress, heavily lobbied by the industry, are writing letters to our colleagues at the FASB.

A recent report in the United States claimed that our joint efforts with the FASB to record leases on balance sheet will lead to 190,000 jobs being lost in the US alone. I seem to remember similar claims being made when the IASB and the FASB required stock options to be expensed.

We should not be surprised by this lobbying. The SEC predicted it would happen. (…)

These words turned out to be quite prophetic. As the financial crisis was caused by excessive leverage, our efforts to shed light on hidden leverage

---

[141] Zu möglichen empirischen Auswirkungen in Deutschland vgl. insb. Fülbier (2012).

should be warmly welcomed around the world. The fact is that we are still facing an uphill battle. We will need all of the help we can get, to ensure that we do not get lobbied off course. We need national accounting standard-setters, regulators such as the SEC, investors and others to stand by their beliefs and help us to bring much-needed transparency to this important area. We really need their vocal support to counter what is a well-funded and well-resourced lobbying campaign."[142]

Besonders heftiger Widerstand gegen den neuen Standard kommt nach Liesel Knorr, Präsidentin des Deutsches Rechnungslegungs Standards Committee (**DRSC**), derzeit aus Frankreich[143].

4.2.4 Finanzielle Vermögenswerte (inklusive Finanzanlagen, ohne als Finanzinvestition gehaltene Immobilien und at equity bewertete Finanzanlagen)

Finanzielle Vermögenswerte sind – anders als Sachanlagen – **ohne körperliche oder**, anders ausgedrückt, **physische Substanz** und insofern immateriell. Sie werden aber von den in IAS 38 geregelten weiteren immateriellen Vermögenswerten unterschieden, die nicht finanzieller Art sind. Für finanzielle Vermögenswerte gilt noch IAS 39 Finanzinstrumente: Ansatz und Bewertung, der aber aufgrund von Erfahrungen mit der Finanzkrise durch IFRS 9 Finanzinstrumente abgelöst werden soll. Dazu hat – wie die Vorbemerkungen zu IFRS 9 besagen – der IASB das Projekt zur Ablösung von IAS 39 in Phasen unterteilt. Nach Abschluss jeder Phase wird er Teile des IAS 39 durch Kapitel in IFRS 9 ersetzen.

Im November 2009 gab der IASB jene Kapitel des IFRS 9 Finanzinstrumente heraus, die sich mit der Klassifizierung und Bewertung finanzieller Vermögenswerte befassen. Im Oktober 2010 ergänzte er IFRS 9 mit den Vorschriften zur Klassifizierung und Bewertung finanzieller Verbindlichkeiten. Dies beinhaltet Vorschriften zu eingebetteten Derivaten und der Bilanzierung des eigenen Ausfallrisikos bei finanziellen Verbindlichkeiten, die zum beizulegenden Zeitwert bewertet werden.

Im Oktober 2010 entschied der IASB auch, die in IAS 39 enthaltenen Vorschriften zur Ausbuchung finanzieller Vermögenswerte und finanzieller Verbindlichkeiten unverändert zu übernehmen. Infolge dieser Änderungen hat der IASB im Oktober 2010 IFRS 9 und dessen Grundlage für Schlussfolgerungen (Basis for Conclusions) neu gegliedert. Im

---

[142] Hoogervorst (2012), S. 5 f.
[143] Vgl. Knorr, Liesel (2012), „Es fehlt ein gesunder Interessenausgleich", in: Börsen-Zeitung Nr. 229 v. 27. November 2012, S. 11: „Nicht zuletzt von einem Standardsetzer, und zwar Frankreich, wird sehr verbissen behauptet, das Ganze gehöre in die Tonne."

4. Bilanzansatz

Dezember 2011 verschob der IASB den Zeitpunkt des Inkrafttretens auf Januar 2015.

Gegenwärtig gibt es Hürden bei der endgültigen Gestaltung und Verabschiedung von IFRS 9 aufgrund von Streitpunkten bei der Bilanzierung von Versicherungsverträgen, die mit dem Standard für Finanzinstrumente verbunden ist, sowie den Vorschriften zur Wertminderung und zum Macro Hedge Accounting. Ich stelle deshalb im Folgenden zuerst die europarechtlich noch geltenden Regelungen von IAS 39 dar, bevor ich Änderungen durch IFRS 9 skizziere.

Finanzielle Vermögenswerte sind Finanzinstrumente, die in IAS 32 folgendermaßen definiert werden:

„Ein Finanzinstrument ist ein Vertrag, der gleichzeitig bei dem einen Unternehmen zu einem finanziellen Vermögenswert und bei dem anderen Unternehmen zu einer finanziellen Verbindlichkeit oder einem Eigenkapitalinstrument führt." (IAS 32.11, im Original hervorgehoben)

Zu den **finanziellen Vermögenswerten** gehören nach IAS 32.11:

(a) flüssige Mittel (z. B. Kasse),
(b) ein als Aktivum gehaltenes Eigenkapitalinstrument eines anderen Unternehmens (z. B. gehaltene Aktien),
(c) ein vertragliches Recht, flüssige Mittel oder andere finanzielle Vermögenswerte von einem anderen Unternehmen zu erhalten (z. B. eine Ausleihung oder eine Forderung aus Lieferung und Leistung),
(d) ein vertragliches Recht, finanzielle Vermögenswerte oder finanzielle Verbindlichkeiten mit einem anderen Unternehmen zu potentiell vorteilhaften Bedingungen auszutauschen (hierzu gehören **Derivate**[144] wie eine Kaufoption auf Aktien oder eine gehaltene Wandelschuldverschreibung),
(e) ein Vertrag, der durch Eigenkapitalinstrumente des bilanzierenden Unternehmens – unter bestimmten Bedingungen – erfüllt werden kann (z. B. eine gehaltene Aktienoption).

Die in den Posten (c) bis (e) enthaltenen **Bezüge auf vertragliche Vereinbarungen schließen auf hoheitlichem Akt basierende Forderungen – wie solche aus der Besteuerung – als Bestandteil von Finanzinstrumenten aus** (IAS 32.AG.12). Dasselbe gilt für geleistete Anzahlungen im Zusammenhang mit Verträgen zum Austausch von Sachgütern oder Dienstleistungen (IAS 32.AG.11).

IAS 39 gilt für die genannten finanziellen Vermögenswerte mit Ausnahme der folgenden, hier als wesentlich angesehenen Posten (IAS 39.2):

---

[144] Derivate definiert IAS 39.9. Vgl. auch den Text auf der nächsten Seite.

4.2 Aktiva

(a) Anteile an Tochter- oder Gemeinschaftsunternehmen, die der Kapitalkonsolidierung oder der Equity-Bewertung unterworfen sind (IFRS 10, IFRS 11; vgl. auch die Kapitel 9.1, 9.10 und 9.12),
(b) Anteile an assoziierten Unternehmen, die at equity bewertet werden (IAS 28; vgl. auch Kapitel 9.12),
(c) Vermögenswerte aus Altersversorgungsplänen (IAS 19),
(d) anteilsbasierte Vergütungen (IFRS 2).

Für die Bewertung – wie möglicherweise für die Gliederung – ist die Einteilung der finanziellen Vermögenswerte in **vier Kategorien bedeutsam** (IAS 39.45):

(a) Kredite und Forderungen,
(b) bis zur Endfälligkeit zu haltende Finanzinvestitionen,
(c) finanzielle Vermögenswerte, die erfolgswirksam zum beizulegenden Zeitwert bewertet werden; sie umfassen (i) zu Handelszwecken gehaltene finanzielle Vermögenswerte und (ii) beim erstmaligen Ansatz dieser Position zugewiesene (gewidmete) finanzielle Vermögenswerte,
(d) zur Veräußerung verfügbare finanzielle Vermögenswerte.

„**Kredite und Forderungen** sind nicht derivative finanzielle Vermögenswerte mit festen oder bestimmbaren Zahlungen, die nicht in einem aktiven Markt notiert sind." (IAS 39.9; im Original kursiv statt fett) Bei einem **aktiven Markt** sind definitionsgemäß die dort gehandelten Produkte homogen, können vertragswillige Käufer und Verkäufer in der Regel jederzeit gefunden werden und stehen Preise der Öffentlichkeit zur Verfügung (IAS 38.8). Unter die eingangs genannte Definition fallen sowohl originär entstandene als auch derivativ erworbene Kredite und Forderungen, sofern die Handelbarkeit an einem aktiven Markt fehlt. Neben diese objektiven Kriterien tritt die subjektive Absicht des Unternehmers, die Kredite und Forderungen nicht unverzüglich oder kurzfristig zu veräußern. In letztgenanntem Fall lägen zu Handelszwecken gehaltene finanzielle Vermögenswerte vor, die zum beizulegenden Zeitwert zu bewerten sind.

Zur **Abgrenzung von Derivaten** ist IAS 39.9 zu beachten: Danach ändert sich der Wert des Derivats aufgrund einer Änderung des Preises, Zinssatzes oder einer anderen Variablen des Basisobjekts; es erfordert keine oder nur eine geringe anfängliche Nettoinvestition, und es wird zu einem späteren Zeitpunkt erfüllt. Grundformen sind Termingeschäfte, Optionen und Swapgeschäfte.

„Bis zur **Endfälligkeit zu haltende Finanzinvestitionen** sind nicht derivative finanzielle Vermögenswerte mit festen oder bestimmbaren Zahlungen und einer festen Laufzeit, die das Unternehmen bis zur Endfälligkeit halten will und kann" (IAS 39.9; im Original kursiv statt fett). Sie werden weiterhin – in Abgrenzung von Krediten und Forderungen – auf einem aktiven Markt gehandelt, und es wird – in Abgrenzung zur Kategorie (c) – auf die Widmung als finanzielle Vermögenswerte, die zum beizulegenden Zeitwert bewertet werden, verzichtet.

„Ein durch den Inhaber kündbarer finanzieller Vermögenswert (…) kann nicht als bis zur Endfälligkeit zu haltende Finanzinvestition eingestuft werden, weil das Bezahlen einer Verkaufsmöglichkeit bei einem finanziellen Vermögenswert im Widerspruch zur festen Absicht steht, den finanziellen Vermögenswert bis zur Endfälligkeit zu halten." (IAS 39.AG19)

Die Einstufung von Finanzinstrumenten in diese Kategorie wird durch Bedingungen in IAS 39.51 f. und IAS 39.9 beschränkt.

Finanzielle Vermögenswerte, die erfolgswirksam zum beizulegenden Zeitwert bewertet werden, betreffen den Handelsbestand und dieser Bewertung gewidmete finanzielle Vermögenswerte. Ein finanzieller Vermögenswert wird als **zu Handelszwecken gehalten** eingestuft, „wenn der Vermögenswert (…)

(i)   hauptsächlich mit der Absicht erworben (…) wurde, kurzfristig verkauft (…) zu werden,

(ii) beim erstmaligen Ansatz Teil eines Portfolios eindeutig identifizierter und gemeinsam verwalteter Finanzinstrumente ist, bei dem es in jüngerer Vergangenheit nachweislich kurzfristige Gewinnmitnahmen gab, oder

(iii) ein Derivat ist (mit Ausnahme solcher, die als finanzielle Garantie oder Sicherheitsinstrumente designiert wurden und als solche effektiv sind)" (IAS 39.9).

Die Absicht des kurzfristigen Verkaufs muss beim Erwerb bestehen; der Ausdruck „kurzfristig" wird nicht spezifiziert.

Ein Finanzinstrument kann ferner unter Beachtung von IAS 39.11A und mit dem Ziel der Vermittlung zweckdienlicherer Informationen **als erfolgswirksam zum beizulegenden Zeitwert eingestuft** (designiert) werden (IAS 39.9). Die Informationen werden verbessert, „weil entweder

(i)   Inkongruenzen bei der Bewertung oder beim Ansatz (…), die entstehen, wenn die Bewertung von Vermögenswerten oder Verbindlichkeiten oder die Erfassung von Gewinnen und Verlusten auf unterschiedlicher Grundlage erfolgt, beseitigt oder erheblich verringert werden; oder

(ii) eine Gruppe von finanziellen Vermögenswerten und/oder finanziellen Verbindlichkeiten gemäß einer dokumentierten Risikomanagement- oder Anlagestrategie gesteuert und ihre Wertentwicklung anhand des beizulegenden Zeitwertes beurteilt wird und die

4.2 Aktiva

auf dieser Grundlage ermittelten Informationen zu dieser Gruppe intern an Personen in Schlüsselpositionen des Unternehmens (...) weitergereicht werden." (IAS 39.9)

„Nach erstmaligem Ansatz darf ein Finanzinstrument nicht in die Kategorie der erfolgswirksam zum beizulegenden Zeitwert zu bewertenden Finanzinstrumente umgegliedert werden." (IAS 39.50)

Auch ist eine **spätere Umklassifizierung** für die der Bewertung zum beizulegenden Zeitwert gewidmeten finanziellen Vermögenswerte nicht möglich (IAS 39.50 (b)), jedoch – unter bestimmten Bedingungen – **für Finanzinstrumente des Handelsbestands**[145] (IAS 39.50(c)). Danach darf der finanzielle Vermögenswert nicht mehr länger „kurzfristig" zu Handelszwecken gehalten werden (IAS 39.50(c)). Erfüllt er weiterhin (1) die Definition von Krediten und Forderungen und hat das Unternehmen (2) die Absicht und Möglichkeit, ihn auf absehbare Zeit oder bis zur Fälligkeit zu halten, dann ist er umklassifizierbar in Kredite und Forderungen (IAS 39.50D). Erfüllt er hingegen weiterhin (1) nicht die Definition von Krediten und Forderungen, aber liegen (2) außergewöhnliche Umstände vor, dann ist er entweder in bis zur Endfälligkeit zu haltende Finanzinvestitionen oder in zur Veräußerung verfügbare finanzielle Vermögenswerte umklassifizierbar (IAS 39.50B).

„**Zur Veräußerung verfügbare finanzielle Vermögenswerte** sind nicht derivative finanzielle Vermögenswerte, die als zur Veräußerung verfügbar bestimmt wurden" (IAS 39.9; im Original kursiv statt fett) oder keiner der vorher genannten drei Kategorien zugeordnet werden. Auch sie können unter engen Bedingungen später umklassifiziert werden[146] (IAS 39.50E).

Der Entscheidungsbaum in Abb. 5 von Heuser/Theile macht die Beziehungen nochmals deutlich.

Der **Ansatz** der finanziellen Vermögenswerte hat (nur) zu erfolgen, **wenn** das **Unternehmen Vertragspartei** hinsichtlich der oben erwähnten Rechte **geworden ist** (IAS 39.14). „Diese Regelung weicht konzeptionell stark von den allgemeinen Bilanzansatzkriterien der IFRS und des Rahmenkonzepts ab. Die Bilanzierungspflicht erfordert zum Zeitpunkt des Vertragsabschlusses keine Beurteilung, wie wahrscheinlich es ist, dass es daraus zu einem künftigen Nutzenzufluss kommt. Dieses sonst wichtige Ansatzkriterium wirkt sich nur für die Bewertung aus, während die Ansatzpflicht selbst unabhängig davon zu beurteilen ist. Es wird ebenfalls davon ausgegangen, dass eine zuverlässige Bewertung von

---

[145] Vgl. auch Hayn/Hold-Paetsch/Vater (2009), S. 153, Tz. 36.
[146] Vgl. auch Hayn/Hold-Paetsch/Vater (2009), S. 153, Tz. 37.

4. Bilanzansatz

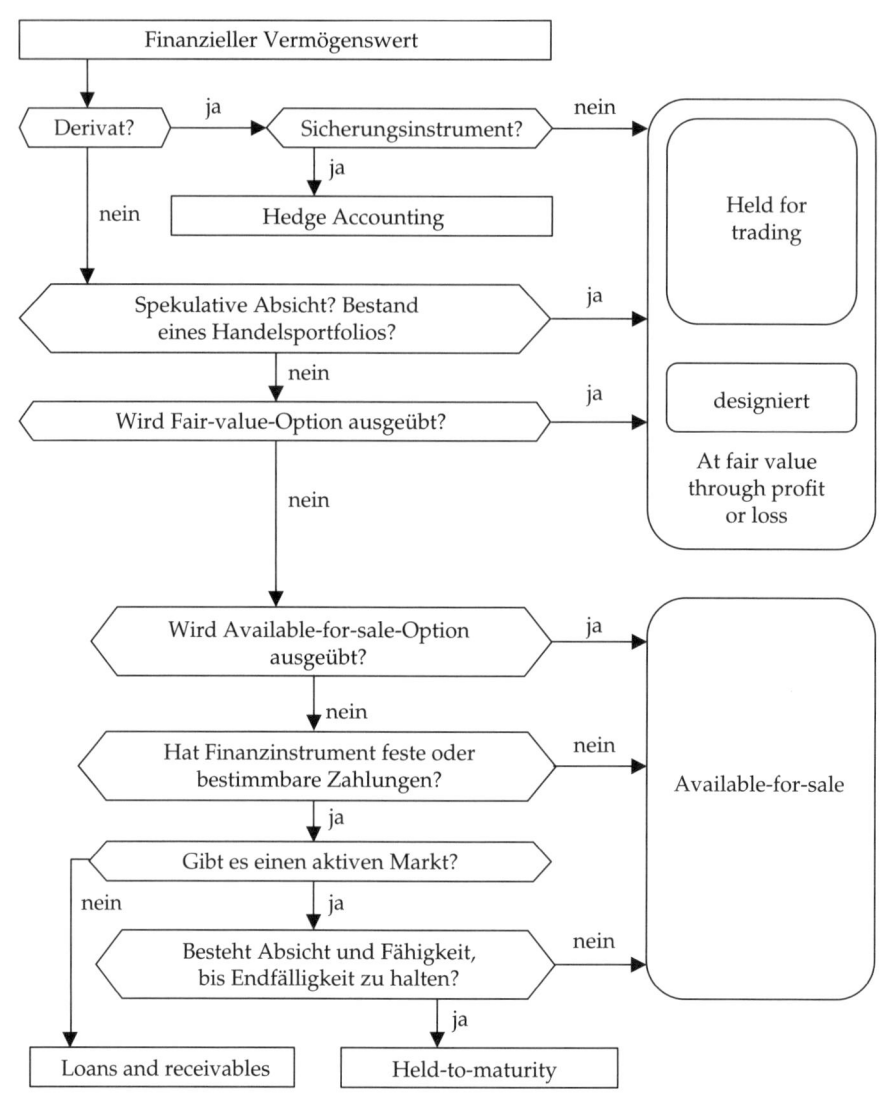

Abb. 5: Entscheidungsbaum zur Qualifikation der Finanzinstrumente
Quelle: Heuser/Theile/Löw/Theile (2012), S. 488.

Finanzinstrumenten bei erstmaligem Ansatz praktisch immer möglich ist."[147]

Für die Ausbuchung von finanziellen Vermögenswerten sind

(1) der Umfang des auszubuchenden Vermögenswertes und
(2) der Zeitpunkt der Ausbuchung

zu bestimmen. Gegebenenfalls ist ein Teil des finanziellen Vermögenswertes auszubuchen, wenn der Teil das Folgende umfasst:

---
[147] Wagenhofer (2009), S. 242; im Original z. T. hervorgehoben.

4.2 Aktiva

(a) speziell abgegrenzte Cash Flows eines finanziellen Vermögenswertes (z. B. hält das Unternehmen einen Zinsstrip mit Recht auf Zinszahlungen, aber nicht auf Tilgung) oder
(b) einen exakt proportionalen Teil an den Cash Flows eines finanziellen Vermögenswertes oder
(c) einen exakt proportionalen Teil an speziell abgegrenzten Cash Flows eines finanziellen Vermögenswertes (IAS 39.16).

Der Zeitpunkt der Ausbuchung ist gegeben, wenn die vertraglichen Rechte auf Cash Flows aus dem finanziellen Vermögenswert auslaufen oder dieser übertragen wird (IAS 39.17). Die Einengung der Betrachtung auf Cash Flows statt auch auf Rechte zum Erhalt sonstiger finanzieller Vermögenswerte (IAS 32.11 und oben S. 68) wird zu Recht kritisiert[148]. Bei der Übertragung der vertraglichen Rechte auf Erhalt von Zahlungen aus finanziellen Vermögenswerten gilt eine wirtschaftliche Betrachtungsweise, d. h. es wird auf den Übergang der wesentlichen Risiken und Chancen abgestellt (IAS 39.20).

Wegen der eingangs des Kapitels angesprochenen Überarbeitung von IAS 39 und dessen Ersatz durch IFRS 9 sind bereits in der IASB-Fassung der IFRS **etliche der obigen Regelungen gestrichen, aber noch nicht in der EU übernommen.**

Nach **IFRS 9** gelten folgende Regelungen für finanzielle Vermögenswerte:

(a) Die vierteilige Einteilung von finanziellen Vermögenswerten gemäß IAS 39 wird zugunsten einer zweiteiligen Einteilung aufgegeben. Alle finanziellen Vermögenswerte müssen beim erstmaligen Ansatz im Hinblick auf die Folgebewertung mit fortgeführten Anschaffungskosten oder beizulegendem Zeitwert grundsätzlich auf Grundlage des Geschäftsmodells des Unternehmens zur Steuerung finanzieller Vermögenswerte und der Eigenschaften der vertraglichen Cash Flows des finanziellen Vermögenswerts klassifiziert werden (IFRS 9.3.1.1 i. V. m. IFRS 9.4.1.1).
(b) Die Vermögenswerte werden beim erstmaligen Ansatz zum beizulegenden Zeitwert sowie bei finanziellen Vermögenswerten, die nicht aufwands- oder ertragswirksam zum beizulegenden Zeitwert bewertet werden, zudem unter Einbeziehung von direkt dem Erwerb zuzurechnenden Transaktionskosten bewertet.
(c) Die Folgebewertung mit fortgeführten Anschaffungskosten verlangt die Erfüllung von zwei Bedingungen (IFRS 9.4.1.2): (1) Der Vermögenswert wird im Rahmen eines Geschäftsmodells gehalten, dessen Zielsetzung darin besteht, Vermögenswerte zur Vereinnahmung der

---

[148] Vgl. Haufe IFRS-Kommentar/Lüdenbach (2012), § 28 Rz. 63.

vertraglichen Cash Flows zu halten. (2) Die Vertragsbedingungen des finanziellen Vermögenswerts führen zu festgelegten Zeitpunkten zu Cash Flows, die ausschließlich Tilgungs- und Zinszahlungen auf den ausstehenden Kapitalbetrag darstellen.

(d) Ein finanzieller Vermögenswert, der nicht zu fortgeführten Anschaffungskosten bewertet wird, ist zum beizulegenden Zeitwert zu bewerten (IFRS 9.4.1.4). Wertänderungen gehen **grundsätzlich** in die GuV, nicht in das sonstige Ergebnis ein (IFRS 9.5.7.1).

(e) Ungeachtet vorstehender Regelungen „kann ein Unternehmen einen finanziellen Vermögenswert beim erstmaligen Ansatz unwiderruflich als aufwands- oder ertragswirksam zum beizulegenden Zeitwert bewertet designieren, wenn dadurch Inkongruenzen bei der Bewertung oder beim Ansatz (…), die entstehen, wenn die Bewertung von Vermögenswerten oder Verbindlichkeiten oder die Erfassung von daraus resultierenden Gewinnen und Verlusten auf unterschiedlicher Grundlage erfolgt, beseitigt oder erheblich verringert werden (…)." (IFRS 9.4.1.5)

(f) „Nur wenn ein Unternehmen sein Geschäftsmodell zur Steuerung finanzieller Vermögenswerte ändert, hat es eine Reklassifizierung aller betroffenen finanziellen Vermögenswerte gemäß den Paragraphen 4.1.1-4.1.4 vorzunehmen." (IFRS 9.4.4.1)

Jedoch gibt es einen **weiteren Änderungsvorschlag** vom 28. November 2012 (**ED/2012/4**). Auf Drängen der Versicherungsgesellschaften will der IASB nun eine dritte Bewertungskategorie einführen, für die bei Zeitwertbilanzierung Wertänderungen nicht in die GuV einfließen, sondern direkt mit dem Eigenkapital verrechnet werden (Abs. 4.1.1). Das geht in Richtung der alten Bilanzierung von IAS 39 mit der Behandlung von fortgeführten Anschaffungskosten und der erfolgswirksamen wie der erfolgsneutralen Erfassung einer Änderung von beizulegenden Zeitwerten. Der in der obigen Aufzählung in Punkt (d) erwähnte Grundsatz wird ausgehöhlt.

4.2.5 Immaterielle Anlagewerte

„Ein immaterieller Vermögenswert ist ein identifizierbarer, nicht monetärer Vermögenswert ohne physische Substanz." (IAS 38.8, im Original z. T. hervorgehoben)

Die Identifizierbarkeit eines immateriellen Vermögenswertes ist erfüllt, „wenn:

(a) er separierbar ist, d. h. er kann vom Unternehmen getrennt und verkauft, übertragen, lizenziert, vermietet oder getauscht werden.

4.2 Aktiva

Dies kann einzeln oder in Verbindung mit einem Vertrag, einem identifizierbaren Vermögenswert oder einer identifizierbaren Schuld erfolgen; oder

(b) er aus vertraglichen oder anderen gesetzlichen Rechten entsteht, unabhängig davon, ob diese Rechte vom Unternehmen oder von anderen Rechten und Verpflichtungen übertragbar oder separierbar sind." (IAS 38.12; im Original hervorgehoben)

Da die Definition des immateriellen Vermögenswertes verlangt, dass „ein immaterieller Vermögenswert identifizierbar ist, um ihn vom Geschäfts- oder Firmenwert unterscheiden zu können" (IAS 38.11), erfüllt Letzterer nicht die Definition des immateriellen Anlagewertes. Dementsprechend darf ein selbstgeschaffener (= originärer) Geschäfts- oder Firmenwert nicht aktiviert werden (IAS 38.48).

Jedoch muss bei einem Unternehmenszusammenschluss vom Erwerber zum Erwerbsdatum der erworbene (= derivative) Geschäfts- oder Firmenwert angesetzt werden (IFRS 3.32). Dieser stellt einen Vermögenswert dar, dessen künftiger wirtschaftlicher Nutzen aus anderen erworbenen Vermögenswerten resultiert, die nicht einzeln identifiziert und getrennt angesetzt werden können (IFRS 3.A).

Entgeltlicher Erwerb ist **keine notwendige Voraussetzung für den Ansatz** immaterieller Anlagewerte; sie können selbsterstellt oder geschenkt sein, müssen jedoch aufgrund von Ereignissen in der Vergangenheit von dem Unternehmen beherrscht werden, Nutzenzufluss bei dem Unternehmen erwarten lassen (IAS 38.8 und .21) und verlässlich bewertet werden können (IAS 38.21). Der juristischen Durchsetzung der Beherrschung aufgrund eines Rechts bedarf es nicht (IAS 38.13).

Das Problem der immateriellen Anlagewerte liegt in ihrer Nachprüfbarkeit aufgrund

(a) fehlender physischer Substanz,
(b) nicht notwendigerweise vorliegender Rechte,
(c) schwieriger Bewertbarkeit.

Von Interesse sind deshalb explizite Bilanzierungsverbote. Diese betreffen Ausgaben für

(a) Forschung (IAS 38.54),
(b) Entwicklung, die nicht bestimmten Kriterien genügen (IAS 38.57),
(c) selbstgeschaffene Markennamen, Drucktitel, Verlagsrechte, Kundenlisten sowie ihrem Wesen nach ähnliche Sachverhalte (IAS 38.63),
(d) Gründung und Anlauf eines Geschäftsbetriebs (IAS 38.69(a)),
(e) Aus- und Weiterbildungsaktivitäten (IAS 38.69(b)),
(f) Werbekampagnen und Maßnahmen der Verkaufsförderung (IAS 38.69(c)),

4. Bilanzansatz

(g) Verlegung oder Umorganisation von Unternehmensteilen oder des gesamten Unternehmens (IAS 38.69(d)).

Schwächer sind die Aussagen über selbstgeschaffenen Mitarbeiterstamm, Belegschaftsqualität und nicht rechtlich geschützte Kundenbeziehungen, bei denen nur „für gewöhnlich" die Beherrschbarkeit fehlen soll, aber im Einzelfall belegt werden kann (IAS 38.15 f.).

Von besonderer Bedeutung ist die **Aktivierung von Entwicklungsausgaben** gemäß IAS 38.57. Die Regelung nennt **sechs Voraussetzungen**, die für die Aktivierung erfüllt sein müssen. Hierzu gehören[149]

(a) die technische Realisierbarkeit der Fertigstellung des immateriellen Vermögenswertes, damit er zur Nutzung oder zum Verkauf zur Verfügung stehen wird,
(b) die Absicht, den immateriellen Vermögenswert fertig zu stellen sowie ihn zu nutzen oder zu verkaufen,
(c) die Fähigkeit, den immateriellen Vermögenswert zu nutzen oder zu verkaufen,
(d) der Nachweis, wie der immaterielle Vermögenswert einen voraussichtlichen künftigen wirtschaftlichen Nutzen erzielen wird,
(e) die Verfügbarkeit adäquater Ressourcen, um die Entwicklung abzuschließen und den immateriellen Vermögenswert nutzen oder verkaufen zu können,
(f) die verlässliche Bewertbarkeit.

Zu Recht wird hier angeführt, dass die Bedingungen ein **faktisches Wahlrecht** schaffen, weil das Unternehmen Nachweise führen kann, aber nicht muss[150]. Das wird insbesondere bei Punkt (b) deutlich. Darüber hinaus schafft beispielsweise Punkt (a) Nachweis- und damit Objektivierungsprobleme.

Nachaktivierungen vormals als Aufwand erfasster Ausgaben für einen immateriellen Posten sind nicht erlaubt (IAS 38.71; SIC-32).

Die Ausbuchung immaterieller Vermögenswerte hat bei Abgang oder fehlendem wirtschaftlichen Nutzen von seiner Nutzung oder seinem Abgang zu erfolgen (IAS 38.112).

---

[149] SIC-32 konkretisiert etwas die Kriterien für die Aktivierung von Kosten für Internetseiten.
[150] Vgl. z. B. Heuser/Theile/Theile (2012), Rz. 1059: „Vergleichsweise sinnlos sind die Kriterien (b) und (c): Sie können eine vom Management gewollte Aktivierung i. d. R. nicht verhindern." (Im Original z. T. hervorgehoben)

4.2.6 Zur Veräußerung vorgesehene langfristige Vermögenswerte

Für zur Veräußerung vorgesehene langfristige Vermögenswerte gilt IFRS 5. Ein entsprechender Vermögenswert ist derart zu klassifizieren, „wenn der zugehörige Buchwert überwiegend durch ein Veräußerungsgeschäft und nicht durch fortgesetzte Nutzung realisiert wird." (IFRS 5.6)

Verlangt werden die sofortige Veräußerbarkeit zu Bedingungen, die für den Verkauf derartiger Vermögenswerte gängig und üblich sind, und die Höchstwahrscheinlichkeit einer solchen Veräußerung (IFRS 5.7). Die **Höchstwahrscheinlichkeit** wird daran verankert, dass die zuständige Managementebene einen Plan für den Verkauf beschlossen hat und mit der Suche nach einem Käufer und der Durchführung des Plans aktiv begonnen wurde (IFRS 5.8). Weitere Bedingungen betreffen die Preisforderung und die Veräußerungsfrist.

4.2.7 Vorräte

Vorräte werden in IAS 2 geregelt[151]. Er definiert Vorräte als „Vermögenswerte,

(a) die zum Verkauf im normalen Geschäftsgang gehalten werden;
(b) die sich in der Herstellung für einen solchen Verkauf befinden; oder
(c) die als Roh-, Hilfs- und Betriebsstoffe dazu bestimmt sind, bei der Herstellung oder der Erbringung von Dienstleistungen verbraucht zu werden." (IAS 2.6)

IAS 2 gilt insbesondere nicht für unfertige Erzeugnisse im Rahmen von Fertigungsaufträgen (hier gilt IAS 11), Finanzinstrumente (hier gelten IAS 32 und 39) und biologische Vermögenswerte (hier gilt IAS 41)

4.2.8 Fertigungsaufträge

Fertigungsaufträge führen zu „Vorräten" besonderer Natur: Die Vermögenswerte werden nicht für den anonymen Markt gefertigt, sondern **aufgrund eines kundenspezifischen Vertrags**[152]. Ein Fertigungsauftrag ist ein kundenspezifisch ausgehandelter Vertrag zur Fertigung einzel-

---

[151] Vgl. hierzu auch Kümpel (2005), S. 3–110.
[152] Vgl. hierzu auch Kümpel (2005), S. 111–182.

ner Vermögenswerte oder einer Anzahl von Vermögenswerten[153], „die hinsichtlich Design, Technologie und Funktion oder hinsichtlich ihrer endgültigen Verwendung aufeinander abgestimmt oder voneinander abhängig sind." (IAS 11.3)

Unterschieden werden Festpreis- und Kostenzuschlagsverträge (IAS 11.3). Die Einteilung bestimmt die Kriterien, an welche die Gewinnrealisation gemäß Fertigungsfortschritt oder im Ausmaß erzielbarer Kosten anknüpft (IAS 11.22-24, .32).

4.2.9 Aktive Steuerposten

IAS 12 regelt tatsächliche erstattungsfähige Ertragsteuern und latente Steueransprüche. **Latente Steueransprüche** „sind die Beträge an Ertragsteuern, die in zukünftigen Perioden erstattungsfähig sind, und aus:

(a) abzugsfähigen temporären Differenzen;
(b) dem Vortrag noch nicht genutzter steuerlicher Verluste; und
(c) dem Vortrag noch nicht genutzter steuerlicher Gewinne resultieren."
(IAS 12.5)

Temporäre Differenzen sind Unterschiedsbeträge zwischen dem Buchwert eines Vermögenswertes oder einer Schuld in der Bilanz und seinem Steuerwert. Abzugsfähige temporäre Differenzen führen zu Beträgen, die bei der Ermittlung des zu versteuernden Ergebnisses zukünftiger Perioden abzugsfähig sind, wenn der Buchwert des Vermögenswertes realisiert oder eine Schuld erfüllt wird (IAS 12.5)[154].

Tatsächliche Steuererstattungsansprüche sind als Vermögenswert zu aktivieren (IAS 12.12 f.). Grundsätzlich ist weiterhin ein latenter Steueranspruch „für alle abzugsfähigen temporären Differenzen in dem Maße zu bilanzieren, wie es wahrscheinlich ist, dass ein zu versteuerndes Ergebnis verfügbar sein wird, gegen das die abzugsfähige temporäre Differenz verwendet werden kann (…)". (IAS 12.24)

---

[153] Aus „contract specifically negociated for the construction of an asset" wird in der EU-Übersetzung „Vertrag über die kundenspezifische Fertigung einzelner Gegenstände" (IAS 11.3). Das ist in zweierlei Hinsicht missglückt: Erstens könnten bei permissiver Auslegung der deutschen Version Standardprodukte mit Ausstattungsvarianten, die man beispielsweise in der Automobilindustrie findet, unter Fertigungsaufträge fallen. Diese sind aber als Vorräte gemäß IAS 2 zu behandeln. Zweitens geht es nicht nur um Gegenstände, sondern auch um Dienstleistungen (IAS 11.5(a)). Vgl. Dobler (2006), S. 161.

[154] Vgl. Rammert (2005).

4.3 Passiva

4.3.1 Eigenschaften von Schulden

Anzusetzende Passiva sind – wie in Kapitel 4.1 erwähnt – Schulden und Eigenkapital. Das Eigenkapital ergibt sich als Saldo aus der Summe der bewerteten Vermögenswerte und Schulden.

Eine anzusetzende Schuld ist eine gegenwärtige Verpflichtung

(a) des Unternehmens aufgrund vergangener Ereignisse
(b) mit wahrscheinlichem Nutzenabfluss und
(c) verlässlicher Bewertbarkeit.

Die **gegenwärtige Verpflichtung** ist zwingend eine **Außenverpflichtung** gegenüber Dritten (IAS 37.20). Die Verpflichtung kann finanzieller wie nichtfinanzieller Natur sein. Sie kann durch Zahlung flüssiger Mittel, Übertragung anderer Vermögenswerte, Erbringung von Dienstleistungen, Ersatz durch eine andere Verpflichtung oder Umwandlung in Eigenkapital erfüllt werden (Rahmenkonzept Abs. 4.17).

Die Verpflichtung kann auf Vertrag, Gesetz oder faktischem Leistungszwang basieren (Rahmenkonzept Abs. 4.15). Bei faktischen statt rechtlichen Außenverpflichtungen ergibt sich bezüglich der Abgrenzung von Außen- und Innenverpflichtung eine **Unschärfe**, auf die bereits in Kapitel 3.2.1 hingewiesen wurde.

Die Verpflichtung muss eine **unkompensierte Last**, eine Nettobelastung, darstellen. Dies ist z. B. bei einem ausgeglichenen Dauerschuldverhältnis, bei dem sich Wert von Leistung und Gegenleistung entsprechen, nicht der Fall und führt deshalb nicht zu einem Schuldenausweis[155].

Der Bezug auf die **vergangenen Ereignisse** korrespondiert mit der gegenwärtigen, d. h. am Bilanzstichtag bestehenden Verpflichtung. Die vergangenen Ereignisse sind sowohl Geschäftsvorfälle wie Lieferungen oder Leistungen, aufgenommene Kredite oder den Arbeitnehmern zugesagte Pensionsleistungen als auch sonstige Ereignisse wie überraschenderweise eingetretene Schäden oder zu erwartende Schadenersatzklagen.

Der **wahrscheinliche Nutzenabfluss** verlangt eine mehr als 50%-ige Wahrscheinlichkeit für den Nutzenabfluss (IAS 37.23).

Der **verlässlichen Bewertbarkeit** steht die Notwendigkeit von Schätzungen nicht entgegen (Rahmenkonzept Abs. 4.19). Bei unsicheren Schulden sind regelmäßig Existenz, Höhe und Leistungszeitpunkt unsicher.

---

[155] Vgl. auch Hachmeister (2006), S. 3.

4. Bilanzansatz

Die Schulden lassen sich verschieden systematisieren. Insbesondere kann man bezüglich Existenz und Höhe sichere Schulden von diesbezüglich unsicheren Schulden unterscheiden. Weiterhin lassen sich finanzielle Verbindlichkeiten, für die IAS 32, IAS 39 und IFRS 7 gelten, gegenüber Rückstellungen (provisions), abgegrenzten Schulden (accruals), für die jeweils IAS 37 gilt, und sonstigen Verbindlichkeiten, für die diverse IFRS gelten, differenzieren[156]. Der Schwerpunkt der Darstellung liegt hier auf finanziellen Verbindlichkeiten, Rückstellungen, abgegrenzten Schulden und den zu den sonstigen Verbindlichkeiten zu zählenden passiven Steuerposten.

Da sie die Ansatzkriterien nicht erfüllen, sind **Eventualschulden** – außerhalb des Konzernabschlusses (vgl. hierzu die Kapitel 9.10.1.1 und 9.10.1.3) – nicht als Schuld anzusetzen. Eventualschulden sind nach IAS 37.10 definiert als

„(a) eine mögliche Verpflichtung, die aus vergangenen Ereignissen resultiert und deren Existenz durch das Eintreten oder Nichteintreten eines oder mehrerer unsicherer künftiger Ereignisse erst noch bestätigt wird, die nicht vollständig unter der Kontrolle des Unternehmens stehen, oder

(b) eine gegenwärtige Verpflichtung, die auf vergangenen Ereignissen beruht, jedoch nicht erfasst wird, weil
  (i) ein Abfluss von Ressourcen mit wirtschaftlichem Nutzen mit der Erfüllung dieser Verpflichtung nicht wahrscheinlich ist, oder
  (ii) die Höhe der Verpflichtung nicht ausreichend verlässlich geschätzt werden kann."

Eventualschulden weisen gegenüber Schulden ein höheres Maß an Unsicherheit über Existenz (Fall (a)) oder Höhe (Fall (b)) **auf**[157].

4.3.2 Finanzielle Verbindlichkeiten

Da finanzielle Verbindlichkeiten Finanzinstrumente sind, gelten für sie IAS 32, IAS 39 und IFRS 7. Für Fremdwährungsverbindlichkeiten ist weiterhin IAS 21 zu beachten.

Obwohl insbesondere die folgenden Sachverhalte ebenfalls mit finanziellen Verpflichtungen verbunden sind, fallen sie – von Ausnahmen abgesehen – nicht unter IAS 32, IAS 39 und IFRS 7 (IAS 39.2):

(a) Verpflichtungen aus Leasingverhältnissen (IAS 17),
(b) Verpflichtungen aus Altersversorgungsplänen (IAS 19),

---

[156] Vgl. Hachmeister (2006), S. 5.
[157] Vgl. auch Heidemann (2005), S. 133.

(c) Verpflichtungen aus Versicherungsverträgen (IFRS 4),
(d) Verpflichtungen im Zusammenhang mit Unternehmenszusammenschlüssen (IFRS 3),
(e) Verpflichtungen im Zusammenhang mit aktienbasierten Vergütungen (IFRS 2).

Zu den **finanziellen Verbindlichkeiten** gehören nach IAS 32.11:

(a) eine vertragliche Verpflichtung, flüssige Mittel oder andere finanzielle Vermögenswerte an ein anderes Unternehmen abzugeben (z. B. ein Bankkredit oder eine Verbindlichkeit aus Lieferung und Leistung),
(b) eine vertragliche Verpflichtung, finanzielle Vermögenswerte oder finanzielle Verbindlichkeiten mit einem anderen Unternehmen zu potentiell nachteiligen Bedingungen auszutauschen (hierzu gehören **Derivate**),
(c) ein Vertrag, der durch Eigenkapitalinstrumente des bilanzierenden Unternehmens – unter bestimmten Bedingungen – erfüllt werden wird oder kann (z. B. eine ausgegebene Wandelanleihe).

Der **Bezug auf vertragliche Vereinbarungen schließt auf hoheitlichem Akt basierende Verbindlichkeiten** – wie solche aus der Besteuerung – **als Bestandteil von Finanzinstrumenten aus** (IAS 32.AG.12). Dasselbe gilt für empfangene Anzahlungen im Zusammenhang mit Verträgen zum Austausch von Sachgütern oder Dienstleistungen (IAS 32.AG.11).

Die finanziellen Verbindlichkeiten sind einzuteilen in solche, die zum beizulegenden Zeitwert bewertet werden sollen (IAS 39.47), inklusive des Handelsbestands (IAS 39.9), und sonstige finanzielle Verbindlichkeiten.

Wie bereits in Kapitel 4.2.4 ausgeführt, wird IAS 39 Zug um Zug durch IFRS 9 ersetzt. Im Oktober 2010 ergänzte der IASB bereits IFRS 9 um die Vorschriften zur Klassifizierung und Bewertung finanzieller Verbindlichkeiten. Dies beinhaltet Vorschriften zu eingebetteten Derivaten und der Bilanzierung des eigenen Ausfallrisikos bei finanziellen Verbindlichkeiten, die zum beizulegenden Zeitwert bewertet werden. Zum selben Zeitpunkt entschied der IASB auch, die in IAS 39 enthaltenen Vorschriften zur Ausbuchung finanzieller Verbindlichkeiten unverändert zu übernehmen. Im November 2012 wurde aber ein weiterer Änderungsvorschlag vorgelegt (ED/2012/4), der die Bewertungskategorien bei finanziellen Verbindlichkeiten nicht wie geplant von vier auf zwei Kategorien zurückführt, sondern faktisch drei Kategorien enthält (vgl. oben Kapitel 4.2.4).

4. Bilanzansatz

4.3.3 Rückstellungen

IAS 37.10 definiert eine **Rückstellung** als eine **Schuld, die bezüglich ihrer Fälligkeit oder ihrer Höhe ungewiss ist**. „Eine Rückstellung ist dann anzusetzen, wenn

(a) einem Unternehmen aus einem Ereignis der Vergangenheit eine gegenwärtige Verpflichtung (rechtlich oder faktisch) entstanden ist;
(b) der Abfluss von Ressourcen mit wirtschaftlichem Nutzen zur Erfüllung dieser Verpflichtung wahrscheinlich ist; und
(c) eine verlässliche Schätzung der Höhe der Verpflichtung möglich ist." (IAS 37.14)

Für die Existenz einer gegenwärtigen Verpflichtung zum Bilanzstichtag muss mehr dafür als dagegen sprechen (IAS 37.15). Verpflichtungen sind immer als Außenverpflichtungen gegenüber Dritten zu verstehen, auch wenn diese nicht konkret feststehen müssen (IAS 37.20). Darüber hinaus muss mehr dafür als dagegen sprechen, dass es zu einem Abfluss von Ressourcen kommt (IAS 37.23); d.h. es gibt **zwei Wahrscheinlichkeitshürden**, welche eine Rückstellung zu nehmen hat.

Dies widerspricht dem Rahmenkonzept, das keine Prüfung der Wahrscheinlichkeit hinsichtlich der Existenz einer gegenwärtigen Verpflichtung vorsieht[158]. Nach Rahmenkonzept Abs. 4.4(b) ist eine Schuld „eine gegenwärtige Verpflichtung des Unternehmens, die aus Ereignissen der Vergangenheit entsteht und deren Erfüllung für das Unternehmen erwartungsgemäß mit einem Abfluss von Ressourcen mit wirtschaftlichem Nutzen verbunden ist." Die Wahrscheinlichkeit knüpft an das „erwartungsgemäß" an.

Ist die Existenz einer gegenwärtigen Verpflichtung unwahrscheinlich (im Sinne, es spricht weniger dafür als dagegen), während der Abfluss der Ressourcen wahrscheinlich ist (im Sinne, es spricht mehr dafür als dagegen), so ist eine **Eventualschuld** zu **berichten**, aber nicht zu passivieren (IAS 37.23).

Mangelt es bei den obigen drei Kriterien allein an der verlässlichen Bewertung, so ist ebenfalls keine Rückstellung erlaubt, aber eine Eventualschuld anzugeben (IAS 37.26).

---

[158] Vgl. Brücks/Richter (2005), S. 413.

4.3 Passiva

Die folgende Tabelle macht die Ansatzkriterien nochmals deutlich:

Wahrscheinlichkeit für Existenz der gegenwärtigen unsicheren Verpflichtung	Wahrscheinlichkeit für Ressourcenabfluss zur Erfüllung dieser Verpflichtung	Möglichkeit verlässlicher Bewertung	Ansatz Rückstellung	Angabe Eventualschuld
> 50 %	> 50 %	Ja	Ja	Nein
> 50 %	> 50 %	Nein	Nein	Ja
≤ 50 %	> 50 %	Ja	Nein	Ja
≤ 50 %	> 50 %	Nein	Nein	Nein[159]
> 50 %	≤ 50 %	Ja/Nein	Nein	Nein
≤ 50 %	≤ 50 %	Ja/Nein	Nein	Nein

Tab. 2: Kriterien für den Ansatz von Rückstellungen und die Angabe von Eventualschulden

Vernachlässigen wir die Objektivierungsprobleme bei der Quantifizierung der Wahrscheinlichkeiten, geht der IASB davon aus, dass trotz der oftmaligen Verbindung von Existenz- und Ressourcenabflusswahrscheinlichkeit die Erfüllung beider 50 %-Kriterien nicht konform verläuft[160]. Zu Recht wird kritisiert, dass aus den obigen Regeln eine merkwürdige Behandlung von unsicheren Verpflichtungen resultiert:

Die Rückstellung ist mit der bestmöglichen Schätzung der Ausgabe zu bewerten, „die zur Erfüllung der gegenwärtigen Verpflichtung zum Abschlussstichtag erforderlich ist." (IAS 37.36) „Die bestmögliche Schätzung der zur Erfüllung der gegenwärtigen Verpflichtung erforderlichen Ausgabe ist der Betrag, den das Unternehmen bei vernünftiger Betrachtung zur Erfüllung der Verpflichtung zum Abschlussstichtag oder zur Übertragung der Verpflichtung auf einen Dritten zu diesem Termin zahlen müsste." (IAS 37.37) Umfasst die zu bewertende Rückstellung eine große Anzahl von Positionen, ist der Erwartungswert zu bilden (IAS 37.39)[161].

---

[159] Nach Wagenhofer (2009), S. 270 f., lautet die Antwort hingegen in den letzten drei Zeilen „ja", weil die englische Formulierung die Ausdrücke „not probable" für die Existenz der Verpflichtung und „remote" für den erwarteten Ressourcenabfluss unterscheidet, also den deutschen Ausdruck „nicht unwahrscheinlich" für „remote" nicht mit „wahrscheinlich" gleichsetzt. Es ist fraglich, ob man das so verstehen darf.
[160] Vgl. Haaker (2005), S. 9.
[161] Vgl. auch Kapitel 5.2.5.

4. Bilanzansatz

Obwohl die Erwartungswerte sehr ähnlich sein können, führt die Zweistufigkeit der Ansatzprüfung zu unterschiedlichen Ergebnissen. Das verdeutlicht Haaker mit folgendem Beispiel[162]:

Bei einer Gruppe von Posten betrage die Wahrscheinlichkeit für die Existenz der gegenwärtigen Verpflichtung 51 %. Ein mit der Realisation der Verpflichtung verbundener Ressourcenabfluss sei 100 oder 50 und habe jeweils eine Wahrscheinlichkeit von 50 %. Eine Rückstellung ist zu bilden. Der Erwartungswert des Ressourcenabflusses beträgt

$$0{,}51 \times (0{,}5 \times 100 + 0{,}5 \times 50) + 0{,}49 \times 0 = 0{,}51 \times 75 + 0 = 38{,}25.$$

Alternativ betrage für denselben Sachverhalt die Wahrscheinlichkeit für die Existenz der gegenwärtigen Verpflichtung 49 %. Die mit der Realisation der Verpflichtung verbundenen Ressourcenabflüsse werden wie vorher eingeschätzt. Eine Rückstellung darf nicht gebildet werden, obwohl der Erwartungswert des Ressourcenabflusses nur rd. 4 % geringer als im ersten Fall ist:

$$0{,}49 \times (0{,}5 \times 100 + 0{,}5 \times 50) + 0{,}51 \times 0 = 0{,}49 \times 75 + 0 = 36{,}75.$$

Die Ungleichbehandlung der beiden sehr ähnlichen Fälle ist der Preis der ersten Wahrscheinlichkeitshürde, die im zweiten Fall nicht genommen wurde[163]. Will man die Ungleichbehandlung nicht tolerieren, sind Ansatz und Bewertung simultan zu betrachten. Dies steht im Widerspruch zur bisherigen – und auch vom IASB gewollten – Vorgehensweise. Er könnte freilich wegen der Problematik von unsicheren Ereignissen akzeptiert werden. Hier sind Wertungen geboten.

Für den Ansatz von Rückstellungen gilt – wie für jede Schuld – das Kriterium der **Unentziehbarkeit**: Die Verpflichtung muss unabhängig von der künftigen Geschäftstätigkeit bestehen (IAS 37.19)[164]. Einer Pflicht zur Flugzeugüberholung kann man sich durch Verkauf des Flugzeugs entziehen; dementsprechend resultiert keine Rückstellung.

Problematisch ist dieses Kriterium bei der Kulanz, weil eine kulante Geschäftspolitik durch Verhaltensänderung jederzeit aufgegeben werden kann. Deshalb setzt IAS 37.17(b) hier voraus, dass das Vergangenheitsereignis „gerechtfertigte Erwartungen bei anderen Parteien

---

[162] Vgl. Haaker (2005), S. 10 f.
[163] Nach einem Entwurf von 2005 hatte der IASB erwogen, die Posten Rückstellungen und Eventualschulden, die Wahrscheinlichkeitsgrenzen „probable", „possible" und „remote" sowie das Ansatzkriterium der Wahrscheinlichkeit für die Existenz der Schuld zu streichen. Das Projekt ist derzeit zurückgestellt und wird im Zusammenhang mit der Überarbeitung des Rahmenkonzepts und der hierbei zu schaffenden Definition von Schulden behandelt. Für diese liegt bisher nur eine Arbeitsdefinition vor. Vgl. www.fasb.org/project/cf_phase-b.shtml (Stand: 19. Dezember 2012).
[164] Vgl. weiterhin Moxter (1999), S. 521 f.

hervorruft, dass das Unternehmen die Verpflichtung erfüllen wird."
Hierzu ist nötig, dass die Verpflichtung „den davon betroffenen Parteien vor dem Abschlussstichtag ausreichend ausführlich mitgeteilt wurde" (IAS 37.20). Die gleichen Probleme ergeben sich bei geplanten Restrukturierungen. Hier muss ein detaillierter, formaler Restrukturierungsplan mit bestimmten Eigenschaften vorliegen, und den Betroffenen muss klargemacht worden sein, dass die Maßnahmen durchgeführt werden (IAS 37.72). **Die Unentziehbarkeit wird insofern „konstruiert".**

„Hat ein Unternehmen einen belastenden Vertrag, ist die gegenwärtige vertragliche Verpflichtung als Rückstellung anzusetzen und zu bewerten." (IAS 37.66) „Ein belastender Vertrag ist ein Vertrag, bei dem die unvermeidbaren Kosten zur Erfüllung der vertraglichen Verpflichtungen höher sind als der erwartete wirtschaftliche Nutzen." (IAS 37.10, im Original z. T. hervorgehoben) „Die unvermeidbaren Kosten unter einem Vertrag spiegeln den Mindestbetrag der bei Ausstieg aus dem Vertrag anfallenden Nettokosten wider; diese stellen den niedrigeren Betrag von Erfüllungskosten und etwaigen aus der Nichterfüllung resultierenden Entschädigungszahlungen oder Strafgeldern dar." (IAS 37.68)

Bevor die Rückstellung für den belastenden Vertrag gebildet wird, ist der Wertminderungsaufwand für Vermögenswerte, die mit dem Vertrag verbunden sind, zu berücksichtigen (IAS 37.69). Anwendungsfälle hierfür sind Fertigungsanlagen, mit denen Produkte hergestellt werden, „aus deren Absatz wegen bereits abgeschlossener Verträge Verluste drohen"[165], oder Veräußerungen von Unternehmensteilen mit Verpflichtungsüberhang beim Veräußerer[166]. Für Belastungen aus Fertigungsaufträgen gilt eine eigene Regelung in IAS 11.36: „Ist es wahrscheinlich, dass die gesamten Auftragskosten die gesamten Auftragserlöse übersteigen werden, sind die erwarteten Verluste sofort als Aufwand zu erfassen."

4.3.4 Abgegrenzte Schulden

Rückstellungen oder provisions werden von abgegrenzten Schulden oder accruals (IAS 37.11(b)) unterschieden, obwohl ähnliche Sachverhalte vorliegen.

Bei **accruals** steht eine Verbindlichkeit dem Grunde nach fest, aber eine Unsicherheit besteht hinsichtlich Höhe und Zeitpunkt. Beispiele betreffen erhaltene Lieferungen ohne Rechnung bis zum Bilanzstichtag (IAS 37.11(b)) und Kosten der Abschlussprüfung[167]. „Abgegrenzte Schulden

---

[165] Heuser/Theile/Pawelzik/Theile (2012), Rz. 3446.
[166] Vgl. Heuser/Theile/Pawelzik (2012), Rz. 3446.
[167] Vgl. zu letzterem Heuser/Theile/Pawelzik (2012), Rz. 3408.

werden häufig als Teil der Verbindlichkeiten aus Lieferungen und Leistungen und sonstige Verbindlichkeiten ausgewiesen, wohingegen der Ausweis von Rückstellungen separat erfolgt." (IAS 37.11)

4.3.5 Passive Steuerposten

IAS 12 regelt tatsächliche Ertragsteuern und latente Steuerschulden. **Latente Steuerschulden** „sind die Beträge an Ertragsteuern, die in zukünftigen Perioden resultierend aus zu versteuernden temporären Differenzen zahlbar sind." (IAS 12.5)

Temporäre Differenzen sind Unterschiedsbeträge zwischen dem Buchwert eines Vermögenswertes oder einer Schuld in der Bilanz und seinem Steuerwert. Zu versteuernde temporäre Differenzen führen zu steuerpflichtigen Beträgen, wenn der Buchwert des Vermögenswertes realisiert oder die Schuld erfüllt wird (IAS 12.5).

Steuerschulden sind zu passivieren (IAS 12.12). Von expliziten Ausnahmen abgesehen ist weiterhin eine latente Steuerschuld „für alle zu versteuernden temporären Differenzen" (IAS 12.15) anzusetzen.

4.3.6 Eigenkapital

Eigenkapital ist nach dem Rahmenkonzept der Saldo aus Vermögenswerten und Schulden (Abs. 4.4(c)). Gemäß IAS 32.11 ist ein Eigenkapitalinstrument „ein Vertrag, der einen Residualanspruch an den Vermögenswerten eines Unternehmens nach Abzug aller dazugehörigen Schulden begründet." (Im Original hervorgehoben)

Die Einordnung als Eigen- oder Fremdkapital wird durch die wirtschaftliche Substanz, statt allein durch die rechtliche Gestaltung bestimmt (IAS 32.18). Spezifiziert wird das insbesondere durch folgende Regelungen:

„Eine Vorzugsaktie, die den obligatorischen Rückkauf durch den Emittenten zu einem festen oder festzulegenden Geldbetrag und zu einem fest verabredeten oder zu bestimmenden Zeitpunkt vorsieht oder dem Inhaber das Recht einräumt, vom Emittenten den Rückkauf des Finanzinstruments zu bzw. nach einem bestimmten Termin und zu einem festen oder festzulegenden Geldbetrag zu verlangen, ist als finanzielle Verbindlichkeit zu klassifizieren." (IAS 32.18(a))

Auch ein Kündigungsrecht macht das Finanzinstrument grundsätzlich zur finanziellen Verbindlichkeit (IAS 32.18(b)). Für Deutschland bedeutsame Ausnahmen vom Grundsatz betreffen kündbare Finanzinstrumente, die dem Eigentümer einen proportionalen Anspruch am Nettovermögen der Gesellschaft im Falle der Liquidation gewähren, letztrangig sind und weitere vier Anforderungen erfüllen (IAS 32.16A und .16B). Weitere Ausnahmen vom Grundsatz enthalten IAS 32.16C und .16D zu Finanzinstrumenten, die nur im Liquidationsfall einen proportionalen Residualanspruch gewähren[168].

„Die Modifikationen zur Abgrenzung von Eigenkapital und Fremdkapital haben in Deutschland insbesondere Relevanz für emittierte Finanzinstrumente von Unternehmen in der Rechtsform der Personengesellschaft oder Genossenschaft, aber auch für vermeintlich ‚eigenkapitalnahe' Finanzinstrumente, wie z. B. Genussrechtskapital."[169]

Enthalten Finanzinstrumente Eigen- und Fremdkapitalelemente, ist gemäß IAS 32.28 eine Aufteilung in beide Kategorien vorzunehmen. Das ist z. B. bei Wandelanleihen der Fall.

Als **IFRS-spezifische Eigenkapitalposten**[170] sind

(a) die Rücklage für Währungsumrechnungsdifferenzen (IAS 21.39(c)),
(b) die Neubewertungsrücklage als Konsequenz des Ansatzes von immateriellen Vermögenswerten oder Sachanlagevermögen mit dem beizulegenden Zeitwert (IAS 38.85 f. und IAS 16.39 f.),
(c) die Rücklage für die Zeitwertbewertung bei Finanzinstrumenten (IAS 39.55(b), .95(a) und .102(a)) und
(d) die Rücklage für versicherungsmathematische Gewinne und Verluste (IAS 19.54(b))

zu beachten.

Die Bildung dieser Rücklagen erfolgt grundsätzlich ergebnisneutral (Ausnahme versicherungsmathematisches Ergebnis) nach Berücksichtigung latenter Steuern[171].

Ergebnisneutrale Änderungen der Bilanzierungs- und Bewertungsmethoden oder bei der Korrektur von Fehlern schlagen sich in den Gewinnrücklagen nieder[172].

---

[168] Vgl. auch Blaum (2009), S. 126–130.
[169] Blaum (2009), S. 123, Tz. 6 (im Original z. T. hervorgehoben).
[170] Vgl. Pellens/Fülbier/Gassen/Sellhorn (2011), S. 502 f. (zu allen vier); Scheffler (2006), S. 20–22 (zu den ersten drei).
[171] Vgl. auch Pellens/Fülbier/Gassen/Sellhorn (2011), S. 502 f.
[172] Vgl. Scheffler (2006), S. 20.

4.4 Zusammenfassung in Thesen

(1) Aktiva (Vermögenswerte) und Passiva (Eigenkapital und Schulden) werden im Rahmenkonzept definiert; gleichermaßen gibt es dort Anforderungen für ihren Ansatz.

(2) Definitionsbestandteile von Vermögenswerten sind Verfügungsmacht des Unternehmens und erwarteter Nutzenzufluss als Ergebnis von Ereignissen der Vergangenheit. Definitionsbestandteile von Schulden sind gegenwärtige Verpflichtung des Unternehmens und erwarteter Nutzenabfluss als Ergebnis von Ereignissen der Vergangenheit. Der Ansatz von Vermögenswerten und Schulden verlangt verlässliche Bewertbarkeit. Eigenkapital ist der Saldo aus Vermögenswerten und Schulden.

(3) Für die Bilanzposten existiert eine Mindestgliederung. Die Darstellung in der Bilanz hat nach Fristigkeit oder Liquidität zu erfolgen.

(4) Für den Ansatz von Vermögenswerten ist Eigentum keine notwendige Voraussetzung, um die als Definitionsbestandteil geforderte Verfügungsmacht zu erfüllen. Es gilt vielmehr eine wirtschaftliche Betrachtungsweise, die insbesondere beim Leasing deutlich wird. Beim Finanzierungsleasing aktiviert der Leasingnehmer als Besitzer statt des Leasinggebers als Eigentümer den Vermögenswert. Beim Operating-Leasingverhältnis aktiviert der Leasinggeber das Leasinggut.

(5) Für den Leasingstandard gibt es einen Änderungsvorschlag. Danach wird die Trennung der Verträge in Finanzierungsleasing und Operating-Leasingverhältnis aufgrund bestimmter Indikatoren aufgegeben und jeder Leasingnehmer muss das im Leasingvertrag zugesicherte Nutzungsrecht aktivieren. Beim Leasinggeber kommt es in Abhängigkeit der Nichtübertragung oder Übertragung maßgeblicher Risiken und Chancen auf den Leasingnehmer zur Aktivierung des Leasinggegenstands oder zur Aktivierung der Leasingforderung sowie eines eventuell verbleibenden Restwerts des Leasinggegenstands.

(6) Der Änderungsvorschlag ist sehr umstritten; seine Umsetzung würde konzeptionell nicht zur Behandlung anderer schwebender Verträge passen.

(7) Finanzielle Vermögenswerte werden nach noch geltenden IFRS in vier Kategorien aufgeteilt, die sich hinsichtlich der Folgebewertung unterscheiden. Ein erster Änderungsvorschlag sieht vor, die vier Kategorien auf zwei zu begrenzen. Kriterium für letztere ist die Folgebewertung zu fortgeführten Anschaffungskosten oder beizulegendem Zeitwert. Ein im November 2012 vorgelegter weiterer

Änderungsvorschlag würde hingegen faktisch drei Bewertungskategorien einführen. Danach wären Wertänderungen bei einer Bewertung zum beizulegenden Zeitwert teils GuV-wirksam, teils würden sie im sonstigen Ergebnis, und damit direkt im Eigenkapital, erfasst werden.

(8) Schulden sind am Abschlussstichtag vorliegende, hinsichtlich Existenz, Höhe und Erfüllungszeitpunkt u. U. unsichere, Verpflichtungen gegenüber Dritten.

(9) Latente Steuern zählen als Vermögenswerte oder Schulden, je nachdem, ob sie aktivisch oder passivisch überhängen.

(10) Zur Veräußerung vorgesehene Vermögenswerte oder Schulden sind getrennt von anderen Posten auszuweisen.

5. Bilanzbewertung

5.1 Gemischter Wertansatz

Für die Bewertung von Aktiva und Passiva gilt kein einheitlicher, sondern ein **gemischter Wertansatz in Abhängigkeit von** betrachtetem **Posten** und **Bewertungszeitpunkt** im Sinne von Zugangs- oder Folgebewertung. Zeitweise wurde ein einheitlicher Wertansatz für die Erstbewertung diskutiert[173].

Gegenwärtig spielen **sechzehn Wertkategorien** eine Rolle[174]:

(a) die Anschaffungs- oder Herstellungskosten (IAS 16.6 und IAS 38.8),
(b) die fortgeführten Anschaffungskosten (IAS 39.9),
(c) Herstellungskosten zuzüglich Gewinnanteil (IAS 11.22),
(d) der Tageswert (Rahmenkonzept Abs. 4.55(b)),
(e) der beizulegende Zeitwert (vgl. neben IFRS 13 insbesondere IAS 2.6, IAS 16.6, IAS 17.4, IAS 18.7, IAS 19.7, IAS 20.3, IAS 21.8, IAS 32.11, IAS 38.8, IAS 39.9, IAS 40.5, IAS 41.8, IFRS 1.A, IFRS 2.A, IFRS 3.A, IFRS 4.A, IFRS 5.A, IFRS 7.25-30),
(f) der beizulegende Zeitwert zuzüglich Transaktionskosten (IAS 39.43),
(g) der beizulegende Zeitwert abzüglich Veräußerungskosten (IFRS 5.15) oder Verkaufskosten (IAS 36.6 und IAS 41.12),
(h) der Veräußerungswert (Rahmenkonzept 4.55(c)),
(i) der Nettoveräußerungswert (IAS 2.6 f.),
(j) der erzielbare Betrag (IAS 16.6, IAS 36.6, IFRS 5.A),
(k) der Nutzungswert (IAS 36.6, IFRS 5.A),
(l) der unternehmensspezifische Wert (IAS 16.6, IAS 38.8),
(m) der Barwert (Rahmenkonzept 4.55(d)),

---

[173] Während in einem Diskussionspapier vom November 2005, vgl. IASB (2005), der einheitliche Wertansatz für die Zugangsbewertung in Form des beizulegenden Zeitwerts vorgeschlagen wurde, hat sich das nachfolgende Diskussionspapier, vgl. IASB (2006b und c), nur mit seiner Ermittlung beschäftigt. Wann der beizulegende Zeitwert zur Verwendung kommt, soll das überarbeitete Rahmenkonzept klären. Hierzu liegen noch keine Vorschläge vor.

[174] Böcking/Lopatta/Rausch (2005), Rz. 101–285, weisen in den Überschriften zehn Kategorien ohne den unternehmensspezifischen Wert (l), den versicherungsmathematischen Barwert (n), den inneren Wert (o), Herstellungskosten zuzüglich Gewinnanteil (c) und die beiden Kategorien mit modifiziertem beizulegendem Zeitwert ((f) und (g)) aus. Auf die letzten zwei Kategorien gehen sie jedoch im Text ein (Rz. 109 und 204).

5. Bilanzbewertung

(n) der versicherungsmathematische Barwert (IAS 26.8),
(o) der innere Wert (IFRS 2.A),
(p) der Erfüllungsbetrag (Rahmenkonzept 4.55(c)).

Die Zuordnung der Wertkategorien zu Posten und Bewertungszeitpunkt ergibt sich aus der folgenden Tabelle:

Wert-kategorien	Für Vermögens-werte und Schulden	Nur für Vermögens-werte	Nur für Schulden
Zugangs-bewertung	• Beizulegender Zeitwert (IAS 39.43) • Beizulegender Zeitwert zuzüglich Transaktionskosten (IAS 39.43) • Barwert	• Anschaffungs- oder Herstellungskosten • Herstellungskosten zuzüglich Gewinnanteil • Beizulegender Zeitwert abzüglich Veräußerungskosten (IAS 41.12)	• Versicherungsmathematischer Barwert • Erfüllungsbetrag • Innerer Wert
Folge-bewertung (nur weitere Wertkategorien)	• Fortgeführte Anschaffungskosten • Tageswert • Unternehmensspezifischer Wert	• Veräußerungswert • Nettoveräußerungswert • Erzielbarer Betrag • Nutzungswert	

Tab. 3: Wertkategorien[175]

Ich beginne mit den Wertansätzen für Vermögenswerte und Schulden im Zugangszeitpunkt. Dort sind der beizulegende Zeitwert und der Barwert relevant.

Der **beizulegende Zeitwert** wurde früher unterschiedlich definiert. IFRS 13 Bewertung zum beizulegenden Zeitwert hat hier Abhilfe geschaffen, ist aber noch nicht in der EU übernommen worden. Er ist danach der **Preis, den man am Bewertungsstichtag in einer gewöhnlichen Transaktion bei Verkauf eines Vermögenswerts erhalten würde oder bei Übertragung einer Schuld zu zahlen hätte** (IFRS 13.9).

---

[175] Während die Zugangsbewertung bestimmter Schulden wie Pensionslasten zum Barwert unmittelbar einsichtig ist, mag der Barwert als Zugangswert von Vermögenswerten überraschen. Er gilt jedoch z. B. bei langfristigen Forderungen, unabhängig von der Tatsache, ob sie originär entstanden sind oder bei einem Unternehmenserwerb mit dem gekauften Unternehmen erworben wurden.

5.1 Gemischter Wertansatz

Der **beizulegende Zeitwert wird zum Teil um Transaktions- oder Veräußerungskosten ergänzt**. So verlangt der in der EU noch geltende IAS 39.43 für finanzielle Vermögenswerte oder finanzielle Verbindlichkeiten, die nicht erfolgswirksam zum beizulegenden Zeitwert bewertet werden, die Zugangsbewertung zum beizulegenden Zeitwert „unter Einbeziehung von Transaktionskosten, die direkt dem Erwerb des Vermögenswerts oder der Emission der Verbindlichkeit zuzurechnen sind." Wie in Kapitel 4.2.4 ausgeführt, wird IAS 39 durch IFRS 7 ersetzt, ist aber noch kein EU-Recht. Zum Abzug von Veräußerungskosten siehe die übernächste Seite.

Der **Barwert** findet sich in einer unverbindlichen Aufzählung[176] von Bewertungsgrundlagen im Rahmenkonzept. Hier lesen wir: „Vermögenswerte werden mit dem Barwert des künftigen Nettomittelzuflusses angesetzt, den dieser Posten erwartungsgemäß im normalen Geschäftsverlauf erzielen wird. Schulden werden zum Barwert des künftigen Nettomittelabflusses angesetzt, der erwartungsgemäß im normalen Geschäftsverlauf für eine Erfüllung der Schuld erforderlich ist." (Rahmenkonzept 4.55(d))[177] In dieser Allgemeinheit sind die Sätze für die IFRS falsch; man muss sie als Definition(sversuch) verstehen.

Ein **spezifischer Barwert** wird in IAS 26.8 **für bestimmte Schulden** definiert. Es handelt sich um den **versicherungsmathematischen Barwert der zugesagten Versorgungsleistungen**, verstanden als „Barwert der künftig zu erwartenden Versorgungszahlungen des Altersversorgungsplanes an aktive und bereits ausgeschiedene Arbeitnehmer, soweit diese der bereits geleisteten Dienstzeit als erdient zuzurechnen sind."

Ein **Bezug von beizulegendem Zeitwert und Barwert** ergibt sich daraus, dass die im beizulegenden Zeitwert angesprochenen Marktpreise oft nicht erhoben werden können und durch einen Barwertkalkül erst konstruiert werden müssen (vgl. hierzu Kapitel 5.2.2).

Fortgeführte Anschaffungskosten sind nach deutschem Recht Anschaffungskosten abzüglich planmäßiger Abschreibungen[178]. IAS 16.30

---

[176] „In Abschlüssen werden verschiedene Bewertungsgrundlagen in unterschiedlichem Maße und in unterschiedlichen Kombinationen eingesetzt. Dazu gehören: (...)" (Rahmenkonzept Abs. 4.55).

[177] Eine merkwürdige Formulierung: Der erste Satz beginnt im Plural und bezieht sich anschließend auf den Singular. Auch muss ein Posten nicht nur einen Nettomittelzufluss aufweisen.

[178] In einem anderen Sinne definieren Heuser/Theile/Theile (2012), Rz. 432 f. und Rz. 2251–2254, fortgeführte Anschaffungskosten, wenn sie darunter z. B. auch die Nettoveräußerungswerte von Vorräten fassen.

kommt dem nahe, ist aber wegen der Erfassung auch außerplanmäßiger Abschreibungen damit nicht identisch[179].

Fortgeführte Anschaffungskosten werden im EU-rechtlich noch geltenden IAS 39.9 nur für finanzielle Vermögenswerte oder finanzielle Verbindlichkeiten definiert. Sie sind der Betrag, „mit dem ein finanzieller Vermögenswert oder eine finanzielle Verbindlichkeit beim erstmaligen Ansatz bewertet wurde, abzüglich Tilgungen, zuzüglich oder abzüglich der kumulierten Amortisation einer etwaigen Differenz zwischen dem ursprünglichen Betrag und dem bei Endfälligkeit rückzahlbaren Betrag unter Anwendung der Effektivzinsmethode sowie abzüglich einer etwaigen Minderung (entweder direkt oder mithilfe eines Wertberichtigungskontos) für Wertminderungen oder Uneinbringlichkeit." (IAS 39.9) Amortisation entspricht bei immateriellen Vermögenswerten der Abschreibung; vgl. IAS 36.6 und IAS 38.8. Hier bezeichnet das Wort Verteilung der angesprochenen Differenz[180].

Das Rahmenkonzept erwähnt für die Folgebewertung von Vermögenswerten und Schulden den **Tageswert** (Rahmenkonzept Abs. 4.55(b)). Für einen **Vermögenswert** ist er der Betrag an Zahlungsmitteln oder Zahlungsmitteläquivalenten, der zum gegenwärtigen Zeitpunkt für den Erwerb desselben oder eines entsprechenden Vermögenswertes gezahlt werden müsste. Er entspricht den **Wiederbeschaffungskosten**.

Der **Tageswert einer Schuld** ist der nicht diskontierte Betrag an Zahlungsmitteln oder Zahlungsmitteläquivalenten, der für eine Begleichung der Verpflichtung zum gegenwärtigen Zeitpunkt erforderlich wäre (Rahmenkonzept Abs. 4.55(b)). Es handelt sich um den **gegenwärtigen Erfüllungsbetrag**.

Der **unternehmensspezifische Wert** ist „der Barwert der Cashflows, von denen ein Unternehmen erwartet, dass sie aus der fortgesetzten Nutzung eines Vermögenswerts und seinem Abgang am Ende seiner Nutzungsdauer oder bei Begleichung einer Schuld entstehen." (IAS 16.6 und IAS 38.8) Hier ist **bei Vermögenswerten kein Unterschied zum** noch zu behandelnden **Nutzungswert** zu erkennen. **Bei Schulden** müsste der unternehmensspezifische Wert hingegen **mit** dem bereits diskutierten **Barwert identisch** sein. Er ist insofern **keine eigenständige Kategorie**.

Ich verenge nun die Darstellung auf die spezifischen Wertkategorien für Vermögenswerte:

---

[179] IAS 16.30 lautet: „Nach dem Ansatz als Vermögenswert ist eine Sachanlage zu ihren Anschaffungskosten abzüglich der kumulierten Abschreibungen und kumulierten Wertminderungsaufwendungen anzusetzen."

[180] Vgl. das Rechenbeispiel bei Heuser/Theile/Löw/Theile (2012), Rz. 2486.

5.1 Gemischter Wertansatz

Nach IAS 16.6 sind die **Anschaffungs- oder Herstellungskosten** „der zum Erwerb oder zur Herstellung eines Vermögenswerts entrichtete Betrag an Zahlungsmitteln oder Zahlungsmitteläquivalenten oder der beizulegende Zeitwert einer anderen Entgeltform zum Zeitpunkt des Erwerbs oder der Herstellung oder, falls zutreffend, der Betrag, der diesem Vermögenswert beim erstmaligen Ansatz gemäß den besonderen Bestimmungen anderer IFRS, wie beispielsweise IFRS 2 Aktienbasierte Vergütung, beigelegt wird." (Im Original z.T. hervorgehoben) Eine sprachlich leicht veränderte deutsche Version findet sich in IAS 38.8; die englische IASB-Version variiert ebenfalls, da einmal „where applicable", ein anderes Mal „when applicable" verwendet wird.

Herstellungskosten zuzüglich Gewinnanteil kommen unter bestimmten Bedingungen für Fertigungsaufträge zur Geltung (IAS 11.22-24).

Der **beizulegende Zeitwert abzüglich Veräußerungskosten** wird in IFRS 5.15 genannt; IAS 36.6 und IAS 41.12 benennen den beizulegenden Zeitwert **abzüglich der Verkaufskosten**[181]. **Das Besondere bei IAS 41 ist seine Gültigkeit für die Zugangsbewertung, nicht nur die Folgebewertung.**

Als **Veräußerungswert** gilt der Betrag an Zahlungsmitteln oder Zahlungsmitteläquivalenten, „der zum gegenwärtigen Zeitpunkt durch Veräußerung des Vermögenswerts im normalen Geschäftsverlauf erzielt werden könnte." (Rahmenkonzept 4.55(c)) Es bleibt nach dieser Definition unklar, ob die Zahlungsmittel brutto (ohne Abzug von Transaktionskosten) oder netto (nach Abzug von Transaktionskosten) zu verstehen sind. Wegen der Existenz eines – noch zu diskutierenden und ebenfalls zum gegenwärtigen Zeitpunkt geltenden[182] – Nettoveräußerungswerts spricht einiges für die Interpretation als Bruttowert.

„Der **Nettoveräußerungswert** ist der geschätzte, im normalen Geschäftsgang erzielbare Verkaufserlös abzüglich der geschätzten Kosten bis zur Fertigstellung und der geschätzten notwendigen Vertriebskosten." (IAS 2.6; im Original kursiv statt fett)

Da gemäß IAS 2.7 der Nettoveräußerungswert als eine bestimmte Form des unternehmensspezifischen Werts anzusehen ist, müsste diese Interpretation – um konsistent zu sein – auch für den Veräußerungswert gelten.

„Der **erzielbare Betrag** eines Vermögenswerts oder einer zahlungsmittelgenerierenden Einheit ist der höhere der beiden Beträge aus beizulegendem Zeitwert abzüglich der Verkaufskosten und Nutzungswert." (IAS

---

[181] Verwirrenderweise werden bei IAS 36.6 die Verkaufskosten durch Veräußerungskosten definiert.
[182] Vgl. IASB (2005), Rz. 85: „While not explicit in the above definition, it is presumed to be a current value, that is, the value on the measurement date."

36.6; im Original kursiv statt fett) Verkaufs- und Veräußerungskosten sind hierbei synonym verwendet. Da sich der erzielbare Betrag aus zwei anderen Werten ergibt, handelt es sich bei ihm um **keine eigenständige Kategorie**.

„Der **Nutzungswert** ist der Barwert der künftigen Cashflows, der voraussichtlich aus einem Vermögenswert oder einer zahlungsmittelgenerierenden Einheit abgeleitet werden kann." (IAS 36.6; im Original kursiv statt fett) Er entspricht dem oben bereits erwähnten unternehmensspezifischen Wert.

Abschließend folgen die alleinigen Wertkategorien für Schulden:

Bereits erwähnt wurde der **versicherungsmathematische Barwert** (IAS 26.8) für bestimmte Schulden im Zusammenhang mit der allgemeinen Diskussion des Barwerts.

„Schulden werden mit dem **Erfüllungsbetrag** erfasst, d.h. zum nicht abgezinsten Betrag an Zahlungsmitteln oder Zahlungsmitteläquivalenten, der erwartungsgemäß gezahlt werden muss, um die Schuld im normalen Geschäftsverlauf zu begleichen." (Rahmenkonzept 4.55(c); Hervorhebung Verf.) Erneut gilt dies in dieser Allgemeinheit nicht für die IFRS; jedoch wird der Erfüllungsbetrag dadurch eindeutig definiert. Der **Unterschied zum** bereits diskutierten **Tageswert** besteht darin, dass Letzterer sich auf die Begleichung zum gegenwärtigen Zeitpunkt bezieht, während beim Erfüllungsbetrag auf den normalen Geschäftsverlauf abgestellt wird.

Der **innere Wert** wird definiert als die Differenz von dem beizulegenden Zeitwert der Aktien, zu deren Zeichnung oder Erhalt die Gegenpartei berechtigt ist, und dem von der Gegenpartei für diese Aktien zu entrichtenden Betrag (IFRS 2.A). Er ist damit die Differenz von beizulegendem Zeitwert und Ausübungspreis.

Schließlich ist auf den **Steuerwert** zu verweisen. Er ist der einem Vermögenswert oder einer Schuld für steuerliche Zwecke beizulegende Betrag (IAS 12.5). Handelsrechtlich wird er nur insoweit relevant, als sich aus den Unterschieden von handels- und steuerrechtlicher Bilanzierung latente Steuern ergeben. Er ist deshalb **keine eigenständige handelsrechtliche Kategorie**.

Für die Vermögenswerte gilt der Überblick in Abbildung 6.

5.1 Gemischter Wertansatz

> **Zugangsbewertung: Anschaffungs- oder Herstellungskosten und beizulegender Zeitwert (bestimmte Finanzinstrumente),**
> **Ausnahmen**: bestimmte Fertigungsaufträge, biologische Vermögenswerte, bestimmte (andere) Finanzinstrumente

> **Folgebewertung:**

Unternehmensspezifische Werte

- **Fortgeführte Anschaffungskosten:** Als Finanzinvestition gehaltene Immobilien und bestimmte finanzielle Vermögenswerte (Kredite und Forderungen und bis zur Endfälligkeit zu haltende Finanzinvestitionen)
- **Nutzungswert** = Unternehmensspezifischer Wert
- **Unternehmensspezifischer Wert** = Nutzungswert
- **Veräußerungswert**: Bedeutung nicht erkennbar
- **Nettoveräußerungswert**: Vorräte

Marktbezogene Werte

- **Beizulegender Zeitwert:** Sachanlagen, immaterielle Vermögenswerte, als Finanzinvestition gehaltene Immobilien, bestimmte Finanzinstrumente (Handelsbestand, zur Veräußerung verfügbare sowie designierte Finanzinstrumente)
- **Beizulegender Zeitwert abzüglich Verkaufskosten (Veräußerungskosten)**: Als zur Veräußerung gehalten klassifizierte langfristige Vermögenswerte (IFRS 5.15), biologische Vermögenswerte (IAS 41.12) und als Bestandteil des erzielbaren Betrags (IAS 36)

> **Verbindung aus unternehmensspezifischem und marktbezogenem Wert**
>
> - **Erzielbarer Betrag** als Maximum aus Nutzungswert und beizulegendem Zeitwert abzüglich Veräußerungskosten: Sachanlagen, immaterielle Vermögenswerte, Geschäfts- oder Firmenwert

Abb. 6: Wertkategorien für Vermögenswerte

5.2 Zugangsbewertung

5.2.1 Prinzip

Im Regelfall werden Vermögenswerte im Zugangszeitpunkt erfolgsneutral bewertet[183], d.h. mit ihrem Zugang ist keine Gewinnwirkung verbunden:

(a) Entgeltlich erworbene Vermögenswerte führen entweder zu einem **Aktivtausch** (Vermögenswert an Liquide Mittel oder an anderen hingegebenen Vermögenswert) oder zu einer **Bilanzverlängerung** (Vermögenswert an Verbindlichkeiten).
(b) Selbsterstellte Vermögenswerte haben grundsätzlich dieselben Wirkungen. Die Einschränkung resultiert daraus, dass nicht sämtliche Herstellungskosten aktiviert werden müssen. Die nicht aktivierten Teile sind gewinnwirksam.
(c) Bei geschenkten Vermögenswerten aus der Hand von Gesellschaftern resultiert eine **Bilanzverlängerung** (Vermögenswert an Eigenkapital).
(d) Im Rahmen eines Tauschs werden (nur) gleichartige und gleichwertige Tauschobjekte erfolgsneutral erfasst (IAS 18.12).
(e) Eine Ausnahme grundsätzlich erfolgsneutraler Selbsterstellung liegt bei bestimmten Fertigungsaufträgen vor, bei denen Gewinnanteile schon vor Lieferung oder Leistung zu aktivieren sind (IAS 11.22-24).
(f) Eine Sonderposition nehmen aktive latente Steuern und Derivate ein, die erfolgswirksam erfasst werden.
(g) Schließlich betreffen weitere Ausnahmen z.B. Finanzinstrumente, die bei Zugang zum beizulegenden Zeitwert, gegebenenfalls zuzüglich Transaktionskosten, zu bewerten sind. Der beizulegende Zeitwert kann, selbst bei Vernachlässigung von Anschaffungsnebenkosten, von den Anschaffungskosten abweichen, wenn vertraglich etwas vereinbart wird, was den fingierten Marktgegebenheiten des beizulegenden Zeitwerts nicht entspricht.

Strittig sind die Auffassungen über Schenkungen von Nicht-Gesellschaftern. Sie erfüllen die Definition des Ertrags im Rahmenkonzept (Rahmenkonzept Abs. 4.25(a)), haben aber keine Anschaffungskosten. Jedoch ist eine Zugangsbewertung zum beizulegenden Zeitwert möglich. Adler/Düring/Schmaltz halten bis zu einer abschließenden Klärung

---

[183] Die Umsetzung von IASB (2005) hätte die prinzipielle Erfolgsneutralität geändert, weil Anschaffungsnebenkosten zum Anschaffungszeitpunkt erfolgswirksam geworden wären. Das Projekt ruht aber derzeit.

des Sachverhalts durch den IASB beide Lösungen, ertragswirksame wie ertragsneutrale Vereinnahmung, für vertretbar[184].

Schulden entstehen hingegen teilweise erfolgsneutral, teilweise erfolgswirksam. Ersteres gilt z. B. für Bank- und Lieferantenkredite oder ausgegebene Schuldverschreibungen, letzteres für Rückstellungen, latente Steuern und Derivate.

5.2.2 Beizulegender Zeitwert

Der beizulegende Zeitwert wird – wie in Kapitel 5.1 skizziert – in vielen IFRS bemüht. Er ist von besonderer Bedeutung für die Bewertung von bestimmten Finanzinstrumenten, für die sich auch am leichtesten seine Aussagekraft belegen lässt (man denke nur an den Handelsbestand). Ich gehe deshalb im Folgenden von dem für Finanzinstrumente EU-rechtlich noch maßgeblichen IAS 39 und seiner Ergänzung durch IFRS 9 und IFRS 13 aus.

IAS 39.9 definiert den beizulegenden Zeitwert als den „Betrag, zu dem zwischen sachverständigen, vertragswilligen und voneinander unabhängigen Geschäftspartnern ein Vermögenswert getauscht oder eine Schuld beglichen werden könnte." IAS 39.48 verlangt, die Absätze A69-A82 von Anhang A anzuwenden. Gemäß IAS 39.A69 wird der beizulegende Zeitwert „nicht durch den Betrag bestimmt, den ein Unternehmen aufgrund von erzwungenen Geschäften, zwangsweisen Liquidationen oder durch Notverkäufe erzielen oder bezahlen würde."

Sodann wird danach unterschieden, ob ein aktiver Markt vorliegt oder fehlt und ob es sich um Eigenkapitalinstrumente handelt. Danach werden

(a) notierte Marktpreise (≃ mark-to-market),
(b) mit Bewertungsmethoden ermittelte Werte (≙ mark-to-model) und
(c) vernünftige Schätzungen

relevant[185].

Nach IAS 39.A71 gilt:

„Das Vorhandensein öffentlich notierter Marktpreise auf einem aktiven Markt ist der bestmögliche objektive Hinweis für den beizulegenden Zeitwert und wird falls existent für die Bewertung des finanziellen Vermögenswertes oder der finanziellen Verbindlichkeit verwendet."

---

[184] Vgl. Adler/Düring/Schmaltz (2003), Abschnitt 9: Sachanlagevermögen, Rz. 71.
[185] Das ist nur unwesentlich anders bei der Bewertung von als Finanzinvestition gehaltenen Immobilien gemäß IAS 40.45-46.

5. Bilanzbewertung

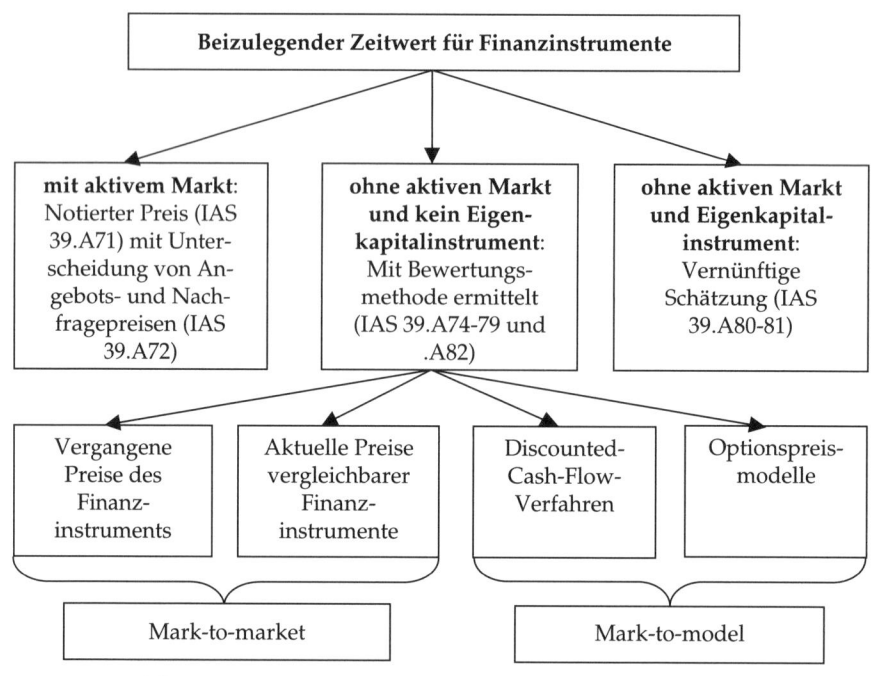

```
                    Beizulegender Zeitwert für Finanzinstrumente
                    ┌──────────────────┬──────────────────┐
    mit aktivem Markt:   ohne aktiven Markt    ohne aktiven Markt
    Notierter Preis (IAS  und kein Eigen-      und Eigenkapital-
    39.A71) mit Unter-    kapitalinstrument:   instrument:
    scheidung von An-     Mit Bewertungs-      Vernünftige
    gebots- und Nach-     methode ermittelt    Schätzung (IAS
    fragepreisen (IAS     (IAS 39.A74-79 und   39.A80-81)
    39.A72)               .A82)

  Vergangene    Aktuelle Preise   Discounted-    Optionspreis-
  Preise des    vergleichbarer    Cash-Flow-     modelle
  Finanz-       Finanz-           Verfahren
  instruments   instrumente

       Mark-to-market                   Mark-to-model
```

Abb. 7: Bestimmung des beizulegenden Zeitwertes bei Finanzinstrumenten

Die **Definition des aktiven Marktes** findet sich nicht in IAS 39, aber in IAS 36.6 und IAS 38.8 und nimmt auf die oben charakterisierte Basis des beizulegenden Zeitwertes Bezug:

„Ein aktiver Markt ist ein Markt, der die nachstehenden Bedingungen kumulativ erfüllt:

(a) die auf dem Markt gehandelten Produkte sind homogen;
(b) vertragswillige Käufer und Verkäufer können in der Regel jederzeit gefunden werden; und
(c) Preise stehen der Öffentlichkeit zur Verfügung." (IAS 36.6 und IAS 38.8; im Original z. T. hervorgehoben)

Die **Liquidität** im Sinne der schnellen Abwicklung einer größeren Transaktion ohne starke Preiswirkung oder gegebenenfalls zügiger Erholung des Preises wird seltsamerweise nicht betont[186]. Zugleich werden – entgegen dem theoretischen Modell eines vollkommenen und vollständigen Kapitalmarktes[187] – Transaktionskosten berücksichtigt. Danach

---

[186] Vgl. auch Hitz (2005), S. 220.
[187] Es gibt unterschiedlich präzise Abgrenzungen für vollkommene und vollständige Kapitalmärkte. Hinreichend ist hier die Definition von Schmidt/Terberger (2006), S. 91: „Ein Kapitalmarkt ist vollkommen, wenn der Preis, zu dem ein Zahlungsstrom zu einem bestimmten Zeitpunkt gehandelt wird, für jeden Marktteilnehmer identisch ist. Der Preis gilt unabhängig

5.2 Zugangsbewertung

sind Angebots- und Nachfragepreise nicht identisch, d. h. es gibt einen Brief- und einen Geldkurs (vgl. auch IAS 39.A70). Dementsprechend besagt IAS 39.A72:

„Für Vermögenswerte, die das Unternehmen hält, sowie für Verbindlichkeiten, die vom Unternehmen begeben werden, entspricht der sachgerechte notierte Marktpreis üblicherweise dem vom Käufer gebotenen Geldkurs. Für Vermögenswerte, deren Erwerb beabsichtigt ist, oder für Verbindlichkeiten, die weiter gehalten werden, ist der aktuelle Briefkurs sachgerecht. Hält ein Unternehmen Vermögenswerte und Verbindlichkeiten mit sich kompensierenden Marktrisiken, kann es als Grundlage zur Bestimmung des beizulegenden Zeitwertes für die Kompensierung der Risikopositionen Mittelkurse verwenden und den Geld- bzw. Briefkurs gegebenenfalls auf die offene Nettoposition anwenden."

„Wenn für ein Finanzinstrument kein aktiver Markt besteht, bestimmt ein Unternehmen den beizulegenden Zeitwert anhand eines Bewertungsverfahrens. Zu den Bewertungsverfahren gehört der Rückgriff auf unlängst aufgetretene Geschäftsvorfälle zwischen sachverständigen, vertragswilligen und unabhängigen Geschäftspartnern – sofern verfügbar –, der Vergleich mit dem aktuellen beizulegenden Zeitwert eines anderen, im Wesentlichen identischen Finanzinstruments, DCF-Verfahren sowie Optionspreismodelle. Gibt es ein Bewertungsverfahren, das von den Marktteilnehmern üblicherweise für die Preisfindung dieses Finanzinstruments verwendet wird, und hat dieses Verfahren nachweislich verlässliche Schätzwerte für Preise geliefert, die bei tatsächlichen Marktvorgängen erzielt wurden, setzt das Unternehmen dieses Verfahren ein." (IAS 39.A74)

Unternehmensspezifische Daten sollen bei der Anwendung der Bewertungsmethode nicht berücksichtigt werden; stattdessen ist eine Marktsicht gewünscht:

„Der beizulegende Zeitwert wird auf Grundlage der Ergebnisse eines Bewertungsverfahrens geschätzt, das sich in größtmöglichem Umfang auf Marktdaten und so wenig wie möglich auf unternehmensspezifische Daten stützt. Ein Bewertungsverfahren ermöglicht erwartungsgemäß eine realistische Schätzung des beizulegenden Zeitwerts, wenn (a) es auf angemessene Weise widerspiegelt, wie der Markt voraussichtlich das Finanzinstrument bewerten könnte, und (b) die dabei verwendeten Daten auf angemessene Weise die inhärenten Markterwartungen und

---

davon, ob ein Marktteilnehmer als Käufer oder Verkäufer auftritt; und es gibt niemanden, der den Preis zu seinen Gunsten beeinflussen kann." „Ein Kapitalmarkt ist vollständig, wenn jeder beliebige Zahlungsstrom – und damit auch jeder beliebige Anteil eines Zahlungsstroms – gehandelt werden kann." (Im Original z. T. hervorgehoben)

Berechnungen der Risiko-Rentabilitätsfaktoren der Finanzinstrumente darstellen." (IAS 39.A75)

Die Darstellung zeigt, dass

(a) nicht nur Marktpreise den beizulegenden Zeitwert bestimmen,
(b) bei fehlenden oder aussagelosen Marktpreisen Bewertungsverfahren verwendet werden müssen,
(c) bei der Anwendung der Bewertungsverfahren der Bewerter sich in die Rolle der Marktteilnehmer versetzen und sein spezifisches Wissen über das Unternehmen vergessen soll,
(d) vernünftige Schätzungen angesprochen werden, deren Vernunftkriterium (zwangsläufig) offen bleibt.

Es liegt nahe, dass sich hieraus Probleme der Verlässlichkeit ergeben, die ebenso wie die Frage nach der Entscheidungsnützlichkeit beizulegender Zeitwerte in Kapitel 5.4 behandelt werden.

Ein Blick in den EU-rechtlich noch nicht geltenden **IFRS 13 Bewertung zum beizulegenden Zeitwert** ändert an dieser Einschätzung nichts Grundlegendes. IFRS 13.9 definiert den beizulegenden Zeitwert als den Preis, der bei Verkauf eines Vermögenswerts oder bei Übertragung einer Schuld im Rahmen einer gewöhnlichen Transaktion zwischen Marktteilnehmern am Bewertungsstichtag erzielt werden würde. Damit wird zum einen ein **marktbasiertes Bewertungskonzept** anstelle eines unternehmensbezogenen Bewertungskonzepts favorisiert (IFRS 13.2 und IFRS 13.11) und zum anderen von einem **Abgangspreis** ausgegangen, der für einen Vermögenswert erhalten oder eine Schuld bezahlt wird. Die Frage nach der Verwendung eines Vermögenswerts oder einer Schuld nach dem Bewertungsstichtag im Sinne von Halten oder Aufgabe wird deshalb irrelevant (IFRS 13.3).

Für die unterstellte Transaktion ist der **Hauptmarkt oder** – bei dessen Abwesenheit – der **vorteilhafteste Markt** bedeutsam (IFRS 13.16). Der Hauptmarkt hat den größten Umschlag oder das größte Aktivitätsniveau für den Vermögenswert oder die Schuld (IFRS 13.Appendix A) und ist insofern grundsätzlich aus Sicht der zu bewertenden Posten zu bestimmen. Da nicht alle Unternehmen denselben Zugang zum Hauptmarkt aufweisen, dieser Zugang aber verlangt wird, kann es für verschiedene Unternehmen selbst bei identischen Gütern verschiedene Hauptmärkte geben (IFRS 13.19). Auf dem vorteilhaftesten Markt wird der unter Berücksichtigung von Transport- und Transaktionskosten maximale Erlös erzielt (IFRS 13.BC54). Eine erschöpfende Suche nach beiden Märkten wird nicht verlangt. Das Unternehmen soll vielmehr alle Informationen berücksichtigen, die vernünftigerweise zugänglich sind. Bis zum offenkundigen Beweis des Gegenteils darf angenommen werden, dass der **üblicherweise benutzte Markt relevant** ist (IFRS 13.17).

5.2 Zugangsbewertung

Während Transaktionskosten kein Bestandteil des beizulegenden Zeitwerts sind (IFRS 13.25), kann dies bei Transportkosten der Fall sein. Falls der Standort eine Eigenschaft des Vermögenswertes darstellt, ist der Marktpreis um die Transportkosten zu vermindern (IFRS 13.11(a) und IFRS 13.26).

Bei den Marktteilnehmern wird von sachverständigen, vertragswilligen und voneinander unabhängigen Geschäftspartnern ausgegangen (IFRS 13.BC56), mithin denjenigen Kategorien, die die frühere Definition des in IAS 39 enthaltenen beizulegenden Zeitwerts prägten.

5.2.3 Anschaffungs- oder Herstellungskosten für Vermögenswerte

Vermögenswerte werden bei Zugang mit Anschaffungs- oder Herstellungskosten angesetzt. Diese werden in den hier herausgehobenen IAS 16 und IAS 38 definiert, sind aber gleichermaßen bedeutsam in anderen Standards.

Anschaffungskosten sind der für den Erwerb eines Vermögenswertes entrichtete Betrag an Zahlungsmitteln oder Zahlungsmitteläquivalenten oder der beizulegende Zeitwert einer anderen Entgeltform (IAS 16.6 und IAS 38.8). Sie umfassen nach IAS 16.16 die folgenden drei und nach IAS 38.27 mit leicht veränderter, aber inhaltlich vergleichbarer Formulierung für (b) die folgenden ersten beiden Komponenten:

„(a) den Kaufpreis einschließlich Einfuhrzölle und nicht erstattungsfähiger Umsatzsteuern nach Abzug von Rabatten, Boni und Skonti;
(b) alle direkt zurechenbaren Kosten, die anfallen, um den Vermögenswert zu dem Standort und in den erforderlichen, vom Management beabsichtigten, betriebsbereiten Zustand zu bringen;
(c) die erstmalig geschätzten Kosten für den Abbruch und die Beseitigung des Gegenstands und die Wiederherstellung des Standorts, an dem er sich befindet; die Verpflichtung, die ein Unternehmen entweder bei Erwerb des Gegenstands oder als Folge eingeht, wenn es ihn während einer gewissen Periode zu anderen Zwecken als zur Herstellung von Vorräten benutzt hat." (IAS 16.6)

Beispiele für direkt zurechenbare Kosten sind Aufwendungen für Leistungen an Arbeitnehmer, die direkt aufgrund der Anschaffung der Vermögenswerte anfallen, Kosten der Standortvorbereitung, der erstmaligen Lieferung und Verbringung, der Installation und Montage, Kosten für Testläufe abzüglich bestimmter Nettoerträge sowie Honorare (IAS 16.17). **Verwaltungs- und andere Gemeinkosten sind kein Bestandteil der Anschaffungskosten** (IAS 16.19).

5. Bilanzbewertung

Als Kosten aus der obigen Kategorie (c) sind zu unterscheiden:

(a) Die geschätzten Kosten für Abbruch und Beseitigung der Sachanlagen und Wiederherstellung des Standortes und für die Verpflichtung, die dem Unternehmen daraus entsteht, dass es den Vermögenswert **angeschafft** hat:
Diese Regelung betrifft **Beseitigungskosten**, die **bereits durch** die **Installation oder Inbetriebnahme** der Sachanlage **verursacht** sind. Beispielsweise entsteht die Entsorgungsverpflichtung im Zusammenhang mit Kernkraftwerken bereits in voller Höhe mit deren Inbetriebnahme. Diese Kosten sind im Zugangszeitpunkt der Sachanlage zu aktivieren, unabhängig vom Zweck der Nutzung der Anlage (IAS 16.16(c)). Ihre Höhe richtet sich nach der Bewertung der korrespondierenden Verpflichtung gem. IAS 37 (IAS 16.18).

(b) Die geschätzten Kosten für Abbau und Abtransport der Sachanlagen und Wiederherstellung des Standortes für die Verpflichtung, die dem Unternehmen daraus entsteht, dass die Sachanlage für einen bestimmten Zeitraum während der Rechnungsperiode **genutzt** wird:
Diese Regelung betrifft **Beseitigungskosten**, die **erst mit** der **Nutzung** der Sachanlage in der betreffenden Periode **entstehen**, d. h. Kosten für solche Verpflichtungen, die sich erst im Zeitablauf durch die Nutzung der Sachanlage aufbauen. Beispielsweise nehmen die Kosten der Abraumbeseitigung mit der abgebauten Menge zu. Entstehen solche Kosten sukzessive mit der Produktion von Vorräten, z. B. im Zusammenhang mit der Förderung von Öl, sind diese nicht Kostenbestandteil der Sachanlage, sondern sie sind gem. IAS 2 gegebenenfalls als Herstellungskosten der in der betreffenden Periode produzierten Vorräte zu behandeln (IAS 16.18; vgl. auch IAS 16. BC15 sowie Beispiel 3 in IAS 37 Anhang C). Entstehen solche Kosten sukzessive mit einer anderen Nutzung der Sachanlagen als der Produktion von Vorräten, sind diese Kosten dagegen Kostenbestandteil der betreffenden Sachanlage (IAS 16.16(c)). Die Bewertung der Beseitigungskosten richtet sich in beiden Fällen nach der Bewertung der korrespondierenden Verpflichtung gemäß IAS 37 (IAS 16.18).

Eine Sonderregelung gilt durch IFRIC 20 für Kosten der Abraumbeseitigung während des Betriebs eines Tagebaus in Geschäftsjahren, die nach dem 31. Dezember 2012 beginnen. Sie werden als Ergänzung oder Verbesserung des bestehenden Vermögenswerts aktiviert, sodass sie zu einem Teil des bereits angesetzten Bilanzpostens werden (IFRIC 20.10), sofern die Voraussetzungen von IFRIC 20.8-9 erfüllt sind. Diese Voraussetzungen stellen insbesondere darauf ab, dass die Abraumbeseitigung einen verbesserten Zugang zu abbaubaren Erzen oder Mineralien ermöglicht. Werden hingegen durch die Abraumbeseitigung unmittelbar Vorräte erzeugt, gelten die Regelungen des IAS 2.

Die Frage, wie nachfolgende Schätzungsänderungen der Beseitigungskosten zu behandeln sind, ist in IAS 16 nicht geregelt. Diesen Sachverhalt behandelt IFRIC 1.

Beispiele für Kosten, die keine einem Sachanlagegegenstand zurechenbaren Kosten darstellen und damit **nicht aktiviert werden dürfen**, sind in IAS 16.19 gegeben:

(a) Kosten für die Eröffnung neuer Verkaufs-, Produktions- oder Lagereinrichtungen,
(b) Kosten für die Einführung eines neuen Produkts oder einer neuen Dienstleistung,
(c) Kosten für die Geschäftsführung an einem neuen Standort oder für eine neue Gruppe von Kunden und
(d) Verwaltungskosten und andere allgemeine Gemeinkosten.

Die Erfassung von Kosten als Anschaffungskosten eines Vermögenswerts der Sachanlagen endet, sobald sich dieser an dem Ort und in dem betriebsbereiten Zustand befindet, der vom Management vorgesehen ist. Daher sind Kosten der Nutzung nicht im Buchwert des Vermögenswerts zu erfassen (IAS 16.20). **Folgende Kosten fallen** daher z. B. **nicht** mehr **unter die Anschaffungskosten**:

(a) Kosten, die anfallen, um die Nutzung eines bereits funktionsfähigen Vermögenswerts wieder aufzunehmen oder weil dieser noch nicht mit voller Kapazität arbeitet,
(b) Anlaufverluste,
(c) Kosten für die teilweise oder vollständige Verlegung oder Umorganisation des Geschäftsbetriebs.

Es gibt Nutzungen von Vermögenswerten der Sachanlagen bereits während deren Konstruktion oder Entwicklung, die aber nicht erforderlich sind, um den Gegenstand in den vom Management vorgesehenen betriebsbereiten Zustand zu versetzen. Solche Nutzungen können sogar vor der Konstruktion oder Entwicklung liegen, z. B. die Nutzung eines Bauplatzes als Parkplatz, bevor die Bauarbeiten beginnen. Erlöse (sog. Nebenerlöse) und Kosten dieser Nutzung werden nicht in die Anschaffungs- oder Herstellungskosten einbezogen, sondern in der Gewinn- und Verlustrechnung erfasst (IAS 16.21).

Besonderheiten der Anschaffungskosten ergeben sich bei

(a) Zahlung nach Überschreitung der üblichen Zahlungsfristen,
(b) entgeltlichem Erwerb im Rahmen eines Tausches und im Rahmen von Sacheinlagen,
(c) der Behandlung von Zuschüssen,

5. Bilanzbewertung

(d) entgeltlichem Erwerb in fremder Währung: nach IAS 21.21 gilt der Kassakurs zum Zeitpunkt der Transaktion, wobei aus Aspekten der Wesentlichkeit und Praktikabilität auch der Durchschnittskurs möglich ist (IAS 21.22),

(e) entgeltlichem Erwerb mehrerer Vermögenswerte: bei unaufgeteiltem Kaufpreis (z. B. für ein bebautes Grundstück) zählt das Verhältnis der beizulegenden Zeitwerte der einzeln zu aktivierenden Vermögenswerte[188], ein Minderpreis unter der Summe der Zeitwerte wird auch nach deren Verhältnis aufgeteilt, eine Mehrpreiszahlung führt zu einer Überprüfung der Wertansätze auf außerplanmäßigen Abschreibungsbedarf nach IAS 36[189],

(f) entgeltlichem Erwerb einer Sachgesamtheit im Rahmen eines Unternehmenszusammenschlusses: hier ist auf IFRS 3 sowie auf die Kapitel 9.10.1.3 und 9.10.1.4 zu verweisen,

(g) überhöhtem Kaufpreis: die Anschaffungskosten sind nach IAS 36 auf den beizulegenden Zeitwert abzuschreiben,

(h) der Abgrenzung von Anschaffungsnebenkosten: Kosten der Entscheidungsvorbereitung dürfen als indirekte Kosten nicht einbezogen werden.

Ad (a): „Die Anschaffungs- oder Herstellungskosten einer Sachanlage entsprechen dem Gegenwert des Barpreises am Erfassungstermin." (IAS 16.23; ähnlich IAS 38.32) Überschreitet die Zahlung die üblichen Zahlungsfristen, ist die Differenz zwischen diesem Betrag und den gesamten Zahlungen als Zinsaufwand über den Kreditzeitraum zu erfassen, sofern sie nicht entsprechend IAS 23 im Buchwert des Vermögenswerts aktiviert wird (IAS 16.23). Fremdkapitalzinsen, die direkt dem Erwerb eines qualifizierten Vermögenswertes zugeordnet werden können, sind als Teil der Anschaffungskosten dieses Vermögenswertes zu aktivieren (IAS 23.1 und .8). „Ein qualifizierter Vermögenswert ist ein Vermögenswert, für den ein beträchtlicher Zeitraum erforderlich ist, um ihn in seinen beabsichtigten gebrauchs- oder verkaufsfähigen Zustand zu versetzen." (IAS 23.5; im Original z. T. hervorgehoben) Das gilt beispielsweise für bestimmte Bauten.

Ad (b): Bei einem Tauschgeschäft wird der beizulegende Zeitwert relevant. „Wenn ein Unternehmen den beizulegenden Zeitwert des erhaltenen Vermögenswerts oder des aufgegebenen Vermögenswerts verlässlich bestimmen kann, dann wird der beizulegende Zeitwert des aufgegebenen Vermögenswerts benutzt, um die Anschaffungskosten des erhaltenen Vermögenswerts zu ermitteln, sofern der beizulegende

---

[188] Vgl. auch Beck-IFRS-HB/Scharfenberg (2013), § 5 Rz. 28, mit Verweis auf Beck Bil.-Komm./Grottel/Gadek (2012), § 255 Rz. 81 ff.
[189] Vgl. Adler/Düring/Schmaltz (2003), Abschnitt 9, Rz. 26.

5.2 Zugangsbewertung

Zeitwert des erhaltenen Vermögenswerts nicht eindeutiger zu ermitteln ist." (IAS 16.26) „Wenn der erworbene Gegenstand nicht zum beizulegenden Zeitwert bemessen wird, werden die Anschaffungskosten zum Buchwert des aufgegebenen Vermögenswerts bewertet." (IAS 16.24)

Die Reihenfolge der Ermittlung der Anschaffungskosten bei – wirtschaftlich substanziellem – Tausch (IAS 16.24 f.) ist also wie folgt:

- Der beizulegende Zeitwert des aufgegebenen Vermögenswertes gilt grundsätzlich,
- der beizulegende Zeitwert des erhaltenen Vermögenswertes gilt, sofern er eindeutiger zu ermitteln ist,
- der Buchwert des aufgegebenen Vermögenswertes gilt bei fehlender verlässlicher Ermittlung der beizulegenden Zeitwerte.

Ad (c): Erhält ein Unternehmen Zuwendungen der öffentlichen Hand beim Erwerb oder bei der Herstellung einer abnutzbaren Sachanlage (vgl. Zuwendungen für Vermögenswerte gemäß IAS 20.3), kann deren Buchwert in Übereinstimmung mit IAS 20 direkt entsprechend gemindert werden (Nettomethode). Alternativ können solche Zuwendungen auch als passivischer Abgrenzungsposten erfasst werden und über die Nutzungsdauer der Sachanlage parallel zu den Abschreibungen planmäßig erfolgserhöhend verteilt werden (Bruttomethode), sodass der Buchwert unbeeinflusst bleibt (IAS 16.28). Die Wahlrechtsausübung ist im Zeitpunkt der erstmaligen Erfassung und für vergleichbare Zuschüsse stetig auszuüben (vgl. Rahmenkonzept Abs. QC22: Stetigkeit als Mittel zum Ziel der Vergleichbarkeit; IAS 8). Eine sofortige gewinnrealisierende Erfassung ist nicht zulässig (IAS 20.17).

Private Zuwendungen von Anteilseignern oder von Dritten sind von Vorauszahlungen für noch vom Unternehmen zu erbringende Leistungen abzugrenzen und als Minderungen des Kaufpreises zu erfassen[190].

Bei finanziellen Vermögenswerten, die nicht erfolgswirksam zum beizulegenden Zeitwert bewertet werden, sind die Transaktionskosten als Anschaffungsnebenkosten in die Zugangsbewertung einzubeziehen (IAS 39.9).

Herstellungskosten sind der für die Herstellung eines Vermögenswertes entrichtete Betrag an Zahlungsmitteln oder Zahlungsmitteläquivalenten oder der beizulegende Zeitwert einer anderen Entgeltform zum Zeitpunkt der Herstellung (IAS 16.6). Sie sind in IAS 2.10-15 und in IAS 16.22 geregelt.

Gemäß IAS 16.22 folgt die Ermittlung der Herstellungskosten eines Gegenstandes der Sachanlagen denselben Grundsätzen wie beim Erwerb. Wenn ein Unternehmen ähnliche Vermögenswerte sowohl für

---

[190] Vgl. Adler/Düring/Schmaltz (2003), Abschnitt 9, Rz. 24.

den Verkauf als auch zur Nutzung in den Sachanlagen herstellt, sind die Herstellungskosten des Gegenstands der Sachanlagen normalerweise dieselben wie die für die Produktion der zu veräußernden Gegenstände. IAS 16.22 macht keine Ausnahmen von der Normalität deutlich, verweist aber darauf, dass dementsprechend zu den Herstellungskosten keine Zwischengewinne und Kosten für ungewöhnliche Mengen an Ausschuss, unnötige Arbeit oder andere Produktionsfaktoren zählen (vgl. zu den letztgenannten Kostenkomponenten die inhaltlich identische Formulierung in IAS 2.16(a)). Für die Behandlung von Fremdkapitalzinsen gilt IAS 23. Es gibt keinen Hinweis, wonach sich die Herstellungskosten für Sachanlagen und Vorräte unterscheiden.

Zu den Herstellungskosten gehören

(a) Kosten, die den Produktionseinheiten direkt (einzeln) zuzurechnen sind, wie beispielsweise Fertigungslöhne (IAS 2.12),
(b) variable Produktionsgemeinkosten, die bei der Bearbeitung der Ausgangsstoffe zu Fertigerzeugnissen anfallen (IAS 2.12),
(c) auf Basis normaler Kapazität systematisch zugerechnete fixe Produktionsgemeinkosten, die bei der Bearbeitung der Ausgangsstoffe zu Fertigerzeugnissen anfallen (IAS 2.12 f.),
(d) nicht produktionsbezogene Gemeinkosten oder Kosten der Produktentwicklung für bestimmte Kunden (IAS 2.15),
(e) Fremdkapitalkosten gemäß IAS 23 (IAS 2.17).

Keine einbeziehungsfähigen Herstellungskosten „sind:

(a) anormale Beträge für Materialabfälle, Fertigungslöhne oder andere Produktionskosten;
(b) Lagerkosten, es sei denn, dass diese im Produktionsprozess vor einer weiteren Produktionsstufe erforderlich sind;
(c) Verwaltungsgemeinkosten, die nicht dazu beitragen, die Vorräte an ihren derzeitigen Ort und in ihren derzeitigen Zustand zu versetzen; und
(d) Vertriebskosten." (IAS 2.16)

„Abgrenzungsfragen werden durch Kostenstellen wie Werkschutz oder Kantine aufgeworfen."[191]

Werden bei Erwerb von Vorräten Zahlungsziele beansprucht, die „effektiv ein Finanzierungselement" beinhalten, „wird dieses Element, beispielsweise eine Differenz zwischen dem Kaufpreis mit normalem Zahlungsziel und dem bezahlten Betrag, während des Finanzierungszeitraums als Zinsaufwand erfasst." (IAS 2.18)

Vereinfachende Wertermittlungen sind auf die Fifo-Methode (Fiktion des Lagerabbaus nach der Regel „first in, first out") und die gewogene

---

[191] Heuser/Theile/Theile (2012), Rz. 2238.

Durchschnittsmethode beschränkt (IAS 2.25); die Lifo- („last in, first out") und die Kifo-Methode („Konzern in, first out") sind unzulässig[192].

5.2.4 Fertigungsaufträge mit Herstellungskosten plus Gewinnanteil

Bei Fertigungsaufträgen handelt es sich um kundenspezifisch vereinbarte Einzelfertigung (IAS 11.3).

Für Fertigungsaufträge bestehen Bewertungsvorschriften, die von den Vorräten abweichen und unter bestimmten Bedingungen zur Gewinnrealisation nach Fertigungsfortschritt führen. Hierzu sagen die Abs. 22 bis 24 von IAS 11:

„Ist das Ergebnis eines Fertigungsauftrages verlässlich zu schätzen, so sind die Auftragserlöse und Auftragskosten in Verbindung mit diesem Fertigungsauftrag entsprechend dem Leistungsfortschritt am Abschlussstichtag jeweils als Erträge und Aufwendungen zu erfassen. Ein erwarteter Verlust durch den Fertigungsauftrag ist (...) sofort als Aufwand zu erfassen.

Im Falle eines Festpreisvertrags kann das Ergebnis eines Fertigungsauftrages verlässlich geschätzt werden, wenn alle folgenden Kriterien erfüllt sind:

(a) die gesamten Auftragserlöse können verlässlich bewertet werden;
(b) es ist wahrscheinlich, dass der wirtschaftliche Nutzen aus dem Vertrag dem Unternehmen zufließt;
(c) sowohl die bis zur Fertigstellung des Auftrags noch anfallenden Kosten als auch der Grad der erreichten Fertigstellung können am Abschlussstichtag verlässlich bewertet werden; und
(d) die Auftragskosten können eindeutig bestimmt und verlässlich bewertet werden, so dass die bislang entstandenen Auftragskosten mit früheren Schätzungen verglichen werden können.

Im Falle eines Kostenzuschlagsvertrags kann das Ergebnis eines Fertigungsauftrags verlässlich geschätzt werden, wenn alle folgenden Kriterien erfüllt sind:

(a) es ist wahrscheinlich, dass der wirtschaftliche Nutzen aus dem Vertrag dem Unternehmen zufließt; und
(b) die dem Vertrag zurechenbaren Auftragskosten können eindeutig bestimmt und verlässlich bewertet werden, unabhängig davon, ob sie gesondert abrechenbar sind." (IAS 11.22-24)

---

[192] Vgl. auch Heuser/Theile/Theile (2012), Rz. 2244 f.

Liegen diese Voraussetzungen nicht vor, wird der Fertigungsauftrag nur zu (werthaltigen) Herstellungskosten bewertet (IAS 11.32).

Die Messung des Fertigungsfortschritts kann unterschiedlich erfolgen. IAS 11.30 unterscheidet[193]

(a) einsatzbezogene Messungen nach anteiligen Kosten,
(b) ausstoßbezogene Messungen nach erbrachter Leistung oder Vollendung eines physischen Leistungsanteils.

„Das Unternehmen setzt die Methode ein, mit der die erbrachte Leistung verlässlich bewertet wird." (IAS 11.30) Der Satz lässt **Spielraum**.

Fertigungsaufträge werden regelmäßig mit **Langfristfertigung** in Verbindung gebracht. Das ist insofern **irreführend**, als die Fertigung weniger als ein Jahr betragen kann. Die spezifischen Bewertungs- und Gewinnwirkungen treten ein, wenn die Fertigungsdauer durch den Bilanzstichtag unterbrochen wird (IAS 11 Zielsetzung).

Gleichermaßen ist es unerheblich, ob durch den Fertigungsauftrag ein materielles oder ein immaterielles Produkt entsteht. Letzteres ist beispielsweise bei Softwareentwicklungen zu erwarten.

5.2.5 „Anschaffungskosten" für Schulden

Schulden haben offiziell keine Anschaffungskosten, müssen jedoch einmal eingebucht werden. Der damit verbundene Betrag wird hier als Anschaffungskosten bezeichnet. Hinter ihm verbirgt sich

(a) der Erfüllungsbetrag,
(b) der Barwert,
(c) der beizulegende Zeitwert,
(d) der beizulegende Zeitwert zuzüglich Transaktionskosten oder
(e) der innere Wert.

Der **Erfüllungsbetrag** ist der nicht diskontierte Betrag an Zahlungsmitteln oder Zahlungsmitteläquivalenten, der erwartungsgemäß gezahlt werden muss, um die Schuld im normalen Geschäftsverkehr zu begleichen (Rahmenkonzept 4.55(c)). Der Erfüllungsbetrag gilt z. B. für Rückstellungen (IAS 37.36) und für kurzfristige Verbindlichkeiten bei unwesentlichem Abzinsungseffekt (IAS 39.A79).

---

[193] Weitere Maße nennen Heuser/Theile/Theile (2012), Rz. 2347 f., die aber die erste Methode als international gebräuchlich ansehen. Wird der Fertigungsfortschritt nicht nach der ersten Methode gemessen, ist eine bilanzielle Abgrenzung geboten, soweit die in der Periode aufwandswirksam verbuchten Auftragskosten nicht zufällig mit den sich nach Fertigungsfortschritt ergebenden Aufwendungen übereinstimmen; vgl. hierzu Dobler (2006), S. 164, und IDW (2012b), S. 20. Vgl. weiterhin z. B. Plock (2004), S. 130–132, m.w.N.

Rückstellungen sind mit der bestmöglichen Schätzung der Ausgabe anzusetzen, die zur Erfüllung der gegenwärtigen Verpflichtung am Abschlussstichtag erforderlich ist (IAS 37.36). Hierbei sind grundsätzlich die Verhältnisse am Erfüllungstag zugrunde zu legen:

„Künftige Ereignisse, die den zur Erfüllung einer Verpflichtung erforderlichen Betrag beeinflussen können, sind bei der Höhe einer Rückstellung zu berücksichtigen, sofern es ausreichende objektive substanzielle Hinweise auf deren Eintritt gibt." (IAS 37.48)

Konkretisiert wird die Berechnung des Erfüllungsbetrags für Rückstellungen bei Kollektiven durch den Erwartungswert und bei einzelnen Verpflichtungen durch den Modalwert:

(a) „Wenn die zu bewertende Rückstellung eine große Anzahl von Positionen umfasst, wird die Verpflichtung durch Gewichtung aller möglichen Ergebnisse mit den damit verbundenen Wahrscheinlichkeiten geschätzt. Dieses statistische Schätzungsverfahren wird als Erwartungswertmethode bezeichnet." (IAS 37.39)

(b) „Wenn eine einzelne Verpflichtung bewertet wird, dürfte das jeweils wahrscheinlichste Ergebnis die bestmögliche Schätzung der Schuld darstellen." (IAS 37.40)

Unter Umständen ist der Erfüllungsbetrag zu diskontieren. Vernachlässigt man weitere explizite Regelungen zum **Barwert**, heißt es bei Rückstellungen:

„Bei einer wesentlichen Wirkung des Zinseffekts ist im Zusammenhang mit der Erfüllung der Verpflichtung eine Rückstellung in Höhe des Barwerts der erwarteten Ausgaben anzusetzen." (IAS 37.45)

„Parameter zur Beurteilung der Wesentlichkeit sind die Fristigkeit, die absolute Höhe der Verpflichtung und der Zinssatz."[194]

Als Abzinsungssatz ist ein **Zins vor (Unternehmens-)Steuern** heranzuziehen, der „die aktuellen Markterwartungen im Hinblick auf den Zinseffekt sowie die für die Schuld spezifischen Risiken widerspiegelt." (IAS 37.47) Er soll insofern den **Zeiteffekt** und das **Risiko** der Zahlungen reflektieren.

Für Leistungen an Arbeitnehmer gelten insbesondere IAS 19 und IFRS 2. Nach IAS 19.11(a) sind kurzfristig fällige Leistungen an Arbeitnehmer (sie werden definitionsgemäß innerhalb von 12 Monaten nach Ende der Berichtsperiode beglichen) unabgezinst als Verbindlichkeit anzusetzen.

---

[194] Heuser/Theile/Pawelzik/Theile (2012), Rz. 3467; im Original z. T. hervorgehoben.

5. Bilanzbewertung

Für die **Bewertung von leistungsorientierten Pensionsplänen**[195] gilt die **projected unit credit method**[196]. Hiernach ist der Barwert der künftigen Leistungen, soweit sie durch den Arbeitnehmer bis zum Bilanzstichtag bereits erdient sind, anzusetzen.

Im Einzelnen regelt IAS 19:

„Ein Unternehmen hat die Nettoschuld (den Nettovermögenswert) aus einem leistungsorientierten Plan in der Bilanz anzusetzen." (IAS 19.63)

„Die Nettoschuld (der Nettovermögenswert) aus einem leistungsorientierten Plan ist die Unter- oder Überdeckung nach Berücksichtigung der Auswirkung der Begrenzung eines Nettovermögenswerts aus einem leistungsorientierten Plan auf die Obergrenze für den Vermögenswert.

Die Unter- oder Überdeckung ist:

(a) der Barwert der leistungsorientierten Verpflichtung abzüglich

(b) des beizulegenden Zeitwerts eines etwaigen Planvermögens.

Die Obergrenze für den Vermögenswert entspricht dem Barwert eines wirtschaftlichen Nutzens in Form von Rückerstattungen aus dem Plan oder Minderungen künftiger Beitragszahlungen an den Plan.

Der Barwert einer leistungsorientierten Verpflichtung ist der ohne Abzug von Planvermögen ermittelte Barwert erwarteter künftiger Zahlungen, die erforderlich sind, um die aufgrund von Arbeitnehmerleistungen in der Berichtsperiode oder früheren Perioden entstandenen Verpflichtungen abgelten zu können." (IAS 19.8; im Original z. T. hervorgehoben)

Der als Schuld aus einem leistungsorientierten Plan zu erfassende Betrag entspricht dem Saldo folgender Beträge:

(a) dem Barwert der leistungsorientierten Verpflichtung am Abschlussstichtag,
(b) zuzüglich etwaiger versicherungsmathematischer Gewinne (abzüglich etwaiger versicherungsmathematischer Verluste), die noch nicht ergebniswirksam erfasst wurden,
(c) abzüglich eines etwaigen, bisher noch nicht erfassten nachzuverrechnenden Dienstzeitaufwands,
(d) abzüglich des am Abschlussstichtag beizulegenden Zeitwerts von Planvermögen (sofern ein solches vorliegt), aus dem die Verpflichtungen unmittelbar erfüllt werden.

---

[195] Bei beitragsorientierten Pensionsplänen spielen als Passivum nur Erfüllungsrückstände eine Rolle.
[196] Vgl. auch zur Charakterisierung samt Beispielen Heuser/Theile/Pawelzik/Theile (2012), Rz. 3630–3680.

5.2 Zugangsbewertung

Die – nicht nur für die Zugangsbewertung – relevanten Wertkomponenten sind also

(a) der Barwert der leistungsorientierten Verpflichtung,
(b) versicherungsmathematische Gewinne und Verluste,
(c) nachzuverrechnender Dienstzeitaufwand und
(d) Planvermögen.

Ad (a): **Barwert der leistungsorientierten Verpflichtung**

„Zur Bestimmung des Barwerts einer leistungsorientierten Verpflichtung, des damit verbundenen Dienstzeitaufwands und, falls zutreffend, des nachzuverrechnenden Dienstzeitaufwands hat ein Unternehmen die Methode der laufenden Einmalprämien anzuwenden." (IAS 19.67)

Die Methode der laufenden Einmalprämien wird auch als Anwartschaftsansammlungs- oder **Anwartschaftsbarwertverfahren** bezeichnet und geht davon aus, dass in jedem Dienstjahr ein zusätzlicher Teil des endgültigen Leistungsanspruchs erdient wird (IAS 19.68). Leistungsbausteine werden danach linear pro rata temporis oder entsprechend einer Planformel den Dienstjahren zugeordnet.

Die **Berechnung der leistungsorientierten Verpflichtung** hat erwartete künftige Gehaltssteigerungen, Leistungsänderungen und Kosten medizinischer Versorgung zu berücksichtigen (IAS 19.75-98).

Der **Zinssatz** ist auf der Grundlage von **Effektivzinsen erstrangiger, festverzinslicher Unternehmensanleihen**, ersatzweise der Effektivzinsen von Staatsanleihen, zu ermitteln:

„Der Zinssatz, der zur Diskontierung der Verpflichtungen für die nach Beendigung des Arbeitsverhältnisses zu erbringenden Leistungen (…) herangezogen wird, ist auf der Grundlage der Renditen zu bestimmen, die am Abschlussstichtag für erstrangige, festverzinsliche Unternehmensanleihen am Markt erzielt werden. In Ländern ohne liquiden Markt für solche Unternehmensanleihen sind stattdessen die (am Abschlussstichtag geltenden) Marktrenditen für Staatsanleihen zu verwenden. Währung und Laufzeiten der zugrunde gelegten Unternehmens- oder Staatsanleihen haben mit der Währung und den voraussichtlichen Fristigkeiten der nach Beendigung der Arbeitsverhältnisse zu erfüllenden Verpflichtungen übereinzustimmen." (IAS 19.83; im Original hervorgehoben)

Die Berücksichtigung künftiger Parameteränderungen wird nicht als Verstoß gegen das Stichtagsprinzip gewertet. Vielmehr sind die Parameteränderungen erwartungsgemäß zu berücksichtigen.

Ad (b): **Versicherungsmathematische Gewinne und Verluste**

„Versicherungsmathematische Gewinne und Verluste entstehen aus Erhöhungen oder Verminderungen des Barwerts der leistungsorientierten Verpflichtung aufgrund von Änderungen der versicherungsmathema-

5. Bilanzbewertung

tischen Annahmen und der erfahrungsbedingten Anpassungen." (IAS 19.128)

Gründe für ihr Entstehen sind unerwartete Zahlen von Fluktuationsfällen, vorzeitigen Pensionierungen oder Todesfällen, unerwartete Anstiege der Gehälter oder der medizinischen Kosten, Änderungen der Sterblichkeitsraten oder des Diskontierungssatzes (IAS 19.128).

„Versicherungsmathematische Annahmen sind unvoreingenommen zu wählen und aufeinander abzustimmen." (IAS 19.75; im Original hervorgehoben) Gemeint wird damit, dass sie weder unvorsichtig noch übertrieben vorsichtig zu wählen sind (IAS 19.77) und miteinander vereinbar sein müssen (IAS 19.78). Gemäß IAS 19.80 sind die Markterwartungen relevant.

Ad (c): **Nachzuverrechnender Dienstzeitaufwand**

„Nachzuverrechnender Dienstzeitaufwand ist die Veränderung des Barwerts einer leistungsorientierten Verpflichtung aufgrund einer Planänderung oder -kürzung." (IAS 19.102)

Ad (d): **Planvermögen**

Planvermögen umfasst „Vermögen, das durch einen langfristig ausgelegten Fonds zur Erfüllung von Leistungen an Arbeitnehmer gehalten wird; und (...) qualifizierende Versicherungsverträge." (IAS 19.8)

Andere langfristig fällig werdende Leistungen an Arbeitnehmer werden ebenfalls zum Barwert angesetzt.

Bei finanziellen Verbindlichkeiten ist der **beizulegende Zeitwert** zentral. Eine finanzielle Verbindlichkeit, die nicht erfolgswirksam zum beizulegenden Zeitwert bewertet wird, ist bei Zugang zum **beizulegenden Zeitwert unter Einbezug von Transaktionskosten**, die direkt der Emission der finanziellen Verbindlichkeit zuzurechnen sind, zu bewerten (IAS 39.43).

Bei **aktienorientierten Vergütungen** ist die Unterscheidung von virtuellen und echten Eigenkapitalinstrumenten hilfreich[197]:

	Aktiencharakter	Optionscharakter
Echte Eigenkapitalinstrumente	Belegschaftsaktien	Aktienoptionen
Virtuelle Eigenkapitalinstrumente	Virtuelle Aktien: Entlohnung nach fiktiv zugeteilten Aktien und deren Wertentwicklung	Virtuelle Optionen: Entlohnung nach fiktiv zugeteilten Optionen und deren Wertentwicklung

Tab. 4: Aktienorientierte Vergütungen

---

[197] Vgl. Pellens/Crasselt (1999), S. 766; Pellens/Fülbier/Gassen/Sellhorn (2011), S. 517.

Echte Eigenkapitalinstrumente führen zu einer Buchung Aufwand an Eigenkapital und sind in diesem Gliederungspunkt irrelevant. Virtuelle Eigenkapitalinstrumente erzeugen Geldzahlungen an Begünstigte, die sich an dem Wert von Aktien oder von Aktienoptionen orientieren, und führen zur Buchung Aufwand an Verbindlichkeiten. Die Bewertung erfolgt zum **beizulegenden Zeitwert**[198].

Das Disagio einer Verbindlichkeit wird nicht aktiviert, die finanzielle Verbindlichkeit wird vielmehr um das Disagio gemindert, d.h. mit dem **Auszahlungsbetrag**[199] angesetzt. Liegen ein Disagio und Transaktionskosten vor, wird die Schuld bei der Zugangsbewertung gegenüber ihrem Nominalwert um beides zusammen gemindert. Der **Auszahlungsbetrag entspricht dem Tageswert** und begründet insofern **keine eigene Wertkategorie**.

Mit **ED/2010/1 Measurement of Liabilities in IAS 37 – Proposed Amendments to IAS 37** liegen Änderungsvorschläge zur Bewertung von Schulden vor. Sie betreffen erstens eine Anpassung der Kriterien für den Ansatz einer Schuld nach IAS 37 mit denjenigen anderer IFRS. Gegenwärtig verlangt IAS 37 den Ansatz dann und nur dann, wenn mehr dafür als dagegen spricht, dass die Verpflichtung zu einem Mittel- oder anderem Ressourcenabfluss vom Unternehmen führt (siehe oben S. 79). In IFRS 3 und IAS 39 wird diese Wahrscheinlichkeit des Mittelabflusses nicht verlangt. Zweitens sollen Unterschiede zwischen IFRS und US-GAAP hinsichtlich des Zeitpunktes für den Ansatz von Restrukturierungskosten beseitigt werden. Drittens sollen Unbestimmtheiten bei der Bewertung von Schulden korrigiert werden. Besonders vage und umstritten sei die „bestmögliche Schätzung" der Ausgaben zur Erfüllung einer Verpflichtung (siehe oben S. 111). In praxi würde die beste Schätzung als Modalwert (Wert mit höchster Eintrittswahrscheinlichkeit), als Erwartungswert (gewogener Durchschnitt aller Ausgaben) oder sogar als Mindest- oder Maximalwert einer Bandbreite verstanden. Schließlich seien insbesondere auch die Kosten zu spezifizieren, die in die Bewertung einer Verbindlichkeit einfließen. Das Projekt ist zur Zeit ausgesetzt. Ihm wurden erhebliche konzeptionelle Widersprüche vorgeworfen[200].

---

[198] Vgl. auch Pellens/Fülbier/Gassen/Sellhorn (2011), S. 526–532.
[199] Er entspricht regelmäßig dem fair value.
[200] Vgl. Hommel/Schmidt/Wüstemann (2010).

5.3 Folgebewertung

5.3.1 Sachanlagen[201]

5.3.1.1 Wahlmöglichkeit

Ein Unternehmen kann zur Folgebewertung von Vermögenswerten der Sachanlagen

(a) die **fortgeführten Anschaffungs- oder Herstellungskosten** heranziehen oder
(b) eine **Neubewertung auf Basis des beizulegenden Zeitwertes** vornehmen.

Im ersten Fall ist der Vermögenswert nach seinem Erstansatz zu den um kumulierte planmäßige Abschreibungen und alle kumulierten Abwertungsverluste verminderten Anschaffungs- oder Herstellungskosten anzusetzen (IAS 16.30). Abwertungsverluste sind gemäß IAS 36 zu berücksichtigen (IAS 16.63).

Alternativ ist der Vermögenswert zu einem Neubewertungsbetrag anzusetzen, der seinem beizulegenden Zeitwert am Tage der Neubewertung abzüglich nachfolgender kumulierter planmäßiger Abschreibungen und Abwertungsverluste entspricht. Es besteht keine Bewertungsobergrenze in Höhe der ursprünglichen Anschaffungs- oder Herstellungskosten. Neubewertungen müssen mit hinreichender Regelmäßigkeit erfolgen, damit der Buchwert nicht wesentlich von dem Wert abweicht, der sich bei einer Bewertung mit dem beizulegenden Zeitwert am Bilanzstichtag ergeben würde (IAS 16.31).

Die gewählte Methode ist einheitlich auf eine gesamte Gruppe von Vermögenswerten der Sachanlagen anzuwenden (IAS 16.29). Bei einer Gruppe von Sachanlagen sind die zugehörigen Sachanlagen sowohl ähnlicher Art als auch ähnlicher betrieblicher Verwendung. Eine weitere Differenzierung, z. B. nach Segmenten (IFRS 8) oder zahlungsmittelgenerierenden Einheiten (IAS 36.6), ist nicht erforderlich[202].

Beispiele für Gruppen von Sachanlagen sind gemäß IAS 16.37

(a) unbebaute Grundstücke,
(b) Grundstücke und Gebäude,
(c) Maschinen und technische Anlagen,
(d) Schiffe,
(e) Flugzeuge,
(f) Kraftfahrzeuge,

---

[201] Ich folge in diesem Abschnitt stark, z.T. wörtlich, Ballwieser (2013).
[202] Vgl. Beck-IFRS-HB/Scharfenberg (2013), § 5 Rz. 124.

(g) Betriebsausstattung und
(h) Büroausstattung.

Die Gegenstände innerhalb einer Gruppe sind gleichzeitig neu zu bewerten, um eine Mischung aus fortgeführten Anschaffungs- oder Herstellungskosten und beizulegenden Zeitwerten zu verschiedenen Zeitpunkten zu vermeiden. Jedoch darf die Gruppe auf rollierender Basis neubewertet werden, sofern ihre Neubewertung in einer kurzen Zeitspanne vollendet wird und die Neubewertungen aktuell sind (IAS 16.38).

Neben der gewählten Bewertungsmethode ist zu unterscheiden, ob es sich bei den Sachanlagen um abnutzbare oder nicht abnutzbare Vermögenswerte handelt. Erstere werden planmäßig über die erwartete Nutzungsdauer abgeschrieben und erfahren gegebenenfalls eine weitere außerplanmäßige Wertminderung. Letztere kennen keine planmäßige Abschreibung und erleiden allenfalls eine außerplanmäßige Wertminderung.

5.3.1.2 Neubewertungsmethode

Die für die Neubewertung maßgeblichen beizulegenden Zeitwerte waren bis Mai 2011 gemäß IAS 16.32-33 grundsätzlich über Marktwerte der Sachanlagen auf aktiven Absatzmärkten zu bestimmen, wobei Transaktionskosten unberücksichtigt bleiben. Waren aktuelle Marktwerte nicht zu erheben, konnten durch Schätzungen ermittelte Marktwerte herangezogen werden, die z. B. an Marktwerten ähnlicher Vermögenswerte, vergangenen Transaktionspreisen oder dem Barwert der künftigen dem Gegenstand zurechenbaren Cash Flows anknüpfen. Waren für spezielle Sachanlagen in Ausnahmefällen auch solche Schätzungen von Marktwerten nicht möglich, konnte auf fortgeführte Wiederbeschaffungskosten zurückgegriffen werden. Mit der Verabschiedung von **IFRS 13 im Mai 2011** sind diese Regelungen entfallen. Nunmehr ist dieser Standard gemäß IASB mit Wirkung ab dem Geschäftsjahr 2013 für die methodische Konkretisierung des beizulegenden Zeitwerts und die mit diesem Wertkonzept verbundenen Anhangangaben einschlägig (IFRS 13.5), während er die Anwendungsbereiche des beizulegenden Zeitwerts offen lässt. Auch wenn IFRS 13 noch nicht von der EU übernommen wurde, lege ich ihn hier der Diskussion zugrunde.

Wie schon oben ausgeführt (vgl. S. 102), definiert IFRS 13.9 den beizulegenden Zeitwert als den Preis, der bei Verkauf eines Vermögenswerts oder bei Übertragung einer Schuld im Rahmen einer gewöhnlichen Transaktion zwischen Marktteilnehmern am Bewertungsstichtag erzielt werden würde. Damit gilt ein marktbasiertes, kein unternehmensbe-

5. Bilanzbewertung

zogenes Bewertungskonzept und es wird von einem Abgangspreis für einen Vermögenswert ausgegangen. Für die unterstellte Transaktion ist der Hauptmarkt oder – bei seinem Fehlen – der vorteilhafteste Markt bedeutsam. Der Hauptmarkt hat den größten Umschlag oder das größte Aktivitätsniveau für den Vermögenswert und ist insofern grundsätzlich aus Sicht der zu bewertenden Posten zu bestimmen. Da nicht alle Unternehmen denselben Zugang zum Hauptmarkt aufweisen, dieser Zugang aber verlangt wird, kann es für verschiedene Unternehmen selbst bei identischen Gütern verschiedene Hauptmärkte geben. Auf dem vorteilhaftesten Markt wird der unter Berücksichtigung von Transport- und Transaktionskosten maximale Erlös erzielt. Eine erschöpfende Suche nach beiden Märkten wird nicht verlangt. Das Unternehmen soll vielmehr alle Informationen berücksichtigen, die vernünftigerweise zugänglich sind. Bis zum offenkundigen Beweis des Gegenteils darf angenommen werden, dass der üblicherweise benutzte Markt relevant ist (IFRS 13.17).

Sachanlagen sind – wie andere nicht finanzielle Vermögenswerte – nach dem Konzept der Erzielung des „höchsten und besten Nutzens" zu bewerten, wobei der größtmögliche Nutzen im Unternehmen selbst oder durch Verkauf an einen Marktteilnehmer hergestellt werden kann (IFRS 13.27) und seine Erzielung derzeit nicht beabsichtigt sein muss (IFRS 13.29). Jedoch zählt die widerlegbare Vermutung, dass die gegenwärtige Nutzung der größtmöglichen Nutzenstiftung entspricht (IFRS 13.29).

Die größte Nutzenstiftung kann – stets aus Markt- statt aus Unternehmenssicht – durch eine isolierte Nutzung des Vermögenswerts oder durch eine Nutzung im Verbund mit anderen Vermögenswerten oder mit anderen Vermögenswerten und Schulden erzielt werden (IFRS 13.31). Die Bewertung setzt dabei an der Bewertungseinheit gemäß IAS 16 an, auch wenn eine Bewertung im Gruppenverbund erfolgt (IFRS 13.32). Die Umsetzung dieser Überlegung verlangt komplexe, Freiräume für das Management schaffende Überlegungen[203].

Die Bewertungsmethoden zur Ermittlung des beizulegenden Zeitwerts sollen die Verwendung von relevanten beobachtbaren Einsatzgrößen maximieren und die Verwendung von nicht beobachtbaren Einflussgrößen minimieren (IFRS 13.67). **Zur** Unterstützung von Widerspruchsfreiheit und Vergleichbarkeit der **Bewertung zum beizulegenden Zeitwert schafft IFRS 13 eine Hierarchie von Einsatzgrößen durch deren Zuweisung zu drei Ebenen.** In ihr stehen notierte und unangepasste Preise aus aktiven Märkten für identische Güter auf der höchsten Ebene (sie haben Einsatzgrößen der Ebene 1) und nicht beobachtbare Einsatzgrößen auf der niedrigsten Ebene (sie haben Einsatzgrößen der Ebene

---

[203] Vgl. Schildbach (2012), S. 527-532; ders. (2011), S. 75-77; ders. (2010), S. 72 f.

3) (IFRS 13.72). Dazwischen stehen direkt oder indirekt beobachtbare Preise, die nicht die Eigenschaften von Ebene 1 aufweisen, weil sie z. B. aus inaktiven Märkten stammen oder sich auf ähnliche statt identische Güter beziehen (IFRS 13.82). Eine Einsatzgröße der Ebene 2 ist z. B. ein aus Transaktionen gewonnener Quadratmeterpreis für hinsichtlich Lage, Bauart und Ausstattung vergleichbare Gebäude (IFRS 13.B35(g)). Sofern man sich nur auf von Gutachtern geschätzte Marktwerte stützt, bewegt man sich auf Ebene 3. Das hiermit verbundene Problem ist, dass die Schätzungen der Gutachter häufig voneinander abweichen, weil sie regelmäßig auf Transaktionen mit nur teilweise vergleichbaren Objekten Bezug nehmen müssen[204]. Selbst veröffentlichte Listen mit erhobenen Transaktionspreisen vernachlässigen die besonderen Gegebenheiten des Grundstücks oder des Gebäudes und stellen bestenfalls Mittelwerte für durchschnittliche Objekte einer bestimmten Kategorie dar.

Die Häufigkeit der Neubewertung hängt von den Veränderungen des beizulegenden Zeitwertes ab. **Eine Neubewertung ist durchzuführen, wenn beizulegender Zeit- und Buchwert wesentlich voneinander abweichen.** Bei geringfügigen Änderungen des beizulegenden Zeitwertes können Neubewertungen alle drei oder fünf Jahre genügen; bei bedeutenden und stark schwankenden Änderungen können sie aber auch jährlich nötig werden (IAS 16.34).

Im Rahmen der Neubewertung eines Vermögenswerts wird die kumulierte Abschreibung

(a) entweder proportional zur Änderung des Bruttobuchwertes neu festgelegt
(b) oder gegen den Bruttobuchwert verrechnet, und der daraus resultierende Nettobetrag wird neu bewertet (IAS 16.35).

Die erste Methode wird häufig bei einer indirekten Neubewertung des gebrauchten Gegenstandes unter Rückgriff auf die Wiederbeschaffungskosten eines neuen Gegenstandes, der z. B. mithilfe eines Index ermittelt wird, verwendet. (Streng genommen sind nach IFRS 13.9 Wiederbeschaffungskosten irrelevant, weil auf Veräußerungspreise abzustellen ist.) Die zweite Methode wird beispielsweise für Gebäude, für die direkt ein Marktpreis für gebrauchte Gegenstände vorliegt, benutzt.

Beispiel:
Die Anschaffungs- oder Herstellungskosten betragen 100, die voraussichtliche Nutzungsdauer ist 5 Jahre, die Abschreibung erfolgt linear.

---

[204] Vgl. auch das Beispiel von Baetge (2009), S. 19, bei dem sich je nach Makler für eine Büroimmobilie im Frankfurter Bankenviertel ein Mietzins zwischen 35 DM/qm und 85 DM/qm ergeben hat.

5. Bilanzbewertung

Wird nach zwei Perioden neu bewertet, sucht man nach der ersten Methode die Wiederbeschaffungskosten. Sie sollen um 20% von 100 auf 120 gestiegen sein. Die alten kumulierten Abschreibungen in Höhe von 40 (über zwei Perioden) sind proportional zu der Preissteigerung zu erhöhen, d.h. von 40 um 20% auf 48. Der Buchwert nach Abschreibung beträgt 72 (120 – 48) statt 60 (100 – 40).

Nach der zweiten Methode würde man von dem Buchwert nach Abschreibung (100 – 40 = 60) ausgehen und für einen zwei Perioden lang genutzten Gegenstand die Wiederbeschaffungskosten suchen. Sie betragen annahmegemäß 72.

Im Exposure Draft „Annual Improvements to IFRSs 2010-2012 Cycle" ist eine Änderung der soeben beschriebenen Behandlung der kumulierten Abschreibung im Rahmen der Neubewertung eines Vermögenswerts vorgesehen (vgl. S. 49-53). Dadurch soll gesichert werden, dass die Höhe der kumulierten Abschreibung nicht davon abhängt, nach welcher Variante sie berechnet wird. Konkret ist geplant, bei der ersten Methode keine proportional zur Veränderung des Bruttobuchwerts erfolgende Anpassung der kumulierten Abschreibung mehr zu fordern. Letztere soll stattdessen als Differenz der Brutto- und Nettobuchwerte berechnet werden. Hintergrund dieser Änderung ist, dass die bislang geforderte proportionale Anpassung nicht ohne Weiteres einzuhalten ist, wenn vor der Neubewertung bereits eine Änderung des Restwerts, der Nutzungsdauer oder der Abschreibungsmethode aufgetreten ist. Im Zuge der geplanten Anpassung des IAS 16.35 sollen auch die Hinweise auf hauptsächliche Anwendungsbereiche der beiden Berechnungsvarianten gestrichen werden.

Wird aufgrund einer Neubewertung der Buchwert erhöht, wird die Erhöhung

(a) Ertrag, soweit sie eine in der Vergangenheit als Aufwand erfasste Abwertung aufgrund einer Neubewertung desselben Vermögenswerts rückgängig macht, und sonst

(b) erfolgsneutral dem Eigenkapital als Neubewertungsrücklage zugebucht (IAS 16.39).

Wird aufgrund einer Neubewertung der Buchwert vermindert, wird die Abwertung

(a) direkt mit einer zugehörigen Neubewertungsrücklage verrechnet, soweit sie den Betrag der entsprechenden Neubewertungsrücklage nicht übersteigt, und sonst

(b) als Aufwand erfasst (IAS 16.40).

Die zu einem Vermögenswert der Sachanlagen gehörende Neubewertungsrücklage kann direkt den Gewinnrücklagen zugeführt werden.

5.3 Folgebewertung

Gemäß IAS 16.41 kann die ganze Neubewertungsrücklage bei Stilllegung und Veräußerung umgegliedert werden; bei einer Nutzung des Vermögenswertes ist die Neubewertungsrücklage schrittweise umzugliedern. In diesem Fall entspricht der realisierte bzw. umzugliedernde Teil der Rücklage der Differenz zwischen der Abschreibung auf den neu bewerteten Buchwert und der Abschreibung auf Basis historischer Kosten. Zuführungen aus der Neubewertungsrücklage in die Gewinnrücklage sind erfolgsneutral vorzunehmen (IAS 16.41).

Sofern sich Konsequenzen für die Ertragsteuern ergeben, werden diese nach IAS 12 Ertragsteuern erfasst und ausgewiesen. Die aus der Neubewertung entstehenden latenten Steuern sind erfolgsneutral direkt gegen das Eigenkapital zu buchen, weil auch die Neubewertungsrücklage erfolgsneutral gebildet wird[205].

In der deutschen **Bilanzierungspraxis** dominiert die Bewertung zu fortgeführten Anschaffungs- oder Herstellungskosten. Eine empirische Untersuchung von Geschäftsberichten für das Jahr 2006 bei Unternehmen des DAX, MDAX und SDAX hat ergeben, dass nur zwei Unternehmen die Neubewertungsmethode anwenden[206]. Aufgrund des Stetigkeitsgebots (IAS 8.14) ist davon auszugehen, dass für aktuelle Geschäftsberichte vergleichbare Ergebnisse resultieren. Ein ähnliches Bild zeigt sich auch außerhalb Deutschlands. So kommt eine Studie des Institute of Chartered Accountants in England and Wales durch Auswertung der Geschäftsberichte von 200 zufällig ausgewählten Unternehmen in der EU zu dem Ergebnis, dass 191 Unternehmen alle Sachanlagen zu fortgeführten historischen Kosten bewerten. Die übrigen 9 verwenden die Neubewertungsmethode jeweils auch nur für einzelne Teile ihrer Sachanlagen, in den meisten Fällen für Immobilien, nicht jedoch für andere Sachanlagen[207].

Abnutzbare Vermögenswerte sind planmäßig abzuschreiben. Die Abschreibung beginnt, wenn sich der Vermögenswert in betriebsbereitem Zustand befindet (IAS 16.55). Abschreibungsparameter sind

(a) die Anschaffungs- oder Herstellungskosten,
(b) die Nutzungsdauer,
(c) der Restwert,
(d) die Abschreibungsmethode.

Die Anschaffungs- oder Herstellungskosten wurden bereits in Kapitel 5.2.3 behandelt.

---

[205] Vgl. Wagenhofer (2009), S. 370.
[206] Vgl. Müller/Wobbe/Reinke (2008), S. 637; mit ähnlichem Befund auch von Keitz (2005), S. 59.
[207] Vgl. Institute of Chartered Accountants in England and Wales (2007), S. 119.

5. Bilanzbewertung

Die **Nutzungsdauer** bestimmt sich entweder nach der voraussichtlichen Nutzungszeit des Vermögenswerts im Unternehmen oder der voraussichtlichen Leistungsabgabe des Vermögenswerts (IAS 16.6).

Der **Restwert** ist der geschätzte Nettobetrag, den das Unternehmen gegenwärtig nach Abzug der Abgangskosten für den Vermögenswert erhalten würde, wenn dieser heute bereits das Alter und den Abnutzungsgrad hätte, wie er für das Ende der Nutzungsdauer erwartet wird (IAS 16.6).

Die Nutzungsdauer und der Restwert eines Vermögenswerts der Sachanlagen sind zumindest am Ende eines jeden Geschäftsjahres zu überprüfen. Ergeben sich Änderungen in den Erwartungen, so sind diese als Schätzungsänderung gemäß IAS 8 zu behandeln (IAS 16.51).

Die Abschreibungen sind als Aufwand zu erfassen (IAS 16.48), wenn sie nicht als Herstellungskosten in die Buchwerte anderer Vermögenswerte, wie in das Vorratsvermögen oder in aktivierte Entwicklungskosten, einzurechnen sind (IAS 16.49).

Abschreibungen sind auch dann vorzunehmen, wenn der beizulegende Zeitwert eines Vermögenswerts über dem Buchwert liegt, nicht aber, wenn der Restwert den Buchwert übersteigt (IAS 16.52 und .54). Die Durchführung von Reparaturen und Wartungen eines Vermögenswerts stehen der Notwendigkeit zur planmäßigen Abschreibung nicht entgegen (IAS 16.52).

Die **Abschreibungsmethode** muss dem erwarteten Verbrauch des wirtschaftlichen Nutzens des Vermögenswerts entsprechen und den Abschreibungsbetrag (Anschaffungs- oder Herstellungskosten abzüglich Restwert) auf systematische Weise auf die Nutzungsdauer verteilen (IAS 16.60 i. V. m. IAS 16.50).

„Für die planmäßige Abschreibung kommt eine Vielzahl an Methoden in Betracht (...)." (IAS 16.62) Hierzu zählen nach IAS 16.62

(a) die lineare Abschreibungsmethode,
(b) die degressive Abschreibungsmethode und
(c) die leistungsabhängige Abschreibungsmethode.

Diese Aufzählung ist beispielhaft, weil weitere Methoden nicht ausgeschlossen sind. Gegen eine abschließende Aufzählung und gegen ein echtes Methodenwahlrecht spricht insbesondere die Zielsetzung der Abschreibung, wonach die **Methode nach dem Verbrauch des wirtschaftlichen Nutzens des Vermögenswerts** auszuwählen und solange stetig beizubehalten ist, bis es einen Wechsel im erwarteten Verbrauch gibt (IAS 16.62).

Die Abschreibungsmethode ist mindestens am Ende eines jeden Geschäftsjahres zu überprüfen und an den erwarteten wirtschaftlichen

5.3 Folgebewertung

Nutzenverlauf anzupassen. Ein Wechsel der Abschreibungsmethode ist nach IAS 16.61 i. V. m. IAS 8 erläuterungs-, aber nicht begründungspflichtig[208].

Der **Verbrauch des wirtschaftlichen Nutzens** ist allerdings – entgegen des ersten Eindrucks – **kein klares Kriterium** für die Wahl der Abschreibungsmethode. Sofern nur die technische Leistung betrachtet wird, ist eine nach Leistungsabgabe und so verstandenem Nutzenverbrauch bemessene Abschreibung vermutlich am einfachsten zu ermitteln; unter Umständen lässt sich hiermit auch eine progressive Abschreibung begründen. Ökonomisch interessiert aber die technische Leistung nur sekundär in Form einer Nebenbedingung. Aufgrund der Wartungs- und Instandhaltungspolitik ist sie auch kein fester Parameter[209].

Erheblich komplizierter wird eine Bemessung nach Erfolgsbeitrag und so verstandener wirtschaftlicher Nutzung. Bislang war aus dem Wortlaut des IAS 16 nicht eindeutig ersichtlich, ob planmäßige Abschreibungen auch nach dem Erfolgsbeitrag und so verstandener wirtschaftlicher Nutzung bemessen werden können. Hierzu hätten sich bspw. mengenmäßige Erfolge (Produktions- oder Absatzmengen), Produkterträge (Umsätze[210]), Produktdeckungsbeiträge oder Produktgewinne angeboten. Bilanzierende, die diese Größen verwenden wollen, kämpfen mit beachtlichen Schätzproblemen und darüber hinaus mit mehr oder minder willkürlichen Unterstellungen. Zur Ermittlung von Produktgewinnen sind bspw. Gemeinkosten zu schlüsseln. Schon bei der Schätzung von Produkterträgen sind neben Preisschätzungen z. B. Absatzverbundeffekte zu berücksichtigen. Von einer Identität der Abschreibung nach Leistungsabgabe und wirtschaftlicher Nutzung im skizzierten Sinne kann nicht ohne weiteres ausgegangen werden.

Der IASB hat jedoch im Dezember 2012 einen Standardentwurf veröffentlicht (ED/2012/5), der folgende Aussagen enthält:

„A method that uses revenue generated from an activity that includes the use of an asset is not an appropriate depreciation method for that asset, because it reflects a pattern of the future economic benefits being generated from the asset, rather than a pattern of consumption of the future economic benefits embodied in the asset.

---

[208] IAS 16.61 klassifiziert einen Wechsel der Abschreibungsmethode als Schätzungsänderung, nicht als Änderung der Bilanzierungs- und Bewertungsmethoden; vgl. auch IAS 8.32-34; vgl. zu den Angabepflichten für die erste Kategorie IAS 8.39-40 und für die zweite Kategorie IAS 8.28–31.

[209] Skeptisch zur Feststellung des Nutzungsverlaufs auch Baetge/Kirsch/Thiele (2012), S. 260 f.

[210] So grundsätzlich Breidert (1994), S. 9–14, die neben den Umsätzen aber auch noch Instandhaltungsausgaben berücksichtigt.

When applying the diminishing balance method, information about technical or commercial obsolescence of the product or service output is relevant for estimating both the pattern of consumption of future economic benefits and the useful life of the asset. An expected future reduction in unit selling price of the product or service output of the asset could be an indication of the diminution of the future economic benefits of the asset as a result of technical or commercial obsolescence."

Die Klarstellungen sind eine Reaktion auf eine Anfrage, die beim IFRIC eingegangen war, und sollen als Tz. 62A und Tz. 62B in IAS 16 ergänzt werden.

Konstruktiv gesehen grenzt der Verweis auf den Nutzenverbrauch planmäßige Abschreibungen zur Approximation von Einzelzerschlagungswerten der Gegenstände der Sachanlagen aus. Es wird grundsätzlich von der Unternehmensfortführung ausgegangen (vgl. auch Rahmenkonzept Abs. 4.1).

Neben den oben erwähnten linearen, degressiven und progressiven Abschreibungen sind auch Mischungen erlaubt, z.B. im Sinne einer Kombination von

(a) erst linearen, dann degressiven Abschreibungen oder
(b) erst degressiven, dann linearen Abschreibungen.

Die Nutzungsdauer ist regelmäßig zu überprüfen. Wenn sich die Erwartungen von früheren Schätzungen erheblich unterscheiden, sind die Abschreibungen für die betrachtete Periode und für Folgeperioden anzupassen. Das folgende Beispiel geht von Anschaffungskosten von 100 und einer anfangs geschätzten Nutzungsdauer von 10 Perioden aus. Es sieht in Fall a) die in Periode 4 bekannt werdende Nutzungsdauerverkürzung von 10 auf 5 Perioden vor. Fall b) geht hingegen von einer in derselben Periode bekannt werdenden Nutzungsdauerverlängerung auf 13 Perioden aus.

Beispiel:

Perioden	1	2	3	4	5	6	7	8	9	10	11	12	13
Abschreibungsplan	10	10	10	10	10	10	10	10	10	10			
Abschreibungen	10	10	10										
a) neue planmäßige Abschreibungen				35	35								
b) neue planmäßige Abschreibungen				7	7	7	7	7	7	7	7	7	7

Tab. 5: Nutzungsdaueränderungen

Im Fall der Nutzungsdauerverkürzung wird ab dem Jahr der Änderung der Nutzungsdauer (4. Jahr) der Restbuchwert von 70 auf die verkürzte Restnutzungsdauer von zwei Jahren planmäßig verteilt und führt zu Abschreibungen von jeweils 35. Dies entspricht IAS 8.36 und .38, wonach eine Schätzungsänderung prospektiv zu behandeln ist. Darüber hinaus stellt die Nutzungsdauerverkürzung ein Indiz dafür dar, dass ein Wertminderungsbedarf gemäß IAS 36 bestehen könnte.

Im Fall der Nutzungsdauerverlängerung wird der Restbuchwert von 70 auf die verlängerte Restnutzungsdauer von zehn Jahren planmäßig verteilt und führt zu Abschreibungen von jeweils 7.

5.3.1.4 Außerplanmäßige Abschreibungen

Der Buchwert eines Vermögenswerts darf nicht über dem erzielbaren Betrag liegen. Die Relation beider Werte zueinander ist regelmäßig zu überprüfen. Wenn der erzielbare Betrag unter dem Buchwert liegt, ist unabhängig von der erwarteten Dauer der Wertminderung eine außerplanmäßige Abschreibung auf den erzielbaren Betrag nötig.

Maßstäbe zur Ermittlung des erzielbaren Betrags sind der Nettoveräußerungspreis und der Nutzungswert, wobei der höhere Betrag maßgeblich ist (IAS 36.6). Der Nutzungswert resultiert als Barwert künftiger Zahlungsüberschüsse aus dem weiteren Gebrauch des Vermögenswerts und seinem Abgang am Ende der Nutzungsdauer.

Gemäß IAS 16.63 gelten für die Bestimmung, ob und in welcher Höhe eine Wertminderung eines Vermögenswerts vorliegt, die Regelungen des IAS 36. Diese beziehen sich auf einzelne Vermögenswerte oder auf zahlungsmittelgenerierende Einheiten (IAS 36.6). Kann die Prüfung einer Wertminderung nicht für einen einzelnen Vermögenswert vorgenommen werden, da sich ein separater erzielbarer Betrag nicht ermitteln lässt, ist die zahlungsmittelgenerierende Einheit, zu der dieser Vermögenswert gehört, dem Werthaltigkeitstest zu unterziehen (IAS 36.66). Das ist für Sachanlagen oftmals gegeben, da sie z. B. aus technischen Gründen nur gemeinsam mit anderen verkauft oder ihnen keine eigenen Zahlungsströme zugeordnet werden können.

5.3.1.5 Zuschreibungen

Sind die Umstände und Ereignisse, die eine außerplanmäßige Abschreibung nötig machten, entfallen, ist bei Anwendung der Bewertung zu fortgeführten Anschaffungs- oder Herstellungskosten eine Zuschreibung gemäß IAS 36.109-123 vorzunehmen (Wertaufholung). Die Zuschreibung ist um die planmäßige Abschreibung zu kürzen, die sich ergeben hätte, wenn die außerplanmäßige Abschreibung nicht erfolgt wäre (IAS 36.117).

Nach IAS 36.119 ist die Zuschreibung sofort erfolgswirksam zu vereinnahmen, es sei denn, der Vermögenswert wird mit seinem beizulegenden Zeitwert nach der Neubewertungsmethode gemäß IAS 16 angesetzt. In diesen Fällen ist die Zuschreibung entsprechend den Regelungen zur Neubewertungsmethode gemäß IAS 16.39 zu behandeln.

5.3.2 Finanzielle Vermögenswerte

Für die Bewertung **nach noch geltendem EU-Recht** ist die Einteilung der finanziellen Vermögenswerte in die folgenden vier Kategorien bedeutsam (IAS 39.45):

(a) Kredite und Forderungen,
(b) bis zur Endfälligkeit zu haltende Finanzinvestitionen,
(c) finanzielle Vermögenswerte, die erfolgswirksam zum beizulegenden Zeitwert bewertet werden; sie umfassen (i) zu Handelszwecken gehaltene finanzielle Vermögenswerte und (ii) beim erstmaligen Ansatz dieser Position zugewiesene (gewidmete) finanzielle Vermögenswerte,
(d) zur Veräußerung verfügbare finanzielle Vermögenswerte.

Die ersten beiden Kategorien werden zu fortgeführten Anschaffungskosten, die letzten beiden zum beizulegenden Zeitwert bewertet, wobei die Wertänderung bei Kategorie (c) erfolgswirksam, bei Kategorie (d)

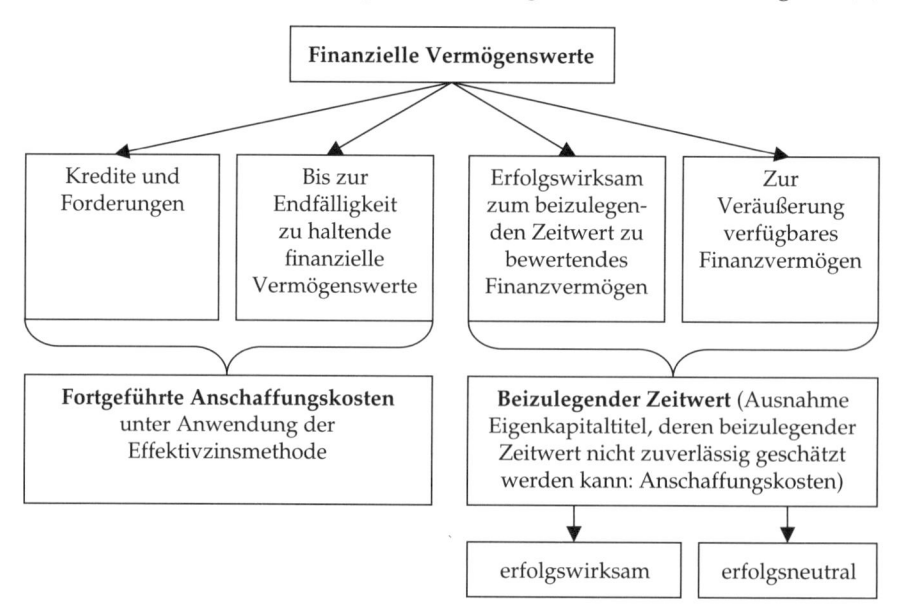

Abb. 8: Folgebewertung von finanziellen Vermögenswerten

5.3 Folgebewertung

hingegen grundsätzlich erfolgsneutral ist (vgl. IAS 39.55(b) zur Ausnahme bei Wertberichtigungen und Gewinnen und Verlusten aus der Fremdwährungsumrechnung).

Die für die ersten beiden Kategorien nötige **Effektivzinsmethode** wird in IAS 39.9 beschrieben. Der **Effektivzins ist der interne Zinsfuß** der mit dem Finanzinstrument verbundenen Zahlungsreihe, wobei die vertraglichen Bedingungen zugrunde gelegt werden, jedoch keine erwarteten künftigen Zahlungsausfälle. Letztere führen zu einem Werthaltigkeitstest gemäß IAS 39.58.

Auf den ersten Blick erscheint sich hier wegen IAS 39.63 ein Widerspruch zu ergeben, weil dieser künftige, noch nicht erlittene Kreditausfälle als Wertminderungsgrund ausnimmt. Der Widerspruch löst sich auf, wenn man auf IAS 39.BC108-110 zurückgreift, in denen erwartete künftige Zahlungsausfälle von erlittenen Kreditausfällen abgegrenzt werden.

Die erfolgsneutrale Buchung der Wertänderung erfolgt auf einem Rücklagenkonto (IAS 39.55(b)). Zum Ausbuchungszeitpunkt ist der zuvor im Eigenkapital gebuchte kumulierte Gewinn oder Verlust im Periodenergebnis zu erfassen.

Um die erfolgsneutrale Erfassung von Wertänderungen zu zeigen, betrachte ich folgendes Beispiel in Anlehnung an Wagenhofer[211]:

Ein Unternehmen erwirbt im Jahr 2006 Wertpapiere mit **Anschaffungskosten von 100** zur Anlage liquider Mittel. Werden die Mittel in der Folgezeit benötigt, sollen die Wertpapiere wieder verkauft werden. Die Wertpapiere sind zur Veräußerung verfügbare finanzielle Vermögenswerte. Der **Ertragsteuersatz** beträgt **30 %**.

Am **31.12. 2006** beträgt der **beizulegende Zeitwert 120**. Die Aufwertung ist steuerlich ohne Bedeutung.

Das Unternehmen bucht die Aufwertung der Wertpapiere um 20, 30 % des Aufwertungsbetrags, also 6, als passive latente Steuern und den Differenzbetrag von 14 auf dem Rücklagenkonto:

Wertpapiere	20	an	Wertänderungsrücklage	14
			Passive latente Steuern	
			(30 % von 20)	6

Am **31.12. 2007** beträgt der **beizulegende Zeitwert 90**. Das Unternehmen bucht spiegelbildlich zu vorher die Abwertung um 30, mindert das Konto der latenten Steuern um 30 % hiervon (also 9) und erfasst die Differenz von 21 auf dem Rücklagenkonto:

Wertänderungsrücklage	21	an	Wertpapiere	30
Latente Steuern	9			

---

[211] Vgl. Wagenhofer (2009), S. 255.

Im Jahr 2008 mehren sich die Anzeichen, dass der Schuldner insolvent wird. Es ist eine Wertminderung zu erfassen. Am **31.12. 2008** beträgt der **erzielbare Betrag 70.**

Das Unternehmen wertet die Wertpapiere um 20 ab, bucht den Bestand der Wertänderungsrücklage (7 im Soll) und die Latenten Steuern (3 im Soll) aus und erhält eine außerplanmäßige Abschreibung von 30:

Außerplanmäßige Abschreibung	30	an	Wertänderungsrücklage	7
			Latente Steuern	3
			Wertpapiere	20

Im Jahr 2009 erholt sich der Schuldner wieder. Der **beizulegende Zeitwert** am **31.12. 2009** beträgt **110.**

Das Unternehmen wertet die Wertpapiere um 40 auf, korrigiert die außerplanmäßige Abschreibung des letzten Jahres in Höhe von 30, bildet 30 % des höheren handelsrechtlichen Betrags von 110 gegenüber dem steuerlichen Ansatz von 100 (also 3) als passive latente Steuern und erfasst den verbleibenden Saldo von 7 auf dem Rücklagenkonto:

Wertpapiere	40	an	Außerplanmäßige Abschreibung	30
			Wertänderungsrücklage	7
			Passive latente Steuern	3

Wird das zur Veräußerung verfügbare Finanzvermögen veräußert, wird die zugehörige Wertänderungsrücklage erfolgswirksam aufgelöst (IAS 39.55(b)).

Durch **Umklassifikation** der Finanzinstrumente lassen sich Gewinnwirkungen erzielen. Deshalb gibt es hier strikte Regeln. Sie besagen:

(a) Umklassifikationen in die Kategorie der erfolgswirksam zum beizulegenden Zeitwert zu bewertenden Finanzinstrumente sind verboten (IAS 39.50).

(b) Finanzinstrumente des Handelsbestands können hingegen unter bestimmten Bedingungen umklassifiziert werden. Danach darf der finanzielle Vermögenswert nicht mehr länger kurzfristig zu Handelszwecken gehalten werden (IAS 39.50(c)). Erfüllt er ferner (1) die Definition von Krediten und Forderungen und hat das Unternehmen (2) die Absicht und Möglichkeit, ihn auf absehbare Zeit oder bis zur Endfälligkeit zu halten, dann ist er umklassifizierbar in Kredite und Forderungen (IAS 39.50D). Erfüllt er hingegen weiterhin (1) nicht die Definition von Krediten und Forderungen, aber liegen (2) außergewöhnliche Umstände vor (IAS 39.50B), dann ist er entweder in bis zur Endfälligkeit zu haltende Finanzinvestitionen oder in zur Veräußerung verfügbare finanzielle Vermögenswerte umklassifizierbar.

(c) Entfallen die Gründe, eine Finanzinvestition als bis zur Fälligkeit zu halten zu klassifizieren, wird sie als zur Veräußerung verfügbar klassifiziert und statt zu fortgeführten Anschaffungskosten zum beizulegenden Zeitwert bewertet. Die Differenz zwischen beizulegendem Zeitwert und Buchwert ist (mit Ausnahme von außerplanmäßigen Abschreibungen und Gewinn oder Verlust aus Währungsumrechnungen) im sonstigen Ergebnis und so lange direkt im Eigenkapital zu erfassen, bis der finanzielle Vermögenswert ausgebucht wird (IAS 39.51 und .55(b)).

(d) Sind wegen (bestimmten) Verkäufen und Umklassifizierungen die Bedingungen der Einstufung als bis zur Endfälligkeit zu haltende Finanzinvestitionen nicht mehr erfüllt (IAS 39.9), sind diese und alle übrigen bis zur Endfälligkeit zu haltenden Finanzinstrumente in „zur Veräußerung verfügbar" umzugliedern. Sie werden statt zu fortgeführten Anschaffungskosten zum beizulegenden Zeitwert bewertet. Die Differenz zwischen beizulegendem Zeitwert und Buchwert ist wie im letzten Aufzählungspunkt beschrieben zu behandeln (IAS 39.52 und .55(b)).

(e) „Wird für einen finanziellen Vermögenswert oder eine finanzielle Verbindlichkeit eine verlässliche Bewertung verfügbar, die bisher nicht vorlag, und muss der Vermögenswert oder die Verbindlichkeit zum beizulegenden Zeitwert bewertet werden, wenn eine verlässliche Bewertung verfügbar ist (...), ist der Vermögenswert oder die Verbindlichkeit zum beizulegenden Zeitwert neu zu bewerten (...)." (IAS 39.53) Die Differenz zwischen beizulegendem Zeitwert und Buchwert ist nach IAS 39.55 erfolgswirksam oder erfolgsneutral zu erfassen.

5.3.3 Immaterielle Anlagewerte

Wie bei Sachanlagen kann ein Unternehmen zur Folgebewertung von immateriellen Anlagewerten entweder

(a) die **fortgeführten Anschaffungs- oder Herstellungskosten** heranziehen oder

(b) eine erfolgsneutrale **Neubewertung auf Basis des beizulegenden Zeitwertes** vornehmen.

Die gewählte Methode ist einheitlich auf eine gesamte Gruppe von immateriellen Vermögenswerten anzuwenden. „Wird ein immaterieller Vermögenswert nach dem Neubewertungsmodell bilanziert, sind alle anderen Vermögenswerte seiner Gruppe ebenfalls nach demselben Modell zu bilanzieren, es sei denn, dass kein aktiver Markt für diese Vermögenswerte existiert." (IAS 38.72) Auf einem aktiven Markt werden (laut Definition) homogene Produkte gehandelt, können vertragswillige Käufer und Verkäufer in der Regel jederzeit gefunden werden und stehen Preise der Öffentlichkeit zur Verfügung (IAS 38.8).

„Beispiele für separate Gruppen können sein:
(a) Markennamen;
(b) Drucktitel und Verlagsrechte;
(c) Computersoftware;
(d) Lizenzen und Franchiseverträge;
(e) Urheberrechte, Patente und sonstige gewerbliche Schutzrechte, Nutzungs- und Betriebskonzessionen;
(f) Rezepte, Geheimverfahren, Modelle, Entwürfe und Prototypen; und
(g) immaterielle Vermögenswerte in Entwicklung." (IAS 38.119)

Mit der Forderung des Nachweises eines aktiven Marktes wird die **Anwendung der Neubewertungsmethode eingeschränkt**. IAS 38 stellt klar, dass die Neubewertungsmethode die Ausnahme von der Regel sein soll:

„Auch wenn ein (…) aktiver Markt für einen immateriellen Vermögenswert normalerweise nicht existiert, kann dies dennoch vorkommen. Zum Beispiel kann in manchen Ländern ein aktiver Markt für frei übertragbare Taxilizenzen, Fischereilizenzen oder Produktionsquoten bestehen. Allerdings gibt es keinen aktiven Markt für Markennamen, Drucktitel bei Zeitungen, Musik- und Filmverlagsrechte, Patente oder Warenzeichen, da jeder dieser Vermögenswerte einzigartig ist. Und obwohl immaterielle Vermögenswerte gekauft und verkauft werden, werden Verträge zwischen einzelnen Käufern und Verkäufern ausgehandelt, und Transaktionen finden relativ selten statt. Aus diesen Gründen gibt der für einen Vermögenswert gezahlte Preis möglicherweise keinen ausreichenden substanziellen Hinweis auf den beizulegenden Zeitwert eines anderen. Darüber hinaus stehen der Öffentlichkeit die Preise oft nicht zur Verfügung." (IAS 38.78)

Entscheidend für die Folgebewertung ist die Klärung der Frage, ob eine begrenzte Nutzungsdauer vorliegt:

„Ein Unternehmen hat festzustellen, ob die Nutzungsdauer eines immateriellen Vermögenswerts begrenzt oder unbegrenzt ist, und wenn begrenzt, dann die Laufzeit dieser Nutzungsdauer bzw. die Anzahl der Produktions- oder ähnlichen Einheiten, die diese Nutzungsdauer bestimmen. Ein immaterieller Vermögenswert ist von einem Unternehmen so anzusehen, als habe er eine unbegrenzte Nutzungsdauer, wenn es aufgrund einer Analyse aller relevanten Faktoren keine vorhersehbare Begrenzung der Periode gibt, in der der Vermögenswert voraussichtlich Netto-Cashflows für das Unternehmen erzeugen wird." (IAS 38.88)

Ein immaterieller Vermögenswert mit begrenzter Nutzungsdauer wird planmäßig abgeschrieben, ein Vermögenswert mit unbegrenzter Nutzungsdauer erfährt allenfalls eine außerplanmäßige Abschreibung (Wertminderung).

Gemäß IAS 38.91 hat der Begriff „unbegrenzt" nicht dieselbe Bedeutung wie „endlos", vielmehr braucht – wie IAS 38.88 verdeutlicht – die Begrenzung nur nicht vorhersehbar zu sein.

„Die Nutzungsdauer eines immateriellen Vermögenswerts, der aus vertraglichen oder gesetzlichen Rechten entsteht, darf den Zeitraum der vertraglichen oder anderen (sic!) gesetzlichen Rechte[212] nicht überschreiten, kann jedoch kürzer sein, je nachdem über welche Periode das Unternehmen diesen Vermögenswert voraussichtlich einsetzt. Wenn die vertraglichen oder anderen gesetzlichen Rechte für eine begrenzte Dauer mit der Möglichkeit der Verlängerung übertragen werden, darf die Nutzungsdauer des immateriellen Vermögenswerts die Verlängerungsperiode(n) nur mit einschließen, wenn es bewiesen ist, dass das Unternehmen die Verlängerung ohne erhebliche Kosten unterstützt." (IAS 38.94; im Original hervorgehoben)

Die Abschreibung beginnt, wenn der Vermögenswert sich in betriebsbereitem Zustand befindet (IAS 38.97). „Die Amortisationsmethode hat dem erwarteten Verbrauch des zukünftigen wirtschaftlichen Nutzens des Vermögenswerts durch das Unternehmen zu entsprechen. Kann dieser Verlauf nicht verlässlich bestimmt werden, ist die lineare Abschreibungsmethode anzuwenden." (IAS 38.97)

Der für die Abschreibung maßgebliche Restwert ist in der Regel mit Null anzusetzen (IAS 38.100); dies ist anders bei IAS 16.

Ein immaterieller Vermögenswert mit unbegrenzter Nutzungsdauer ist gemäß IAS 36 auf Wertminderung zu prüfen, „indem sein erzielbarer Betrag mit seinem Buchwert

(a) jährlich, und
(b) wann immer es einen Anhaltspunkt dafür gibt, dass der immaterielle Vermögenswert wertgemindert sein könnte, verglichen wird." (IAS 38.108)

5.3.4 Vorräte

Für Vorräte gilt der niedrigere Wert aus Anschaffungs- oder Herstellungskosten und Nettoveräußerungswert (IAS 2.9), insoweit ein **strenges Niederstwertprinzip**. Für Roh-, Hilfs- und Betriebsstoffe ist die Preisent-

---
[212] Der Umgang mit der Sprache ist sorglos: Eine vertragliche Regelung ist keine gesetzliche Regelung, was das „andere" impliziert.

wicklung unerheblich, solange die mit diesen Teilen herzustellenden Fertigerzeugnisse noch oberhalb der Herstellungskosten verkauft werden können (IAS 2.32).

Fallen die Umstände, die zu einer Abwertung der Vorräte geführt haben, weg, ist eine Wertaufholung geboten (IAS 2.33).

Es fällt auf, dass IAS 2 über Vorräte bei der Folgebewertung – ebenso wie IAS 39 – nicht auf IAS 36 zurückgreift.

5.3.5 Fertigungsaufträge

Fertigungsaufträge werden bei Vorliegen der in Kapitel 5.2.4 genannten Bedingungen zu Herstellungskosten plus Gewinnanteil bewertet. Das geschieht bei Zugangs- wie Folgebewertung. Andernfalls gelten die werthaltigen Herstellungskosten.

„Ist es wahrscheinlich, dass die gesamten Auftragskosten die gesamten Auftragserlöse übersteigen werden, sind die erwarteten Verluste sofort als Aufwand zu erfassen." (IAS 11.36)

Insofern werden erwartete **Gewinne und** erwartete **Verluste imparitätisch behandelt.**

5.3.6 Finanzielle Verbindlichkeiten

Die finanziellen Verbindlichkeiten sind einzuteilen in solche, die zum beizulegenden Zeitwert bewertet werden sollen (IAS 39.47), inklusive des Handelsbestands, und sonstige finanzielle Verbindlichkeiten. Die sonstigen finanziellen Verbindlichkeiten sind zu fortgeführten Anschaffungskosten unter Anwendung der Effektivzinsmethode zu bewerten (IAS 39.47). Sie wurde in Kapitel 5.3.2 kurz beschrieben.

Kurzfristige Verbindlichkeiten, z. B. aus Lieferungen und Leistungen, werden nicht abgezinst und insofern zum Erfüllungsbetrag ausgewiesen.

5.3.7 Rückstellungen

„Rückstellungen sind zu jedem Abschlussstichtag zu prüfen und anzupassen, damit sie die bestmögliche Schätzung widerspiegeln. Wenn es nicht mehr wahrscheinlich ist, dass mit der Erfüllung der Verpflichtung ein Abfluss von Ressourcen mit wirtschaftlichem Nutzen verbunden ist, ist die Rückstellung aufzulösen." (IAS 37.59)

Bei **leistungsorientierten Pensionsplänen** führten in der Vergangenheit nicht sämtliche Parameteränderungen sofort zur Anpassung des Rückstellungsbetrags, weil Ausnahmen von der notwendigen Anpassung am Bilanzstichtag an die gegebenen neuen Verhältnisse erlaubt waren. Es konnte ein **Korridor** genutzt werden, innerhalb dessen bestimmte Werte schwanken durften, ohne dass eine Anpassung notwendig wurde. Diese Regelung ist seit der Neufassung von IAS 19 abgeschafft.

„Bei Abzinsung spiegelt sich der Zeitablauf in der periodischen Erhöhung des Buchwertes einer Rückstellung wider. Diese Erhöhung wird als Fremdkapitalkosten erfasst." (IAS 37.60)

5.4 Fair-value-Problematik

An vielen Stellen verwenden die IFRS den beizulegenden Zeitwert oder fair value als Wertkategorie (vgl. auch Kapitel 5.1). Die Aussagekraft von fair values basiert auf einer Modellwelt mit den Annahmen

(a) homogener Güter,
(b) die auf vollständigen und liquiden Märkten mit vielen Nachfragern und Anbietern ohne individuelle Marktmacht und ohne Transaktionskosten gehandelt werden (vollkommene Konkurrenz) und
(c) deren Gleichgewichtspreise den Marktteilnehmern nahezu zeitlos bekannt werden[213].

Die Bepreisung lässt sich in diesem Sinne nachvollziehen, auch wenn die Wertvorstellungen der einzelnen Marktteilnehmer von dem erzielten Preis mit Ausnahme der Grenzparteien abweichen.

Um das Konzept theoretisch gut verwenden zu können, ist auch die Unsicherheit einzubeziehen, d. h. die Güter müssen zeit- und zustandsabhängig definiert und bepreist werden, was im Zeit-Zustands-Modell von Arrow-Debreu[214] gelingt, aber von der Realität weit entfernt ist. In der Welt von Arrow-Debreu gibt es auch keinen Grund, Unternehmen zu gründen. Diese werden gegenüber alleinigen Tauschaktionen am Markt erst dadurch sinnvoll, dass sie durch eine Güterkombination Mehrwerte (**Kombinationseffekte** oder **Synergien**) schaffen können. Bereits das zeigt, dass das theoretische Modell zur Begründung der Relevanz von fair values von der praktischen Realität weit entfernt ist. Diese Feststel-

---

[213] Vgl. auch Hitz (2005), S. 58 f.; anders Bieker (2006), S. 12, der das Konzept an beobachtbaren Marktpreisen „als Ergebnis des Zusammentreffens von Angebot und Nachfrage" und nicht an einem Gleichgewichtsmodell verankert sehen will. Offen bleibt, weshalb Marktpreise ohne Gleichgewichtsannahme relevant sein sollen.
[214] Vgl. Arrow/Debreu (1954).

lung macht die theoretische Grundlage aber nicht unbrauchbar; sie wird vielmehr zum Leitbild der Bestimmung des fair value. Dementsprechend meint Hitz, dass der fair value „einen hypothetischen Marktpreis unter idealisierten, nicht unter idealtypischen Bedingungen"[215] darstellt. Betrachten wir die IFRS zur Bestimmung des beizulegenden Zeitwertes genauer, bieten sich die Vorschriften zu Finanzinstrumenten an, weil bei diesen die Annahmen der homogenen Güter und der liquiden Märkte mit größerer Wahrscheinlichkeit als bei anderen Gütern, z. B. Immobilien, erfüllt sein werden. Auf die Finanzinstrumente bin ich bereits in Kapitel 5.2.2 eingegangen und habe dort festgehalten, dass

(a) nicht nur Marktpreise den beizulegenden Zeitwert bestimmen,
(b) bei fehlenden oder aussagelosen Marktpreisen Bewertungsmethoden verwendet werden müssen,
(c) bei der Anwendung der Bewertungsmethoden der Bewerter sich in die Rolle der Marktteilnehmer versetzen und sein spezifisches Wissen über das Unternehmen vergessen soll,
(d) vernünftige Schätzungen angesprochen werden, deren Vernunftkriterium (zwangsläufig) offen bleibt.

Aus all dem leitet die Literatur ab, dass den beizulegenden Zeitwerten möglicherweise Entscheidungsrelevanz zukommt, sie aber – von Ausnahmen abgesehen – kaum verlässlich bestimmt werden können[216].

Freilich ist **selbst die Entscheidungsrelevanz kritisch** zu sehen:

(a) Unternehmen halten unter finanziellen Gesichtspunkten Vermögenswerte nur, wenn der unternehmensspezifische Wert den Marktpreis übersteigt. Andernfalls würden sie durch Veräußerung das Vermögen der Eigentümer mehren. Warum interessiert dann der Marktpreis statt des unternehmensspezifischen Wertes[217]? Lässt man die Objektivierungsproblematik beiseite, ist der Marktpreis nur für nicht betriebsnotwendige Vermögenswerte[218] und Schulden relevant. Der Zusammenhang von Marktpreis und unternehmensspezifischem Wert ist lose.
(b) Warum interessieren Änderungen von Marktpreisen und daraus resultierende Schwankungen des Eigenkapitals, wenn man von der

---

[215] Hitz (2005), S. 93.
[216] Vgl. insb. Watts (2003), S. 219; Penman (2003), S. 88 f.; Streim/Bieker/Esser (2003), S. 472–475; Baetge/Zülch (2001), S. 558.
[217] Vgl. auch Bieker (2006), S. 22: „Wie im Einzelnen noch zu zeigen sein wird, sind die Adressaten der Rechnungslegung – aktuelle sowie potenzielle Eigen- und Fremdkapitalgeber – an Informationen interessiert, die etwas über die Breite, zeitliche Verteilung und Unsicherheit der zukünftig erwarteten Cash Flows aussagen; dies impliziert eine Ertragswertbilanz als theoretisches Ideal."
[218] Vgl. auch Bieker (2006), S. 209; Hitz (2005), S. 188 f.

5.4 Fair-value-Problematik

Fortführungsprämisse und dem Halten zahlreicher Vermögenswerte und Schulden ausgeht[219]?

(c) Warum steigt mit sinkender Bonität von Schulden und dementsprechend niedrigerem Barwert das Eigenkapital[220]?

(d) Eine Preissteigerung eines Vermögenswerts wegen erzielbarer Verbundeffekte ist Ausdruck besserer Konsummöglichkeiten der Eigentümer und insofern für diese interessant, wird aber wegen nötiger Einzelbewertung nur unter besonderen Bedingungen gemäß IFRS 13.31(a) gezeigt. Eine im DCF-Kalkül erzeugte Preissteigerung wegen Senkung des Diskontierungssatzes, d. h. der Verschlechterung von Handlungsalternativen, ist hingegen nur bei beabsichtigtem Sofortkonsum Ausdruck besserer Konsummöglichkeiten[221].

Hitz untersucht – soweit erkennbar, mit größtem theoretischen Bezug – die Entscheidungsrelevanz von fair values unter entscheidungstheoretischem und informationsökonomischem Aspekt. In entscheidungstheoretischer Perspektive sieht er den Vorzug von fair values „in der ‚Delegation' der Zahlungsstromschätzung an den Markt bzw. an das berichterstattende Unternehmen, die unter der Voraussetzung der Kapitalwertneutralität und der Risikobewertbarkeit geeignet ist, Ermittlungskosten zu senken. Vor allem aber vermag der Separationsansatz die Qualität der Prognose zu verbessern und damit unmittelbaren Entscheidungsnutzen im Sinne des entscheidungstheoretischen Ansatzes zu stiften, wenn die im fair value implizierte Zahlungsstromprognose und -bewertung eine präzisere bzw. unverzerrtere Approximation des ‚wahren' Zahlungsstromprofils leistet als die Schätzung des Anlegers. Dies ist freilich nicht unabhängig vom konkreten Entscheidungskontext und der Qualität der dem Investor vorliegenden Informationen zu entscheiden."[222]

---

[219] Vgl. auch Ballwieser (2002a), S. 299, und Bieker (2006), S. 193: „Kann das bilanzierende Unternehmen die in seinem Besitz stehenden Erfolgspotenziale rentabel in der Produktion von Sachgütern und/oder Dienstleistungen einsetzen, ist es völlig unerheblich, wenn der Durchschnitt der Marktteilnehmer nicht über entsprechende Möglichkeiten verfügt und es dementsprechend zu einem Absinken des Marktpreises für das betreffende Potenzial kommt." Die Objektivierungsproblematik ist bei dieser Aussage ausgespart.

[220] Nach Bieker (2006), S. 234, betrifft das nicht die konzeptionelle Schwäche des Fair-value-Ansatzes, es stellt nur eine punktuelle Schwäche dar. Im Anhang könne über den Effekt berichtet werden. Nach IFRS 9 soll dieser Effekt gesondert gezeigt werden. Das macht die Eigenkapitalwirkung nicht rückgängig.

[221] Vgl. Berndt/Hommel (2005), S. 418 f., mit Verweis auf Moxter (1982) und Schildbach (1999).

[222] Hitz (2005), S. 190; im Original z. T. hervorgehoben.

5. Bilanzbewertung

„Entscheidungsnützlichkeit im weiten informationsökonomischen Sinne vermag Rechnungslegung vermittels ihrer charakteristischen Aggregationsfunktion zu stiften, wenn sie angesichts positiver Informationsbeschaffungs- und -verarbeitungskosten öffentlich verfügbare Information zusammenfasst und in geeigneter Weise aufbereitet, so dass entsprechende Aktivitäten auf Investorenebene ersetzt werden und es zur Ersparnis von Transaktionskosten kommt. Handelt es sich hierbei auch um hinreichend objektivierte Informationen, wird der periodischen Rechnungslegung auch eine disziplinierende Wirkung im Hinblick auf die laufende Kapitalmarktkommunikation des Managements zugestanden."[223]

Bei diesen Einschätzungen fallen erstens die **notwendigen Vorbehalte** auf, die **zur Nutzenstiftung** führen, zweitens wird bei der entscheidungstheoretischen Perspektive der **Anreiz des Managements ausgeblendet, verzerrte Information zu geben**. Hitz kommt dennoch – nach einer ausführlichen Diskussion von diversen Marktgleichgewichtsmodellen bei rationalen Erwartungen und Modellen strategischer Informationsverwertung – zu einer vorsichtig positiven Einschätzung, soweit die Preise liquiden Märkten entstammen[224]. Freilich geht er nicht auf die Frage ein, weshalb Marktpreise relevant sein sollen, wenn die Güter gar nicht dem Markt überlassen werden sollen. Unter diesen Bedingungen wären **unternehmensspezifische Werte** aussagekräftiger. Das führt uns zurück zu der Abwägung von Relevanz und Zuverlässigkeit oder glaubwürdiger Darstellung der Bewertung:

Die Marktpreise vermögen – unter bestimmten Bedingungen – das dezentral vorhandene Wissen gut zu aggregieren und stellen zugleich nachprüfbare Werte dar; die unternehmensindividuellen Werte sind unter Umständen aussagekräftiger, aber zugleich weniger objektiviert.

„Während die auf organisierten, hinreichend liquiden Märkten zu Stande gekommenen Preise zumindest verzerrte Indikatoren der Konsensschätzung des Fundamentalwertes einer Position darstellen, lässt der modellgestützt ermittelte fair value genau diesen Vorzug vermissen. Der Investor kann seine eigenen Projektionen lediglich durch diejenigen eines anderen Bewerters ersetzen und muss hier zudem bewusste Verzerrungen befürchten. Diesen Defiziten gegenüber steht die potenzielle Inkorporierung des individuellen, dafür aber annahmegemäß sachverständigen (gegebenenfalls privaten) Wissens der verantwortlichen Unternehmensvertreter."[225]

---

[223] Hitz (2005), S. 193; im Original z. T. hervorgehoben.
[224] Vgl. Hitz (2005), S. 231–238 und S. 251 f.
[225] Hitz (2005), S. 242.

In jedem Falle sind Marktpreise dann aussagegefährdet, wenn sie aufgrund zahlreicher Annahmen durch Barwertkalküle (oder Optionspreismodelle) rekonstruiert werden.

Schließlich ist auf das **Problem** aufmerksam zu machen, dass nicht zu belegen ist, **wie man mittels einwertiger Größen wie Marktpreisen zu einer Prognose der Dimensionen künftiger Zahlungsströme, d. h. deren Höhe, zeitliche Struktur und Unsicherheit, gelangen kann.** Genau dies ist aber die vermeintliche Zwecksetzung der Rechnungslegung nach IFRS zur Entscheidungsunterstützung.

5.5 Kongruenzprinzip (clean surplus accounting) und Verstöße

Im- wie explizit schätzt man die Einhaltung des Kongruenzprinzips[226]. Nach diesem ist über die gesamte Lebensdauer des Unternehmens die **Summe der Periodenerfolge identisch mit dem Totalgewinn des Eigentümers.**

In der englischsprachigen Literatur ist in diesem Zusammenhang von der clean surplus relation oder dem clean surplus accounting die Rede[227]. Nach dieser Bedingung ergibt sich in jeder Periode t der Buchwert des Reinvermögens in t aus dem Buchwert des Reinvermögens in t-1 zuzüglich des Periodenerfolgs in t und abzüglich der Ausschüttungen an die Eigentümer in t. Das clean surplus accounting ist eine hinreichende, aber keine notwendige Bedingung der Einhaltung des Kongruenzprinzips[228]. Ein Verstoß gegen das clean surplus accounting in einer bestimmten Periode kann in einer späteren Periode oder in mehreren späteren Perioden durch einen weiteren Verstoß kompensiert werden und verletzt deshalb nicht automatisch das Kongruenzprinzip[229].

Von der Gültigkeit des clean surplus accounting wird ausgegangen, wenn man zeigen will, dass aus der Diskontierung erwarteter Dividenden derselbe Unternehmenswert resultiert wie aus der Addition von Buchwert des Eigenkapitals und Barwert der Residual- oder Übergewinne (vgl. auch Kapitel 10.7.2). Man kennt diese Beziehung in der

---

[226] Schmalenbach (1926), S. 99, diskutiert die „Kongruenz zwischen Einnahme- und Ausgaberechnung mit der Erfolgsrechnung". Nach Schmalenbach (1939), S. 96, drückt sich der Kongruenzgedanke aus durch Summe der Periodengewinne = Totalgewinn. Er verweist hierbei auf van Aubel. Zur Bedeutung vgl. auch insb. Ordelheide (1998).
[227] Vgl. Ohlson (1995), S. 666; Feltham/Ohlson (1995), S. 694.
[228] Vgl. auch Gaber (2005), S. 286.
[229] Vgl. Gaber (2005), S. 286 f.

5. Bilanzbewertung

deutschen Literatur als **Lücke-Theorem**[230]. In der englischsprachigen Literatur verbindet man sie mit dem Namen Preinreich[231]. Die Beziehung wird für die Unternehmenssteuerung im Sinne wertorientierter Unternehmensführung („value based management" oder Wertsteigerungsmanagement) bemüht[232] und liegt weiterhin den in der Literatur u. a. im Zusammenhang mit Wertrelevanzstudien (vgl. auch Kapitel 10.4) stark diskutierten Modellen von Ohlson und Feltham/Ohlson[233] zu Grunde.

Das Lücke-Theorem geht über das Kongruenzprinzip insoweit hinaus, als das Kongruenzprinzip nur eine **Summenidentität** (der Periodengewinne mit dem Totalgewinn) verlangt, während es beim Lücke-Theorem auf die **Barwertidentität** (der diskontierten, als ausgeschüttet anzusehenden Periodengewinne mit dem Unternehmenswert für die Eigentümer) ankommt.

Verstöße gegen das Kongruenzprinzip entstehen, wenn

(a) Eigenkapitaländerungen, die nicht auf Einlagen oder Entnahmen der Eigentümer zurückgehen, in einer Periode erfolgsneutral verbucht und nicht wieder in einer späteren Periode rückgängig gemacht werden (d. h. das sog. Recycling unterbleibt) oder wenn

(b) erfolgswirksame Buchungen keine Eigenkapitaländerung zur Konsequenz haben und dies nicht korrigiert wird[234].

Die Literatur unterscheidet deshalb zur genaueren Analyse temporäre Verstöße gegen das Kongruenzprinzip, welche durch Recycling wieder aufgehoben werden, gegenüber permanenten Verstößen, bei denen eine Kompensation früherer Verstöße unterbleibt. Hierbei ist zu beachten, dass das Recycling noch nicht ausreicht, um Barwertidentität zu erzielen, weil hierzu auch Zinseffekte zu berücksichtigen sind[235].

Zahlreiche Bewertungsregeln der IFRS führen zu vorübergehenden (temporären) und endgültigen (permanenten) Verstößen gegen das Kongruenzprinzip[236].

Ein **Beispiel für einen permanenten Verstoß** ist die Erfassung des Wertes von bestimmten Aktienoptionen für das Management als auszahlungsloser Aufwand in der Gewinn- und Verlustrechnung bei gleichzeitiger Gegenbuchung auf dem Eigenkapitalkonto. Der Buchungssatz „(Optionseinräumungs-)Aufwand an Eigenkapital" (IFRS 2.7 f.; vgl. auch Kapitel 5.2.5) führt zu einem Saldo im Eigenkapital von Null und erfüllt den

---

[230] Vgl. Lücke (1955).
[231] Vgl. Preinreich (1938).
[232] Vgl. z. B. Hebertinger (2002), S. 36 f.
[233] Vgl. Ohlson (1995); Feltham/Ohlson (1995).
[234] Vgl. auch Preißler (2005), S. 205.
[235] Vgl. auch Preißler (2005), S. 205.
[236] Vgl. Gaber (2005), S. 287–289; Preißler (2005), S. 204–211.

obigen Punkt (b)[237]. Weitere Beispiele ergeben sich aus der Fremdwährungsumrechnung, die erst in Kapitel 9.9 im Zusammenhang mit dem Konzernabschluss behandelt wird, und der hier unbehandelt bleibenden Berücksichtigung von Fehlern gemäß IAS 8.

Ein **Beispiel für einen temporären Verstoß** ist die erfolgsneutrale Erfassung von Auf- und Abwertungen aufgrund von Änderungen des beizulegenden Zeitwertes bei der Neubewertung von Sachanlagen (vgl. Kapitel 5.3.1) und bestimmten Finanzinstrumenten (vgl. Kapitel 5.3.2). Weitere Beispiele ergeben sich bei der erfolgsneutralen Erfassung des effektiven Teils von bestimmten Sicherungsgeschäften (IAS 39.86, .95(a) und .97-100). Auf diese bin ich nicht eingegangen[238].

Die Liste der Verstöße ist nicht vollständig[239]. Wie sehr die Verstöße die Verwendung von IFRS-Zahlen im Wertsteigerungsmanagement stören, wird hier nicht weiter behandelt.

5.6 Zusammenfassung in Thesen

(1) Für die Bilanz werden im Rahmenkonzept und in den IFRS sechzehn Wertkategorien für die Zugangs- oder Folgebewertung von Vermögenswerten oder Schulden genannt, die aber teilweise deckungsgleich sind (unternehmensspezifischer Wert und Nutzungswert), nicht mit dem genannten Ausdruck verwendet werden (Tageswert) oder einen Oberbegriffe für mehrere Werte darstellen (Barwert und erzielbarer Betrag).

(2) Die Zugangsbewertung von Vermögenswerten erfolgt grundsätzlich erfolgsneutral, d.h. ohne Gewinnwirkung. Einige Schulden werden hingegen erfolgswirksam, andere erfolgsneutral beim Zugang erfasst.

(3) Von besonderer Bedeutung ist der beizulegende Zeitwert, der sowohl für die Zugangsbewertung (IAS 41.12) als auch für die Folgebewertung verwendet wird. Er ist definitionsgemäß und damit im Idealfall ein bei Veräußerung eines Vermögenswerts erzielbarer oder bei Ablösung einer Schuld zu zahlender Marktpreis. Tatsächlich muss er in praxi überwiegend modellhaft mithilfe eines Barwertkalküls konstruiert werden, was die Relevanz und die glaubwürdige

---

[237] Vgl. auch Schildbach (2003b), S. 897: „Die Buchung erschließt damit neue Welten der Rechnungslegung. Ohne per Saldo das Eigenkapital zu verändern, eröffnet sie die Möglichkeit, den Aufwand zu erhöhen."
[238] Vgl. hierzu insb. Kuhn/Scharpf (2006); Brötzmann (2004).
[239] Zu weiteren Beispielen vgl. Dobler (2008a), S. 264.

5. Bilanzbewertung

Darstellung als qualitative Eigenschaften der Rechnungslegung zu beschädigen droht.

(4) Für die Folgebewertung besteht bei Sachanlagen und immateriellen Vermögenswerten ein Bewertungswahlrecht zwischen fortgeführten Anschaffungs- oder Herstellungskosten und Neubewertung auf Basis des beizulegenden Zeitwerts. Für immaterielle Werte wird die Nutzung des Wahlrechts an meist nicht erfüllte Bedingungen geknüpft; beim Sachanlagevermögen ist dies anders. In Deutschland spielt die Neubewertung in praxi bisher keine Rolle.

(5) Die Folgebewertung zum beizulegenden Zeitwert führt bei bestimmten Finanzinstrumenten und bei Nutzung des Neubewertungswahlrechts für Sachanlagen und immaterielle Vermögenswerte vor ihrer endgültigen Ausbuchung zu erfolgsneutralen Vorgängen, d.h. zu Wertänderungen, die an der GuV vorbei direkt im Eigenkapital erfasst werden. Sie gehen zugleich in das sonstige Ergebnis der Gesamtergebnisrechnung ein (vgl. das folgende Kapitel 6).

(6) Rückstellungen sind zu jedem Bilanzstichtag zu prüfen und anzupassen, damit sie die bestmögliche Schätzung des Erfüllungsbetrags widerspiegeln.

(7) Die Verwendung des beizulegenden Zeitwerts als (fiktiver) Marktpreis bei Veräußerung eines Vermögenswerts oder Ablösung einer Schuld wird unter dem Gesichtspunkt der Entscheidungsnützlichkeit der Rechnungslegung fragwürdig, wenn der Markt gar nicht aufgesucht werden soll. Das ist bei der Masse der Vermögenswerte und Schulden, die langfristiger unternehmensinterner Nutzung dienen, der Fall.

(8) Die vielfach nötige Bestimmung des beizulegenden Zeitwerts mithilfe von Barwertkalkülen schafft dem Management Gestaltungsmöglichkeiten, die für bilanzpolitische Maßnahmen genutzt werden können.

(9) Allgemein wird bei der Gewinnermittlung die Einhaltung des Kongruenzprinzips, wonach die Summe der Periodengewinne dem Totalgewinn entspricht, als sinnvoll erachtet. Etliche IFRS sorgen jedoch für Verstöße gegen dieses Prinzip.

6. Gesamtergebnisrechnung

6.1 Struktur

IAS 1.10 verlangt eine Gesamtergebnisrechnung, die auf zwei Arten dargestellt werden kann:

„Ein Unternehmen kann eine integrierte Gesamtergebnisrechnung vorlegen, wobei der Gewinn oder Verlust und das sonstige Ergebnis in zwei Teilen ausgewiesen werden. Die Teile sind zusammen darzustellen, wobei der Teil ‚Gewinn oder Verlust' zuerst und unmittelbar anschließend der Teil ‚sonstiges Ergebnis' dargestellt wird. Ein Unternehmen kann den Teil ‚Gewinn oder Verlust' in einer gesonderten Gewinn- und Verlustrechnung darstellen. In diesem Fall [zweiteilige Gesamtergebnisrechnung] muss die gesonderte Gewinn und Verlustrechnung unmittelbar vor dem Teil ‚sonstiges Ergebnis', der mit dem Gewinn oder Verlust beginnt, dargestellt werden." (IAS 1.10A)

Nach IAS 1.99 und .105 soll das Management eines Unternehmens diejenige Struktur einer Gewinn- und Verlustrechnung (GuV) wählen, die verlässliche und relevantere Informationen liefert[240]. Zur Wahl stehen das Umsatz- und das Gesamtkostenverfahren (IAS 1.105).

Als Beispiel für eine Gliederung bei der Anwendung des **Gesamtkostenverfahrens** ist angegeben:

Umsatzerlöse		X
Sonstige Erträge		X
Veränderung des Bestands an Fertigerzeugnissen und unfertigen Erzeugnissen	X	
Aufwendungen für Roh-, Hilfs- und Betriebsstoffe	X	
Aufwendungen für Leistungen an Arbeitnehmer	X	
Aufwand für planmäßige Abschreibungen	X	
Andere Aufwendungen	X	
Gesamtaufwand		(X)
Gewinn vor Steuern		X

Abb. 9: GuV nach Gesamtkostenverfahren gemäß IAS 1.102

---

[240] IAS 1.99 und .105 steigern beide den Ausdruck relevant, was dubios erscheint.

6. Gesamtergebnisrechnung

Das **Umsatzkostenverfahren** wird beispielhaft dargestellt mit:

Umsatzerlöse	X
Umsatzkosten	(X)
Bruttogewinn	X
Sonstige Erträge	X
Vertriebskosten	(X)
Verwaltungsaufwendungen	(X)
Andere Aufwendungen	(X)
Gewinn vor Steuern	X

Abb. 10: GuV nach Umsatzkostenverfahren gemäß IAS 1.92

Bei Verwendung des Umsatzkostenverfahrens sind zusätzliche Informationen über die Art der Aufwendungen, einschließlich des Aufwands für planmäßige Abschreibungen sowie Leistungen an Arbeitnehmer, anzugeben (IAS 1.104).

Zusätzlich zu den Posten, die andere IFRS vorschreiben, sind gemäß IAS 1.82 anzugeben:

(a) Umsatzerlöse,
(b) Gewinne und Verluste aus der Ausbuchung finanzieller Vermögenswerte, die zu fortgeführten Anschaffungskosten bewertet werden,
(c) Finanzierungsaufwendungen,
(d) Gewinn- und Verlustanteile an assoziierten Unternehmen und Gemeinschaftsunternehmen, die nach der Equity-Methode bilanziert werden,
(e) wenn ein finanzieller Vermögenswert in die Kategorie „zum beizulegenden Zeitwert bewertet" reklassifiziert wird, Gewinne oder Verluste, die sich aus einer Differenz zwischen dem früheren Buchwert und seinem beizulegenden Zeitwert zum Zeitpunkt der Reklassifizierung (wie in IFRS 9 definiert) ergeben,
(f) Steueraufwendungen,
(g) ein gesonderter Betrag für die Summe aufgegebener Geschäftsbereiche (siehe IFRS 5).

Zusätzliche Posten, Überschriften und Zwischensummen sind geboten, wenn sie für das Verständnis der Erfolgslage des Unternehmens relevant sind (IAS 1.85).

Außerordentliche Posten dürfen nicht ausgewiesen werden (IAS 1.87); wesentliche Ertrags- oder Aufwandsposten sind nach Art und Betrag gesondert in der Gesamtergebnisrechnung oder im Anhang anzugeben (IAS 1.97).

Es gelten grundsätzlich das Saldierungsverbot (IAS 1.32) und das Stetigkeitsgebot (IAS 1.45).

Nicht alle Aufwendungen und Erträge einer Periode gehen hingegen über die GuV desselben Jahres. Einige Posten werden in einer späteren GuV – gegebenenfalls in veränderter Höhe – erfasst, andere gehen immer an der GuV vorbei.

Nicht in die GuV gehen beispielsweise (IAS 1.89):
(a) die Berichtigung von Fehlern gemäß IAS 8,
(b) die Auswirkungen von Änderungen der Rechnungslegungsmethoden gemäß IAS 8,
(c) Zuführungen zur Neubewertungsrücklage gemäß IAS 16,
(d) besondere Gewinne und Verluste aus der Umrechnung von Abschlüssen gemäß IAS 21,
(e) Gewinne und Verluste aus der Neubewertung von zur Veräußerung verfügbaren finanziellen Vermögenswerten gemäß IAS 39.

Die letztgenannte Position führt aber zu einer Wirkung in der GuV, wenn die finanziellen Vermögenswerte veräußert werden.

Zu den hiermit verbundenen Verstößen gegen das Kongruenzprinzip vgl. Kapitel 5.5.

6.2 Posten

Abgesehen von Salden sind die Posten der Gewinn- und Verlustrechnung Erträge und Aufwendungen. Sie sind zu erfassen, wenn es bei einem Ertrag (Aufwand) wahrscheinlich ist, dass ein Nutzen zufließen (abfließen) wird, und der Posten zuverlässig bewertbar ist (Rahmenkonzept Abs. 4.38).

```
                    Erträge
                   /        \
      im Sinne von            im Sinne von gains
      revenues                = aus gewöhnlicher
      = aus gewöhnlicher      oder nicht aus
      Geschäftstätigkeit      gewöhnlicher
                              Geschäftstätigkeit
```

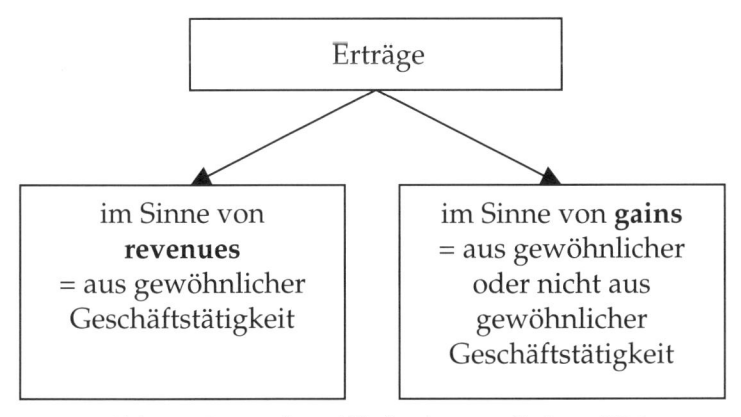

Abb. 11: Ertragsbegriffe in den englischen IFRS

6. Gesamtergebnisrechnung

Für den deutschen Begriff Ertrag verwenden die englischsprachigen IFRS zwei verschiedene Begriffe: revenues und gains. Während die erstgenannten aus der gewöhnlichen Geschäftstätigkeit des Unternehmens resultieren (Rahmenkonzept Abs. 4.29), können die zweitgenannten aus der gewöhnlichen Geschäftstätigkeit stammen, ohne es zu müssen (Rahmenkonzept Abs. 4.30). Das macht die inhaltliche Unterscheidung schwierig[241]. Wenn ich mich im Folgenden auf IAS 18 Umsatzerlöse stütze, erfasst dieser laut Überschrift nur revenues; für gains sind weitere Regelungen zu beachten. Als Beispiele für gains werden Erträge aus der Veräußerung von langfristigen Vermögenswerten und aus der Neubewertung von Vermögenswerten genannt (Rahmenkonzept Abs. 4.31).

Nach IAS 18.7 ist **Umsatzerlös** „der aus der gewöhnlichen Tätigkeit eines Unternehmens resultierende Bruttozufluss wirtschaftlichen Nutzens während einer Berichtsperiode, der zu einer Erhöhung des Eigenkapitals führt, soweit er nicht aus Einlagen der Eigentümer stammt."

„Umsatzerlöse sind zum beizulegenden Zeitwert des erhaltenen oder zu beanspruchenden Entgelts zu bemessen." (IAS 18.9) Realisation im Sinne von Lieferung oder sonstiger Leistung ist nicht immer eine notwendige Voraussetzung (man denke an die sogleich zu behandelnden Dienstleistungsgeschäfte und die in Kapitel 5.2.4 erwähnten Fertigungsaufträge)[242].

Die Erfassung von Umsatzerlösen wird im Hinblick auf drei verschiedene Geschäfte in IAS 18 geregelt (s. Abb. 12).

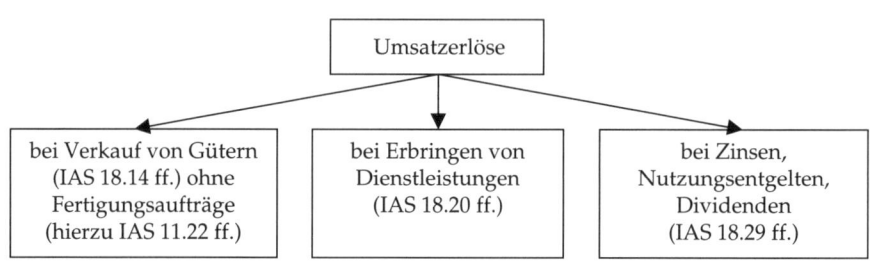

```
                    ┌──────────────┐
                    │ Umsatzerlöse │
                    └──────┬───────┘
        ┌──────────────────┼──────────────────┐
        ▼                  ▼                  ▼
┌───────────────┐  ┌───────────────┐  ┌───────────────┐
│ bei Verkauf   │  │ bei Erbringen │  │ bei Zinsen,   │
│ von Gütern    │  │ von           │  │ Nutzungsent-  │
│ (IAS 18.14 ff.)│  │ Dienstleist- │  │ gelten,       │
│ ohne Ferti-   │  │ ungen         │  │ Dividenden    │
│ gungsaufträge │  │ (IAS 18.20 ff.)│  │ (IAS 18.29 ff.)│
│ (hierzu IAS   │  │               │  │               │
│ 11.22 ff.)    │  │               │  │               │
└───────────────┘  └───────────────┘  └───────────────┘
```

Abb. 12: Geschäftstypen zur Ertragserzielung gemäß IAS 18

Bei dem **Verkauf von Gütern** verlangt IAS 18.14 die kumulative Erfüllung der folgenden Kriterien:

(a) Übertragung der maßgeblichen Risiken und Chancen, die mit dem Eigentum der verkauften Güter verbunden sind, auf den Käufer,
(b) kein weiterbestehendes Verfügungsrecht oder keine wirksame Verfügungsmacht über die verkauften Güter,

---

[241] Vgl. auch Plock (2004), S. 4, Fn. 16: „kein eindeutiges Abgrenzungskriterium".
[242] Vgl. zu diesem Themenkomplex auch insb. Bender (2005); Grau (2002); Pilhofer (2002).

6.2 Posten

(c) verlässliche Bestimmbarkeit der Höhe der Umsatzerlöse,
(d) Wahrscheinlichkeit des Nutzenzuflusses aus dem Geschäft zum verkaufenden Unternehmen,
(e) verlässliche Bestimmbarkeit der Verkaufskosten.

Die Literatur kritisiert zu Recht, dass – von einigen Beispielen in IAS 18 abgesehen – nicht deutlich wird, wann die maßgeblichen Risiken und Chancen auf den Käufer gemäß dem ersten Teilkriterium übergehen, und dass das zweite Teilkriterium im ersten enthalten sein müsste[243].

Die Beispiele in IAS 18 machen deutlich, dass geschäftsübliche Garantie- und Gewährleistungsverpflichtungen des Verkäufers oder Lieferung unter Eigentumsvorbehalt die Ertragserfassung nicht verhindern (IAS 18.16(a) und IAS 18.17). Sie lassen jedoch offen, ob beispielsweise der Preisgefahrenübergang relevant wird. Besondere Erläuterungen werden aber z. B. zu Kommissionsgeschäften, Rückkaufsvereinbarungen, Rückgaberechten und Rücktrittsrechten des Käufers gegeben (IAS 18.IE1-9).

Für **Dienstleistungsgeschäfte** gilt:

„Wenn das Ergebnis eines Dienstleistungsgeschäfts verlässlich geschätzt werden kann, sind Umsatzerlöse aus Dienstleistungsgeschäften nach Maßgabe des Fertigstellungsgrads des Geschäfts am Abschlussstichtag zu erfassen. Das Ergebnis derartiger Geschäfte kann dann verlässlich geschätzt werden, wenn die folgenden Bedingungen insgesamt erfüllt sind:

(a) die Höhe der Umsatzerlöse kann verlässlich bestimmt werden;
(b) es ist wahrscheinlich, dass der wirtschaftliche Nutzen aus dem Geschäft dem Unternehmen zufließt;
(c) der Fertigstellungsgrad des Geschäftes am Abschlussstichtag kann verlässlich bestimmt werden; und
(d) die für das Geschäft angefallenen Kosten und die bis zu seiner vollständigen Abwicklung zu erwartenden Kosten können verlässlich bestimmt werden." (IAS 18.20)

Hier ist gegenüber dem Verkauf von Gütern das Kriterium (c) neu hinzugekommen, die Kriterien (a) und (b) beim Verkauf von Gütern sind entfallen.

Bei **Zinsen, Nutzungsentgelten und Dividenden** finden sich neben der Wahrscheinlichkeit des Nutzenzuflusses und der verlässlichen Bestimmbarkeit der Höhe der Erträge die Anforderungen, wonach

(a) Zinsen unter Anwendung der Effektivzinsmethode gemäß IAS 39.9 und .A5–A8,

---

[243] Vgl. Plock (2004), S. 78–83; Bender (2005), S. 58.

(b) Nutzungsentgelte periodengerecht in Übereinstimmung mit dem zugrundeliegenden Vertrag[244] und
(c) Dividenden mit Entstehung des Rechtsanspruchs auf Zahlung

zu erfassen sind (IAS 18.30).

Die im zweiten Kriterium enthaltene Periodengerechtigkeit stellt eine Leerformel dar. Aus Praktikabilitätsgründen ist eine lineare Ertragserfassung über die gesamte Laufzeit der Vereinbarung zulässig (IAS 18.IE20).

„Umsatzerlös und Aufwand aus demselben Geschäftsvorfall oder Ereignis werden zum selben Zeitpunkt erfasst; dieser Vorgang wird allgemein als Zuordnung von Aufwendungen zu Umsatzerlösen bezeichnet." (IAS 18.19) Mit dem letzten Halbsatz wird das **matching principle** angesprochen.

Die noch **geltende Regelung wird seit 2002**, im Rahmen des Konvergenzprojekts zusammen mit dem FASB, **zu ändern gesucht**. Hintergrund dafür war die Absicht, die in IAS 11 Fertigungsaufträge und IAS 18 Umsatzerlöse enthaltenen Kriterien zu vereinheitlichen und die beiden Regelungen in einem Standard zusammenzuführen. Während bei Fertigungsaufträgen die Umsatzrealisierung unter bestimmten Bedingungen nach Fertigungsfortschritt erfolgt, wird beim Verkauf von Gütern auf die Übertragung der maßgeblichen Risiken und Chancen abgestellt, was eine Umsatzrealisierung vor Lieferung ausschließt. Zugleich sollten Regelungslücken oder Regelungsunsicherheiten beseitigt werden, wie sie insbesondere bei Mehrkomponentenverträgen zu beobachten waren. Solche Verträge sind z. B. für Software- und Telekommunikationsunternehmen oder Buchverlage typisch. Heutiges Resultat der Bemühungen ist ein geänderter Standardentwurf vom November 2011 (ED/2011/6) nach einem Vorgänger vom Juni 2010 (ED/2010/6). Mit Datum vom 28. November 2012 wurde allerdings ein Staff Paper vorgestellt, das wiederum Änderungen zu ED/2011/6 enthält[245].

ED/2011/6 stellt auf die Umsatzrealisierung aus Kundenverträgen in Form einer Nettobetrachtung der vertraglichen Ansprüche und Leistungsverpflichtungen des bilanzierenden Unternehmens ab. „Mit Erfüllung einer abgrenzbaren Leistungsverpflichtung baut der Bilanzierende einen Teil seiner vertraglichen Verpflichtungen ab. In der Nettobetrachtung übersteigt damit der Anspruch auf Gegenleistungserhalt die eigene Leistungspflicht, sodass es zum Ansatz eines vertraglichen Vermö-

---

[244] Erträge aus Vermietung und Verpachtung werden in IAS 18 nicht explizit genannt. Sie fallen aber nach Rahmenkonzept Abs. 4.29 unter revenues. Sie werden zu den Nutzungsentgelten im obigen Sinne gezählt. Vgl. Plock (2004), S. 75.
[245] Vgl. http://www.ifrs.org/Current-Projects/IASB-Projects/Revenue-Recognition/Documents/2012-Redeliberations-Summary.pdf (Stand: 19. Dezember 2012).

genswerts (*contract asset*) sowie zur Erfassung der korrespondierenden Umsatzerlöse kommt. Umgekehrt führen Vorausleistungen des Kunden in der Nettobetrachtung zum Abbau der vertraglichen Ansprüche des bilanzierenden Unternehmens und folglich zur erfolgsneutralen Passivierung einer Nettoschuld (*contract liability*)."[246]

Konzeptionell erfolgt in ED/2011/6 ein **Weggang vom Kriterium der Übertragung der maßgeblichen Risiken und Chancen zum Kriterium des Übergangs der Verfügungsmacht**. Bei der Erfüllung einer eigenständigen Leistungsverpflichtung und dem damit verbundenen Übergang der Verfügungsmacht wird zwischen **zeitpunktbezogenem und zeitraumbezogenem Übergang** unterschieden. Beim Verkauf von Gütern dürfte sich wohl gegenüber der geltenden Regelung kaum eine Änderung ergeben, zumal die Übertragung der maßgeblichen Risiken und Chancen als ein Indikator für einen zeitpunktbezogenen Übergang der Verfügungsmacht angesehen wird (ED/2011/6.37(d)). Allerdings werden, neben dem Übergang der maßgeblichen Chancen und Risiken, weitere Indikatoren eines zeitpunktbezogenen Übergangs der Verfügungsmacht ins Spiel gebracht. Der zeitraumbezogene Übergang der Verfügungsmacht wird so definiert, dass der IASB auch Fertigungsverträge glaubt subsumieren zu können. Der dafür zu zahlende Preis besteht laut Schrifttum in einer, in erster Linie in ED/2011/6.35(b)(ii) zu findenden, Aufweichung des Kriteriums des Übergangs der Verfügungsmacht[247]. Die größten Änderungen dürften sich für die Telekommunikationsindustrie ergeben, weil sie eine aus den US-GAAP stammende Regelung nicht mehr fortführen könnte, was bei Verträgen, bei denen der Kunde ein subventioniertes Mobiltelefon zusammen mit einem Vertrag über eine Nutzungsrate während der Vertragslaufzeit erhält, zu einer früheren Erfassung der Umsatzerlöse führt[248]. Diese Branche sträubt sich auch besonders intensiv gegen den Standardentwurf[249].

Im **Staff Paper vom November 2012** kündigt der Stab des IASB u.a. an, das oben zitierte Kriterium in ED/2011/6.35(b)(ii) mit dem Kriterium in ED/2011/6.35(b)(i) zusammenzuführen, um auf diese Weise bestehende Redundanzen zwischen diesen beiden Kriterien zu eliminieren (vgl. auch Staff Paper 16-20 July 2012, Performance obligations satisfied over time, S. 25[250]). Mit dem Staff Paper vom November 2012 wird klargestellt,

---

[246] Küting/Lam (2012), S. 2351 (Hervorhebungen im Original).
[247] Vgl. insb. Wüstemann/Wüstemann (2011), S. 3118; Grote/Herold/Pilhofer (2012), S. 108; Fink/Ketterle/Scheffel (2012), S. 2002 f.; vgl. ferner Wollmert (2012), S. 95 f.
[248] Vgl. auch Küting/Lam (2012), S. 2353.
[249] Vgl. Knorr, Liesel (2012), „Es fehlt ein gesunder Interessenausgleich", in: Börsen-Zeitung Nr. 229 v. 27. November 2012, S. 11.
[250] Vgl. http://www.ifrs.org/Meetings/Pages/IASB-July-2012.aspx (Stand: 19. Dezember 2012).

dass sich der Anwendungsbereich der zuvor genannten Kriterien auf reine Dienstleistungsverträge erstreckt (S. 7 und Staff Paper 16-20 July 2012, Performance obligations satisfied over time, S. 14 und S. 60). Entgegen der bisherigen Auffassung im Schrifttum fallen Fertigungsaufträge somit nicht in den Anwendungsbereich des ED/2011/6.35(b)(ii), sondern in den Anwendungsbereich neu definierter Kriterien in ED/2011/6.35(a), (b)(iii) (Staff Paper 16-20 July 2012, Performance obligations satisfied over time, S. 13-24).

6.3 Zusammenfassung in Thesen

(1) Die Gesamtergebnisrechnung geht über eine herkömmliche GuV hinaus, weil sie in dem Posten „sonstiges Ergebnis" jene Posten enthält, die an der GuV vorbei direkt im Eigenkapital gebucht werden. Sie kann integriert oder zweiteilig aufgestellt werden.
(2) Für die Gesamtergebnisrechnung gibt es nur eine Mindestgliederung. Die GuV kann nach Gesamt- und Umsatzkostenverfahren aufgestellt werden. Es gelten grundsätzlich das Saldierungsverbot und das Gebot der Darstellungsstetigkeit.
(3) In der GuV finden sich als Erträge revenues und gains. Erstere stammen aus gewöhnlicher Geschäftätigkeit, für letztere ist dies nicht zwingend.
(4) IAS 18 regelt die Erfassung von Umsatzerlösen bei Verkauf von Gütern (ohne Fertigungsaufträge), bei Erbringen von Dienstleistungen und bei Zinsen, Nutzungsentgelten und Dividenden. Für die Umsatzrealisierung bei Verkauf von Gütern ist die Übertragung der maßgeblichen Risiken und Chancen ein wesentliches Kriterium. Das ist anders als bei Fertigungsaufträgen, für die IAS 11 gilt.
(5) IAS 18 und IAS 11 sollen in einem neuen Standard aufgehen. Dieser liegt bisher nur in einem überarbeiteten Entwurf vor, der wiederum nachgebessert werden soll.
(6) Konzeptionell erfolgt in diesem Entwurf ein Weggang vom Kriterium der Übertragung der maßgeblichen Risiken und Chancen zum Kriterium des Übergangs der Verfügungsmacht. Bei der Erfüllung einer eigenständigen Leistungsverpflichtung und dem damit verbundenen Übergang der Verfügungsmacht wird zwischen zeitpunktbezogenem und zeitraumbezogenem Übergang unterschieden. Beim Verkauf von Gütern dürfte sich gegenüber der geltenden Regelung kaum eine Änderung ergeben. Der zeitraumbezogene Übergang der Verfügungsmacht wird so definiert, dass der IASB auch Fertigungsverträge glaubt subsumieren zu können. Der dafür zu zahlende Preis besteht in einer Aufweichung des Kriteriums des Übergangs der Verfügungsmacht.

7. Weitere Instrumente

7.1 Überblick

Neben Bilanz und GuV prägen weitere Instrumente den Abschluss nach IFRS. Diese sind
(a) der Anhang,
(b) die Eigenkapitalveränderungsrechnung,
(c) die Kapitalflussrechnung,
(d) der Zwischenbericht und
(e) der Segmentbericht.

Während die ersten drei Instrumente neben Bilanz und Gesamtergebnisrechnung zu einem vollständigen Abschluss nach IFRS gehören (IAS 1.10), sind Zwischenbericht und Segmentbericht nur unter bestimmten Bedingungen, die in den folgenden Abschnitten erläutert werden, vorzulegen.

7.2 Anhang

Der **Anhang** „enthält zusätzliche Angaben zur Bilanz, zur Gesamtergebnisrechnung, zur gesonderten Gewinn- und Verlustrechnung (falls erstellt), zur Eigenkapitalveränderungsrechnung und zur Kapitalflussrechnung. Anhangangaben enthalten verbale Beschreibungen oder Aufgliederungen der im Abschluss enthaltenen Posten sowie Informationen über nicht ansatzpflichtige Posten." (IAS 1.7)

Der Anhang hat eine Erläuterungs-, Ergänzungs-, Entlastungs- und Korrekturfunktion. Posten der Rechenwerke (wie Bilanz und Gesamtergebnisrechnung) werden in ihrem Zustandekommen erläutert. Die Rechenwerke werden zugleich um dort nicht passende Informationen, z. B. zur Struktur von Arbeitnehmern oder zu Risiken, ergänzt. Entlastet werden die Rechenwerke, wenn Informationen in diesen oder im Anhang gegeben werden dürfen. Die Korrekturfunktion bezieht sich auf die Vermittlung des den tatsächlichen Verhältnissen entsprechenden Bildes, auf das Kapitel 8 eingeht.

7.3 Eigenkapitalveränderungsrechnung

Die Eigenkapitalveränderungsrechnung erhält ihre Bedeutung aus der Tatsache, dass nicht alle Komponenten des Gesamtergebnisses einer Periode als Ertrag oder Aufwand in der GuV erfasst werden, sondern an dieser vorbei direkt im Eigenkapital gebucht werden.

Die Eigenkapitalveränderungsrechnung hat gemäß IAS 1.106 folgende Posten zu enthalten:

(a) das vollständige Gesamtergebnis für die Periode mit getrenntem Ausweis der Beträge, die den Eigentümern des Mutterunternehmens und den nicht beherrschenden Anteilen zuzurechnen sind,
(b) für jeden Eigenkapitalbestandteil den Einfluss einer rückwirkenden Anwendung oder rückwirkenden Anpassung gemäß IAS 8,
(c) für jeden Eigenkapitalbestandteil eine Überleitung vom Buchwert zu Beginn der Periode zum Buchwert am Ende der Periode mit gesonderter Angabe der folgenden Änderungen:
   (i) Gewinne oder Verluste,
   (ii) jeder Posten des sonstigen Ergebnisses und
   (iii) Geschäftsvorfälle mit Eigentümern, die in ihrer Eigenschaft als Eigentümer handeln, mit separatem Ausweis von Kapitalzuführungen von und Ausschüttungen an Eigentümer sowie Änderungen der Eigentumsanteile an Tochterunternehmen, die nicht zu einem Verlust der Beherrschung führen.

„Ein Unternehmen hat entweder in der Eigenkapitalveränderungsrechnung oder im Anhang für jeden Eigenkapitalbestandteil eine nach Posten gegliederte Analyse des sonstigen Ergebnisses darzustellen." (IAS 1.106A) Fakultativ in Anhang oder Eigenkapitalveränderungsrechnung sind gemäß IAS 1.107 die Dividenden, die als Ausschüttung an die Eigentümer in der betreffenden Periode erfasst werden, sowie der betreffende Betrag je Anteil anzugeben. Da die in IAS 1.106 angesprochenen Ausschüttungen auch die in IAS 1.107 angesprochenen Dividenden umfassen, resultiert aus den beiden Regelungen auf den ersten Blick ein Widerspruch: IAS 1.106 verlangt die Darstellung der Dividenden als Bestandteil der Ausschüttungen in der Eigenkapitalveränderungsrechnung, während IAS 1.107 sie dort oder im Anhang erlaubt. Der Widerspruch löst sich auf, wenn man die Ausschüttungen in ihrer Summe als Bestandteil der Eigenkapitalveränderungsrechnung betrachtet und allein für die Dividenden, im Sinne eines Davon-Vermerks, das Wahlrecht interpretiert.

Eigenkapitaländerungen gehen damit auf folgende vier Sachverhalte zurück, die in der Eigenkapitalveränderungsrechnung zu zeigen sind:

```
                    ┌─────────────────────────┐
                    │ Eigenkapitaländerungen  │
                    └─────────────────────────┘
```

| durch Kapitalherabsetzungen, Kapitalerhöhungen und Dividenden (Ausschüttungen) | durch in der GuV erfasste, erfolgswirksame Erträge und Aufwendungen | durch direkt in der Rücklage erfasste, erfolgsneutrale Erträge und Aufwendungen | durch Methodenänderungen und Fehlerberichtigungen |

Inhalt der Eigenkapitalveränderungsrechnung

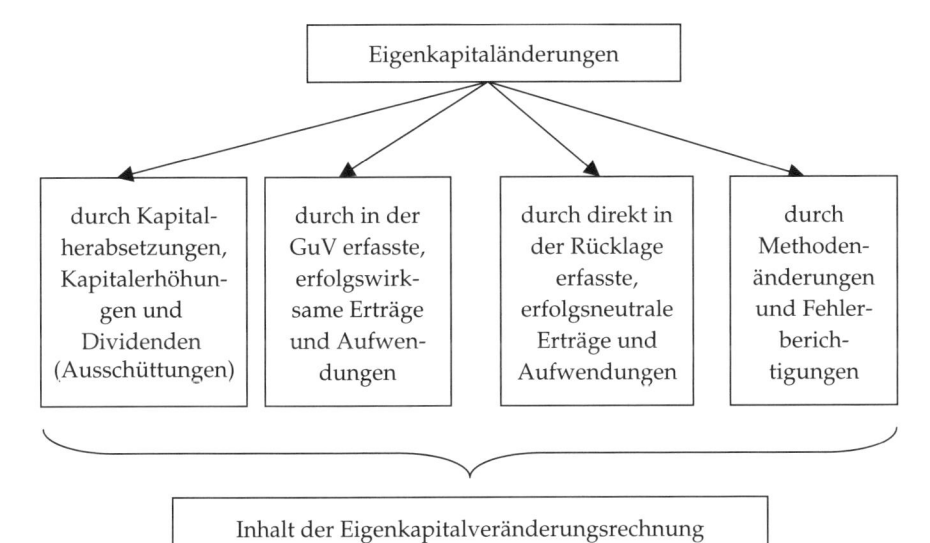

Abb. 13: Eigenkapitaländerungen

7.4 Kapitalflussrechnung

Die Kapitalflussrechnung soll eine Grundlage bieten für die Beurteilung der Fähigkeit des Unternehmens zur Erwirtschaftung von Zahlungsmitteln und Zahlungsmitteläquivalenten sowie des Bedarfes des Unternehmens an diesen Cash Flows (IAS 1.111). Details regelt IAS 7.

Von Interesse ist die **Bestandsänderung von Zahlungsmitteln und Zahlungsmitteläquivalenten in der abgelaufenen Periode**. Zahlungsmittel umfassen Barmittel und Sichteinlagen; Zahlungsmitteläquivalente sind „kurzfristige hochliquide Finanzinvestitionen, die jederzeit in festgelegte Zahlungsmittelbeträge umgewandelt werden können und nur unwesentlichen Wertschwankungsrisiken unterliegen." (IAS 7.6)

Die Kapitalflussrechnung muss Cash Flows der Berichtsperiode nach betrieblichen Tätigkeiten, Investitionstätigkeiten und Finanzierungstätigkeiten unterscheiden (IAS 7.10). Die Darstellung kann direkt durch Anknüpfung an die jeweiligen Bruttoein- und Bruttoauszahlungen oder indirekt durch Überleitung des Periodenergebnisses in die Zahlungsebene aufgestellt werden (IAS 7.18).

Die **direkte Methode ist zwingend** für die Ermittlung des Cash Flow aus Investitions- und aus Finanzierungstätigkeit anzuwenden und auch für die Ermittlung des Cash Flow aus betrieblicher Tätigkeit empfohlen (IAS 7.18-19 und .21).

7. Weitere Instrumente

Der **indirekten Ermittlung** liegt – unter Vernachlässigung der drei zu trennenden Bereiche – folgendes Schema zu Grunde:

	Posten/Salden	Beispiele
	Erträge	
–	Aufwendungen	
=	Gewinn	
–	Zahlungsunwirksame Erträge	Umsätze auf Ziel, Zuschreibungen
+	Zahlungsunwirksame Aufwendungen	Abschreibungen, Erhöhungen von Rückstellungen
+	Erfolgsneutrale Einzahlungen	Kreditaufnahmen
–	Erfolgsneutrale Auszahlungen	Kredittilgungen
=	Zahlungsüberschuss der Periode	

Abb. 14: Indirekte Cash Flow-Ermittlung

Gemäß IAS 7.45 hat ein Unternehmen die „Bestandteile der Zahlungsmittel und Zahlungsmitteläquivalente anzugeben und eine Überleitungsrechnung zu erstellen, in der die Beträge der Kapitalflussrechnung den entsprechenden Bilanzposten gegenübergestellt werden."

Besondere Regelungen enthält IAS 7 für erlaubte Saldierungen (IAS 7.22 ff.), Cash Flows in Fremdwährung (IAS 7.25 ff.), Zinsen und Dividenden (IAS 7.31 ff.), Ertragsteuern (IAS 7.35 f.), Anteile an Tochterunternehmen, assoziierten Unternehmen und Joint Ventures (IAS 7.37 f.), Erwerb und Veräußerung von Tochterunternehmen und sonstigen Geschäftseinheiten (IAS 7. 39 ff.) und nicht zahlungswirksame Transaktionen (IAS 7.43 f.). Beispielhafte Darstellungen enthält der Anhang A von IAS 7.

7.5 Zwischenbericht

Ein Zwischenbericht berichtet über eine Periode, die kürzer als ein gesamtes Geschäftsjahr ist (IAS 34.4) und kein **Rumpfgeschäftsjahr** darstellt. Er soll grundsätzlich auf konsolidierter Basis aufgestellt werden (IAS 34.14).

Ein Zwischenbericht enthält einen vollständigen Abschluss – wie in IAS 1.10 und in IAS 34.5 beschrieben – oder einen verkürzten Abschluss (IAS 34.4), mindestens bestehend aus verkürzter Bilanz, verkürzter Gesamtergebnisrechnung, verkürzter Eigenkapitalveränderungsrechnung, verkürzter Kapitalflussrechnung und ausgewählten erläuternden Anhangangaben (IAS 34.8).

7.5 Zwischenbericht

Wird ein vollständiger Abschluss vorgelegt, sind die Anforderungen von IAS 1 zu erfüllen (IAS 34.9).

„Wenn ein Unternehmen einen verkürzten Abschluss in seinem Zwischenbericht veröffentlicht, hat dieser verkürzte Abschluss mindestens jede der Überschriften und Zwischensummen zu enthalten, die in seinem letzten Abschluss eines Geschäftsjahres enthalten waren, sowie die von diesem Standard vorgeschriebenen ausgewählten erläuternden Anhangangaben. Zusätzliche Posten oder Anhangangaben sind einzubeziehen, wenn ihr Weglassen den Zwischenbericht irreführend erscheinen lassen würde." (IAS 34.10)

In jedem Fall sind das unverwässerte und das verwässerte Ergebnis je Aktie gemäß IAS 33 anzugeben (IAS 34.11).

Ausgewählte erläuternde Anhangangaben finden sich in IAS 34.15 ff.

Von Bedeutung für den Inhalt des Zwischenberichts ist die Frage, welchem Prinzip die Abschlusserstellung folgt[251]:

(a) Wird die Zwischenberichtsperiode als eigenständige Periode betrachtet, worauf beispielsweise die Gewinnermittlungsprinzipien anzuwenden sind (**eigenständiger Ansatz**), oder

(b) soll es der Zwischenbericht erlauben, eine Prognose für das Geschäftsjahr zu erstellen (**integrativer Ansatz**), oder

(c) wird ein aus beiden **kombinierter Ansatz** gewählt?

IAS 34.28 regelt hierzu:

„Ein Unternehmen hat in seinen Zwischenabschlüssen die gleichen Rechnungslegungsmethoden anzuwenden, die es in seinen jährlichen Abschlüssen eines Geschäftsjahres anwendet, mit Ausnahme von Änderungen der Rechnungslegungsmethoden, die nach dem Stichtag des letzten Abschlusses eines Geschäftsjahres vorgenommen wurden und die in dem nächsten Abschluss eines Geschäftsjahres wiederzugeben sind. Die Häufigkeit der Berichterstattung (...) darf die Höhe des Jahresergebnisses jedoch nicht beeinflussen. Um diese Zielsetzung zu erreichen, sind Bewertungen in Zwischenberichten unterjährig auf einer vom Geschäftsjahresbeginn bis zum Zwischenberichtstermin kumulierten Grundlage vorzunehmen." (Im Original z. T. hervorgehoben)

Auch wenn der eigenständige Ansatz betont wird, handelt es sich wegen Abweichungen hiervon um ein **Kombinationsmodell**. Das zeigt sich z. B. darin, dass

(a) Erträge, die innerhalb eines Geschäftsjahres saisonal oder konjunkturell bedingt oder gelegentlich erzielt werden, am Zwischenberichtsstichtag nicht vorgezogen oder abgegrenzt werden, „wenn das

---
[251] Vgl. Coenenberg/Haller/Schultze (2012), S. 955–959.

Vorziehen oder die Abgrenzung am Ende des Geschäftsjahres des Unternehmens nicht angemessen wäre" (IAS 34.37),

(b) der Ertragsteueraufwand einer Zwischenberichtsperiode auf Basis des Steuersatzes abgegrenzt wird, „der auf das erwartete gesamte Jahresergebnis angewendet würde, d. h. der geschätzte durchschnittliche jährliche effektive Ertragsteuersatz wird auf das Vorsteuerergebnis der Zwischenberichtsperiode angewendet" (IAS 34.B12).

7.6 Segmentbericht

Große Unternehmen, erst recht große wirtschaftliche Einheiten wie Konzerne, weisen regelmäßig sehr **unterschiedlich risiko- und ertragreiche Geschäftsbereiche** auf, sodass es nahe liegt, über diese getrennt zu berichten, damit man ihre Entwicklung besser verfolgen kann. Dies geschieht mithilfe der Segmentberichterstattung.

Der im Jahr 2006 verabschiedete IFRS 8 regelt die Details und gilt für Unternehmen, deren Schuld- oder Eigenkapitalinstrumente auf einem öffentlichen Markt gehandelt werden oder die ihren Abschluss einer Behörde zwecks Emission solcher Instrumente auf einem öffentlichen Markt zukommen lassen (IFRS 8.2). Er basiert auf dem **Managementansatz** (IFRS 8.5 b)) **anstelle** des die Vorläuferregelung in IAS 14 beherrschenden **Risiko-Ertrag-Ansatzes**, wonach es eine Berichtspflicht für ein Geschäftssegment oder ein geografisches Segment nur dann gibt, wenn es sich von anderen Segmenten hinsichtlich der Risiken und Chancen unterscheidet. Die Änderung folgte dem US-amerikanischen Standard SFAS 131.

Nach IFRS 8.5 ist ein Geschäftssegment gekennzeichnet durch

(a) Geschäftstätigkeiten, mit denen Umsatzerlöse erwirtschaftet werden und bei denen Aufwendungen anfallen können,

(b) dessen Betriebsergebnisse regelmäßig von der verantwortlichen Unternehmensinstanz hinsichtlich Ressourcenallokation und Bewertung der Ertragskraft überprüft werden und

(c) für das separate Finanzinformationen vorliegen.

Umsatzerlöse von Geschäftssegmenten müssen bei ihrer Abgrenzung noch nicht vorliegen, aber erwartet werden (IFRS 8.5). Die unter (b) angesprochene verantwortliche Unternehmensinstanz wird funktional abgegrenzt, nicht nach Bezeichnung im Unternehmen (IFRS 8.7). Die Bedingung, dass Finanzinformationen vorliegen müssen, soll sowohl Mehraufwand zur Erstellung des Segmentberichtes verhindern als auch Fehlanreize aufgrund von Diskrepanzen zwischen interner

Steuerung und externer Berichterstattung vermeiden helfen. Häufig werden Segmente nach der konkreten Geschäftstätigkeit und/oder nach geografischen Märkten, insb. hinsichtlich Beschaffung, Produktion, Absatz oder Regulierung, zu unterscheiden sein (vgl. auch IFRS 8.12 und .22 a)).

Für berichtspflichtige Segmente gibt es eine **(grundsätzliche) Wesentlichkeitsgrenze** in Form einer 10 %-Regel:

„Ein Unternehmen legt gesonderte Informationen über ein Geschäftssegment vor, das einen der nachfolgend genannten quantitativen Schwellenwerte erfüllt:

(a) Sein ausgewiesener Umsatzerlös, einschließlich der Verkäufe an externe Kunden und Verkäufe oder Transfers zwischen den Segmenten, beträgt mindestens 10 % der zusammengefassten internen und externen Umsatzerlöse aller Geschäftssegmente.

(b) Der absolute Betrag seines ausgewiesenen Gewinns oder Verlustes entspricht mindestens 10 % des höheren der beiden nachfolgend genannten absoluten Werte: (i) des zusammengefassten ausgewiesenen Gewinns aller Geschäftssegmente, die keinen Verlust gemeldet haben; (ii) des zusammengefassten ausgewiesenen Verlusts aller Geschäftssegmente, die einen Verlust gemeldet haben.

(c) Seine Vermögenswerte haben einen Anteil von mindestens 10 % an den kumulierten Aktiva aller Geschäftssegmente." (IFRS 8.13)

Erfüllt ein Segment die genannten Kriterien nicht, kann es trotz fehlender Größe als berichtspflichtiges Segment bezeichnet werden, „wenn die Geschäftsführung der Auffassung ist, dass Informationen über das Segment für die Abschlussadressaten nützlich wären." (IFRS 8.13)

Gleichermaßen kann es die Größenkriterien erfüllen, aber mit einem anderen Segment oder mit mehreren Segmenten zusammengefasst werden, „sofern die Zusammenfassung mit dem Grundprinzip dieses IFRS konsistent ist, die Segmente vergleichbare wirtschaftliche Merkmale aufweisen und auch hinsichtlich jedes der nachfolgend genannten Aspekte vergleichbar sind:

(a) Art der Produkte und Dienstleistungen;
(b) Art der Produktionsprozesse;
(c) Art oder Gruppe der Kunden für die Produkte und Dienstleistungen;
(d) Methoden des Vertriebs ihrer Produkte oder der Erbringung von Dienstleistungen; und
(e) falls erforderlich, Art der regulatorischen Rahmenbedingungen, z. B. im Bank- oder Versicherungswesen oder bei öffentlichen Versorgungsbetrieben." (IFRS 8.12)

7. Weitere Instrumente

Das im Zitat angesprochene Grundprinzip lautet:

„Ein Unternehmen hat Informationen anzugeben, anhand derer Abschlussadressaten die Art und die finanziellen Auswirkungen der von ihm ausgeübten Geschäftstätigkeiten sowie das wirtschaftliche Umfeld, in dem es tätig ist, beurteilen können." (IFRS 8.1 = IFRS 8.20)

Die Größenkriterien werden unmaßgeblich, wenn durch die ursprüngliche Abgrenzung weniger als **75 % der Unternehmenserträge segmentiert** werden:

„Machen die gesamten externen Umsatzerlöse, die von den Geschäftssegmenten ausgewiesen werden, weniger als 75 % der Umsatzerlöse des Unternehmens aus, können weitere Geschäftssegmente als berichtspflichtige Segmente herangezogen werden (auch wenn sie die Kriterien in Paragraph 13 nicht erfüllen), bis mindestens 75 % der Umsatzerlöse des Unternehmens auf berichtspflichtige Segmente entfällt." (IFRS 8.15)

Wird eine Geschäftstätigkeit oder ein Geschäftssegment weder gesondert dargestellt noch zusammengefasst, werden die zu diesen Elementen gehörenden Informationen in einer Kategorie „Alle sonstigen Segmente" zusammengefasst und präsentiert (IFRS 8.16).

Die **Angabepflichten** betreffen allgemeine Informationen zur Segmentabgrenzung, Informationen über das Periodenergebnis, das Segmentvermögen und die Segmentschulden sowie Überleitungsrechnungen auf entsprechende Beträge des Unternehmens (IFRS 8.21).

Sämtliche **Segmentinformationen sind in Übereinstimmung mit der internen Steuerung zu liefern** (IFRS 8.25). „Verwendet die verantwortliche Unternehmensinstanz mehr als einen Wertmaßstab für den Gewinn oder Verlust und die Vermögenswerte sowie Schulden eines Geschäftssegments, so sind jene Wertmaßstäbe zu verwenden, die die Geschäftsführung gemäß den Bewertungsgrundsätzen als am ehesten mit denjenigen konsistent ansieht, die für die Bewertung der entsprechenden Beträge im Abschluss des Unternehmens zu Grunde gelegt werden." (IFRS 8.26)

Bezüglich des Periodenergebnisses sind grundsätzlich zu berichten (IFRS 8.23):

(a) Umsatzerlöse aus Transaktionen mit externen Kunden,
(b) Umsatzerlöse aus Transaktionen mit anderen Geschäftssegmenten,
(c) Zinserträge,
(d) Zinsaufwendungen,
(e) planmäßige Abschreibungen,
(f) wesentliche Ertrags- und Aufwandsposten im Sinne von IAS 1.86,
(g) Ergebnisanteile von assoziierten Unternehmen und Gemeinschaftsunternehmen, die nach der Equity-Methode bilanziert werden,

(h) Ertragsteueraufwand oder -ertrag,
(i) wesentliche zahlungsunwirksame Posten, bei denen es sich nicht um planmäßige Abschreibungen handelt.

Weiterhin ist über die Vermögenswerte und Schulden zu berichten, „wenn ein solcher Betrag der verantwortlichen Unternehmensinstanz regelmäßig gemeldet wird." (IFRS 8.23)[252]

In Abhängigkeit der Nutzung für die interne Steuerung durch die verantwortliche Unternehmensinstanz ist ferner zu berichten über Beteiligungen an assoziierten Unternehmen und an Gemeinschaftsunternehmen, die nach der Equity-Methode bilanziert werden, und über den Betrag der Zugänge zu langfristigen Vermögenswerten (ohne Finanzinstrumente), latente Steueransprüche, Leistungen nach Beendigung des Arbeitsverhältnisses und Rechte aus Versicherungsverträgen (IFRS 8.24).

Neben der Rechnungslegungsgrundlage für sämtliche Transaktionen zwischen berichtspflichtigen Segmenten ist jeweils „die Art" der Unterschiede zwischen einer in- und externen Bewertung zu berichten (IFRS 8.27). Auf die unternehmensbezogenen Angaben sind gemäß IFRS 8.28 überzuleiten

(a) die Umsatzerlöse der Segmente,
(b) die Periodenergebnisse,
(c) die Vermögenswerte,
(d) die Schulden und
(e) die Beträge für jeden anderen wesentlichen Informationsposten.

Schließlich verlangt IFRS 8 auf Unternehmensebene grundsätzlich Informationen über Produkte und Dienstleistungen, über geografische Bereiche und über wichtige Kunden (IFRS 8.31-34).

7.7 Management Commentary

Ein dem **Lagebericht** nach den §§ 289, 315 HGB ähnliches Instrument außerhalb des Abschlusses verlangen die IFRS nicht, wenngleich ein IFRS Practice Statement **Managementbericht** (Management Commentary) vom Dezember 2010 vorliegt. Nach dessen Einführung bildet es ein

---

[252] Die deutsche Übersetzung macht in IFRS 8.23 aus dem Satz „An entity shall report a measure of profit or loss for each reportable segment" die Aussage „Ein Unternehmen hat eine Bewertung des Gewinns oder Verlusts für jedes berichtspflichtige Segment vorzulegen." M.E. ist mit „measure" ein Maß gemeint, keine Bewertung, auch wenn letztere amerikanisch mit „measurement", englisch hingegen mit „valuation" gleichgesetzt wird. In IFRS 8.26 wird aus „only one measure of an operating segment's profit or loss" hingegen „lediglich einen Wertmaßstab für den Gewinn oder Verlust".

breites, unverbindliches Rahmenkonzept für einen Managementbericht mit Bezug auf Abschlüsse, die nach IFRS erstellt werden. Es ist selbst kein IFRS und muss deshalb bei Abschlüssen nach IFRS nicht berücksichtigt werden. Es bleibt nationalen Instanzen vorbehalten, entsprechende oder abgewandelte Inhalte zu verlangen.

Für Deutschland ist dies bereits entschieden: Die Aufstellung des Konzernabschlusses nach IFRS entbindet deutsche Mutterunternehmen nicht von der Pflicht, einen Konzernlagebericht gemäß § 315 HGB aufzustellen (§ 315a Abs. 1 und 3 HGB). Entsprechendes gilt bei Übernahme der IFRS in den zu veröffentlichenden Jahresabschluss (§ 325 Abs. 2a Satz 4 HGB).

7.8 Zusammenfassung in Thesen

(1) Nach IFRS werden Bilanz und GuV durch Anhang, Eigenkapitalveränderungs- und Kapitalflussrechnung zwingend ergänzt. Zwischen- und Segmentberichte sind hingegen nur unter bestimmten Bedingungen vorzulegen.

(2) Der Anhang hat Erläuterungs-, Ergänzungs-, Entlastungs- und Korrekturfunktion für die anderen Rechenwerke.

(3) Die Eigenkapitalveränderungsrechnung erhält ihre Bedeutung aus der Tatsache, dass nicht alle bilanziellen Wertänderungen in der GuV, sondern zu einem beachtlichen Teil direkt auf dem Eigenkapitalkonto erfasst werden.

(4) Die Kapitalflussrechnung zeigt Mittelzuflüsse und Mittelabflüsse der Berichtsperiode und unterscheidet diese Posten nach Zugehörigkeit zum Betriebs-, Investitions- und Finanzierungsbereich. Sie ist mit Bilanz und GuV rechnerisch verbunden und erleichtert eine integrierte Planung.

(5) Der Zwischenbericht kann eigenständig oder integriert erstellt werden. Die IFRS lassen ein Kombinationsmodell erkennen.

(6) Der Segmentbericht ist für große Unternehmen oder Konzerne bedeutend, deren Produkte, Märkte und regulatorische Bedingungen sich unterscheiden.

(7) Für einen dem Lagebericht nach HGB ähnlichen Managementbericht gibt es nur ein unverbindliches Rahmenkonzept. Das entbindet deutsche Unternehmen nicht von der Verpflichtung zur Aufstellung eines Lage- oder Konzernlageberichts, wenn sie nach IFRS gezwungenermaßen oder freiwillig bilanzieren.

8. Generalklausel: Vermittlung des den tatsächlichen Verhältnissen entsprechenden Bildes

8.1 Vorrangiges Einblicksgebot

IAS 1.19 formuliert einen **„fair presentation override"**[253], d. h. einen Vorrang des Einblicksgebots, wonach **eine den tatsächlichen Verhältnissen entsprechende Darstellung der Vermögens-, Finanz- und Ertragslage sowie der Cash Flows des Unternehmens** zu geben ist (IAS 1.15), gegenüber der formal einwandfreien Anwendung einzelner Bilanzierungs- und Bewertungsvorschriften.

Im Fall des als äußerst selten bezeichneten Abweichens von einer Vorschrift muss das Unternehmen angeben,

(1) dass die Unternehmensleitung zu dem Schluss gekommen ist, dass der Abschluss die Vermögens-, Finanz- und Ertragslage sowie Cash Flows des Unternehmens den tatsächlichen Verhältnissen entsprechend darstellt,
(2) dass es die anzuwendenden IFRS befolgt hat, mit der Ausnahme, dass von einer bestimmten Anforderung abgewichen wurde, um ein den tatsächlichen Verhältnissen entsprechendes Bild zu vermitteln,
(3) den Standard, von dem abgewichen wurde, die Art der Abweichung einschließlich der Bilanzierungsweise, die der Standard fordern würde, den Grund für die Abweichung und die angewandte Bilanzierung sowie
(4) die finanziellen Auswirkungen der Abweichung auf jeden Abschlussposten, der bei Einhaltung der Vorschrift berichtet worden wäre, für jede dargestellte Periode (IAS 1.20).

8.2 Anwendungsprobleme

Fraglich ist, was Abweichungsgründe von der formal einwandfreien Anwendung einzelner Bilanzierungs- und Bewertungsvorschriften sind. IAS 1 liefert hierzu keine Beispiele, was zu der Annahme passt, dass

---

[253] Zu Einwendungen gegen die These des „override" vgl. den nächsten Gliederungspunkt.

8. Generalklausel: Vermittlung des Bildes

üblicherweise die formal korrekte Anwendung der einzelnen Standards ausreicht, um den gebotenen Einblick zu vermitteln (IAS 1.17).

Auch die bisherige Bilanzierungspraxis ist bezüglich dieses Punktes wenig ergiebig. Es sind kaum Fälle erkennbar, in denen auf den Vorrang des Einblicksgebots Bezug genommen wurde. Zwei Fälle betreffen die französische Société Générale und die Deutsche Post:

(a) Nach der auf den 19. und 20. Januar 2008 datierten Erkenntnis der Société Générale, wonach ein Händler nicht genehmigte und verdeckte Handelsgeschäfte im Jahr 2007 wahrgenommen hat, entschloss sich der Vorstand der Muttergesellschaft dieses Konzerns, von IAS 10 Ereignisse nach der Berichtsperiode und IAS 37 Rückstellungen, Eventualverbindlichkeiten und Eventualforderungen abzuweichen. Die Anwendung von IAS 39 Finanzinstrumente: Ansatz und Bewertung hätte im Konzernabschluss des Jahres 2007 einen Nettoerfolg des Händlers vor Steuern in Höhe von 1,471 Mrd. Euro erzeugt und gemäß IAS 10 wäre nur im Anhang ein Verlust vor Steuern in Höhe von 6,382 Mrd. Euro zu berichten gewesen. Mit Bezug auf den Vorrang des Einblicksgebots wurde stattdessen **in der Konzern-GuV** ausgewiesen:

in millions of euros	December 31, 2007
Net gains on financial instruments at fair value through profit and loss and entered on unauthorized and concealed trading activities	1,471
Allowance expense on provision for the total cost of the unauthorized and concealed trading activities	(6,382)
Total	(4,911)

Tab. 6: Auszug aus Konzern-GuV der Société Générale 2008

(b) Die Deutsche Post World Net berichtet im Anhang zum Geschäftsjahr 2006 auf S. 111 unter der Überschrift Umtauschanleihe auf Postbank-Aktien:

„Am 3. Juli 2006 hat die Deutsche Post AG mit Wirkung zum 31. Juli 2006 als Anleiheschuldnerin gemäß den Anleihebedingungen die Möglichkeit wahrgenommen, die Umtauschanleihe auf Postbank-Aktien vorzeitig zu kündigen. Der Anteil der Deutsche Post AG an der Deutschen Postbank Gruppe liegt nach dieser Transaktion bei 50% plus einer Aktie. Die Erträge aus der Veräußerung der Postbank-Aktien aufgrund des Wandlungsrechts der Umtauschanleihe in Höhe von 276 Mio. € werden im sonstigen betrieblichen Ertrag gezeigt. Der ermittelte Ertrag enthält mit 100 Mio. € einen

8.2 Anwendungsprobleme

Ertrag aus der Auflösung einer Verbindlichkeit aus der Bewertung des Wandlungsrechts. Das Wandlungsrecht wurde auf Grundlage der thesaurierten Gewinne der Postbank bewertet. Unter Berufung auf IAS 1.17 ist die Deutsche Post AG von der Bewertung des Wandlungsrechts auf der Basis von Marktdaten gemäß IAS 32.26 in Verbindung mit IAS 39.47 (a) abgewichen. Hätte die Deutsche Post AG das Wandlungsrecht gemäß IAS als Fremdkapitalderivat bewertet, wäre im Geschäftsjahr 2005 eine zusätzliche aufwandswirksame Verbindlichkeit in Höhe von 239 Mio. € zu bilden gewesen. Diese hätte im Geschäftsjahr 2006 ertragswirksam aufgelöst werden müssen. Der Veräußerungserfolg wäre damit um 239 Mio. € angestiegen."
Dieses Vorgehen hat die Deutsche Prüfstelle für Rechnungslegung (DPR) im Juni 2007 als nicht korrekt moniert. Daraufhin schrieb die Deutsche Post im Zwischenabschluss für das zweite Quartal 2007: „We have contested the result of this review and the enforcement process will therefore move into the second stage, which is the responsibility of the Bundesanstalt für Finanzdienstleistungsaufsicht (BaFin – Federal Financial Supervisory Authority)." (Deutsche Post World Net Interim Report Q2 2007, S. 34)
Im Jahr 2008 machte die Deutsche Post den Fehler im Bundesanzeiger und in der FAZ auf Wunsch der BaFin publik.

Die praktische Relevanz des „fair presentation override" ist damit noch ungeklärt, was sich auch in den spärlichen Auseinandersetzungen mit ihm in der Literatur widerspiegelt[254].

Nach Preißler fehlt ein objektives Messinstrument, da „gängige IAS/IFRS-Lehrbücher keine Anwendungsbeispiele nennen, die ein overriding begründen könnten"[255].

Nach Hinz sind die Hürden für die Anwendung der Generalklausel nahezu unüberwindlich hoch:

„So bestimmt IAS 1.22(b) (2003), dass dann, wenn andere Unternehmen in ähnlichen Umständen nicht von der Anwendung eines IFRS abweichen, die widerlegbare Vermutung besteht, dass ein hinreichender Grund für eine Abweichung nicht gegeben ist, d. h., die mit der Anwendung der IFRS-Vorschrift verbundene Irreführung nicht so relevant ist, dass deren Anwendung der im Framework festgelegten Zielsetzung der Rechnungslegung nach IFRS widerspricht.

Mit dieser Einschränkung wird die Inanspruchnahme der Abweichung von Einzelvorschriften in den IFRS und den Interpretationen praktisch unmöglich, da unter realistischen Bedingungen Rechtfertigungsgründe

---

[254] Vgl. z. B. Bieg/Hossfeld/Kußmaul/Waschbusch (2006), S. 59; Pellens/Fülbier/Gassen/Sellhorn (2011), S. 122; Wagenhofer (2009), S. 143 f.
[255] Preißler (2005), S. 191; im Original z. T. hervorgehoben.

8. Generalklausel: Vermittlung des Bildes

kaum zu finden sein dürften, die einem Sachverhalt ein Alleinstellungsmerkmal gegenüber ähnlichen Sachverhalten bei anderen Unternehmen verleihen und zugleich aufzeigen können, dass eine Nichtabweichung eine für die Adressaten relevante irreführende Darstellung der Unternehmenssituation zur Konsequenz hat."[256]

8.3 Zusammenfassung in Thesen

(1) Die IFRS kennen ein vorrangiges Einblicksgebot zur Vermittlung eines den tatsächlichen Verhältnissen entsprechenden Bildes der Vermögens-, Finanz- und Ertragslage eines Unternehmens. Es verlangt, unter bestimmten Bedingungen von einzelnen IFRS abzuweichen.
(2) Das Gebot ist insofern missverständlich, als das zu vermittelnde Bild sich nicht aus der „Natur der Sache" oder durch voraussetzungslose Wahrnehmung der Realität, sondern erst durch Anwendung der IFRS ergibt. Es liegt insofern ein Selbstbezug vor (vgl. auch Kapitel 2.3 und 3.2).
(3) Wann das vorrangige Einblicksgebot greift, ist in den IFRS nicht ausgeführt. Auch die Bilanzierungspraxis offenbart hierzu kaum Beispiele.

---

[256] Hinz (2005), S. 79 f. Ähnlich skeptisch Heuser/Theile/Pawelzik/Theile (2012), Rz. 7833 f.; Haufe IFRS-Kommentar/Hoffmann/Lüdenbach (2012), § 1 Rz. 71, die aber stark über missbräuchliche Nutzung argumentieren, was nicht das Thema ist.

9. Konzernbesonderheiten

9.1 Ziel des Konzernabschlusses

Ein Konzern ist eine **wirtschaftliche Einheit** aus rechtlich selbständigen Unternehmen mit der Möglichkeit eines zugehörigen Unternehmens, die Politik der anderen Unternehmen zu bestimmen. Für seine Rechnungslegung gilt EU-rechtlich noch IAS 27. Im Mai 2011 gab der IASB **IFRS 10 Konzernabschlüsse** heraus, um IAS 27 bezüglich der Konzernabschlüsse zu ersetzen; IAS 27 wurde mit der neuen Überschrift Einzelabschlüsse anstelle von Konzern- und Einzelabschlüsse versehen. Der im selben Monat herausgegebene IFRS 12 Angaben zu Anteilen an anderen Unternehmen ersetzt die konzernabschlussbezogenen Angabepflichten des früheren IAS 27. IFRS 10 enthält auch die Leitlinien aus zwei damit verbundenen Interpretationen: SIC-12 Konsolidierung – Zweckgesellschaften and SIC-33 Konsolidierungs- und Equity-Methode – Potenzielle Stimmrechte und Ermittlung von Beteiligungsquoten. Hintergrund der Änderungen waren insbesondere Widersprüche zwischen IAS 27 und SIC-12 und die Erfahrungen aus der Finanzkrise mit bilanzunwirksamen Konstruktionen wie Verbriefungsgesellschaften. **Ich gehe im Folgenden von der neuen Regelung aus.**

Das Ziel des Konzernabschlusses liegt in der Information über diese wirtschaftliche Einheit nach den Regeln, die für Rechtseinheiten gelten. Das zeigen die Definitionen im neuen IAS 27:

„Der Konzernabschluss ist der Abschluss eines Konzerns, bei dem Vermögenswerte, Schulden, Eigenkapital, Erträge, Aufwendungen und Cashflows des Mutterunternehmens und seiner Tochterunternehmen so dargestellt werden, als handle es sich um ein einziges Unternehmen.

Einzelabschlüsse sind die von einem Mutterunternehmen (d.h. einem Investor, der ein Tochterunternehmen beherrscht) oder einem Investor, der an der gemeinschaftlichen Führung eines Beteiligungsunternehmens beteiligt ist oder einen maßgeblichen Einfluss auf ein Beteiligungsunternehmen hat, aufgestellten Abschlüsse, in denen die Beteiligungen zu Anschaffungskosten oder gemäß IFRS 9 Finanzinstrumente bilanziert werden." (IAS 27.4; im Original z. T. hervorgehoben)

9. Konzernbesonderheiten

Entscheidend für die Aufstellung eines Konzernabschlusses **ist** die Tatsache der **Beherrschung**:

„Ein Investor hat unabhängig von der Art seines Engagements bei einem Unternehmen (dem Beteiligungsunternehmen) zu ermitteln, ob er ein Mutterunternehmen ist, indem er beurteilt, ob er das Beteiligungsunternehmen beherrscht.

Ein Investor beherrscht ein Beteiligungsunternehmen, wenn er aufgrund seines Engagements bei dem Unternehmen variablen wirtschaftlichen Erfolgen ausgesetzt ist oder Rechte daran hat und die Möglichkeit besitzt, diese wirtschaftlichen Erfolge durch seine Bestimmungsmacht über das Beteiligungsunternehmen zu beeinflussen.

Folglich beherrscht ein Investor ein Beteiligungsunternehmen dann und nur dann, wenn er über Folgendes kumulativ verfügt:

(a) Bestimmungsmacht über das Beteiligungsunternehmen (…);
(b) Risiko von oder Rechte an variablen wirtschaftlichen Erfolgen aus dem Engagement bei dem Beteiligungsunternehmen (…) und
(c) die Möglichkeit, durch Ausübung seiner Bestimmungsmacht über das Beteiligungsunternehmen die Höhe der wirtschaftlichen Erfolge des Investors zu beeinflussen (…)." (IFRS 10.5-7; im Original hervorgehoben)

„Ein Investor hat die Bestimmungsmacht über ein Beteiligungsunternehmen, wenn er aufgrund bestehender Rechte gegenwärtig die Möglichkeit hat, die maßgeblichen Tätigkeiten, d. h. die Tätigkeiten, die die wirtschaftlichen Erfolge des Beteiligungsunternehmens signifikant beeinflussen, zu bestimmen." (IFRS 10.10; im Original z. T. hervorgehoben)

Die frühere Rechtsausübung ist unerheblich (IFRS 10.11); Schutzrechte allein sind als Rechte nicht hinreichend (IFRS 10.14); es muss keine Exklusivität der Rechte am Beteiligungsunternehmen vorliegen (IFRS 10.13).

„Ein Beteiligungsunternehmen wird ab dem Zeitpunkt, an dem der Investor die Beherrschung über das Beteiligungsunternehmen erlangt, bis zu dem Zeitpunkt, an dem die Beherrschung durch den Investor endet, in den Konzernabschluss einbezogen." (IFRS 10.20; im Original z. T. hervorgehoben)

Da der Konzernabschluss die rechtlich selbständigen Konzernunternehmen, die wirtschaftlich verbunden sind, so darstellen soll, als ob es sich bei ihnen um ein einziges Unternehmen handelt **(Fiktion der Rechtseinheit)**, sind konzerninterne Kapitalbeteiligungen, Schulden, Geschäfte und daraus entstehende Resultate zu eliminieren. Man spricht von **Konsolidierung**, deren Details in Kapitel 9.10 behandelt werden.

9.1 Ziel des Konzernabschlusses

Die Konsolidierung wird in IFRS 10.B86 mit den folgenden Sätzen angesprochen:

„Im Konzernabschluss:

(a) werden gleichartige Posten der Vermögenswerte, der Schulden, des Eigenkapitals, der Erträge, der Aufwendungen und der Cashflows des Mutterunternehmens mit denen seiner Tochterunternehmen zusammengefasst.
(b) werden der Buchwert der dem Mutterunternehmen gehörenden Anteile an jedem Tochterunternehmen und der Anteil des Mutterunternehmens am Eigenkapital jedes Tochterunternehmens verrechnet (eliminiert) (siehe IFRS 3, in dem dargelegt wird, wie ein resultierender Geschäfts- oder Firmenwert zu bilanzieren ist).
(c) werden konzerninterne Vermögenswerte, Schulden, Eigenkapital, Erträge, Aufwendungen und Cashflows im Zusammenhang mit Geschäftsvorfällen zwischen Konzernunternehmen in voller Höhe eliminiert (Gewinne oder Verluste aus konzerninternen Geschäftsvorfällen, die im Buchwert von Vermögenswerten, wie Vorräten und Anlagevermögen, enthalten sind, werden in voller Höhe eliminiert). Konzerninterne Verluste können auf eine Wertminderung hinweisen, die im Konzernabschluss erfasst werden muss. IAS 12 Ertragsteuern ist auf temporäre Differenzen anzuwenden, die sich aus der Eliminierung von Gewinnen und Verlusten aus konzerninternen Transaktionen ergeben." (IFRS 10.B86)

Wenn die konzernzugehörigen Gesellschaften nicht ganz in der Hand der Eigentümer der Mutter sind, bestehen **Minderheitsanteile („nicht beherrschende Anteile")**. Das führt zum gesonderten Ausweis der Minderheitsanteile an Eigenkapital und Ergebnis in Bilanz und Gesamtergebnisrechnung:

„Ein Mutterunternehmen hat nicht beherrschende Anteile in der Konzernbilanz innerhalb des Eigenkapitals, aber getrennt vom Eigenkapital der Eigentümer des Mutterunternehmens auszuweisen." (IFRS 10.22)

„Ein Unternehmen hat den Gewinn oder Verlust und jeden Bestandteil des sonstigen Ergebnisses den Eigentümern des Mutterunternehmens und den nicht beherrschenden Anteilen zuzuordnen. Ein Unternehmen hat das Gesamtergebnis den Eigentümern des Mutterunternehmens und den nicht beherrschenden Anteilen selbst dann zuzuordnen, wenn dies dazu führt, dass die nicht beherrschenden Anteile einen Negativsaldo aufweisen." (IFRS 10.B94)

9. Konzernbesonderheiten

Die Konsolidierung erfolgt einerseits unter Umständen nicht für alle Beteiligungen an anderen Unternehmen des Konzerns[257], andererseits ist unter Umständen keine Beteiligung nötig[258].

Je nach Einflussnahmemöglichkeit der Mehrheitsgesellschafter des Konzerns sind die folgenden Behandlungen im Konzernabschluss zu unterscheiden:

Einflussnahme/ Mitwirkung	Name des beeinflussten/ mitwirkenden Unternehmens	Behandlung im Konzernabschluss	Regelung in	Behandlung in Kapitel
Beherrschung	Tochterunternehmen; ggf. auch Zweckgesellschaft	Vollkonsolidierung	IFRS 10, IFRS 3	9.10 und 9.11
Gemeinschaftliche Tätigkeiten	Gemeinschaftliche Betreiber	Erfassung der Vermögenswerte, Schulden, Erträge, Aufwendungen und der Anteile daran (keine Konsolidierung)	IFRS 11	–
Gemeinschaftliche Führung	Partnerunternehmen, Gemeinschaftsunternehmen (joint venture)	Bewertung nach Equity-Methode (keine Konsolidierung)	IFRS 11, IAS 28	9.12
Maßgeblicher Einfluss auf Finanz- oder Geschäftspolitik ohne Beherrschung oder gemeinschaftliche Führung	Assoziiertes Unternehmen	Bewertung nach Equity-Methode (keine Konsolidierung)	IFRS 11, IAS 28	9.12

Tab. 7: Grad der Einflussnahme und Konzernabschlusserfassung

Sonstige Anteile an Unternehmen fallen unter die Regelungen von IAS 39.

---

[257] Man denke an Beteiligungen, die unter die Equity-Methode fallen. Vgl. Kapitel 9.12.
[258] Man denke an Zweckgesellschaften, die konsolidiert werden. Vgl. Kapitel 9.3.

9.2 Vorarbeiten für die Aufstellung eines Konzernabschlusses

Die Konsolidierung verlangt die Erfüllung organisatorischer und technischer Voraussetzungen, zu denen der einheitliche Stichtag, auf den bilanziert wird, und die einheitliche Währung zählen.

Die Vorarbeiten für einen Konzernabschluss macht die folgende Abb. deutlich[259]:

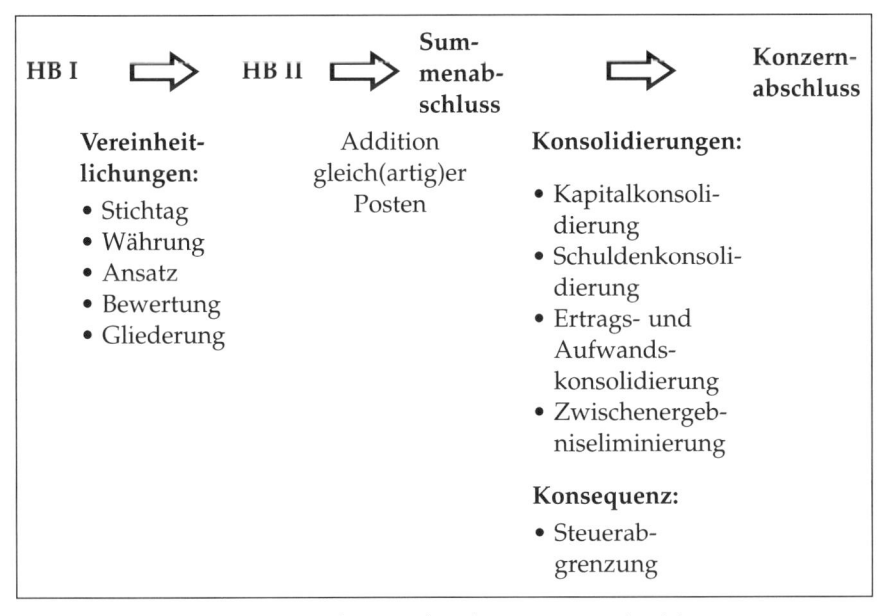

HB I ⇒	HB II ⇒	Summenabschluss ⇒	Konzernabschluss
Vereinheitlichungen: • Stichtag • Währung • Ansatz • Bewertung • Gliederung	Addition gleich(artig)er Posten	Konsolidierungen: • Kapitalkonsolidierung • Schuldenkonsolidierung • Ertrags- und Aufwandskonsolidierung • Zwischenergebniseliminierung Konsequenz: • Steuerabgrenzung	

Abb. 15: Vorarbeiten für den Konzernabschluss

Hierbei bezeichnet **HB I** den Jahresabschluss der konzernzugehörigen Rechtseinheit. **HB II** ist der bezüglich Stichtag, Währungseinheit, Ansatz-, Bewertungs- und Gliederungsregeln vereinheitlichte Jahresabschluss dieser Rechtseinheit. Er erfüllt die Konzernrichtlinien, die regelmäßig von der Muttergesellschaft vorgegeben und bei den einzelnen Rechtseinheiten befolgt werden. Der **Summenabschluss** entsteht gemäß der in IFRS 10.B86 verlangten Zusammenfassung gleichartiger Posten. Die oben bereits erwähnten Konsolidierungsvorgänge, auf die in Kapitel 9.10 noch detailliert eingegangen wird, sind hier bezüglich der Posten Kapital, Schulden, Ertrag, Aufwand und Zwischenerfolg spezifiziert.

---

[259] Vgl. auch Baetge/Kirsch/Thiele (2011), S. 131; Hayn/Grüne (2006), S. 17.

9. Konzernbesonderheiten

Die Steuerabgrenzung ist Resultat dieser Konsolidierungsvorgänge. Sie bleibt im Folgenden unbehandelt[260].

Konsolidierungsarten lassen sich nach den behandelten Posten (wie Kapital, Schulden, Ertrag, Aufwand, Zwischenerfolg), nach dem angewendeten Verfahren (wie Erwerbsmethode und der früher erlaubten Interessenzusammenführungsmethode bei der Kapitalkonsolidierung), nach der damit verbundenen Erfolgswirksamkeit und nach dem betrachteten Zeitpunkt unterscheiden. Das letzte Kriterium führt zur Einteilung in

(a) Erstkonsolidierung,
(b) Folgekonsolidierung und
(c) Entkonsolidierung.

Die Erstkonsolidierung ist beim Erwerb eines Tochterunternehmens durch die Muttergesellschaft nötig. Die Entkonsolidierung betrifft das Ausscheiden dieses Tochterunternehmens aus dem Konzernkreis durch Verkauf oder Stilllegung. Die Folgekonsolidierung liegt bei Tochterunternehmen zwischen Erwerb und Verlassen des Konzernkreises vor.

Ich gehe im Folgenden – mit Ausnahme des Werthaltigkeitstests für den derivativen Geschäfts- oder Firmenwert in Kapitel 9.11 – auf die Folgekonsolidierung nicht ein und vernachlässige die Entkonsolidierung völlig[261]. Die Erstkonsolidierung behandelt Kapitel 9.10.

9.3 Konzernentstehung

Konzerne entstehen in engem Sinne durch

(a) den Erwerb von Beteiligungen an anderen Unternehmen, mit der Möglichkeit, diese zu beherrschen; es entstehen **Tochterunternehmen** (IFRS 10, IFRS 3),
(b) die Konstruktion von **Zweckgesellschaften**, bei denen keine oder nur eine geringe Beteiligung, aber Beherrschung vorliegt (IFRS 10),

und in einem weiten Sinne auch durch

(c) den Zusammenschluss von einzelnen Unternehmen zu einem Unternehmen mit gemeinschaftlicher Führung; es entstehen **Gemeinschaftsunternehmen** oder **Joint Ventures** (IFRS 11),

---

[260] Vgl. hierzu z. B. Busse von Colbe/Ordelheide/Gebhardt/Pellens (2006), S. 46–50.
[261] Vgl. hierzu insb. Hayn/Grüne (2006), S. 113–120; Hachmeister/Schwarzkopf (2011), Rz. 141–177; weiterhin z. B. Beck-IFRS-HB/Senger/Diersch (2013), § 35 Rz. 20–46; Heuser/Theile/Theile/Pawelzik (2012), Rz. 5780–5793.

9.3 Konzernentstehung

(d) gemeinschaftliche Tätigkeiten mit anderen Unternehmen (IFRS 11),
(e) die Verschaffung von maßgeblichem Einfluss auf ein anderes Unternehmen, das kein Tochterunternehmen oder ein Anteil an einem Joint Venture ist; es entstehen **assoziierte Unternehmen** (IAS 28).

Für die Unternehmen gelten folgende Formen der Behandlung im Konzernabschluss (siehe oben Kapitel 9.1):

(a) Tochterunternehmen und beherrschte Zweckgesellschaften werden nach der Erwerbsmethode vollkonsolidiert,
(b) Gemeinschaftsunternehmen werden nur noch at equity bewertet; das frühere Wahlrecht für quotale (anteilige) Konsolidierung ist mit IFRS 11 entfallen,
(c) assoziierte Unternehmen werden at equity bewertet.

Anhang A von IFRS 10 definiert einen Konzern als ein Mutterunternehmen und seine Tochterunternehmen. Das Mutterunternehmen beherrscht ein oder mehrere Unternehmen; das Tochterunternehmen ist ein Unternehmen, das von einem anderen Unternehmen beherrscht wird.

Beherrschung verlangt vom Investor kumulativ Bestimmungsmacht über das Beteiligungsunternehmen, Risiko von oder Rechte an variablen wirtschaftlichen Erfolgen aus dem Engagement bei dem Beteiligungsunternehmen und die Möglichkeit, durch Ausübung der Bestimmungsmacht die Höhe der wirtschaftlichen Erfolge des Investors zu beeinflussen (IFRS 10.7). Um **Bestimmungsmacht** festzustellen, sollen folgende Faktoren beachtet werden: Zweck und Ausgestaltung des Beteiligungsunternehmens; Feststellung der maßgeblichen Tätigkeiten des Unternehmens und wie über diese Tätigkeiten entschieden wird; Feststellung, ob der Investor aufgrund seiner Rechte die Möglichkeit hat, die maßgeblichen Tätigkeiten zu bestimmen (IFRS 10.B3(a)-(c)).

Die Beherrschung kann direkt vom Mutterunternehmen oder indirekt über Tochterunternehmen erfolgen. **Widerlegbare Vermutung der Beherrschung** ist die **Stimmrechtsmehrheit** (IFRS 10.B6-B8). Eine Widerlegung ist z. B. denkbar, „wenn sich die Stimmrechte nur auf administrative Aufgaben beziehen und die maßgeblichen Tätigkeiten durch vertragliche Vereinbarungen bestimmt werden" (IFRS 10.B8).

„Beispiele für **Rechte,** die einem Investor entweder einzeln oder zusammen **die Bestimmungsmacht geben können**, sind unter anderem:

(a) Rechte in Form von Stimmrechten (oder potenziellen Stimmrechten) eines Beteiligungsunternehmens (…);
(b) Rechte zur Ernennung, Umbesetzung oder Abberufung von Mitgliedern des Managements in Schlüsselpositionen eines Beteiligungsun-

ternehmens, die die Möglichkeit haben, die maßgeblichen Tätigkeiten zu bestimmen;
(c) Rechte zur Ernennung oder Abberufung eines anderen Unternehmens, das die maßgeblichen Tätigkeiten bestimmt;
(d) Rechte zur Anweisung des Beteiligungsunternehmens zum Abschluss von Transaktionen zugunsten des Investors oder Vetorechte gegen Änderungen solcher Transaktionen; und
(e) andere Rechte (z. B. in einem Geschäftsführungsvertrag festgelegte Entscheidungsbefugnisse), die dem Inhaber die Möglichkeit geben, die maßgeblichen Tätigkeiten zu bestimmen." (IFRS 10.B15; Hervorhebung Verf.)

SIC-12 regelte hinsichtlich der durch den Enron-Skandal besonders in Verruf geratenen Zweckgesellschaften (special purpose entities oder SPE)[262], dass diese zu konsolidieren sind, „wenn die wirtschaftliche Betrachtung des Verhältnisses zwischen einem Unternehmen und der SPE zeigt, dass die SPE durch das Unternehmen beherrscht wird." (SIC-12.8)[263] Hierbei musste – wie bei Zweckgesellschaften üblich – keine Beteiligung vorliegen. SIC-12 ist in IFRS 10 aufgegangen. IFRS 10 geht jedoch nicht präzise auf die Feststellung der Konsolidierungspflicht von Zweckgesellschaften ein[264].

Von vier Befreiungstatbeständen abgesehen hat ein Mutterunternehmen einen Konzernabschluss aufzustellen, in dem es seine Anteile an Tochterunternehmen in Übereinstimmung mit IFRS 10 konsolidiert (IFRS 10.4 und IFRS 10.B86).

Die Befreiungstatbestände erfassen folgende Sachverhalte (IFRS 10.4):

(a) Das Mutterunternehmen ist selbst ein hundertprozentiges Tochterunternehmen oder es ist ein teilweise im Besitz stehendes Tochterunternehmen und seine anderen Eigentümer haben – nach Information hierüber – keine Einwendungen gegen die Nichtaufstellung des Konzernabschlusses,
(b) das Mutterunternehmen ist nicht kapitalmarktorientiert, d. h. es wird an keinem öffentlichen Markt mit Schuld- oder Eigenkapitalinstrumenten gehandelt,
(c) es hat keinen Antrag auf Zulassung zur Emission der genannten Instrumente gestellt oder ist im Begriff, ihn zu stellen,

---

[262] Vgl. hierzu z. B. Ballwieser/Dobler (2003), S. 450 und 461.
[263] Vgl. weiterhin IDW (2012b), S. 26–31. Zu einem Beispiel vgl. Hayn/Grüne (2006), S. 13–17.
[264] Vgl. auch die berechtigte Kritik bei Mißler/Duhr (2012), S. 28–31 sowie S. 35: „Wenn es ein Anliegen des IASB war, die Problematik der special purpose entities sauber und prinzipienorientiert in die Regelungen zum Konsolidierungskreis zu integrieren, so erscheint dies aus heutiger Perspektive nur als bedingt gelungen." (Im Original z. T. hervorgehoben)

(d) ein übergeordnetes Mutterunternehmen stellt einen Konzernabschluss nach IFRS auf, der veröffentlicht wird.

9.4 Notwendigkeit des Konzernabschlusses

Bei Konzernunternehmen ist ein Konzernabschluss neben den Jahresabschlüssen der konzernzugehörigen Gesellschaften aus mehreren Gründen nötig:

(a) Aus der für die Erstellung des Summenabschlusses erfolgenden Addition der sich jeweils entsprechenden Posten der Jahresabschlüsse der Konzerngesellschaften ergibt sich kein aussagekräftiges **Bild der Vermögens- und Finanzlage des Konzerns**, weil Doppelzählungen stattfinden: Im Summenabschluss finden sich z. B. die bei der Muttergesellschaft aktivierte 100 %-Beteiligung an einer Tochter, aber auch die hinter dieser 100 %-Beteiligung an der Tochter stehenden Vermögenswerte und Schulden (sowie das damit verbundene Eigenkapital). Vermögenswerte in Form der Beteiligung und des Gegenwerts des Eigenkapitals der Tochter werden doppelt gezählt. Um dies zu vermeiden, ist eine Kapitalkonsolidierung nötig, die Außenstehende mangels hinreichender Information nicht vornehmen können.

(b) Aus der Addition der Jahresabschlüsse der einzelnen Gesellschaften zum Summenabschluss ergibt sich kein gutes **Bild der Ertragslage des Konzerns**, weil Doppelzählungen stattfinden: Neben dem bei einer Tochter entstehenden Gewinn nimmt die Summen-GuV zugleich den ausgeschütteten (oder den auszuschüttenden) Gewinn als Beteiligungsertrag bei der Muttergesellschaft auf. Der Gewinn der Tochter wird doppelt gezählt. Um dies zu vermeiden, ist eine Ertrags- und Aufwandskonsolidierung nötig, die Außenstehende nicht vornehmen können.

(c) Ohne Ertrags- und Aufwandskonsolidierung lässt sich der **Konzerngewinn** maximieren, indem möglichst viele konzerninterne Geschäfte mit positiven Erfolgsbeiträgen realisiert werden. Da die Geschäfte noch nicht mit Konzernfremden realisiert sind, wird ein **Gewinnrealisationsrisiko** verdeckt[265]. Der Konzernabschluss weist hingegen nur Gewinne aus, die aus Transaktionen mit Konzernfremden resultieren, und eliminiert dieses Gewinnrealisationsrisiko.

---

[265] Ich vernachlässige Sachverhalte, bei denen Gewinn ohne Lieferung und Leistung auszuweisen ist, z. B. bei bestimmten Finanzinstrumenten. Vgl. hierzu Kapitel 5.3.2.

9. Konzernbesonderheiten

(d) Im Konzern beherrscht die Muttergesellschaft ihre Töchter. Dadurch lassen sich z. B. **Geschäfte aus dem Bereich der Mutter auf Töchter verlagern**, was das Bilanzbild der Mutter verbessern kann[266]. Gleichermaßen lassen sich **marktunübliche Konditionen** bei Verträgen zwischen konzernzugehörigen Gesellschaften vereinbaren. Die Jahresabschlüsse der einzelnen Konzerngesellschaften machen beides regelmäßig nicht deutlich. Außenstehende erhalten ohne Konzernabschlüsse keine Indizien hierauf.

(e) Konzerne sind regelmäßig international tätig und betreiben ihre **Geschäfte in unterschiedlichen Währungen**. Ohne Umrechnung der verschiedenen Währungen in eine Berichtswährung ist bereits die Erstellung des Summenabschlusses nicht zu bewältigen. Außenstehende können die Fremdwährungsumrechnung nur wenig aussagekräftig vornehmen und erhalten kein gutes Bild der Vermögens-, Finanz- und Ertragslage des Konzerns.

(f) Konzerne haben konzernzugehörige Gesellschaften, die nicht zwingend auf den denselben **Stichtag** bilanzieren. Hieraus resultiert ein Problem wie das unter Punkt (e) genannte. Es ist von Außenstehenden nicht gut zu bewältigen.

9.5 Theoretische Grundlagen des Konzernabschlusses

Der Konzernabschluss kann an zwei theoretischen Konzepten verankert sein:

(a) der Einheitstheorie und
(b) der Interessentheorie[267].

Nach der **Einheitstheorie** soll der Konzernabschluss Einblick in die wirtschaftliche Einheit Konzern derart geben, wie auch Einblick in eine Rechtseinheit zu geben wäre. Dies scheint durch die IFRS gefordert, weil IAS 27.4 – wie schon zitiert – lautet:

„Der Konzernabschluss ist der Abschluss eines Konzerns, bei dem Vermögenswerte, Schulden, Eigenkapital, Erträge, Aufwendungen und Cashflows des Mutterunternehmens und seiner Tochterunternehmen so dargestellt werden, als handle es sich um ein einziges Unternehmen."

Annahmen und Konsequenzen der Einheitstheorie sind:

---

[266] Vgl. auch Hayn/Grüne (2006), S. 1 f.
[267] Zur Begriffsbildung vgl. Bores (1935); zu Auseinandersetzungen mit den Konzepten vgl. insb. Ordelheide (1987); Ebeling (1995), S. 5–12.

9.5 Theoretische Grundlagen des Konzernabschlusses

(a) Mehrheit wie Minderheit der Eigentümer an einer Tochterunternehmung haben gleiche Interessen. Der Konzernabschluss muss beide Gruppen gleichermaßen informieren.

(b) Im Abschluss einer Tochter ausgewiesene Vermögenswerte und Schulden sind auch dann im Konzernabschluss zur Gänze auszuweisen, wenn die Mutter an der Tochter weniger als 100% Kapitalanteil hält. Der Minderheit zustehende Anteile am Eigenkapital oder Erfolg des Konzerns müssen aber erkennbar sein[268].

(c) Beim Erwerb von Unternehmen zahlt man regelmäßig einen Teil des Preises für immaterielle Geschäftswertkomponenten, die sich nicht in einzeln identifizierbaren und bewertbaren Vermögenswerten niederschlagen. Sie gehen stattdessen im Goodwill auf. Wenn einzeln identifizierbare Vermögenswerte und Schulden auch dann zur Gänze auszuweisen sind, wenn die Mutter oder eine andere konzernzugehörige Gesellschaft weniger als 100% des Kapitalanteils an der Tochter hält (siehe (b)), dann ist dies auch für den Goodwill geboten[269].

(d) Zwischenerfolge durch Geschäfte zwischen Konzerngesellschaften sind vollständig zu eliminieren. Bei einer Transaktion „nach oben" (von Tochter zu Mutter; **Upstream-Transaktion**) ist das zu eliminierende Zwischenergebnis proportional gegen die Anteile der Minderheit zu verrechnen; bei einer Transaktion „nach unten" (von Mutter zu Tochter; **Downstream-Transaktion**) ist das Zwischenergebnis vollständig den Eigentümern der Mutter zuzurechnen[270]. Entsprechendes gilt für die Ertrags- und Aufwandskonsolidierung.

(e) Für die Fremdwährungsumrechnung ist die Zeitbezugsmethode anzuwenden, nach der in fremder Währung angefallene bilanzierungsrelevante Ereignisse und Bestände so zu behandeln sind als wären sie im Inland in der Berichtswährung angefallen[271].

(f) Latente Steuern sind für die fiktive Rechtseinheit Konzern zu berechnen[272].

Im Gegensatz zur Einheitstheorie stellt die **Interessentheorie** darauf ab, die Eigentümer der Muttergesellschaft zu informieren. Der Einblick in die Vermögens-, Finanz- und Ertragslage orientiert sich allein an ihren Interessen. Minderheitsgesellschafter an Tochterunternehmen werden wie Fremdkapitalgeber behandelt. Der Konzernabschluss ergänzt den Jahresabschluss der Mutter.

---

[268] Vgl. hierzu auch Hendler/Zülch (2005).
[269] Vgl. auch Baetge/Kirsch/Thiele (2011), S. 21; Hendler/Zülch (2005), S. 1157.
[270] Vgl. Hendler/Zülch (2005), S. 1157.
[271] Vgl. Busse von Colbe/Ordelheide/Gebhardt/Pellens (2006), S. 159f. und S. 163f. (in Abwehr der Stichtagskursmethode).
[272] Vgl. Busse von Colbe/Ordelheide/Gebhardt/Pellens (2006), S. 44f.

9. Konzernbesonderheiten

Da es verschiedene **Varianten der Interessentheorie** gibt[273], sind die Aussagen über die Konsequenzen der Interessentheorie an einer bestimmten Variante zu verankern. Gehen wir von dem engsten Konzept, dem sog. **Proprietary-Konzept**, aus, so gilt:

(a) Der Abschluss hat die Mehrheitseigentümer an einer Tochterunternehmung zu informieren. Der Minderheit zustehende Anteile an Eigenkapital oder Erfolg sind nicht auszuweisen. Weist man sie in der Bilanz als Fremdkapital aus, so hat man das engste Konzept bereits verlassen und sich dem sog. **Parent-Company-Konzept** zugewandt, das die anderen Gesellschafter wie konzernfremde Dritte behandelt.

(b) Vermögenswerte (inklusive Goodwill) und Schulden von Tochterunternehmen sind nach der Kapitalbeteiligung der Mutter – und insofern quotal – auszuweisen. Sofern man davon abweicht, lässt sich das nur über die faktisch vollständige Verfügungsmacht bei nur quotaler Kapitalbeteiligung zu begründen versuchen[274]. Man hat sodann das engste Konzept verlassen und sich dem Parent-Company-Konzept zugewandt, das auf die Verfügungsmacht des Mutterunternehmens abstellt.

(c) Quotale Eliminierungen finden auch bei Zwischenergebnissen und Ertrags- und Aufwandskonsolidierungen statt.

(d) Für die Fremdwährungsumrechnung und latente Steuern folgt aus der engsten Form der Interessentheorie nichts Eindeutiges.

Nimmt man neben dem Proprietary-Konzept weitere Formen der Interessentheorie auf und behandelt auch den Zu- und Abgang von Tochterunternehmen, so resultieren die in Tabelle 8 dargestellten Unterschiede.

	Interessentheorie			Einheits-theorie
	Proprietary-Konzept	Parent-Company-Konzept	Parent-Company-Extension-Konzept	
Übernahme von Vermögenswerten und Schulden bei Erstkonsolidierung	In Höhe der Anteilsquote des MU	Vollständig	Vollständig	Vollständig
Aufdeckung stiller Reserven/Lasten bei Erstkonsolidierung	In Höhe der Anteilsquote des MU	In Höhe der Anteilsquote des MU	Vollständig	Vollständig
Bewertung des Goodwill	Anteil MU	Anteil MU	Anteil MU	Vollständig

---

[273] Vgl. Baetge/Kirsch/Thiele (2011), S. 17–20; Hendler/Zülch (2005), S. 1161.
[274] Vgl. in diesem Sinne Baetge/Kirsch/Thiele (2011), S. 19 f.

9.5 Theoretische Grundlagen des Konzernabschlusses

	Proprietary-Konzept	Interessentheorie		Einheits-theorie
		Parent-Company-Konzept	Parent-Company-Extension-Konzept	
Schuldenkonsolidierung	In Höhe der Anteilsquote des MU	Vollständig	Vollständig	Vollständig
Eliminierung von Zwischenergebnissen/ Ertrags- und Aufwandskonsolidierung	In Höhe der Anteilsquote des MU	In Höhe der Anteilsquote des MU	Vollständig	Vollständig
Ausweis der Anteile anderer Gesellschafter	Kein Ausweis	Schulden	Separat von Eigenkapital und Schulden	Eigenkapital
Abbildung des Zukaufs von Anteilen an TU	Erwerb	Erwerb	Erwerb	Kapitaltransaktion
Veräußerung von Anteilen an TU ohne dessen Ausscheiden aus dem Vollkonsolidierungskreis	Veräußerung	Veräußerung	Veräußerung	Kapitaltransaktion
Legende: MU ≙ Mutterunternehmen, TU ≙ Tochterunternehmen				

Tab. 8: Wesentliche Konsequenzen von Einheits- und Interessentheorie

Die IFRS folgen keiner der skizzierten Theorien vollständig:

Sie lassen mit IAS 27.4 die Orientierung an der Einheitstheorie erkennen. Hierzu passt die bei der Kapitalkonsolidierung vorgenommene vollständige Aufnahme von Vermögenswerten und Schulden von Tochterunternehmen in den Konzernabschluss auch bei einer Kapitalbeteiligung von unter 100 % (IFRS 3.10 und IFRS 10.B86).

Hingegen ist es – entgegen SFAS 141 – auch nach dem im Jahr 2008 revidierten IFRS 3 erlaubt, nur den im Kaufpreis abgegoltenen Goodwill zu aktivieren (IFRS 3.19 und .32; vgl. auch IFRS 3.BC328-329), der sich bei einer Beteiligung von unter 100 % nicht auf das ganze Unternehmen bezieht[275]. Weil dies zu Recht als inkonsequent bezeichnet wurde und nach US-GAAP anders gehandhabt wird, darf auch der volle, sich auf Mehr- und Minderheit insgesamt beziehende, Geschäfts- oder Firmenwert angesetzt werden. Davon abgesehen gilt weiterhin nicht allein die

---

[275] Vgl. auch Kapitel 9.10.1.1.

Zeitbezugsmethode für die Fremdwährungsumrechnung (vgl. hierzu Kapitel 9.9).

Aus diesen Feststellungen folgt aber keine Orientierung an der engsten Form der Interessentheorie. Hiermit ist z. B. die Angabe von Minderheitsanteilen nicht vereinbar. Außerdem werden die Minderheiten nicht als Fremdkapitalgeber gezählt (IFRS 10.22). Die Unterschiede zwischen der weitesten Form der Interessentheorie und der Einheitstheorie beziehen sich auf die Behandlung des Goodwill und des Erwerbs und Verkaufs von Beteiligungen. Hier ist in der Entwicklung der IFRS eine **kontinuierliche Annäherung an die (Reinform der) Einheitstheorie** festzustellen[276].

9.6 Konsolidierungskreis

Gemäß IFRS 10 Anhang A gelten ein **Weltabschluss- und** damit verbunden ein **Vollständigkeitsprinzip**: Der Konzernabschluss umfasst das Mutter- und sämtliche Tochterunternehmen, inklusive beherrschter Zweckgesellschaften (vgl. Kapitel 9.3).

Eine **abweichende Geschäftstätigkeit** eines Tochterunternehmens von der Geschäftstätigkeit anderer Konzernunternehmen führt nicht zum Ausschluss aus dem Konsolidierungskreis. Unternehmen, die ausschließlich mit dem **Ziel der Weiterveräußerung** in naher Zukunft erworben wurden, sind nach IFRS 5 zu behandeln, jedoch zugleich zu konsolidieren[277]. Dasselbe gilt für andere Tochterunternehmen, deren Veräußerung vorgesehen ist.

Erst der Verlust der Beherrschung oder die Aufgabe des Gemeinschaftsunternehmens begründen das Ausscheiden aus dem Konsolidierungskreis.

9.7 Stichtagsanpassung

Bei abweichenden Stichtagen von Abschlüssen **ist für Tochterunternehmen die Erstellung zusätzlicher Finanzinformationen** auf den Stichtag des Mutterunternehmens (nach altem IAS 27.22 hieß es: ist ein Zwischenabschluss) **nötig**, „sofern dies nicht undurchführbar ist" (IFRS 10.B92). „Falls dies undurchführbar ist, hat das Mutterunternehmen

---

[276] Vgl. hierzu Hendler/Zülch (2005), S. 1164–1166.
[277] Vgl. Hayn/Grüne (2006), S. 19 f.

die Finanzinformationen des Tochterunternehmens anhand des jüngsten Abschlusses des Tochterunternehmens zu konsolidieren, der im Hinblick auf die Auswirkungen bedeutender Geschäftsvorfälle und Ereignisse, die zwischen diesem Abschlussstichtag und dem Konzernabschlussstichtag eingetreten sind, angepasst wird. Der Zeitraum zwischen den Stichtagen der Abschlüsse von Tochterunternehmen und des Konzernabschlusses darf nie mehr als drei Monate betragen und die Unterschiede der Abschlussstichtage müssen von Periode zu Periode gleich bleiben." (IFRS 10.B93)

Wie die Anpassung bei Undurchführbarkeit der Erstellung zusätzlicher Finanzinformationen bei abweichenden Stichtagen vorzunehmen ist, wird nicht weiter geregelt.

Für **Gemeinschaftsunternehmen** und für **assoziierte Unternehmen** gilt: „Das Unternehmen verwendet bei der Anwendung der Equity-Methode den letzten verfügbaren Abschluss des assoziierten Unternehmens oder Gemeinschaftsunternehmens. Weicht der Abschlussstichstichtag des Unternehmens von dem des assoziierten Unternehmens oder Gemeinschaftsunternehmens ab, muss das assoziierte Unternehmen oder Gemeinschaftsunternehmen für das Unternehmen einen Zwischenabschluss auf den Stichtag des Unternehmens aufstellen, es sei denn, dies ist undurchführbar." (IAS 28.33)

Bei Undurchführbarkeit findet sich eine für Tochterunternehmen entsprechende Regelung (IAS 28.34; entsprechend IFRS 10.B93).

9.8 Konzerneinheitliche Bilanzierung und Bewertung

Für die **Konsolidierung von Tochterunternehmen** sind **einheitliche Bilanzierungs- und Bewertungsmethoden** verlangt: „Ein Mutterunternehmen hat bei der Aufstellung eines Konzernabschlusses für gleichartige Geschäftsvorfälle und andere Ereignisse unter vergleichbaren Umständen einheitliche Rechnungslegungsmethoden anzuwenden." (IFRS 10.19; im Original hervorgehoben) Analoges gilt für Gemeinschaftsunternehmen und assoziierte Unternehmen (IAS 28.35).

Anders als bei der Stichtagsanpassung **fehlt** ein **Verweis auf die mögliche Undurchführbarkeit**. Diese Möglichkeit bestand früher, wurde aber im Rahmen des Improvement Project von 2003 beseitigt.

9. Konzernbesonderheiten

Dies schafft praktisch große Probleme[278], weil die Einflussnahmemöglichkeit auf assoziierte Unternehmen nicht so groß ist wie bei Tochter- oder Gemeinschaftsunternehmen (vgl. Kapitel 9.1 und 9.12).

Für deutsche Unternehmen, die konsolidiert werden müssen und nicht bereits nach IFRS Jahresabschlüsse erstellen, ergibt sich wegen der Verpflichtung der kapitalmarktorientierten Konzerne, einen IFRS-Konzernabschluss zu erstellen, hier eine besondere Arbeitslast.

9.9 Fremdwährungsumrechnung

Für die Fremdwährungsumrechnung gilt IAS 21. Dieser Standard regelt gemäß Abs. 3

(a) die Bilanzierung von Geschäftsvorfällen und Salden in Fremdwährungen außer solchen Geschäftsvorfällen und Salden, die derivatbezogen sind (für sie gilt IAS 39),

(b) die „Umrechnung der Vermögens-, Finanz- und Ertragslage"[279] ausländischer „Geschäftsbetriebe"[280], die durch Vollkonsolidierung oder durch die Equity-Methode in den Konzernabschluss einbezogen werden, und

(c) die „Umrechnung der Vermögens-, Finanz- und Ertragslage" eines Unternehmens in eine Darstellungswährung.

IAS 21.8 unterscheidet folgende Währungen:

(a) Die **Darstellungswährung** ist die Währung, in der die Abschlüsse dargestellt werden.

(b) Die **funktionale Währung** ist die Währung des primären Wirtschaftsumfelds, in dem das Unternehmen tätig ist. Für deren Feststellung ist in erster Linie erheblich, in welcher Währung Preise und Kosten für die Produkte angegeben werden; Finanzierungsvorgänge sind erst danach von Bedeutung (IAS 21.9 f.).

Für die Bestimmung der funktionalen Währung eines ausländischen Unternehmens gibt IAS 21.11 folgende Faktoren an:

- die Tätigkeit des ausländischen Geschäftsbetriebs als erweiterter Bestandteil des berichtenden Unternehmens oder ihre davon weitgehend unabhängige Ausübung (Unabhängigkeit der Tätigkeit),

---

[278] Vgl. auch Hayn/Grüne (2006), S. 22; Pellens/Fülbier/Gassen/Sellhorn (2011), S. 818.

[279] Ein weiteres Beispiel für eigenwilliges Deutsch.

[280] Der Ausdruck „Geschäftsbetrieb" mutet merkwürdig an, weil in der genannten Form Unternehmen einzubeziehen sind. Der Ausdruck umfasst aber auch gemäß IAS 21.8 die hier nicht vertieften gemeinschaftlichen Vereinbarungen. Er geht insofern über Unternehmen hinaus.

9.9 Fremdwährungsumrechnung

- das Gewicht der Geschäftsvorfälle mit dem berichtenden Unternehmen, bezogen auf das Gesamtgeschäftsvolumen des ausländischen Geschäftsbetriebs (Bedeutung der Tätigkeit),
- die Direktheit der Auswirkungen der Cash Flows des ausländischen Unternehmens auf die Cash Flows des berichtenden Unternehmens (finanzielle Wirkung der Tätigkeit),
- die Finanzierungsunabhängigkeit des ausländischen Unternehmens zur Bedienung vorhandener und im Rahmen des normalen Geschäftsbetriebs erwarteter Schuldverpflichtungen (finanzielle Selbständigkeit).

(c) Eine **Fremdwährung** ist jede andere als die funktionale Währung des berichtenden Unternehmens.

Für den **Konzernabschluss** gilt die **Methode der funktionalen Währung**, wonach – unter Vernachlässigung von Währungen eines Hochinflationslandes (vgl. zu diesem Fall IAS 21.42 f.) – wie folgt vorzugehen ist:

(a) Weitgehend selbständige Tochterunternehmen sind nach der modifizierten Stichtagskursmethode ohne Ergebniswirksamkeit der Umrechnungsdifferenzen zu erfassen (IAS 21.39). „Modifiziert" heißt, dass nicht alle Bilanzposten zu Stichtagskursen umgerechnet werden.

(b) Weitgehend unselbständige Tochterunternehmen sind nach der Zeitbezugsmethode mit regelmäßiger Ergebniswirksamkeit umzurechnen (IAS 21.23-34).

Die **modifizierte Stichtagskursmethode** verlangt:

Vermögenswerte und Schulden einer Bilanz sind zum Stichtagskurs umzurechnen. Erträge und Aufwendungen für alle Gesamtergebnisrechnungen sind grundsätzlich zum Wechselkurs am Tag des Geschäftsvorfalls umzurechnen, jedoch sind auch Durchschnittskurse einer Periode erlaubt, soweit die Wechselkurse nicht stark schwanken (IAS 21.39-40). Die Umrechnungsdifferenzen sind als separater Teil des Eigenkapitals anzusetzen.

IAS 21 sagt nichts über die Umrechnung des Eigenkapitals, will aber die Auswirkungen der Umrechnung im Eigenkapital ausweisen (IAS 21.39(c)). Das Eigenkapital darf deshalb nicht zum Stichtagskurs umgerechnet werden. Vielmehr ist, um die Erfolgsneutralität der Umrechnungsvorgänge zu sichern, „eine Umrechnung dieser einzelnen Eigenkapitalbestandteile mit denjenigen Kursen erforderlich, die zu den Zeitpunkten ihrer jeweiligen, aus Konzernsicht erfolgten Zugänge galten (…)."[281] Das sind die historischen Kurse. Wenn sämtliche Posten der Gesamtergebnisrechnung mit Durchschnittskursen umgerechnet

---
[281] Pellens/Fülbier/Gassen/Sellhorn (2011), S. 711.

9. Konzernbesonderheiten

wurden, resultiert daraus keine Umrechnungsdifferenz. Dann geht die bilanziell ausgewiesene Umrechnungsdifferenz allein auf Differenzen bei den jeweiligen Eigenkapitalkomponenten wie Anfangsbestand, Periodenergebnis als Zugang, Dividendenausschüttung als Abgang zurück[282].

Für den **Erstansatz** von Fremdwährungsgeschäften im Jahresabschluss und für die **Zeitbezugsmethode im Konzernabschluss** gilt:

„Die Fremdwährungstransaktion ist erstmalig in der funktionalen Währung anzusetzen, indem der Fremdwährungsbetrag mit dem am jeweiligen Tag des Geschäftsvorfalls gültigen Kassakurs zwischen der funktionalen Währung und der Fremdwährung umgerechnet wird." (IAS 21.21)

Es bleibt offen, ob oder wann Geld-, Brief- oder Mittelkurs anzusetzen sind. Aus praktischen Erwägungen sind Durchschnittskurse einer Woche oder eines Monats erlaubt, sofern die Wechselkurse nicht stark schwanken (IAS 21.22). Kriterien hierfür werden nicht genannt.

Für den **späteren Bilanzansatz** verlangt IAS 21.23:

(a) Für – in IAS 21.8 und .16 definierte – monetäre Posten gilt der Stichtagskurs.

(b) Bei nicht monetären Posten ist zu unterscheiden:
- Wurden diese Posten zu Anschaffungs- oder Herstellungskosten in Fremdwährung bewertet, dann ist mit dem Kurs am Tag des Geschäftsvorfalls (historischer Kurs) umzurechnen. Dies betrifft auch mit diesen Posten in Zusammenhang stehende Aufwendungen und Erträge wie Abschreibungen[283].
- Wurden diese Posten mit dem beizulegenden Zeitwert in Fremdwährung bewertet, dann gilt der Kurs, der am Tag der Ermittlung des Wertes gültig war (das ist oft der Stichtagskurs[284]). „Gleiches gilt für die entsprechenden Aufwendungen und Erträge."[285]

Bezüglich der **Erfolgswirksamkeit** gilt:

(a) Umrechnungsdifferenzen von **monetären Posten** sind grundsätzlich erfolgswirksam zu erfassen (IAS 21.28).

(b) Umrechnungsdifferenzen aus einem **monetären Posten, der Teil einer Nettoinvestition des berichtenden Unternehmens in einen ausländischen Geschäftsbetrieb ist** (das sind langfristige Forderungen oder Darlehen, keine aus Lieferungen und Leistungen), sind im

---

[282] Vgl. das Beispiel bei Pellens/Fülbier/Gassen/Sellhorn (2011), S. 711–713.
[283] Vgl. auch Pellens/Fülbier/Gassen/Sellhorn (2011), S. 702.
[284] Wegen früher vorgenommener Neubewertung kann auch ein historischer Kurs relevant sein. Vgl. auch Pellens/Fülbier/Gassen/Sellhorn (2011), S. 702.
[285] Pellens/Fülbier/Gassen/Sellhorn (2011), S. 702.

Abschluss des berichtenden Unternehmens oder gegebenenfalls im Abschluss des ausländischen Unternehmens im Ergebnis zu erfassen. Im Konzernabschluss erfolgt hingegen der Ansatz als separater Bestandteil des Eigenkapitals. Die Umrechnungsdifferenz wird erst bei Veräußerung ergebniswirksam (IAS 21.32).

(c) IAS 21.30 regelt, dass Umrechnungsdifferenzen aus Erträgen und Aufwendungen aus der Bewertung von **nicht monetären Posten** bezüglich der Ergebniswirksamkeit deren Behandlung folgen: „Wird ein Gewinn oder Verlust aus einem nicht monetären Posten direkt im sonstigen Ergebnis erfasst, ist jeder Umrechnungsbestandteil dieses Gewinns oder Verlusts ebenfalls direkt im Eigenkapital zu erfassen. Umgekehrt gilt: Wird ein Gewinn oder Verlust aus einem nicht monetären Posten im Gewinn oder Verlust erfasst, ist jeder Umrechnungsbestandteil dieses Gewinns oder Verlusts ebenfalls im Gewinn oder Verlust zu erfassen."[286]

9.10 Erstkonsolidierung (Vollkonsolidierung)

9.10.1 Kapitalkonsolidierung

9.10.1.1 Überblick

Kapitalkonsolidierung bedeutet, den Beteiligungsbuchwert der Mutter gegen das anteilige Eigenkapital der Tochter zu verrechnen: „Im Konzernabschluss (…) werden der Buchwert der dem Mutterunternehmen gehörenden Anteile an jedem Tochterunternehmen und der Anteil des Mutterunternehmens am Eigenkapital jedes Tochterunternehmens verrechnet (eliminiert) (siehe IFRS 3, in dem dargelegt wird, wie ein resultierender Geschäfts- oder Firmenwert zu bilanzieren ist) (…)." (IFRS 10.B86)

Ohne die Eliminierung käme es zu einer Doppelzählung, wenn man die gleichartigen Posten in den einzelnen Abschlüssen der Konzernmitglieder einfach summieren würde: Bei der Mutter wäre die Beteiligung an der Tochter als Vermögenswert aktiviert. Zugleich würden durch die Summation die hinter der Beteiligung stehenden Vermögenswerte und Schulden nochmals in den Konzernabschluss eingehen. Das Beteiligungsvermögen würde doppelt gezählt.

---

[286] Es handelt sich um eine zweifach vom IASB abweichende EU-Übersetzung und ist ferner insoweit wenig überzeugend, als im ersten Satz von „im sonstigen Ergebnis" auf „im Eigenkapital" gewechselt wird.

9. Konzernbesonderheiten

Für die Kapitalkonsolidierung gilt IFRS 3. Er verlangt, dass

(a) Unternehmenserwerbe von dem Erwerber (IFSR 3.5-7) zu dem Erwerbszeitpunkt (IFRS 3.5 und .8-9) nach der **Erwerbsmethode** bilanziert werden (IFRS 3.4),

(b) die **Anschaffungskosten**[287] eines Unternehmenserwerbs (die **übertragene Gegenleistung** bei einem Unternehmenszusammenschluss) von dem Erwerber als Summe zu ermitteln sind aus
1. den zum Erwerbszeitpunkt gültigen beizulegenden Zeitwerten der übertragenen Vermögenswerte,
2. den vom früheren Eigentümer übernommenen Schulden und
3. den vom Erwerber ausgegebenen Eigenkapitalanteilen im Austausch gegen die Beherrschung des erworbenen Unternehmens (IFRS 3.37-38),

(c) der Erwerber zum Erwerbszeitpunkt **sämtliche erworbenen identifizierbaren Vermögenswerte, die übernommenen Schulden und alle nicht beherrschenden Anteile an dem erworbenen Unternehmen (grundsätzlich) zum beizulegenden Zeitwert** ansetzt, unabhängig davon, ob sie vorher beim erworbenen Unternehmen angesetzt waren (IFRS 3.10 und .18; Ausnahmen in IFRS 3.21-31),

(d) der Überschuss der Anschaffungskosten über die Summe der Zeitwerte der erworbenen Posten als **Geschäfts- oder Firmenwert aktiviert** wird (IFRS 3.32; Ausnahme in IFRS 3.19),

(e) der Erwerber die Identifizierung und Bewertung der identifizierbaren Vermögenswerte und Schulden des erworbenen Unternehmens und die Bemessung der Anschaffungskosten des Unternehmenszusammenschlusses erneut beurteilt, wenn die Summe der beizulegenden Zeitwerte der Posten die Anschaffungskosten übersteigt **(negativer Unterschiedsbetrag)**; ein danach verbleibender Überschuss ist sofort erfolgswirksam als **Ertrag** zu erfassen (IFRS 3.34-36)[288].

Die Vorgehensweise lässt sich durch Abbildung 16 darstellen. Die Darstellung zeigt:

Auch wenn regelmäßig Beteiligungen, mithin Gesellschaftsanteile, erworben werden, wird geprüft, welcher Erwerb von Vermögenswerten und Schulden damit verbunden ist. Es gilt insofern die **Fiktion des Einzelerwerbs von Vermögenswerten und Schulden (Erwerbsmethode,** IFRS 3.4 und .10).

Für die Kapitalkonsolidierung ist ferner unerheblich, ob man 100 % der Kapitalanteile oder nur 55 % erworben hat: **In der Konzernbilanz**

---

[287] Vgl. zur Relativierung dieses Begriffs das folgende Kapitel 9.10.1.2.
[288] Vgl. hierzu Qin (2005); ferner Dobler (2005), S. 26, der „die Einladung zur Gewinngenerierung durch großzügigen Ansatz immaterieller Vermögenswerte" kritisiert.

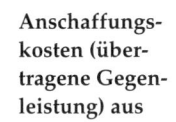

9.10 Erstkonsolidierung (Vollkonsolidierung)

| Anschaffungskosten (übertragene Gegenleistung) aus

• hingegebenen Vermögenswerten
• übernommenen Schulden
• ausgegebenen Eigenkapitalinstrumenten | 1. Unterschiedsbetrag

Nettovermögen (Eigenkapital) nach der Bilanz des erworbenen Unternehmens | 2. Unterschiedsbetrag

Nettovermögen nach der Bilanz des erworbenen Unternehmens nach Auflösung stiller Reserven und Lasten | Geschäfts- oder Firmenwert

Nettovermögen nach Auflösung stiller Reserven und Lasten und Ansatz aller identifizierbaren erworbenen Vermögenswerte und Schulden, inklusive Eventualverbindlichkeiten |

Kaufpreisaufteilung = Purchase Price Allocation (PPA)

Abb. 16: Kaufpreisaufteilung

erscheinen die fiktiv einzeln erworbenen Vermögenswerte und Schulden zu 100 %, d. h. ganz. Das ist **nur für** den **Geschäfts- oder Firmenwert anders**, wenn weniger als 100 % der Kapitalanteile erworben wurden und das in Kapitel 9.5 bereits erwähnte und in Kapitel 9.10.1.5 noch näher zu beschreibende Wahlrecht ausgeübt wird (vgl. IFRS 3.19 und .32; vgl. auch IFRS 3.BC328-329). Dann wird wegen der Orientierung an den Anschaffungskosten für den Unternehmensanteil nicht der Goodwill ausgewiesen, der auf das ganze Unternehmen entfällt.

Stille Reserven, definiert als Differenz von Buchwert und höherem Zeitwert, der bereits beim erworbenen Unternehmen bilanzierten Vermögenswerte werden durch Neubewertung zum beizulegenden Zeitwert im Erwerbszeitpunkt aufgedeckt. Sie kommen häufig bei Grundstücken und Gebäuden vor, können aber auch weitere Posten wie Beteiligungen oder Wertpapiere betreffen.

Soweit erworbene langfristige Vermögenswerte als zur Veräußerung vorgesehen klassifiziert werden, erfolgt die Bewertung gemäß IFRS 5 zum beizulegenden Zeitwert abzüglich der Veräußerungskosten (IFRS 3.31). Auch wenn hier die Bewertung leicht anders erfolgt, können in den Posten stille Reserven liegen und durch die Neubewertung offenbart werden.

Neben stillen Reserven können **stille Lasten** beim Veräußerer bestehen. Sie werden bei dem Unternehmenserwerb gleichermaßen aufgedeckt.

Der entscheidende Punkt der Erwerbsmethode liegt in der Identifikation derjenigen Vermögenswerte und Schulden, die der Veräußerer selbst nicht bilanziert hat. Dies betrifft regelmäßig **immaterielle Vermögenswerte**, welche die Aktivierungskriterien nicht erfüllt haben. Ein weiteres, aber weniger bedeutendes Beispiel ergibt sich, wenn ein bisher nach HGB bilanzierender Veräußerer Pensionslasten aufgrund einer Option gemäß Art. 28 Abs. 1 EGHGB nicht angesetzt hat.

9.10.1.2 Ermittlung der Anschaffungskosten

Die Anschaffungskosten eines Unternehmenserwerbs resultieren aus

(a) den zum Erwerbszeitpunkt gültigen beizulegenden Zeitwerten der entrichteten Vermögenswerte,
(b) den übernommenen Schulden und
(c) den von dem Erwerber ausgegebenen Eigenkapitalanteilen im Austausch gegen die Beherrschung des erworbenen Unternehmens (IFRS 3.37-38).

Direkt dem Unternehmenszusammenschluss zurechenbare Kosten, die man als Anschaffungsnebenkosten qualifizieren würde, zählen seit dem im Jahr 2008 revidierten IFRS 3 nicht dazu. Das liegt daran, dass man mit diesem die Vokabeln Anschaffungskosten und Kaufpreisaufteilung aufgegeben hat und stattdessen einerseits erworbene Vermögenswerte und Schulden und andererseits den Wert der dafür übertragenen Gegenleistung betrachtet. Für alle in Frage stehenden Komponenten zieht man grundsätzlich den beizulegenden Zeitwert heran (zu Ausnahmen vgl. IFRS 3.24-31 und .37-38), orientiert sich also an einem „full fair value accounting". Konsequenz dieses Perspektivenwechsels ist die Verrechnung von dem Erwerbsvorgang zurechenbaren (direkten wie indirekten) Kosten als Aufwand, „mit einer Ausnahme: Die Kosten für die Emission von Schuldtiteln oder Eigenkapitaltiteln sind gemäß IAS 32 und IFRS 9 zu erfassen" (IFRS 3.53).

Der **Erwerbszeitpunkt** wird nicht formalrechtlich, sondern **wirtschaftlich definiert** als der Zeitpunkt, an dem der Erwerber tatsächlich die Beherrschung über das erworbene Unternehmen übernimmt (IFRS 3.8, .41 und .42). Erfolgt der Erwerb durch eine einzige Transaktion, sind Erwerbs- und Tauschzeitpunkt regelmäßig identisch. Bei **sukzessivem Erwerb** entsprechen die Anschaffungskosten des Zusammenschlusses der Summe der Anschaffungskosten der einzelnen Transaktionen, der Erwerbszeitpunkt ist der Zeitpunkt der Erlangung der Beherrschung (IFRS 3.8).

Kosten, die der Erwerber für die Zukunft erwartet, stellen „keine zum Erwerbszeitpunkt bestehenden Schulden dar, wenn der Erwerber diese Kosten nicht zwingend auf sich nehmen muss, um seinem Plan entsprechend eine Tätigkeit des erworbenen Unternehmens aufzugeben oder Mitarbeiter des erworbenen Unternehmens zu entlassen oder zu versetzen. Daher erfasst der Erwerber diese Kosten bei der Anwendung der Erwerbsmethode nicht. Stattdessen erfasst er diese Kosten gemäß den anderen IFRS in seinen nach dem Unternehmenszusammenschluss erstellten Abschlüssen." (IFRS 3.11)

Für im Rahmen sog. **Earn-out-Klauseln** vereinbarte bedingte Gegenleistungen (Kaufpreisbestandteile z. B. in Abhängigkeit des Erreichens oder Haltens bestimmter Finanzkennzahlen oder Kunden) gelten die Regeln von IAS 32 zur Klassifikation als Schuld oder Eigenkapital (IFRS 3.40). IFRS 3.58 enthält eine Leitlinie für deren spätere Bilanzierung.

9.10.1.3 Identifikation der einzeln erworbenen Vermögenswerte

„Zum Erwerbszeitpunkt hat der Erwerber die erworbenen identifizierbaren Vermögenswerte, die übernommenen Schulden und alle nicht beherrschenden Anteile an dem erworbenen Unternehmen getrennt vom Geschäfts- oder Firmenwert anzusetzen." (IFRS 3.10; im Original hervorgehoben)

Die anzusetzenden Posten müssen den im Rahmenkonzept „dargestellten Definitionen von Vermögenswerten und Schulden zum Erwerbszeitpunkt entsprechen." (IFRS 3.11) Es ist darauf zu achten, dass sie nicht aus anderen Transaktionen stammen (IFRS 3.12 und .51-53).

„Wenn der Erwerber den Ansatzgrundsatz und die Ansatzbedingungen anwendet, werden möglicherweise einige Vermögenswerte und Schulden angesetzt, die das erworbene Unternehmen zuvor nicht als Vermögenswerte und Schulden in seinem Abschluss angesetzt hatte. Der Erwerber setzt beispielsweise die erworbenen identifizierbaren immateriellen Vermögenswerte, wie einen Markennamen, ein Patent oder eine Kundenbeziehung an, die das erworbene Unternehmen nicht als Vermögenswerte in seinem Abschluss angesetzt hatte, da es diese intern entwickelt und die zugehörigen Kosten als Aufwendungen erfasst hatte." (IFRS 3.13)

Die **Identifizierbarkeit von immateriellen Vermögenswerten** knüpft an **zwei** nicht kumulativ zu erfüllenden **Kriterien** an: dem Kriterium der Separierbarkeit und dem Kriterium der Entstehung aus vertraglichen oder gesetzlichen Rechten (IAS 38.12): „Der Erwerber hat die in einem Unternehmenszusammenschluss erworbenen immateriellen Vermögenswerte getrennt vom Geschäfts- oder Firmenwert anzusetzen. Ein

9. Konzernbesonderheiten

immaterieller Vermögenswert ist identifizierbar, wenn er entweder das Separierbarkeitskriterium oder das vertragliche/gesetzliche Kriterium erfüllt." (IFRS 3.B31)

(a) **Separierbarkeit** bedeutet, dass ein erworbener immaterieller Vermögenswert „vom erworbenen Unternehmen getrennt und somit verkauft, übertragen, lizenziert, vermietet oder getauscht werden kann. Dies kann einzeln oder in Verbindung mit einem Vertrag, einem identifizierbaren Vermögenswert oder einer identifizierbaren Schuld erfolgen." (IFRS 3.B33; ähnlich IAS 38.12(a))

(b) Die **Entstehung aus vertraglichen oder gesetzlichen Rechten** ist nicht erklärungsbedürftig. Die in IFRS 3.B32 enthaltene Erläuterung mutet seltsam an: „Ein immaterieller Vermögenswert, der das vertragliche/gesetzliche Kriterium erfüllt, ist identifizierbar, wenn der Vermögenswert weder übertragbar noch separierbar von dem erworbenen Unternehmen oder von anderen Rechten und Verpflichtungen ist." (IFRS 3.B32) Sie nimmt in unvollständiger Weise Bezug auf IAS 38.12(b).

Die **Separierbarkeit** stellt zwar erkennbar auf die externe Verwertbarkeit ab, ist aber **nicht** mit der **Einzelverwertbarkeit** identisch[289]. Auch ist das Vorliegen eines Rechts unerheblich. Ein separierbarer immaterieller Vermögenswert, der nicht aus einem Recht resultiert, kann beispielsweise ein nicht patentiertes Technologieverfahren sein[290].

Bei der Entstehung aus Rechten ist wiederum die Separierbarkeit unerheblich. Ein Beispiel für einen immateriellen Vermögenswert aus einem Recht, der nicht separierbar ist, kann ein Warenzeichen für natürliches Quellwasser[291] oder die rechtliche Betriebsgenehmigung eines Kernkraftwerks[292] sein.

Als Beispiele für einzeln erworbene immaterielle Vermögenswerte werden – wie bereits in Kapitel 4.2.1 erwähnt – genannt:

(a) Absatzmarktbezogene immaterielle Vermögenswerte (IFRS 3.IE18)
- Warenzeichen, Firmennamen, Dienstleistungsmarken, Dachmarken und Zertifizierungszeichen,
- Aufmachung (besondere Farbe, Form oder Verpackungsgestaltung),
- Zeitungstitel,
- Internet-Domänennamen,
- Wettbewerbsunterlassungsvereinbarungen.

(b) Kundenbezogene immaterielle Vermögenswerte (IFRS 3.IE23)
- Kundenlisten,

---
[289] Vgl. Heidemann (2005), S. 75 f.
[290] Vgl. Zelger (2008), S. 121.
[291] Vgl. Zelger (2008), S. 121.
[292] Vgl. Heidemann (2005), S. 76.

9.10 Erstkonsolidierung (Vollkonsolidierung)

- Auftragsbestand oder Aufträge in Bearbeitung,
- Kundenverträge und damit verbundene Kundenbeziehungen,
- nichtvertragliche Kundenbeziehungen.

(c) Kunstbezogene immaterielle Vermögenswerte (IFRS 3.IE32)
- Theaterstücke, Opern and Ballettstücke,
- Bücher, Zeitschriften, Zeitungen and andere literarische Werke,
- musikalische Werke wie Kompositionen, Liedtexte und Werbemelodien,
- Bilder und Fotos,
- Videoaufnahmen und audiovisuelle Aufzeichnungen, einschließlich Kino- und Spielfilme, Musikvideos und Fernsehprogramme.

(d) Vertragsbezogene immaterielle Vermögenswerte (IFRS 3.IE34)
- Lizenzvereinbarungen, Verträge über Nutzungsentgelte und Stillhaltevereinbarungen,
- Werbeverträge, Fertigungsaufträge, Geschäftsführungs-, Dienstleistungs- oder Lieferverträge,
- Leasingverträge,
- Baugenehmigungen,
- Franchise-Verträge,
- Betreiber- und Senderechte,
- Verwaltungs-/Abwicklungsverträge und Hypothekenabwicklungsverträge,
- Arbeitsverträge,
- Nutzungsrechte.

(e) Technologiebezogene immaterielle Vermögenswerte (IFRS 3.IE39)
- Patentierte Technologien,
- Computersoftware und Topographien,
- unpatentierte Technologien,
- Datenbanken, einschließlich Grundbuchverzeichnisse,
- Betriebsgeheimnisse wie Geheimverfahren, Prozesse und Rezepte.

Die **Intention** des IASB ist es, mit diesen Regelungen den verbleibenden **Geschäfts- oder Firmenwert (Goodwill) möglichst klein werden zu lassen**:

„Zu Anfang ihrer jeweiligen Projekte über die Bilanzierung von Unternehmenszusammenschlüssen stellten der IASB und der FASB fest, dass immaterielle Vermögenswerte einen steigenden Anteil an den Vermögenswerten vieler (wenn nicht der meisten) Unternehmen ausmachen. Die beiden Gremien stellten auch fest, dass bei einem Unternehmenszusammenschluss erworbene immaterielle Vermögenswerte oft in dem Betrag, der als Geschäfts- oder Firmenwert ausgewiesen wurde, enthalten waren." (IFRS 3.BC157) „Der IASB sowie der FASB entschieden, dass ausdrückliche Kriterien für die Bestimmung, ob ein erworbener immaterieller Vermögenswert gesondert vom Geschäfts- oder Firmenwert ausgewiesen werden sollte, bereitgestellt werden müssten. (...) Ein Grund für die Bereitstellung solcher Kriterien war die Schlussfolgerung der beiden Gremien, dass die Entscheidungsnützlichkeit von Abschlüssen verbessert werden würde, wenn sich bei einem Unternehmenszusammenschluss erworbene immaterielle Vermögenswerte von dem Geschäfts- oder Firmenwert unterscheiden würden." (IFRS 3.BC158)

Um diese Trennung der „Einzelwirtschaftsgüter" vom Goodwill zu bewerkstelligen, hat sich der IASB um die Konkretisierung der Identifizierbarkeit immaterieller Vermögenswerte bemüht (IFRS 3.BC161-162). Daraus resultierten die beiden oben genannten Kriterien der Separierbarkeit und Entstehung aus Rechten.

Das **Problem** der Identifizierbarkeit von immateriellen Vermögenswerten liegt im Kriterium **der Separierbarkeit**: „Ein immaterielles Gut ist separierbar, falls dessen Verwertbarkeit gewährleistet ist. Die Existenz der immateriellen Güter ist somit immer dann nachweisbar und durch Dritte nachprüfbar, sofern eine Verwertbarkeit identischer oder zumindest vergleichbarer immaterieller Güter am Markt zu beobachten ist. Für die Mehrzahl der immateriellen Güter dürfte dies aber nicht zutreffen, da immaterielle Güter sich häufig durch ihre Einzigartigkeit auszeichnen. Die Verwertbarkeit zahlreicher immaterieller Güter ist daher regelmäßig schwierig nachzuweisen und somit nicht intersubjektiv nachprüfbar. Das Separierbarkeitskriterium kann daher nicht als ausreichend operational angesehen werden."[293]

Aber auch das Kriterium des **vorliegenden Rechts** ist nur auf den ersten Blick gut. Während die Existenz des Rechts relativ leicht zu dokumentieren und zu überprüfen ist, stellt sich das **Problem seiner Bewertung**, das gerade im Bereich der immateriellen Güter erheblich sein kann, wenn auch IAS 38 eine andere Position einnimmt. Danach gibt es bei einem separierbaren oder aus vertraglichen oder gesetzlichen Rechten entstehenden Vermögenswert „genügend Informationen, um diesen Vermögenswert verlässlich zum beizulegenden Zeitwert zu bestimmen." (IAS 38.35)

Für die im Rahmen des Unternehmenserwerbs erstmals anzusetzenden Eventualschulden ergeben sich ähnliche Einwendungen wie bei den immateriellen Vermögenswerten.

Gemäß IFRS 3.23 „hat ein Erwerber eine bei einem Unternehmenszusammenschluss übernommene Eventualverbindlichkeit zum Erwerbszeitpunkt anzusetzen, wenn es sich um eine gegenwärtige Verpflich-

---

[293] Heidemann (2005), S. 77.

9.10 Erstkonsolidierung (Vollkonsolidierung)

tung handelt, die aus früheren Ereignissen entstanden ist und deren beizulegender Zeitwert verlässlich bestimmt werden kann."

Eventualverbindlichkeiten sind nach IAS 37.10 definiert als

„(a) eine mögliche Verpflichtung, die aus vergangenen Ereignissen resultiert und deren Existenz durch das Eintreten oder Nichteintreten eines oder mehrerer unsicherer künftiger Ereignisse erst noch bestätigt wird, die nicht vollständig unter der Kontrolle des Unternehmens stehen, oder

(b) eine gegenwärtige Verpflichtung, die auf vergangenen Ereignissen beruht, jedoch nicht erfasst wird, weil
  (i) ein Abfluss von Ressourcen mit wirtschaftlichem Nutzen mit der Erfüllung dieser Verpflichtung nicht wahrscheinlich ist, oder
  (ii) die Höhe der Verpflichtung nicht ausreichend verlässlich geschätzt werden kann."

Gegenüber Schulden weisen Eventualverbindlichkeiten ein höheres Maß an Unsicherheit bezüglich Existenz (Fall (a)) oder Höhe (Fall (b)) auf[294].

Da bei Eventualverbindlichkeiten aus einem Unternehmenserwerb nicht auf die Wahrscheinlichkeit des Nutzenabflusses abzustellen ist (IAS 37.10(b)(i)), sondern die verlässliche Bewertbarkeit reicht (IFRS 3.23), werden sie ohne und mit Unternehmenserwerb ungleich behandelt. Während im Fall (a) wie (b) ohne Unternehmenserwerb weder eine Schuld noch eine Eventualverbindlichkeit passiviert werden darf, muss sie bei Unternehmenserwerb passiviert werden, wenn die Bewertung verlässlich erfolgen kann: „Im Gegensatz zu IAS 37 setzt daher der Erwerber eine in einem Unternehmenszusammenschluss übernommene Eventualverbindlichkeit zum Erwerbszeitpunkt selbst dann an, wenn es unwahrscheinlich ist, dass ein Abfluss von Ressourcen mit wirtschaftlichem Nutzen erforderlich ist, um diese Verpflichtung zu erfüllen." (IFRS 3.23) Damit wird gegen das Rahmenkonzept (Rahmenkonzept Abs. 4.4 (b) und 4.46) verstoßen[295].

Die Folgebewertung der Eventualverbindlichkeiten ist nicht in IAS 37 geregelt, sondern ergibt sich aus IFRS 3.56.

Der Ansatz von Eventualverbindlichkeiten beeinflusst die Höhe des Geschäfts- oder Firmenwertes. Aufgrund ihrer schwierigen Objektivierbarkeit bietet sich Gelegenheit zur **Gewinngestaltung**[296].

---

[294] Vgl. auch Heidemann (2005), S. 133.
[295] Vgl. Heidemann (2005), S. 136.
[296] Vgl. Hommel/Benkel/Wich (2004), S. 1272; Heidemann (2005), S. 147.

9. Konzernbesonderheiten

9.10.1.4 Bewertung der einzeln erworbenen Vermögenswerte

Für die Bewertung einzelner Vermögenswerte und Schulden kommen grundsätzlich nur beizulegende Zeitwerte zum Erwerbszeitpunkt in Betracht (IFRS 3.18). Deren Ermittlung[297] gestaltet sich unterschiedlich schwierig, je nachdem, ob die betreffenden Güter auf aktiven Märkten mit aussagefähigen Preisen gehandelt werden oder ob diese Voraussetzung fehlt.

Die früher in IAS 38.38-41 enthaltene hierarchisch gestaffelte Bestimmung ist gestrichen und durch IFRS 13 ersetzt worden. IFRS 13.9 definiert den beizulegenden Zeitwert als den Preis, der bei Verkauf eines Vermögenswerts im Rahmen einer gewöhnlichen Transaktion zwischen Marktteilnehmern am Bewertungsstichtag erzielt werden würde. Damit wird ein markt- statt unternehmensbezogenes Bewertungskonzept bevorzugt (IFRS 13.2 und .11) und von einem Abgangspreis ausgegangen. Die beabsichtigte Verwendung des Vermögenswerts nach dem Bewertungsstichtag ist irrelevant (IFRS 13.3).

Die Bewertungsmethoden zur Ermittlung des beizulegenden Zeitwerts sollen – wie bereits beschrieben – die Verwendung von relevanten beobachtbaren Einsatzgrößen maximieren und die Verwendung von nicht beobachtbaren Einflussgrößen minimieren (IFRS 13.67). Zur Unterstützung von Widerspruchsfreiheit und Vergleichbarkeit der Bewertung zum beizulegenden Zeitwert schafft IFRS 13 eine Hierarchie von Einsatzgrößen durch deren Zuweisung zu drei Ebenen. In ihr stehen notierte und unangepasste Preise aus aktiven Märkten für identische Güter auf der höchsten Ebene (sie haben Einsatzgrößen der Ebene 1) und nicht beobachtbare Einsatzgrößen auf der niedrigsten Ebene (sie haben Einsatzgrößen der Ebene 3) (IFRS 13.72). Dazwischen stehen direkt oder indirekt beobachtbare Preise, die nicht die Eigenschaften von Ebene 1 aufweisen, weil sie z. B. aus inaktiven Märkten stammen oder sich auf ähnliche statt identische Güter beziehen (IFRS 13.82). Sofern man sich nur auf von Gutachtern geschätzte Marktwerte stützt, bewegt man sich auf Ebene 3.

Trotz der fehlenden Erwähnung von kostenorientierten Verfahren (und ihrer Ablehnung in IAS 36.BCZ29 zur Ermittlung des erzielbaren Betrags[298]) wird nach HFA 16 eine Einteilung in marktpreisorientierte, bar-

---

[297] Vgl. zu materiellen Vermögenswerten, Schulden und Eventualverbindlichkeiten auch Beyer (2008), S. 188–200, zu Marken, Technologien und Kundenbeziehungen Castedello (2008).

[298] „Nach Ansicht des IASC sind Methoden, die auf dem Wiederbeschaffungswert basieren, für die Bewertung des erzielbaren Betrags eines Vermögenswerts nicht sachgerecht. Der Grund hierfür liegt darin, dass der Wiederbeschaffungswert ein Messwert für die Anschaffungs- oder Her-

9.10 Erstkonsolidierung (Vollkonsolidierung)

wertorientierte und kostenorientierte Verfahren vorgenommen, die nach der Literatur auch wie aufgezählt hierarchisch geordnet sein sollen[299].

Das Problem bei den erworbenen immateriellen Vermögenswerten ist mithin nicht nur das Mengengerüst, für das die erläuternden Beispiele zu IFRS 3 Hinweise geben, sondern auch die Bewertung.

Hat man z. B. sowohl Marken als auch nichtvertragliche Kundenbeziehungen als erworbene immaterielle Vermögenswerte qualifiziert[300], die getrennt vom Geschäfts- oder Firmenwert anzusetzen sind, bleibt das Problem der verlässlichen Bewertung. Hierbei sind sowohl

(a) die Suche nach einem geeigneten Bewertungsverfahren als auch
(b) die Vermeidung einer doppelten Erfassung identischer Sachverhalte[301]

zu bewältigen.

Nehmen wir an, die nichtvertraglichen Kundenbeziehungen wären eliminiert, stellt sich das Problem der Bewertung der erworbenen Marke. Ohne in Details gehen zu wollen[302], resultieren hierzu ganz unterschiedliche Verfahren, von denen das kostenorientierte Verfahren nachrangig ist:

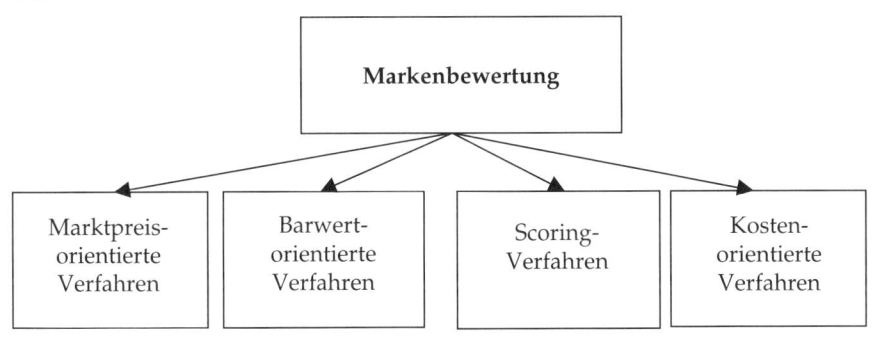

```
                    Markenbewertung
           ┌────────────┬────────────┬────────────┐
    Marktpreis-    Barwert-      Scoring-     Kosten-
    orientierte    orientierte   Verfahren    orientierte
    Verfahren      Verfahren                  Verfahren
```

Abb. 17: Verfahren der Markenbewertung

---

stellungskosten eines Vermögenswerts ist und nicht für den künftigen wirtschaftlichen Nutzen aus seiner Nutzung und/oder seinem Abgang." IAS 36.BCZ29

[299] Vgl. z. B. Zelger (2008), S. 133. Nach Beyer (2008), S. 162, ist das kostenorientierte Verfahren „nur als Hilfsverfahren in Ausnahmen für die Ermittlung eines Fair Values zulässig." Für seine begrenzte Anwendung bei Marken vgl. Castedello (2008), S. 207.

[300] Vgl. zu nichtvertraglichen Kundenbeziehungen auch insb. Lüdenbach/Prusaczyk (2004a); Heidemann (2005), S. 104–106.

[301] Die Gefahr besteht nicht nur bei Marken und nichtvertraglichen Kundenbeziehungen, sondern z. B. auch bei nichtvertraglichen Kundenbeziehungen und Mitarbeiterstamm. Vgl. auch Castedello (2008), S. 205.

[302] Im Sammelband von Schimansky (2004) werden über 30 verschiedene Verfahren dargestellt. Vgl. auch Aders/Wiedemann (2001); Bialas (2005); Frahm (2004); Franzen (1994).

Selbst wenn Marktpreise für gehandelte Marken bekannt sind, scheitert in der Regel deren Übertragbarkeit auf andere, zu bewertende Marken, weil die **Marken Unikate** darstellen.

Mit barwertorientierten Verfahren wird versucht, die künftigen monetären Vorteile aus der Markierung eines Produktes zu quantifizieren und mit den durch die Markenbildung verursachten (Zusatz-)Ausgaben zu saldieren. Die daraus resultierenden monetären Nettovorteile werden abgezinst. Sowohl die Quantifizierung der Nettovorteile als auch die Bestimmung des angemessenen Diskontierungssatzes werfen große Probleme auf.

Scoring-Verfahren bilden nicht den Markenwert in Geldeinheiten ab, sondern verarbeiten mehrere qualitative Ausprägungen, oft auf Benchmarks bezogen. „Als Inputfaktoren kann dabei sowohl auf finanzielle Größen als auch auf Größen, die aus verhaltenswissenschaftlichen Analysen abgeleitet wurden, zurückgegriffen werden. Entscheidend ist die schlussendliche Überleitung zu den Zahlungsüberschüssen aus der Nutzung der Marke."[303] Genau dies ist das Problem, aber auch zugleich Voraussetzung für die barwertorientierten Verfahren.

„Kostenorientierte Verfahren als nachrangig anzuwendende Verfahren kommen ausschließlich für Marken in Betracht, die entweder noch nicht am Markt eingeführt wurden oder keine erkennbare Wahrnehmung bei den Verbrauchern haben und damit eher einer Produktbezeichnung entsprechen als einer Marke. Der Wert der Marke besteht dann ausschließlich in den ersparten Aufwendungen, z. B. für die Entwicklung einer Bezeichnung, eines Logos sowie der Registrierung."[304]

Der letzten Aussage wird man nur zustimmen können, wenn die ersparten Aufwendungen wertträchtig sind, mithin Nutzen stiften.

9.10.1.5 Goodwillberechnung

IFRS 3.19 und .32 erlauben die Goodwillberechnung sowohl allein aus dem Kaufpreis für die erworbenen Güter (**Purchased-Goodwill-Methode**) als auch die Berechnung des vollen Goodwill (**Full-Goodwill-Methode**). Zustande kommen die Unterschiede bei einer Beteiligung an einem Unternehmen, die unter 100 % der Kapitalanteile liegt, aufgrund verschiedener Bewertung der Minderheitsanteile oder – wie die heutige Terminologie des IFRS 3 ist – der nicht beherrschenden Anteile (IFRS 3.5(c)). Für Letztere gilt:

„Bei jedem Unternehmenszusammenschluss hat der Erwerber alle nicht beherrschenden Anteile an dem erworbenen Unternehmen entweder

---

[303] Castedello (2008), S. 206.
[304] Castedello (2008), S. 207.

9.10 Erstkonsolidierung (Vollkonsolidierung)

zum beizulegenden Zeitwert oder zum entsprechenden Anteil des identifizierbaren Nettovermögens des erworbenen Unternehmens zu bewerten." (IFRS 3.19)

Folgendes Beispiel[305] macht den Unterschied deutlich:

A erwirbt 80 % der Anteile von B für 800 und erlangt Beherrschung. Die erworbenen Vermögenswerte haben beizulegende Zeitwerte von 1600, die übernommenen Schulden betragen 900. Als erworbenes Nettovermögen resultiert 700 (1600 – 900). Der Unternehmenswert von B betrage 1000.

Nach der Full-Goodwill-Methode beträgt der Geschäfts- oder Firmenwert 1000 – 700 = 300. Saldiert werden Unternehmenswert und erworbenes Nettovermögen. Die nicht beherrschenden Anteile belaufen sich auf 20 % des Unternehmenswerts von 1000, also 200.

Nach der Purchased-Goodwill-Methode beläuft sich der Goodwill auf 80 % des vollen Goodwill, mithin 240. Die nicht beherrschenden Anteile werden statt mit 200 mit 20 % des Nettovermögens in Höhe von 700, mithin 140, angesetzt.

Je nach Methode gibt es verschiedene Werte für Goodwill (300 oder 240), Minderheitsanteile (200 oder 140) und Bilanzsumme (1900 oder 1840) (siehe Abbildung 18).

Full-Goodwill-Methode		Purchased-Goodwill-Methode	
VW 1600	Nicht beh. Anteile 200	VW 1600	Nicht beh. Anteile 140
GW 300	Schulden 900	GW 240	Schulden 900
	Übertr. Gegenl. 800		Übertr. Gegenl. 800
1900	1900	1840	1840

Abb. 18: Goodwillberechnung
VW = Vermögenswerte; GW = Goodwill; Nicht beh. Anteile = Nicht beherrschende Anteile; Übertr. Gegenl. = Übertragene Gegenleistung

Das durch IFRS 3.19 geschaffene Wahlrecht ist Resultat der Uneinigkeit des IASB: „Die Einführung einer Wahl der Bewertungsgrundlage für nicht beherrschende Anteile hatte für den IASB nicht erste Priorität. Im

---
[305] Ich folge Fink (2008), S. 117 f.

9. Konzernbesonderheiten

Allgemeinen ist der IASB der Auffassung, dass alternative Rechnungslegungsmethoden die Vergleichbarkeit von Abschlüssen verringert. Der IASB konnte sich jedoch nicht auf eine einzige Bewertungsgrundlage für nicht beherrschende Anteile einigen, da keine der erwogenen Alternativen (beizulegender Zeitwert und entsprechender Anteil des identifizierbaren Nettovermögens des erworbenen Unternehmens) durch genügend Mitglieder des Board unterstützt wurde, um einen überarbeiteten Standard über Unternehmenszusammenschlüsse herauszugeben. Der IASB entschied, eine Wahl der Bewertungsgrundlage für nicht beherrschende Anteile zuzulassen, da er zu dem Schluss kam, dass die Vorteile der anderen Verbesserungen und die Konvergenz der Bilanzierung von Unternehmenszusammenschlüssen, die in diesem Projekt erarbeitet wurden, die Nachteile der Gestattung dieser besonderen Option überwiegen." (IFRS 3.BC210)

Nach einer Untersuchung der **Praxis der Goodwill-Bilanzierung** der DAX-30-Unternehmen (ohne Finanzdienstleister und Fresenius Medical Care AG & Co KGaA) ist die Full-Goodwill-Methode bislang nicht angewendet worden. Jedoch ist aufgrund der relativ geringen Anzahl an Unternehmenszusammenschlüssen seit 1. Juli 2009 noch keine breite Grundlage vorhanden[306]. In den Jahren 2002 bis 2010 betrug der als Median gemessene durchschnittliche Anteil des Goodwill in Prozent des Eigenkapitals der DAX-30-Unternehmen zwischen knapp 26 % (2005) und gut 47 % (2008)[307]. Die in jedem Jahr höheren arithmetischen Mittelwerte zeigen, dass die Verteilungen schief sind und Ausreißer aufweisen. Ein Vergleich der arithmetischen Mittelwerte für die Jahre 2008 bis 2010 bei Leitner-Hanetseder/Rebhan (54,44 %, 53,57 % und 50,74 %) mit den Werten aus der Studie von Rogler/Straub/Tettenborn (36,2 %, 38,6 % und 37,3 %) weist hingegen bei letzteren viel niedrigere Werte aus[308]. Die Gründe können in unterschiedlicher Datengrundlage (Geschäftsberichte oder Datenbank), Mittelwertbildung (Summe aller Goodwill-Posten durch Summe der Eigenkapitalposten oder Durchschnitt der unternehmensbezogenen Anteile) und Erfassung von Minderheitsanteilen liegen.

9.10.1.6 Verteilung des Goodwill

Der beim Unternehmenserwerb entgoltene Goodwill ist auf zahlungsmittelgenerierende Einheiten oder Gruppen von zahlungsmittelgenerierenden Einheiten zu verteilen (IAS 36.80), weil auf deren Ebene ein Werthaltigkeitstest vorzunehmen ist. Eine **zahlungsmittelgenerierende Einheit** wird in IAS 36.6 definiert als „die kleinste identifizierbare Grup-

---

[306] Vgl. Leitner-Hanetseder/Rebhan (2012), S. 162.
[307] Vgl. Leitner-Hanetseder/Rebhan (2012), S. 160.
[308] Vgl. Rogler/Straub/Tettenborn (2012), S. 346.

9.10 Erstkonsolidierung (Vollkonsolidierung)

pe von Vermögenswerten, die Mittelzuflüsse erzeugen, die weitestgehend unabhängig von den Mittelzuflüssen anderer Vermögenswerte oder anderer Gruppen von Vermögenswerten sind."[309]

Die Verteilung hat unabhängig davon zu erfolgen, ob andere Vermögenswerte oder Schulden des erworbenen Unternehmens[310] diesen Einheiten oder Gruppen von Einheiten bereits zugewiesen worden sind (IAS 36.80).

Hieraus ergeben sich zwei Probleme:

(a) die Zuteilungseinheit und
(b) der Zuteilungsschlüssel.

Ad (a): **Zuteilungseinheit**

Zur Zuteilungseinheit finden wir **konzeptionelle Aussagen** in zwei verschiedenen Formen. **Zum einen**:

„Jede Einheit oder Gruppe von Einheiten, zu der der Geschäfts- oder Firmenwert so zugeordnet worden ist,

(a) hat die niedrigste Ebene innerhalb des Unternehmens darzustellen, auf der der Geschäfts- oder Firmenwert für interne Managementzwecke überwacht wird; und
(b) darf nicht größer sein als ein Geschäftssegment, wie es gemäß Paragraph 5 des IFRS 8 Geschäftssegmente vor der Zusammenfassung der Segmente festgelegt ist." (IAS 36.80; im Original hervorgehoben)

Während die Obergrenze der zahlungsmittelgenerierenden Einheit mit der Orientierung am Geschäftssegment – vgl. hierzu Kapitel 7.6 – (einigermaßen) eindeutig ist, gilt dies für die Untergrenze nicht. Erkennbar wird ein **management approach**, d. h. für die externe Rechnungslegung bezieht man sich mit der Überwachung für interne Managementzwecke auf interne Steuerungs- und Organisationselemente.

Jedoch bleibt völlig unklar, wie das Überwachen des Geschäfts- oder Firmenwertes vonstatten geht oder gehen soll und was in diesem Zusammenhang die niedrigste Ebene ist. Nach Brücks/Kerkhoff/Richter ist Indikator dafür etwa, „auf welcher Ebene eines Unternehmens Akquisitionsentscheidungen getroffen werden und welche Ebene des Unternehmens am Erfolg der Akquisition, aus der Goodwill hervorging, gemessen wird. Regelmäßig wird dies das oberste Führungsgremium eines Unternehmens bzw. einer Unternehmensgruppe sein, weil Ak-

---

[309] Ein weiteres Beispiel für eine schlechte EU-Übersetzung. Im Englischen bezieht sich das „die" im Relativsatz auf die Gruppe von Vermögenswerten, in der Übersetzung auf die Vermögenswerte. Die IASB-Übersetzung ist korrekt.

[310] In der Übersetzung steht für „acquiree" fälschlicherweise „des erwerbenden Unternehmens".

quisitionsentscheidungen und demzufolge auch die Akquisitionsnachschau von dieser Ebene verantwortet wird."[311] Damit wird das Bemühen des IASB, „niedrigste Ebenen" zu finden, konterkariert[312]. Diese Vorgehensweise trägt aber dazu bei, potentielle Abwertungen des Goodwill zu erschweren (vgl. hierzu Kapitel 9.11).

Zum anderen verlangt IAS 36.80 die Zuteilung auf diejenigen „zahlungsmittelgenerierenden Einheiten bzw. Gruppen von zahlungsmittelgenerierenden Einheiten des erwerbenden Unternehmens, die aus den Synergien des Zusammenschlusses Nutzen ziehen sollen" (im Original hervorgehoben)[313]. **Die Zuteilungseinheiten sind deshalb nach Nutzenstiftung aufgrund von Synergien abzugrenzen.**

Die Literatur verweist zu Recht darauf, dass die Kriterien (1) der Überwachung des Geschäfts- oder Firmenwertes und (2) der Nutzenstiftung unterschiedliche Ergebnisse für die Abgrenzung der Zuteilungseinheit liefern können[314].

Für die Abgrenzung von zahlungsmittelgenerierenden Einheiten gilt gemäß IAS 36.72 grundsätzlich das **Stetigkeitsprinzip**.

Ad (b): **Zuteilungsschlüssel**

IAS 36.81 hält fest:

„Der Geschäfts- oder Firmenwert erzeugt keine Cashflows, die unabhängig von anderen Vermögenswerten oder Gruppen von Vermögenswerten sind, und trägt oft zu den Cashflows von mehreren zahlungsmittelgenerierenden Einheiten bei. Manchmal kann ein Geschäfts- oder Firmenwert **nicht ohne Willkür** einzelnen zahlungsmittelgenerierenden Einheiten [,] sondern nur Gruppen von zahlungsmittelgenerierenden Einheiten zugeordnet werden." (Hervorhebung Verf.)

Der Satz suggeriert, man könne den erworbenen Geschäfts- oder Firmenwert zwar im Zweifel einzelnen zahlungsmittelgenerierenden Einheiten nur willkürlich zuordnen, hingegen könne dies bei Gruppen von zahlungsmittelgenerierenden Einheiten ohne Willkür geschehen. Dies ist bekanntermaßen falsch.

Der Geschäfts- oder Firmenwert stellt einen **Mehrwert** gegenüber der Summe der einzelnen Werte der erworbenen Güter dar. Er entsteht ebenso durch Verbundeffekte im gekauften Unternehmen wie durch Verbundeffekte mit dem kaufenden Unternehmen[315].

---

[311] Brücks/Kerkhoff/Richter (2005), S. 2.
[312] Vgl. Hachmeister (2008), S. 243.
[313] Aus „that is expected to benefit" wird in der EU-Übersetzung „die (...) Nutzen ziehen sollen", in der IASB-Übersetzung richtigerweise „die (...) voraussichtlich Nutzen ziehen".
[314] Vgl. Hachmeister/Kunath (2005), S. 70 f.
[315] Das entspricht dem „going-concern goodwill" und dem „combination goodwill", die zusammen als „core goodwill" bezeichnet werden bei John-

Diese **Synergien** lassen sich weder in ihre einzelnen Komponenten zerlegen[316] noch einzeln bewerten. Jede Aufteilung des durch Unternehmenszusammenschluss erworbenen Geschäfts- oder Firmenwertes schafft dasselbe Problem wie die Verteilung von Gemeinkosten auf einzelne Kostenträger. Die Verteilung gelingt nicht verursachungsgerecht, sondern nur durch Anwendung eines vorzugebenden und von Dritten gegebenenfalls nachvollziehbaren, aber noch immer willkürlichen Zuteilungsverfahrens[317].

9.10.1.7 Würdigung

Die Regelungen schaffen dem Bilanzierenden **Gestaltungspotential**[318], das er verwenden wird, um für den mindestens jährlich vorzunehmenden Wertminderungstest (vgl. hierzu Kapitel 9.11) gewünschte Effekte zu erzeugen. Will man Abwertungen erschweren, bietet sich eine Goodwillzuteilung auf einer möglichst hohen Zurechnungsebene an, um innerhalb dieser hohen Ebene die Kompensation von Goodwillminderungen mit Goodwillsteigerungen zu erzielen. Diese Vorgehensweise scheint sich empirisch zu bestätigen:

Pellens et al. analysierten 65 Unternehmen, von denen 45 IFRS-Anwender und 20 US-GAAP-Bilanzierer darstellten[319]. Für die IFRS-Anwender stellen sie zur Abgrenzung der zahlungsmittelgenerierenden Einheiten (CGU) fest: „Bei 64 % der Unternehmen orientiert sich die Abgrenzung an den Rechtseinheiten des Konzerns, während 16 Gesellschaften (36 %) diese bei ihrer Entscheidung nicht explizit berücksichtigen. Die Auswertung bezüglich der Ebene der CGU (...) zeigt, dass die Mehrheit der Unternehmen die CGU auf der Segmentebene oder eine Ebene unterhalb der Segmente abgrenzt; 30 % wählen unterschiedliche

---

son/Petrone (1998), S. 295 f. Vgl. hierzu auch Hachmeister/Kunath (2005), S. 64 f.

[316] Vgl. Moxter (1984), S. 8. „Welche Objekte im einzelnen aber einen solchen Beitrag zu den Ertragserwartungen versprechen, entzieht sich jeder erschöpfenden Aufzählung (...)." Und: „Die Isolierung von Komponenten des Fortführungsvermögens stößt noch auf ein zweites Hindernis: Es ergeben sich Zurechnungsprobleme; man weiß oft nicht einmal anzugeben, ob ein Objekt eine positive oder eine negative Ertragswirksamkeit entfaltet, ob es also auf die Aktivseite oder auf die Passivseite gehört. Nur das ‚gute' Management oder die ‚gute' Belegschaft zum Beispiel sind zu aktivieren; ein ‚schlechtes' Management und eine ‚schlechte' Belegschaft hat man dagegen zu passivieren; die Grenzlinie zwischen ‚gut' und ‚schlecht' und damit zwischen Aktivierung und Passivierung bleibt offen."

[317] Vgl. Moxter (2003), S. 137 f.; Watts (2003), S. 218.

[318] Vgl. auch Hachmeister (2008), S. 242 f.; Kuhner (2008), S. 24; Hitz/Kuhner (2002), S. 285; Pellens/Sellhorn (2001), S. 718.

[319] Vgl. Pellens et al. (2005), S. 11.

9. Konzernbesonderheiten

Abgrenzungsebenen."[320] Nur vier IFRS-Anwender siedeln die zahlungsmittelgenerierende Einheit zwei Ebenen unterhalb der Segmente an.

Man kann darüber streiten, inwiefern der IASB (dem FASB folgend) sein Ziel[321] erreicht hat, eine fragwürdige Praxis der pauschalen Aktivierung von Geschäfts- oder Firmenwert dadurch abzulösen, dass möglichst viele einzelne immaterielle Vermögenswerte identifiziert und im Konzernabschluss angesetzt werden, für die beim Unternehmenserwerb Entgelt geleistet wurde.

Der IASB müsste die Regelung mit Verweis auf Entscheidungsnützlichkeit, sprich: Relevanz und glaubwürdige Darstellung, begründen. Zwar sieht die Literatur angesichts zunehmender Bedeutung immaterieller Werttreiber die Entscheidungsrelevanz durch den separaten Ausweis der immateriellen Vermögenswerte im Konzernabschluss[322]. Aber dieser Vorteil geht zu Lasten der Zuverlässigkeit als Bestandteil von glaubwürdiger Darstellung der vermittelten Information. Der Nettoeffekt kann gering sein, wie Heidemann ausführt:

„Die in IFRS 3 enthaltenen Ermessensspielräume und Freiheitsgrade sowie die faktische Eliminierung des objektivierenden Ansatzkriteriums der Wahrscheinlichkeit eines künftigen Nutzenzuflusses ermöglichen den erwerbenden Unternehmen, je nach verfolgter Bilanzstrategie die identifizierbaren immateriellen Vermögenswerte des erworbenen Unternehmens entweder weitgehend gesondert zu aktivieren oder weitgehend als Bestandteil des Geschäfts- oder Firmenwerts auszuweisen. Somit können die erwerbenden Unternehmen erheblichen Einfluss auf die Frage nehmen, ob und in welcher Höhe ein Geschäfts- oder Firmenwert zu bilanzieren ist. Diese Ermessensspielräume konterkarieren indes eine zuverlässige Abbildung des zu Grunde liegenden Sachverhalts. (…) Die durch IFRS 3 i. V. m. IAS 38 geänderten Ansatzvorschriften erhöhen die Entscheidungsnützlichkeit der im Konzernabschluss vermittelten Informationen über identifizierbare immaterielle Vermögenswerte des erworbenen Unternehmens somit lediglich geringfügig."[323]

Diese Feststellung lässt sich ergänzen durch den Hinweis, dass die Wahlmöglichkeit zur Berechnung des Goodwill (siehe oben Kapitel 9.10.1.5) die Vergleichbarkeit zwischen Unternehmen erschwert und insofern der Entscheidungsnützlichkeit zuwiderläuft.

---

[320] Pellens et al. (2005), S. 12. Mit unterschiedlicher Abgrenzungsebene wird eine Abgrenzung unterschiedlich zur Segmentabgrenzung verbunden.
[321] Vgl. auch Kuhner (2008), S. 2 und S. 17.
[322] Vgl. Heidemann (2005), S. 115.
[323] Heidemann (2005), S. 120.

9.10.2 Schuldenkonsolidierung

Ein zweiter wichtiger Schritt bei der Erstellung eines Konzernabschlusses ist die Schuldenkonsolidierung, d. h. die Verrechnung der innerhalb eines Konzerns zwischen den konsolidierten Gesellschaften bestehenden Forderungen- und Schuldenbeziehungen.

Hierzu gibt es keinen eigenen Standard, aber das ändert nichts an der Notwendigkeit der Schuldenkonsolidierung (vgl. auch IFRS 10.B86).

Die Erwartung, dass die Aufrechnung der konzerninternen Schuldverhältnisse im Konzernabschluss gegenüber der Summenbilanz lediglich zu einer Bilanzverkürzung führen würde, wird insbesondere wegen der asymmetrischen Behandlung von Rückstellungen und Forderungen nicht erfüllt. Ist aufgrund von Lieferungs- und Leistungsbeziehungen oder aufgrund von (erwarteten) Schadenseintritten bereits eine Rückstellung zu bilden, steht dem meist noch keine Forderung des (konzernzugehörigen) Vertragspartners oder Deliktgläubigers gegenüber. Der Differenzbetrag ist mit dem Eigenkapital zu verrechnen. Man nimmt hierzu regelmäßig die Gewinnrücklage[324].

Weitere Gründe für Differenzen resultieren z. B. aus der Einbeziehung ausländischer Unternehmen mit unterschiedlichen Umrechnungskursen bei inländischen und ausländischen Gesellschaften und Unterschieden im Buchungszeitpunkt.

9.10.3 Ertrags- und Aufwandskonsolidierung

Gleichermaßen sind Ertrags- und Aufwandskonsolidierungen geboten, um die wirtschaftliche Einheit Konzern wie eine Rechtseinheit im Abschluss darzustellen. Basis ist IFRS 10. Danach werden „konzerninterne Vermögenswerte, Schulden, Eigenkapital, Erträge, Aufwendungen und Cashflows im Zusammenhang mit Geschäftsvorfällen zwischen Konzernunternehmen in voller Höhe eliminiert (Gewinne oder Verluste aus konzerninternen Geschäftsvorfällen, die im Buchwert von Vermögenswerten, wie Vorräten und Anlagevermögen, enthalten sind, werden in voller Höhe eliminiert)." (IFRS 10.B86)

Geschäftsvorfälle, die zu einer solchen Form der Konsolidierung führen, können Kredit-, Leasing-, Miet-, Arbeits- oder Gewinnabführungsverträge sein, aber auch sonstige Lieferungen und Leistungen. Letztere machen es regelmäßig nötig, Zwischenerfolge zu eliminieren.

---

[324] Vgl. Pellens/Fülbier/Gassen/Sellhorn (2011), S. 776.

9. Konzernbesonderheiten

9.10.4 Zwischenergebniseliminierung

Zwischenergebnisse sind unrealisierte Erfolge aus konzerninternen Lieferungen und Leistungen während der Berichtsperiode und schlagen sich am Bilanzierungsstichtag in den noch im Konzernbestand befindlichen Vermögenswerten nieder. Die Zwischenergebnisse sind aus den in der Summenbilanz enthaltenen Beständen herauszurechnen. Hierzu ist der Einzelbilanzwert eines konzernintern gelieferten Vermögenswertes mit den Konzernanschaffungs- oder Konzernherstellungskosten zu vergleichen.

Die Korrekturbuchungen hängen von dem verwendeten Verfahren in der Gewinn- und Verlustrechnung ab. Für das **Gesamtkostenverfahren** lassen sich folgende Konstellationen unterscheiden:

	Lieferung ...		
	in das Vorratsvermögen		in das Anlagevermögen
Lieferer hat Vermögenswerte ...	Abnehmer hat verarbeitet	Abnehmer hat nicht verarbeitet	
bearbeitet (Erzeugnisse)	Innenumsatz ist gegen Materialaufwand des Abnehmers zu saldieren	Innenumsatz ist auf Bestandserhöhungen bei Erzeugnissen umzugliedern	Innenumsatz ist auf aktivierte Eigenleistungen umzugliedern
nicht bearbeitet (Waren)	Innenumsatz ist gegen Materialaufwand des Lieferers zu saldieren		

Tab. 9: Ertrags- und Aufwandssaldierung bei der Lieferung von Vorräten
Quelle: Pellens/Fülbier/Gassen/Sellhorn (2011), S. 782 in Anlehnung an Busse von Colbe/Ordelheide/Gebhardt/Pellens (2006), S. 447

Einfacher ist die Korrektur beim **Umsatzkostenverfahren**. Hier „sind die Innenumsatzerlöse in allen Fällen gegen die Herstellungskosten des Umsatzes (beim Lieferer) sowie gegen einen im Vorrats- bzw. Sachanlagevermögen des Abnehmers befindlichen Zwischenerfolg zu eliminieren."[325]

9.11 Werthaltigkeitstest des Goodwill

Der Goodwill ist **mindestens einmal im Jahr** auf Werthaltigkeit zu testen (IAS 36.90) und gegebenenfalls außerplanmäßig abzuschreiben (IAS

---

[325] Pellens/Fülbier/Gassen/Sellhorn (2011), S. 780.

9.11 Werthaltigkeitstest des Goodwill

36.59). Der Zeitpunkt des regelmäßig vorgenommenen Tests kann vom bilanzierenden Unternehmen frei gewählt werden, ist aber dann für die Folgejahre stetig beizubehalten (IAS 36.96). Unregelmäßig vorgenommene Tests können aufgrund von unterjährig sich ergebenden Anhaltspunkten über Wertminderungen nötig werden. IAS 36.12 enthält Beispiele für solche Anhaltspunkte.

Für den Werthaltigkeitstest ist der **Buchwert des Goodwill mit dem erzielbaren Betrag zu vergleichen**. Der Vergleich findet auf Ebene der zahlungsmittelgenerierenden Einheit oder deren Gruppen statt (IAS 36.80; vgl. auch Kapitel 9.10.1.6). Ist der erzielbare Betrag niedriger als der Buchwert, muss ein Wertminderungsaufwand gebucht werden (IAS 36.104). Hierbei ist der dem Minderheitsanteil zuzurechnende Geschäfts- oder Firmenwert in die Berechnung einzuschließen (vgl. Beispiel 7 der Erläuternden Beispiele von IAS 36).

Wird die außerplanmäßige Abschreibung nötig, ist zunächst der Goodwill zu mindern. Übersteigt der Wertminderungsaufwand den Buchwert des Goodwill der Einheit, ist der verbleibende Unterschiedsbetrag auf die übrigen Vermögenswerte der Einheit im Verhältnis ihrer Buchwerte zu verteilen (IAS 36.104(b)). Untergrenze der Bewertung der übrigen Vermögenswerte ist – vereinfacht ausgedrückt – der höhere Wert aus Null oder dem erzielbaren Betrag, soweit dieser bestimmbar ist (IAS 36.105); das spart regelmäßig liquide Mittel von der Wertminderung aus. Ein deswegen nicht verteilbarer Wertminderungsaufwand hat pro rata auf die verbleibenden Vermögenswerte der Einheit verteilt zu werden. Sofern auch danach ein Restbetrag verbleibt, ist gegebenenfalls eine Schuld zu passivieren (IAS 36.108)[326].

Die Goodwillabschreibung kann mit der Abschreibung anderer Vermögenswerte der betroffenen (Gruppen von) zahlungsmittelgenerierenden Einheit(en) konkurrieren. „Um eine zu hohe Abschreibung des Goodwill zu Gunsten anderer Vermögenswerte derselben cash generating unit zu vermeiden, schreibt IAS 36.97 für die Fälle, in denen der Impairmenttest für andere Vermögenswerte zum selben Zeitpunkt wie der Impairmenttest für den Goodwill durchgeführt wird, vor, dass zunächst der Impairmenttest für diese anderen Vermögenswerte durchzuführen ist."[327]

Entscheidend für die außerplanmäßige Abschreibung ist neben der Abgrenzung der zahlungsmittelgenerierenden Einheiten und der Verteilung des Goodwill auf diese die Ermittlung des erzielbaren Betrags[328].

Der erzielbare Betrag ist das Maximum aus beizulegendem Zeitwert abzüglich der Verkaufskosten und Nutzungswert (IAS 36.6). Der Nut-

---

[326] Vgl. mit Beispielen Dobler (2005), S. 27 f.
[327] Brücks/Kerkhoff/Richter (2005), S. 1; im Original z.T. hervorgehoben.
[328] Ich folge ab hier weitgehend wörtlich Ballwieser (2006), S. 274–278.

9. Konzernbesonderheiten

zungswert ist als „Barwert der künftigen Cashflows, der voraussichtlich aus einem Vermögenswert oder einer zahlungsmittelgenerierenden Einheit abgeleitet werden kann" (IAS 36.6; im Original hervorgehoben), definiert. Er ist ein Kapitalwert.

Der um die Verkaufskosten zu vermindernde **beizulegende Zeitwert** ist entsprechend IFRS 13 zu ermitteln (vgl. oben Kapitel 9.10.1.4). In praxi werden hierbei vielfach nicht beobachtbare Einsatzgrößen ins Spiel kommen, d.h. man befindet sich auf der niedrigsten Ebene mit Einsatzgrößen der Ebene 3 nach IFRS 13.72. Ein prominentes Beispiel sind die Discounted Cash Flow-Verfahren[329]. Dadurch verschwimmen – wie gleich zu zeigen ist – aber die Grenzen gegenüber dem Nutzungswert.

Zur Ermittlung des **Nutzungswerts** stellen sich folgende Fragen:

(1) Wie ist das Bewertungsverfahren normiert?
(2) Wie wird die Unsicherheit berücksichtigt?
(3) Wie sind die Cash Flows zu prognostizieren?
(4) Ist die Finanzierung zu berücksichtigen?
(5) Welche Steuern sind zu erfassen?
(6) Welcher Zins ist zu verwenden?

IAS 36.30 und andere Regelungen enthalten **keine Vorgaben zum Bewertungsverfahren** im Sinne einer möglichen DCF-Variante[330]. Jedoch finden sich Forderungen nach der Einhaltung von Äquivalenzprinzipien, die man aus der Unternehmensbewertung kennt[331]. Angesprochen werden

- die Risikoäquivalenz (IAS 36.32),
- die Kaufkraftäquivalenz (IAS 36.40) und
- die Währungsäquivalenz (IAS 36.54).

Die **Unsicherheit** kann gemäß IAS 36.32 bei den Cash Flows (das entspricht grundsätzlich der **Sicherheitsäquivalentmethode**[332]) und dem Zins (das entspricht grundsätzlich der **Risikozuschlagsmethode**[333]) berücksichtigt werden. Praktische Bedeutung dürfte nur die zweite Vorgehensweise haben.

In der Beispielrechnung von IAS 36.A8 zur Unsicherheitsberücksichtigung findet sich ein Fehler, weil unsichere Cash Flows mit sicheren Zinsen diskontiert werden, was ohne sog. risikoangepasste oder risiko-

---

[329] Vgl. zu den Varianten der DCF-Verfahren z.B. Ballwieser (2011a), S.132–198; Hachmeister (2000), S.91–139.
[330] Rudimentäre Angaben finden sich im Anhang von IAS 36. Hierauf wird im Zusammenhang mit der Ermittlung des Zinsfußes noch eingegangen.
[331] Vgl. insb. Moxter (1983), S.155–202; Ballwieser/Leuthier (1986), S.607–610.
[332] Vgl. hierzu z.B. Ballwieser (2011a), S.67–80.
[333] Vgl. z.B. Ballwieser (2011a), S.81–84.

9.11 Werthaltigkeitstest des Goodwill

neutrale Wahrscheinlichkeiten[334], an die der IASB nicht denkt, theoretisch nicht zu begründen ist[335].

Darüber hinaus sollen unter der Vokabel „Traditional Approach" nicht etwa – wie theoretisch geboten – Erwartungswerte von Wahrscheinlichkeitsverteilungen mit risikoangepassten Zinsfüßen abgezinst werden, sondern wahrscheinlichste Werte (= Modalwerte). Welche Zinsfüße hier gelten, ist unbestimmt. Man weiß nur, dass es Zinssätze nach dem Capital Asset Pricing Model[336] (CAPM) im Allgemeinen nicht sein können[337]. Eine Ausnahme läge dann vor, wenn die Wahrscheinlichkeitsverteilung symmetrisch wäre, weil dann der Erwartungswert mit dem Modalwert übereinstimmen würde. Weiterhin ist unklar, wie sich die in IAS 36.30 angesprochenen Faktoren wie Illiquidität, die Marktteilnehmer „bei der Preisgestaltung der künftigen Cashflows" (IAS 36.30(e)) berücksichtigen würden, von dem „Preis für die mit dem Vermögenswert verbundene Unsicherheit" (IAS 36.30(d)) trennen lassen[338].

Zur **Cash-Flow-Prognose** gibt es folgende Hinweise:

Zu schätzen sind die Cash Flows in der Währung, in der sie generiert werden (IAS 36.54). Zu diskontieren sind sie mit einem für die Währung angemessenen Zins. Der Barwert ist mit dem Devisenkassakurs umzurechnen.

Für die ökonomischen Rahmenbedingungen soll die beste Einschätzung des Managements relevant sein, aber ein größeres Gewicht ist auf externe Hinweise zu legen (IAS 36.33(a)). Empfohlen wird ein **Phasenmodell**[339]. Hierbei hat die erste Phase grundsätzlich einen Zeitraum von maximal fünf Jahren; für die zweite Phase ist eine angemessene Wachstumsrate (größer, kleiner oder gleich Null) zu verwenden.

Nicht einfließen dürfen in die Ermittlung des Cash Flow solche Zahlungen, die auf einer künftigen Restrukturierung, zu der das Unternehmen noch nicht verpflichtet ist, basieren, oder die zu einer Verbesserung oder Erhöhung der Ertragskraft des Vermögenswerts beitragen sollen, d.h. Erweiterungsinvestitionen (IAS 36.44). Hiergegen wird eingewendet, dass bewertungsrelevantes Wissen vernachlässigt wird, weil Restrukturierungen nach investitionstheoretischen Gründen nur geplant werden, wenn sie vorteilhaft sind: „Der VIU (value in use, W.B.) einer CGU (cash generating unit, W.B.) wird um diese positiven Zielbeiträge zu niedrig

---

[334] Vgl. hierzu insb. Kruschwitz/Löffler (2006), S. 27 f.
[335] Vgl. auch Hachmeister (2008), S. 253: „Die Beschreibung der Verfahren im Anhang ist jedoch undurchsichtig (...)".
[336] Vgl. Sharpe (1964); Lintner (1965); Mossin (1966).
[337] Vgl. Mandl (2005), S. 151.
[338] Vgl. Mandl (2005), S. 140 f.
[339] Vgl. hierzu z. B. Ballwieser (2011a), S. 63–67.

9. Konzernbesonderheiten

ermittelt."[340] Diesem Informationsverlust steht ein Objektivierungsvorteil gegenüber, der sich freilich nur auf eine von vielen zu schätzenden Komponenten bezieht und insofern relativ ist.

Um Doppelzählungen zu vermeiden, sind Cash Flows vor Finanzierung zu verwenden (IAS 36.43(b), .50 und .76(b)). Gleichermaßen sollen die Cash Flows solche vor Unternehmens- und persönlichen Steuern sein (IAS 36.50), unter anderem auch, um Doppelzählungen zu vermeiden. Zumindest gegen die Vernachlässigung der Unternehmenssteuereffekte lassen sich die gleichen Einwendungen bezüglich der Vernachlässigung bewertungsrelevanten Wissens vorbringen[341].

Die Vorgaben, wonach neben Ersatzinvestitionen nur bereits eingeleitete Erweiterungsinvestitionen oder Desinvestitionen berücksichtigt werden dürfen und Finanzierungseffekte zu vernachlässigen sind, lassen – wie Hachmeister zu Recht feststellt – keinen Raum für Ausschüttungsplanungen und führen zur **Vollausschüttungshypothese**[342]. Das schafft hingegen einen – auch von Hoffmann herausgestellten – **Widerspruch zur Wachstumsannahme** der Cash Flows in der zweiten Phase, wenn die Wachstumsrate positiv ist und nicht auf Preisniveausteigerungen, sondern Investitionen des Unternehmens zurückgeht[343].

Gemäß IAS 36.55 f. ist ein **Zins vor Steuern** anzusetzen. Er soll den Zeiteffekt erfassen sowie spezielle Risiken eines Vermögenswerts, für die die Cash Flows nicht angepasst wurden. Gemäß IAS 36.A17 können die gewogenen durchschnittlichen Kapitalkosten, der Zinssatz für Neukredite des Unternehmens und andere marktübliche Fremdkapitalzinssätze als Ausgangspunkte dienen.

Der Verweis auf die **gewogenen durchschnittlichen Kapitalkosten** (= weighted average cost of capital oder WACC) verblüfft. Diese hier mit dem Symbol k belegte Größe enthält bei dem in praxi gegenüber dem Total Cash Flow-Verfahren beliebteren Free Cash Flow-Verfahren – wie die folgende Gleichung (1) zeigt – die Eigenkapitalkosten des verschuldeten Unternehmens r_{EK}^v, die Eigenkapitalquote EK/GK (zu „Marktwerten"[344]), die Fremdkapitalkosten r_{FK}, den Unternehmenssteuersatz s und die Fremdkapitalquote FK/GK (zu „Marktwerten")[345]:

---

[340] Beyhs (2002), S. 206.
[341] Vgl. Beyhs (2002), S. 207.
[342] Vgl. Hachmeister (2008), S. 258 f.
[343] Vgl. Hachmeister (2008), S. 258 f.; ferner Haufe IFRS-Kommentar/Freiberg/Hoffmann (2012), § 11 Rz. 132;
[344] Der Marktwert ist kein realisierter Marktpreis, sondern eine aufgrund einer Kapitalwertberechnung mit zahlreichen Annahmen sich ergebende theoretische Größe und insofern nur ein potentieller Marktpreis. Das erklärt die Anführungszeichen.
[345] Vgl. z. B. Ballwieser (2011a), S. 161.

9.11 Werthaltigkeitstest des Goodwill

(1) $\quad k = r_{EK}^v \dfrac{EK}{GK} + r_{FK}(1\text{-}s)\dfrac{FK}{GK}.$

Da Finanzierung und Besteuerung für die Ermittlung des Nutzungswertes irrelevant sein sollen, passen die gewogenen durchschnittlichen Kapitalkosten im Sinne der Unternehmensbewertungstheorie nicht als Referenzpunkt[346]. Auch müssen diese auf Cash Flows bei reiner Eigenfinanzierung angewendet werden. Überträgt man diese Idee auf den Nutzungswert, degenerieren die gewogenen durchschnittlichen Kapitalkosten zu den **Eigenkapitalkosten eines unverschuldeten Unternehmens**[347], d. h. zu r_{EK}^u. Genau diese sind aber kein Element der gewogenen durchschnittlichen Kapitalkosten. Sie werden es erst durch Verwendung der Modigliani/Miller-Anpassung in einer Welt ohne Steuern und mit einem Fremdkapitalzins für das Unternehmen in Höhe des risikolosen Zinssatzes[348]. Dann gilt

(2) $\quad k = r_{EK}^v \dfrac{EK}{GK} + r_{FK}\dfrac{FK}{GK}$

und

(3) $\quad r_{EK}^v = r_{EK}^u + (r_{EK}^u - r_{FK})\dfrac{FK}{EK}.$

Ersetzt man in Gleichung (2) die Variable r_{EK}^v gemäß Gleichung (3), so resultiert[349]

(4) $\quad k = r_{EK}^u.$

Zwar passt die Modigliani/Miller-Welt vor Steuern zum WACC gemäß Gleichung (1) und der Reaktionshypothese gemäß Gleichung (3). Aber Beispielrechnungen in der Literatur gehen keineswegs wie beschrieben vor, sondern berechnen gewogene Kapitalkosten, indem die Eigenkapitalkosten nach Unternehmenssteuern aus dem CAPM in solche

---

[346] Vgl. auch Mandl (2005), S. 153 f.: „In einer Welt mit Steuern hängt die Höhe des WACC (…) vom jeweiligen Verschuldungsgrad ab, was der in IAS 36.A19 geforderten Unabhängigkeit des Diskontierungssatzes von der Kapitalstruktur widerspricht."
[347] So auch Mandl (2005), S. 154, und Hachmeister (2008), S. 259 und S. 261.
[348] Vgl. Modigliani/Miller (1958), S. 271.
[349] Vgl. Hachmeister (2008), S. 261: „Akzeptieren wir den neoklassischen Bewertungsrahmen von Modigliani/Miller, kann der Diskontierungssatz als die gewogenen durchschnittlichen Kapitalkosten ohne Abzug eines Steuerfaktors (tax shield) oder als Eigenkapitalkostensatz bei vollständiger Eigenfinanzierung verstanden werden."

9. Konzernbesonderheiten

vor Unternehmenssteuern umgerechnet und Kapitalquoten nach einer Zielkapitalstruktur angesetzt werden[350]:

$$(5) \quad k(neu) = \frac{k}{(1-s)} = \frac{r^v_{EK}}{(1-s)} \frac{EK}{GK} + r_{FK} \frac{FK}{GK}.$$

Das Ergebnis dürfte nur zufällig mit den Eigenkapitalkosten des unverschuldeten Unternehmens gemäß Gleichung (4) übereinstimmen:

Weder entsprechen die Kapitalquoten nach der Zielkapitalstruktur derjenigen, die das Unternehmen im Bewertungszeitpunkt aufweist[351], noch ist davon auszugehen, dass die Eigenkapitalkosten des verschuldeten Unternehmens richtig bestimmt werden, weil Gleichung (3) das unendliche Rentenmodell voraussetzt, das in praxi regelmäßig nicht erfüllt sein wird. Damit sind auch die Eigenkapitalkosten des verschuldeten Unternehmens r^v_{EK}, wenn sie nach dem CAPM unter Rückgriff auf empirische Daten bestimmt werden, nur zufällig richtig. Die Höhe des Fehlers ist nicht allgemein abzuschätzen, sondern hängt von einer Vielzahl von Annahmen ab.

Konsequenz der Überlegungen ist, dass die IFRS den Nutzungswert durch Rückgriff auf Free Cash Flows und WACC bestimmen wollen, diese Größen aber anders als in der Unternehmensbewertungstheorie definieren[352]:

Der Free Cash Flow wird nicht um Unternehmenssteuern gemindert. Der WACC hat keinen Steuersatz und verlangt Eigenkapitalkosten des verschuldeten Unternehmens. Wie die im WACC-Ansatz immer zum Ausdruck kommende Überlegung der Mischfinanzierung zu einer vermeintlichen Rechnung vor Finanzierung passt, bleibt in den IFRS offen. Das Problem kann nur durch Rückgriff auf die Eigenkapitalkosten des unverschuldeten Unternehmens, mithin die alleinige Erfassung des Investitionsrisikos – und damit die praktische Missachtung des WACC –, gelöst werden[353].

Das Problem ist keineswegs theoretischer Natur, da die Unternehmen offenbar häufig von diesem Verfahren ausgehen, um die Werthaltigkeit des Goodwill zu testen[354]. Hierbei ist unklar, ob die Vorgehensweise

---

[350] Vgl. Wolz (2005), S. 251.
[351] Vgl. auch das Beispiel von Wolz (2005), S. 251 f., in dem die Eigenkapitalquote nach der Zielkapitalstruktur 50 % beträgt, während sie nach dem Zahlenbeispiel rd. 76 % ausmacht.
[352] Vgl. auch zur Steuervernachlässigung Mandl (2005), S. 142.
[353] Vgl. Mandl (2005), S. 154 f. Zu weiteren Kritikpunkten vgl. auch Brücks/Kerkhoff/Richter (2005), S. 5.
[354] Nach der empirischen Untersuchung von Pellens et al. (2005), S. 15, stehen zur Berechnung des erzielbaren Betrags die investitionstheoretischen Verfahren und hier besonders der WACC-Ansatz im Vordergrund.

9.11 Werthaltigkeitstest des Goodwill

der Praxis mit der Theorie in Übereinstimmung steht. Man darf daran begründete Zweifel haben.

Ein wichtiger **Kritikpunkt an** dieser Form der **Behandlung des Goodwill** sind nicht nur die mit der Ermittlung des erzielbaren Betrags verbundenen Freiräume des Managements, welche die Zuverlässigkeit der Rechnungslegung beeinträchtigen können[355], sondern auch die Vermengung von – grundsätzlich nicht zu aktivierendem – originärem Goodwill mit derivativem Goodwill im Rahmen des Werthaltigkeitstests. Damit verbunden ist die Idee, dass jede Wertminderung auch Ausdruck überhöhter Kaufpreiszahlung oder nicht erreichter Planung aus dem Erwerbsobjekt sei. „Sie gleicht vielfach einem Eingeständnis, einen überhöhten Kaufpreis für ertragreiche Zukunftsaussichten gezahlt zu haben, die sich im Zeitablauf nicht bewahrheitet haben."[356]

Während gegen die Kritik der Vermengung von originärem und derivativem Goodwill nichts einzuwenden ist, ist – wie Schultze darlegt – die letztgenannte Schlussfolgerung keineswegs zwingend: Auch dann, wenn sich das Erwerbsobjekt wie erwartet nach dem Erwerbsvorgang entwickelt, kann es geboten sein, einen Wertminderungsaufwand zu buchen. Der Grund liegt darin, dass der erworbene Goodwill, der dem Barwert sog. Residualgewinne (vgl. auch Kapitel 10.7.2) entspricht, auf im Zeitablauf sinkende Residualgewinne zurückgeht, was mit dem geplanten oder erwarteten Zurückgehen von „Überrenditen" korrespondiert[357].

Neben dieser Kritik ist festzuhalten, dass es dem IASB **nicht gelungen** ist, die **Trennung zwischen beizulegendem Zeitwert abzüglich Veräußerungskosten und Nutzungswert** überzeugend zu etablieren, weil in den meisten Fällen die Vertrags- oder Marktdaten zur Bestimmung des beizulegenden Zeitwertes fehlen werden und – genau wie beim Nutzungswert – auf DCF-Verfahren zurückgegriffen werden muss. Die Literatur sieht den größten Unterschied in der Pflicht zur Eliminierung von Erweiterungsinvestitionen bei der Berechnung des Nutzungswertes, während diese gegebenenfalls beim beizulegenden Zeitwert abzüglich Veräußerungskosten zu berücksichtigen sind[358]. Zugleich wird zu Recht konstatiert, dass unklar ist, welche Investitionen hiermit genau gemeint sind[359].

„Als Unterschied auf konzeptioneller Ebene ist zu beachten, dass in die Ermittlung des fair value less costs to sell Marktannahmen einfließen,

---

[355] Vgl. z. B. Pottgießer/Velte/Weber (2005), S. 1751 f.; Saelzle/Kronner (2004), S. S163.
[356] Pottgießer/Velte/Weber (2005), S. 1750, mit Verweis auf Heyd (2004), S. 281.
[357] Vgl. Schultze (2005), S. 283–287; Schultze/Hirsch (2005), S. 149.
[358] Vgl. Brücks/Kerkhoff/Richter (2005), S. 5.
[359] Vgl. Brücks/Kerkhoff/Richter (2005), S. 6.

in die Ermittlung des value in use dagegen unternehmensspezifische Annahmen. Im Einzelfall ist es schwierig, unternehmensspezifische Annahmen von Marktannahmen zu trennen. Zudem stellt sich das Problem der Ermittlung von Marktannahmen, denn viele Parameter, die in Discounted Cashflow-Verfahren einfließen, sind nicht unmittelbar Märkten zu entnehmen."[360]

Die auf den ersten Blick überzeugende **Trennung alternativer Verwendungsmöglichkeiten für** die zahlungsmittelgenerierende Einheit und den darin enthaltenen **Goodwill**, nämlich Nutzung oder Verkauf, **wird** dadurch praktisch weitgehend **hinfällig**.

Wenn darauf verwiesen wird, dass nur der beizulegende Zeitwert abzüglich Veräußerungskosten praktisch relevant sein könne, weil der beizulegende Zeitwert die Erweiterungsinvestitionen nicht vernachlässige und diese von rational handelnden Investoren nur durchgeführt werden würden, wenn ihr Nettokapitalwert größer Null sei[361], so gilt dies nur unter den weiteren Vorbehalten, dass

(a) klar ist, was die Erweiterungsinvestitionen genau kennzeichnet, und
(b) die Veräußerungskosten nicht spürbar werden.

Am ersten Punkt hatte ich Zweifel geäußert; der zweite kann nur empirisch erhoben werden.

Interessant ist in diesem Zusammenhang eine **empirische Studie** von Müller/Reinke, die 130 Konzernabschlüsse der am 1.10.2008 im DAX, MDAX und SDAX enthaltenen Unternehmen untersuchten. 129 Unternehmen bilanzierten nach IFRS, eines nach US-GAAP. Die Untersuchung bezieht sich auf Wertminderungstests generell, d.h. nicht nur auf solche für den Geschäfts- oder Firmenwert, sondern auch für Sachanlagen und immaterielle Vermögenswerte. Man darf allerdings davon ausgehen, dass Goodwill-Tests dominant sind. Ihr Resultat lautet:

„Von den insgesamt 118 Unternehmen, welche im Jahr 2007 in ihrem Anhang Angaben in Bezug auf den Impairment-Test machen, greifen 16 (13,56%) auf den Nettoveräußerungswert und 67 (56,78%) auf den Nutzungswert als erzielbaren Betrag zurück. Weitere 2 (1,69%) Unternehmen nutzen in Abhängigkeit vom Bewertungsobjekt teilweise den Nettoveräußerungswert und teilweise den Nutzungswert als erzielbaren Betrag. Der Nettoveräußerungswert wird jedoch fast ausschließlich mit dem kapitalwertorientierten Verfahren bestimmt. Bei den verbleibenden

---

[360] Brücks/Kerkhoff/Richter (2005), S. 6.
[361] Vgl. Brücks/Kerkhoff/Richter (2005), S. 5; Kuhlewind (2008), S. 408.

33 (27,97 %) Unternehmen ist aus den Anhangangaben nicht eindeutig ersichtlich, auf welcher Grundlage der erzielbare Betrag basiert."[362]

9.12 Equity-Bewertung

Die Equity-Bewertung gilt für **Gemeinschaftsunternehmen** und für **assoziierte Unternehmen**. Ausnahmen von der zwingenden Anwendung der Equity-Bewertung regelt IAS 28.17-19.

IAS 28.3 definiert jeweils (im Original hervorgehoben):

„Ein Gemeinschaftsunternehmen ist eine gemeinschaftliche Vereinbarung, bei der die Parteien, die die gemeinschaftliche Führung der Vereinbarung innehaben, Rechte am Nettovermögen der Vereinbarung besitzen."

„Eine gemeinschaftliche Vereinbarung ist eine Vereinbarung, bei der zwei oder mehr Parteien die gemeinschaftliche Führung innehaben."

„Gemeinschaftliche Führung ist die vertraglich geregelte Teilung der Beherrschung einer Vereinbarung, die nur dann gegeben ist, wenn Entscheidungen über die maßgeblichen Tätigkeiten die einstimmige Zustimmung der sich die Beherrschung teilenden Parteien erfordern."

Ein **assoziiertes Unternehmen** ist ein Unternehmen, bei dem der Anteilseigner über maßgeblichen Einfluss verfügt (IAS 28.3) und das weder ein Tochterunternehmen noch ein Anteil an einem Gemeinschaftsunternehmen ist (IAS 28.2), denn es gilt:

„Maßgeblicher Einfluss ist die Möglichkeit, an den finanz- und geschäftspolitischen Entscheidungen des Beteiligungsunternehmens mitzuwirken, nicht aber die Beherrschung oder die gemeinschaftliche Führung der Entscheidungsprozesse." (IAS 28.2; im Original hervorgehoben)

Auf die Wahrnehmung der Möglichkeit zur Mitwirkung an den finanz- und geschäftspolitischen Möglichkeiten kommt es nicht an.

Der **maßgebliche Einfluss** wird widerlegbar **vermutet**, wenn der Anteilseigner direkt oder indirekt über **mindestens 20 % der Stimmrechte** verfügt (IAS 28.5).

„Bei der Equity-Methode wird die Beteiligung an einem assoziierten Unternehmen oder Gemeinschaftsunternehmen beim erstmaligen Ansatz mit den Anschaffungskosten angesetzt." (IAS 28.10)

---

[362] Müller/Reinke (2010), S. 28. Zu ähnlichen Ergebnissen vgl. Castedello/Klingbeil (2012), S. 484; Glaum/Wyrwa (2011), S. 68; KPMG (2011), S. 18 f.

9. Konzernbesonderheiten

Zugleich ist wie bei der Konsolidierung nach IFRS 3 mithilfe der Erwerbsmethode in einer **Nebenbuchhaltung** der Wert des erworbenen Geschäfts- oder Firmenwerts zu berechnen. Hierzu hat man den Kaufpreis entsprechend der Anteilsquote auf die fiktiv einzeln erworbenen Vermögenswerte und Schulden aufzuteilen und dementsprechend zu mindern (vgl. Kapitel 9.10.1.1; insbesondere Abb. 16 auf S. 183). Anders als bei der Vollkonsolidierung wird dieser Geschäfts- oder Firmenwert aber nicht gesondert ausgewiesen; er ist vielmehr im Buchwert des Anteils enthalten (IAS 28.32(a)).

„In der Folge erhöht oder verringert sich der Buchwert der Beteiligung entsprechend dem Anteil des Investors am Gewinn oder Verlust des Beteiligungsunternehmens. Der Anteil des Investors am Gewinn oder Verlust des Beteiligungsunternehmens wird im Gewinn oder Verlust des Investors erfasst. Vom Beteiligungsunternehmen empfangene Ausschüttungen vermindern den Buchwert der Beteiligung. Änderungen des Buchwerts können auch aufgrund von sonstigen Änderungen im Eigenkapitalanteil des Investors notwendig sein, welche sich aufgrund von Änderungen im sonstigen Ergebnis des Beteiligungsunternehmens ergeben. Solche Änderungen entstehen unter anderem infolge einer Neubewertung von Sachanlagevermögen und aus der Währungsumrechnung. Der Anteil des Investors an diesen Änderungen wird im sonstigen Ergebnis des Investors erfasst (siehe IAS 1 Darstellung des Abschlusses)." (IAS 28.10)

Das verlangt wie bei der Vollkonsolidierung (hier ausgesparte) Schritte der Folgekonsolidierung, erneut in einer Nebenbuchhaltung.

Die Equity-Methode führt bei gewinnbringenden Beteiligungsgesellschaften zu einer Überschreitung der Anschaffungskosten der Beteiligung. Ein Ertrag aus Beteiligungen wird bereits „dann gebucht, wenn auf Ebene des assoziierten Unternehmens ein entsprechender Erfolg realisiert wird"[363]; es bedarf hierzu nicht der Ausschüttung.

„Gewinne und Verluste aus ‚Upstream'- und ‚Downstream'-Transaktionen zwischen einem Unternehmen (einschließlich seiner konsolidierten Tochterunternehmen) und seinem assoziierten Unternehmen oder Gemeinschaftsunternehmen sind im Abschluss des Unternehmens nur entsprechend der Anteile nicht nahestehender dritter Investoren am assoziierten Unternehmen oder Gemeinschaftsunternehmen zu erfassen. ‚Upstream'-Transaktionen sind beispielsweise Verkäufe von Vermögenswerten eines assoziierten Unternehmens oder Gemeinschaftsunternehmens an den Investor. ‚Downstream'-Transaktionen sind beispielsweise Verkäufe oder Einlagen von Vermögenswerten eines Investors an bzw.

---

[363] Pellens/Fülbier/Gassen/Sellhorn (2011), S. 817.

in ein assoziiertes Unternehmen oder Gemeinschaftsunternehmen. Der Anteil des Investors am Gewinn oder Verlust des assoziierten Unternehmens oder Gemeinschaftsunternehmens aus solchen Transaktionen wird eliminiert." (IAS 28.28)

9.13 Zusammenfassung in Thesen

(1) Konzerne sind wirtschaftliche Einheiten, in denen eine Muttergesellschaft Tochterunternehmen beherrscht. Für diese wirtschaftliche Einheit ist ein Abschluss so aufzustellen, als ob es sich um eine Rechtseinheit handeln würde (Fiktion der Rechtseinheit).

(2) Ein Investor beherrscht ein Beteiligungsunternehmen, wenn er aufgrund seines Engagements bei dem Unternehmen variablen wirtschaftlichen Erfolgen ausgesetzt ist oder Rechte daran hat und die Möglichkeit besitzt, diese wirtschaftlichen Erfolge durch seine Bestimmungsmacht über das Beteiligungsunternehmen zu beeinflussen. Bestimmungsmacht besteht, wenn man aufgrund bestehender Rechte die Tätigkeiten, die die wirtschaftlichen Erfolge des Beteiligungsunternehmens signifikant beeinflussen, prägen kann.

(3) Im Konzernabschluss werden gleichartige Posten der Vermögenswerte, der Schulden, des Eigenkapitals, der Erträge, der Aufwendungen und der Cash Flows des Mutterunternehmens mit denen aller Tochterunternehmen zusammengefasst. Ferner werden für jedes Tochterunternehmen die Buchwerte der dem Mutterunternehmen gehörenden Anteile mit den jeweiligen anteiligen Eigenkapitalbeträgen der Tochterunternehmen verrechnet. Dieser Vorgang heißt Kapitalkonsolidierung. Konzerninterne Vermögenswerte, Schulden, Eigenkapital, Erträge, Aufwendungen und Cash Flows im Zusammenhang mit Geschäftsvorfällen zwischen Konzernunternehmen werden eliminiert. Gewinn oder Verlust entsteht deshalb nur aufgrund von Tätigkeiten mit Konzernfremden.

(4) Für die Erstellung eines Konzernabschlusses sind Vorarbeiten nötig. Sie umfassen die Herstellung eines einheitlichen Stichtags, die Verwendung einer einheitlichen Währung, einheitliche Ansatz-, Bewertungs- und Gliederungsvorschriften.

(5) Die Kapitalkonsolidierung erfolgt nach der Erwerbsmethode. Hierbei wird nach einer Fiktion des Einzelerwerbs die vom Erwerber übertragene Gegenleistung (in Form von hingegebenen Vermögenswerten, übernommenen Schulden und ausgegebenen Eigenkapitalanteilen) mit sämtlichen erworbenen identifizierbaren Vermögenswerten und Schulden, die zum beizulegenden Zeitwert

zu bewerten sind, saldiert. Ein daraus resultierender Überschuss ist aktivierungspflichtiger Geschäfts- oder Firmenwert (Goodwill). Ein sich ergebendes Defizit ist erfolgswirksamer Ertrag. Der beschriebene Prozess heißt Kaufpreisaufteilung (purchase price allocation).

(6) Identifikations- und Bewertungsprobleme für bei Unternehmenszusammenschlüssen erworbene Güter bestehen insbesondere bei immateriellen Vermögenswerten, die der Verkäufer nicht hat aktivieren dürfen. Die Identifizierbarkeit von immateriellen Vermögenswerten knüpft an die Kriterien der Separierbarkeit und der Entstehung aus vertraglichen oder gesetzlichen Rechten an. Separierbarkeit stellt auf externe Verwertbarkeit ab, ist aber nicht mit Einzelverwertbarkeit identisch.

(7) Die Bewertungsmethoden zur Ermittlung des beizulegenden Zeitwerts sollen die Verwendung von relevanten beobachtbaren Einsatzgrößen maximieren und die Verwendung von nicht beobachtbaren Einflussgrößen minimieren. IFRS 13 schafft eine Hierarchie von Einsatzgrößen durch deren Zuweisung zu drei Ebenen. In ihr stehen notierte und unangepasste Preise aus aktiven Märkten für identische Güter auf der höchsten und nicht beobachtbare Einsatzgrößen auf der niedrigsten Ebene. Dazwischen stehen direkt oder indirekt beobachtbare Preise, die nicht die Eigenschaften der höchsten Ebene aufweisen, weil sie z. B. aus inaktiven Märkten stammen oder sich auf ähnliche statt identische Güter beziehen. Für viele immaterielle Güter bewegt sich die Bewertung auf der niedrigsten Ebene, was sie für bilanzpolitische Maßnahmen anfällig macht.

(8) Der bei Unternehmenszusammenschlüssen aktivierte Geschäfts- oder Firmenwert ist auf zahlungsmittelgenerierende Einheiten aufzuteilen, um dem jährlich mindestens einmal stattfindenden Wertminderungstest unterworfen zu werden. Die Aufteilung erfolgt nach interner Steuerung dieser Einheiten (management approach). Je größer die Einheit gewählt wird, desto unwahrscheinlicher wird ein Abwertungszwang für den zugeteilten Geschäfts- oder Firmenwert.

(9) Für den Wertminderungstest ist der Buchwert des Geschäfts- oder Firmenwerts mit dem erzielbaren Betrag, das ist das Maximum aus beizulegendem Zeitwert abzüglich Veräußerungskosten und Nutzungswert, zu vergleichen. Auch wenn der beizulegende Zeitwert eine Marktperspektive und der Nutzungswert eine unternehmensbezogene Sicht verkörpern, verschwimmen die Grenzen zwischen beiden Wertansätzen, wenn in beiden Fällen Barwertkalküle angestellt werden müssen.

(10) Die Vorgaben der IFRS zur Bestimmung des Nutzungswerts sind zum beachtlichen Teil inkonsistent und reflektieren nicht den Stand der (Unternehmens-)Bewertungstheorie.

10. Vermeintliche Vorteile der IFRS gegenüber dem HGB

10.1 Plausibilitäten

Gegenüber dem HGB haben die IFRS auf den ersten Blick zahlreiche Vorteile:

(a) Die IFRS sind an einem einzigen Ziel, der Vermittlung entscheidungsnützlicher Information, ausgerichtet und können damit frei von kompromisshaften Lösungen sein, die im Hinblick auf die Erfüllung einander wenigstens zum Teil widersprechender Ziele – wie Informationsvermittlung und vorsichtige Zahlungsbemessung für Zwecke der Ausschüttung – zu erwarten sind.

(b) Die IFRS stellen die (tatsächlichen und potentiellen) Eigentümer des Unternehmens als Adressaten der Rechnungslegung in den Vordergrund. Diese sind als Residualanspruchsberechtigte auch besonders zu schützen, weil andere Parteien – von Deliktgläubigern abgesehen – grundsätzlich die Möglichkeit haben, sich vertraglich zu schützen[364].

(c) Aus der Informationsfunktion folgen vorteilhafte Regelungen wie der Ansatz auch selbsterstellter immaterieller Anlagewerte, das Verbot des Ansatzes von Innenverpflichtungen, Gewinnvereinnahmung nach Fertigungsfortschritt, umfangreiche Postenerläuterungs- und weitergehende Informationspflichten (z. B. über Beziehungen zu nahestehenden Personen) und Einschränkungen expliziter Wahlrechte.

(d) Der Ansatz von Zeitwerten geht nicht nur auf das – den Vorsichtsgedanken konkretisierende – Imparitätsprinzip zurück, sondern erfolgt, z. B. bei bestimmten Finanzinstrumenten, symmetrisch. Das verbessert die Information.

(e) Durch die Einschränkung von expliziten Wahlrechten und relativ klare Bilanzierungsregeln lässt sich die Prognose künftiger Cash Flows verbessern und wird das „Rauschen" des Informationsflusses gegenüber dem Kapitalmarkt in Relation zum HGB verringert, sodass Eigen- und Fremdkapitalkosten sinken können.

---

[364] Das Argument verlangt vollständige Verträge. Hieran gibt es Zweifel. Vgl. Schmidt/Maßmann (1999), S. 145 f.

10. Vermeintliche Vorteile der IFRS gegenüber dem HGB

Gerade die Kapitalkostenwirkung ist zentral für die Argumentation von Verfechtern der internationalen wie der US-amerikanischen Rechnungslegung. So hat z. B. Arthur Levitt, früherer Vorsitzender der Securities and Exchange Commission, im Jahr 1998 festgestellt:

„(…) high quality accounting standards result in greater investor confidence, which improves liquidity, reduces capital costs, and makes fair market prices possible."[365] Und: „That's why we can't sacrifice quality. The truth is, high quality standards lower the cost of capital. And that's a goal we share."[366]

Ähnlich äußern sich Marten et al.:

„Eine langfristig angelegte realistische Abbildung des tatsächlichen Geschäftsverlaufs führt (…) aus Sicht der Eigenkapitalgeber zu einer Reduktion des Risikos und damit zu einer Verringerung der Renditeforderungen. Dies bewirkt letztlich eine Reduktion der Kapitalkosten, was für Unternehmen erhebliche Vorteile mit sich bringt."[367]

Ich gebe im Folgenden einen Überblick über Fragestellungen und Ergebnisse empirischer Untersuchungen zur Wirkung von IFRS – teils ohne, teils mit Bezug auf das HGB – und konzentriere mich anschließend auf die Frage der Kapitalkostensenkung.

10.2 Fragestellungen empirischer Untersuchungen zur Wirkung von IFRS[368]

Empirische Untersuchungen zur Wirkung von IFRS lassen sich methodisch unterschiedlich gestalten. Zu denken ist an

(a) Befragungen von Adressaten der Rechnungslegung wie Aktionäre, Finanzanalysten, Gläubiger[369] oder an Befragungen von (nach bestimmten Kriterien definierten) Experten[370],

---

[365] Levitt (1998), S. 81.
[366] Levitt (1998), S. 82.
[367] Marten/Schlereth/Crampton/Köhler (2002), S. 2010.
[368] Ich folge in den Kapiteln 10.2 bis 10.6 stark, überwiegend wörtlich, Ballwieser (2008), S. 3–11.
[369] Vgl. z. B. hinsichtlich der Verwendung von Rechnungslegungsdaten durch Investoren Ernst/Gassen/Pellens (2009) und (2005).
[370] Vgl. z. B. Daske/Gebhardt (2006). Untersucht wird die Qualität von Abschlüssen deutscher, österreichischer und schweizer Unternehmen, die IFRS oder US-GAAP anwenden. Maßstab sind auf eine Bandbreite von 0 bis 100 standardisierte Punktskalen der Zeitschriften Capital, Focus Money, Bilanz und Trend. Diese Punktskalen sind notwendigerweise subjektiv.

10.2 Fragestellungen empirischer Untersuchungen

(b) Laborexperimente mit Adressaten, Experten oder Studenten[371],
(c) statistische Analysen mithilfe von Kapitalmarktdaten[372].

Die Ergebnisse von Befragungen und die Beobachtungen von Personen im Labor im Hinblick darauf, wie sie Rechnungslegungsinformationen auswerten, sind mit Vorsicht zu genießen: Die Befragten können der Selbstselektion unterliegen und müssen nicht wahrheitsgemäß antworten. Die Beobachtung von Personen erlaubt nicht ohne weiteres, die tatsächliche Entscheidungsgrundlage zu überprüfen. Ob man von Studenten als Probanden auf das Verhalten von Entscheidern rückschließen darf, ist ein weiteres Problem[373]. Tatsächliche Entscheider lassen sich oftmals nicht für Laborexperimente in großer Zahl gewinnen.

Im angelsächsischen Bereich wird u.a. deshalb, aber auch aufgrund guter Datenlage seit Mitte der 60er Jahre, der **kapitalmarktorientierte Ansatz**, der die Kapitalmarktrelevanz von Rechnungslegung testet[374], bevorzugt. Wichtige Ausgangspunkte waren die Arbeiten von Beaver[375] und Altman[376], die mittels multivariater linearer Diskriminanzanalyse die Prognoseeignung (= **Prognoserelevanz**) von aus der Rechnungslegung gewonnenen Kennzahlen für finanzielle Notlagen von Unternehmen gezeigt haben.

Kurz nach ihnen folgten Studien zum **Informationsgehalt**, die heute meist unter dem Begriff der Entscheidungsrelevanz diskutiert werden[377]. Ball/Brown[378] und Beaver[379] aus dem Jahre 1968 waren hierfür prägend. Methodisch wurden **Ereignisstudien** verwendet, d.h. abnormale Kurs- oder Renditereaktionen bei Bekanntwerden der Rechnungslegungsinformationen in einem kurzen Zeitfenster überprüft. Notwendig für diese Tests sind mindestens[380] (1) die Annahmen, dass Aktionäre ihre Entscheidungen auf der Rechnungslegung von Unternehmen aufbauen und Aktienkurse in mittelstrenger Form informationseffizient sind, d.h.

---

[371] Vgl. z.B. Libby/Bloomfield/Nelson (2002).
[372] Vgl. zum Überblick insb. Möller/Hüfner (2002).
[373] Vgl. insb. Elliott/Hodge/Kennedy/Pronk (2007).
[374] „Untersuchungen zur Kapitalmarktrelevanz können als ein Ansatz zur Operationalisierung der Kriterien Relevanz und Verlässlichkeit angesehen werden." Lindemann (2006), S.968. Verlässlichkeit ist im neuen Rahmenkonzept durch glaubwürdige Darstellung ersetzt, was aber inhaltlich keine Änderung bedeuten soll. Vgl. auch Fn.55.
[375] Vgl. Beaver (1966).
[376] Vgl. Altman (1968).
[377] Vgl. insb. Möller/Hüfner (2002), S.425–430; Lindemann (2006), S.970; Coenenberg/Haller/Schultze (2012), S.1307–1323.
[378] Vgl. Ball/Brown (1968).
[379] Vgl. Beaver (1968).
[380] Der Test nach Ball/Brown (1968) verlangt weiterhin ein Modell der Erwartungsbildung von Investoren.

10. Vermeintliche Vorteile der IFRS gegenüber dem HGB

alle öffentlichen Daten widerspiegeln, und (2) ein Modell, das normale Kurs- oder Renditereaktionen am Kapitalmarkt beschreibt. Diese Voraussetzungen zeigen, dass **verbundene Hypothesen** getestet werden.

Prognoserelevanz von **Entscheidungsrelevanz** zu trennen, wirkt künstlich, weil Prognosen Entscheidungen fundieren. Versucht wird die Trennung mit Bezug auf die Rationalität der Entscheider: „Bei nur begrenzter Rationalität könnten (…) Informationen, die für eine Prognose grundsätzlich geeignet sind, von Investoren vernachlässigt werden. Auf die Veröffentlichung einer solchen Information ließe sich in einer Ereignisstudie keine Kursreaktion beobachten. Die Information würde als nicht entscheidungsrelevant erscheinen. Dagegen könnte in Studien zur Prognoserelevanz ein Zusammenhang zwischen einer solchen Information und zukünftigen Daten und Ereignissen gemessen werden. (…) Studien zur Entscheidungsrelevanz liegt die Annahme der Rationalität der Marktteilnehmer zu Grunde, Studien zur Prognoserelevanz dagegen i. d. R. nicht."[381]

Dies greift deshalb zu kurz, weil die Vernachlässigung der Informationen der Rechnungslegung auch darauf zurückgehen kann, dass andere Informationsquellen schon wirkten.

Zu den Tests auf Prognoseeignung und Informationsgehalt haben sich in jüngerer Zeit **Wertrelevanzstudien** gesellt[382]. Bei ihnen werden Rechnungslegungsdaten mit Aktienkursen, Aktienkursrenditen oder deren Änderungen korreliert. Eine Abschlussgröße wird als wertrelevant definiert, wenn sie eine vorhergesagte Beziehung mit Werten des Aktienmarktes aufweist[383]. **Wertrelevanz** wird beispielsweise dann festgestellt, wenn die Rechnungslegungsdaten einen großen Anteil der Varianz der Kapitalmarktdaten erklären, also ein hohes korrigiertes R^2 aufweisen. Bei dem Vergleich verschiedener Rechnungslegungssysteme wird z. B. auf die Werte der Regressionskoeffizienten abgestellt. Wert- und Entscheidungsrelevanz werden voneinander getrennt mit Bezug auf den Informationsfluss neben der Rechnungslegung:

„(…) accounting information can be value relevant but not decision relevant if it is superseded by more timely information."[384]

Die Studien zur Wertrelevanz sind umstritten, insbesondere bezüglich ihrer Bedeutung für den (US-amerikanischen) Standardsetzer. Kritisch wird z. B. angemerkt, dass[385]

---

[381] Lindemann (2006), S. 990, Fn. 23.
[382] Vgl. z. B. Bartov/Goldberg/Kim (2005).
[383] Vgl. Barth/Beaver/Landsman (2001), S. 79.
[384] Barth/Beaver/Landsman (2001), S. 80.
[385] Vgl. Holthausen/Watts (2001), S. 23–31.

(a) durch Bezug auf Aktienkurse der Adressatenkreis der Rechnungslegung unangemessen eingeschränkt werde,
(b) mit der Betrachtung aggregierter Daten wie Aktienkurse nicht auf das Verhalten einzelner Investoren, für die Entscheidungsnützlichkeit zu erzeugen wäre, abgestellt werde,
(c) das Problem der Nachvollziehbarkeit der Daten nicht berücksichtigt werden könne.

Die Punkte gelten auch für die Entscheidungsrelevanz- oder Informationsgehaltstudien.

Gegen die Kritik wird ausgeführt[386], dass weitere Adressatenkreise durch die Untersuchungen unberührt blieben und keine normative Empfehlung gegeben werde, den Adressatenkreis einzuschränken, dass das Rahmenkonzept des FASB nicht auf einzelne Adressaten, sondern auf Adressatengruppen abstelle und dass die Daten bei Wertrelevanz sowohl relevant als auch nachvollziehbar sein müssten, ohne dass sich die genaue Relation dieser Eigenschaften feststellen ließe.

Schließlich existieren Studien, die Gewinneigenschaften wie Zeitnähe[387], Vorsicht[388] oder Steuerung durch das Management zu erheben versuchen[389]. Auch hier lässt sich erkennen, dass verbundene Hypothesen getestet werden müssen[390].

Weiterhin wird untersucht, ob durch eine Verwendung von IFRS der Abbau von **Informationsasymmetrie** gefördert werden kann. Indiziert werden kann dies z. B. dadurch, dass

(a) sich die Güte der Gewinnschätzungen von Finanzanalysten verbessert[391],
(b) die Geld-Brief-Spanne von Aktienkursen sinkt[392] oder
(c) sich die Eigenkapitalkosten verringern[393].

Während die ersten beiden Fragestellungen keine verbundenen Hypothesen benötigen, ist dies bei der dritten anders, weil Eigenkapitalkosten unbeobachtbar sind und modellmäßig konstruiert werden müssen.

---

[386] Vgl. Barth/Beaver/Landsman (2001).
[387] Vgl. Van der Meulen/Gaeremynck/Willekens (2007), S. 128; Basu (1997).
[388] Vgl. grundlegend Basu (1997); mit Bezug auf IFRS insb. Ahmed/Neel/Wang (2012); Brauer/Leuschner/Westermann (2011). Kritisch zu den Messverfahren Witzleben (2013), S. 75–103.
[389] Vgl. Barth/Landsman/Lang (2008).
[390] Zum weiteren Überblick über Studien und damit verbundene Probleme vgl. jüngst Brüggemann/Hitz/Sellhorn (2012).
[391] Vgl. Ashbaugh/Pincus (2001).
[392] Vgl. Leuz/Verrecchia (2000) und Leuz (2003), S. 633.
[393] Vgl. Daske (2006).

10. Vermeintliche Vorteile der IFRS gegenüber dem HGB

Zusammengefasst beschäftigen sich die kapitalmarktorientierten Studien damit mit folgenden Fragen:

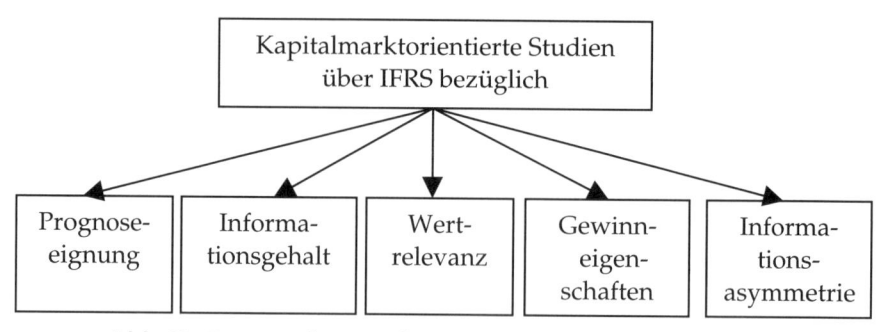

```
                    Kapitalmarktorientierte Studien
                         über IFRS bezüglich
         ┌──────────┬──────────┬──────┬──────────┬──────────┐
    Prognose-   Informa-    Wert-    Gewinn-    Informa-
    eignung    tionsgehalt  relevanz eigen-     tions-
                                    schaften   asymmetrie
```

Abb. 19: Fragestellungen kapitalmarktorientierter Studien

Von den bisher beschriebenen Untersuchungen sind solche zu unterscheiden, die beschreiben, wie sich Kennzahlen bei einem Wechsel von einer Rechnungslegung auf eine andere verändern oder wie häufig Posten angesetzt werden, die nach dem alten Rechnungslegungssystem verboten waren. Kennzahleneinflüsse haben beispielsweise Burger/Fröhlich/Ulbrich anhand des Wechsels vom HGB auf IFRS für 82 deutsche Unternehmen im Zeitraum zwischen 1. Januar 1998 und 19. Juni 2003 untersucht. Dabei stieg die Eigenkapitalrentabilität im arithmetischen Mittel um rd. 67 %, während sie nach dem Median um rd. 19 % sank[394]. Zum einen zeigt dies, dass die Kennzahlenverteilung schief ist und möglicherweise Ausreißer enthält. Zum anderen sind derartige Untersuchungen im Aussagegehalt beschränkt, weil sie Zeiteffekte vernachlässigen. Eine dauerhafte Veränderung der Kennzahlen ist angesichts der Zweischneidigkeit der Bilanz nicht zu erwarten. Häufigkeitsuntersuchungen zu nach früherem Rechnungslegungssystem verbotenen Posten der Bilanz haben z. B. Hager/Hitz vorgenommen[395]. Dies ist rein deskriptiv; aussagefähige Hypothesentests und die Suche nach Einflussfaktoren für das beobachtete Verhalten können hiermit nicht vorgenommen werden.

Im Folgenden werden wichtige kapitalmarktorientierte Untersuchungen ausgewählt und in ihren wesentlichen Ergebnissen beschrieben. Hierbei wird auf alle oben beschriebenen Teilbereiche mit Ausnahme von Studien zum Informationsgehalt (zur Entscheidungsrelevanz) eingegangen, weil mir hierzu nur eine Studie bekannt ist[396]. Trotz der bei Wertrelevanzstudien beschriebenen Nachteile sind die Untersuchungen

---

[394] Vgl. Burger/Fröhlich/Ulbrich (2004), S. 360.
[395] Vgl. Hager/Hitz (2007).
[396] Vgl. Landsman/Maydew/Thornock (2012).

(grundsätzlich) großzahlig und vermeiden die bei den Befragungen und Experimenten erwähnten Nachteile.

10.3 Prognoseeignung von IFRS-Kennzahlen

Zur Prognoseeignung von IFRS-Daten liegen kaum Ergebnisse vor. Van der Meulen/Gaeremynck/Willekens prüfen, ob der skalierte Gewinn einer Periode mit Hilfe der skalierten Gewinne der beiden Vorperioden vorhergesagt werden kann. Hierbei vergleichen sie auch die Prognosekraft von Gewinnen nach US-GAAP mit denen nach IFRS. Ihre Daten erfassen 128 Unternehmen, die am Neuen Markt in Deutschland zwischen den Jahren 2001 und 2003 notiert waren. Dabei erweist sich die Prognosekraft nach US-GAAP als deutlich besser. Diese Aussage basiert auf dem R^2, das für die Regressionsgleichung mit Gewinnen nach US-GAAP bei rd. 46% liegt, während es für Gewinne nach IFRS rd. 19% ausmacht[397]. Gassen/Sellhorn finden in ihrer Analyse von 630 freiwilligen IFRS-Anwendern in Deutschland in den Jahren zwischen 1998 und 2004 eine geringere Vorhersagekraft von Gewinnen nach IFRS statt nach HGB[398].

Auf den ersten Blick ist dieses Ergebnis für die IFRS enttäuschend, aber mehrere Gründe können dafür verantwortlich sein. Erstens lässt die Regressionsgleichung jede theoretische Begründung vermissen und das Ergebnis kann zufällig sein. Zweitens ist unklar, wie sehr die Abschlüsse den Regelsystemen entsprochen haben. Die Abschlüsse am Neuen Markt waren bekanntermaßen trotz Prüfung in Einzelfällen stark mit Fehlern belastet[399]. Drittens waren die Anforderungen von US-GAAP in vielen Fällen eindeutiger als die von IFRS.

Studien zur Prognoseeignung von Kennzahlen für finanzielle Schwierigkeiten, z.B. in Form von Kreditstörungen, in der Nachfolge von Ball/Brown liegen vermutlich deshalb nicht vor, weil lange Datenreihen für IFRS-Anwender fehlen. So wurden bei vergleichbaren Studien nach HGB konzernfreie Unternehmen betrachtet[400]. Für diese gibt es keinen Grund, IFRS-Abschlüsse vorzulegen. Das Gesetz fordert dies nicht; Konzernrichtlinien für diese Unternehmen fehlen. Die Hinwendung

---

[397] Van der Meulen/Gaeremynck/Willekens (2007), S. 136. Zur Kritik hieran und zur Erwiderung vgl. die Diskussion von Hope und den Verfassern im selben Heft.
[398] Vgl. Gassen/Sellhorn (2006), S. 379.
[399] Vgl. auch Ballwieser (2001c); Glaum/Street (2002) und (2003).
[400] Vgl. z.B. Baetge/Beuter/Feidicker (1992), S. 754; grundlegend schon Baetge (1980).

10. Vermeintliche Vorteile der IFRS gegenüber dem HGB

zu IFRS kann sich nur aus dem Druck von Aufsichtsorganen oder Banken ergeben. Dieser war erst nach der sog. IAS-Verordnung des Jahres 2002, wahrscheinlich sogar erst nach dem Umstellungszwang für kapitalmarktorientierte Konzerne in den Jahren 2005 bis 2007 zu erwarten. Auch fehlen aufgrund der relativ jungen IFRS-Anwendung große Ausfallzahlen[401].

10.4 Wertrelevanz von IFRS-Kennzahlen

Zum Vergleich der Wertrelevanz von IFRS- gegenüber HGB-Daten liegen mehrere Studien mit widersprüchlichen Ergebnissen vor. So regressieren Bartov/Goldberg/Kim jährliche Aktienrenditen auf Gewinne vor außerordentlichen Posten von 417 in Deutschland notierten Unternehmen für die Jahre 1998 bis 2000 und erhalten grundsätzlich eine signifikant höhere Wertrelevanz bei Abschlüssen nach IFRS und US-GAAP gegenüber solchen nach HGB[402].

Das Ergebnis ist gegenläufig zu dem von Hung/Subramanyam[403]. Diese untersuchen mit einer Stichprobe von 80 deutschen Unternehmen die Einflüsse einer erstmaligen Verwendung von IFRS in der Zeit zwischen 1998 und 2002. Da im Umstellungsjahr die Vorjahreswerte sowohl nach HGB als auch nach IFRS angegeben werden müssen, lassen sich sämtliche Untersuchungen für jeweils dasselbe Unternehmen vornehmen, ohne Vergleichsunternehmen zu benötigen. Die Autoren finden, dass das Gesamtvermögen und der Buchwert des Eigenkapitals wie auch die Variabilität des Buchwerts und des Gewinns signifikant höher in Abschlüssen nach IFRS als nach HGB sind. Die kombinierte Wertrelevanz von Buchwert des Eigenkapitals und Gewinn nach IFRS ist hingegen nicht stärker als bei Werten nach HGB; sie ist vielmehr geringfügig niedriger[404].

Schließlich untersucht Vorstius die Wertrelevanz von Buchwert des Eigenkapitals und Gewinn nach Steuern für zwei Gruppen von möglichst vergleichbaren Unternehmen, die in den Jahren 1998 bis 2000 einerseits HGB-, andererseits IFRS- oder US-GAAP-Abschlüsse aufgestellt haben (jeweils 338 Unternehmen), und erhält bessere Ergebnisse für Unterneh-

---

[401] Vgl. Mahlstedt (2008), S. 312–314.
[402] Vgl. Bartov/Goldberg/Kim (2005), S. 108. Dies gilt nicht bei Verlust ausweisenden Unternehmen. Vgl. Bartov/Goldberg/Kim (2005), S. 110 f.; Lindemann (2006), S. 981.
[403] Vgl. Hung/Subramanyam (2007) sowie Lindemann (2006), S. 981 f.
[404] Das korrigierte R^2 ist 80 % gegenüber 84 %. Vgl. Hung/Subramanyam (2007), S. 643 f.

men mit HGB-Abschlüssen[405]. Er sieht seine Ergebnisse allerdings nur mit Vorbehalt als repräsentativ an, weil sich die Struktur der verglichenen Gesellschaften hinsichtlich Branchen und Börsensegmenten nicht vollständig deckt[406].

Barth/Landsman/Lang untersuchen in einer Stichprobe von 327 Unternehmen aus 21 Ländern, die zwischen 1994 und 2003 von den heimischen Rechnungslegungsregeln auf IFRS umgestellt haben[407], ob die damit verbundenen Rechnungslegungsdaten ein geringeres Ausmaß an Gewinnsteuerung, eine zeitnähere Verlustberücksichtigung und eine höhere Wertrelevanz aufweisen. Hierzu werden sowohl die umstellenden Unternehmen mit möglichst ähnlichen nicht umstellenden Unternehmen als auch die jeweiligen Unternehmen selbst in der Vor- und Nachumstellungsperiode verglichen. Die Wertrelevanz wird insbesondere[408] durch die Erklärungskraft des Gewinns nach Steuern und des Buchwerts des Eigenkapitals, jeweils pro Aktie, für den Aktienkurs mit Hilfe des korrigierten R^2 gemessen. Resultat der Untersuchungen ist für die IFRS-Umsteller ein korrigiertes R^2 von 40 % gegenüber 30 %.

10.5 Gewinneigenschaften von IFRS-Abschlüssen

Zu Gewinneigenschaften von IFRS-Daten liegen mehrere Ergebnisse vor. Untersucht werden insbesondere das Ausmaß von Gewinnsteuerung im Sinne von Gewinnglättung, Erreichen bestimmter Werte oder unüblicher Zahlungsabgrenzungen[409] und die Zeitnähe einer Verlustberücksichtigung als Indiz vorsichtiger Rechnungslegung[410].

Van Tendeloo/Vanstraelen finden, dass in Deutschland notierte Unternehmen, die in den Jahren 1999 bis 2001 freiwillig auf IFRS wechseln, keine Unterschiede in der Gewinnglättung aufweisen gegenüber Unternehmen, die das HGB beibehalten[411]. Ihre Stichprobe besteht aus

---

[405] Vgl. Vorstius (2004), S. 175 f., S. 219–224 und S. 275. Das korrigierte R^2 ist 65 % gegenüber 42 %.
[406] Vgl. Vorstius (2004), S. 223 f.
[407] Knapp 20 % stammten davon aus Deutschland; vgl. Barth/Landsman/Lang (2008), S. 488.
[408] Zwei weitere Maße beziehen den Gewinn pro Aktie auf die jährliche Aktienrendite, wobei die Stichproben nach positiver und negativer Rendite unterschieden werden. Vgl. Barth/Landsman/Lang (2008), S. 486 f.
[409] Vgl. zur genauen Charakterisierung, Messung und weiteren Ergebnissen insb. Dobler (2008a), S. 266–271.
[410] Neben den hier wiedergegebenen Studien vgl. insb. Ahmed/Neel/Wang (2012); Capkun/Collins/Jeanjean (2012); Christensen/Lee/Walker (2008).
[411] Vgl. Van Tendeloo/Vanstraelen (2005), S. 168.

146 IFRS- und 490 Nicht-IFRS-Anwendern. Zu dem gleichen Ergebnis gelangen Goncharov/Zimmermann, die 115 in Deutschland notierte Unternehmen in den Jahren 1996 bis 2002 untersuchen. Während zwischen IFRS- und HGB-Anwendern keine Unterschiede in der Gewinnsteuerung erkennbar werden, ist das signifikant anders gegenüber US-GAAP-Anwendern[412].

Barth/Landsman/Lang untersuchen in ihrer international zusammengesetzten Stichprobe, die schon beschrieben wurde, ob die Umstellung auf IFRS ein geringeres Ausmaß an Gewinnsteuerung und eine zeitnähere Verlustberücksichtigung offenbart. Ein geringeres Ausmaß an Gewinnsteuerung sehen sie bei einer größeren Varianz der Änderung des Gewinns nach Steuern, einem größeren Verhältnis der Varianzen der Änderungen des Gewinns und der Änderungen der operativen Cash Flows, einer negativen Korrelation zwischen (mit den gesamten Aktiva am Jahresende skalierten) Periodenabgrenzungen (gemessen als Differenz von Gewinn und operativem Cash Flow) und operativen Cash Flows und einer geringeren Häufigkeit von kleinen positiven Gewinnen[413]. Als Maß für zeitnahe Verlustberücksichtigung nehmen sie die Häufigkeit großer Jahresfehlbeträge.

Die Ergebnisse in der Stichprobe mit vergleichbaren Unternehmen zeigen, dass die auf IFRS umstellenden Unternehmen in der Nachumstellungsperiode eine signifikant geringere Gewinnsteuerung und eine signifikant zeitnähere Verlustberücksichtigung als die Vergleichsgruppe aufweisen. Da sich die umstellungswilligen Unternehmen schon vor der Umstellung von den nicht umstellenden Unternehmen unterschieden haben können, gehen Barth/Landsman/Lang dieser Vermutung nach. Hier zeigt sich, dass ein signifikanter Unterschied bei den Unternehmen zwar hinsichtlich der Verlustberücksichtigung, nicht aber hinsichtlich der Gewinnsteuerung (und auch nicht hinsichtlich der Wertrelevanz) besteht[414]. Betrachtet man die Eigenschaften derselben Unternehmen in der Vor- und Nachumstellungsperiode (verwendet man also nicht die abgeglichene Stichprobe), erweisen sich drei Unterschiede von fünf als signifikant[415], d. h. in der Tat scheinen umstellende Unternehmen andere Eigenschaften als die nicht umstellenden Unternehmen aufzuweisen.

---

[412] Vgl. Goncharov/Zimmermann (2007), S. 379–382.
[413] Vgl. Barth/Landsman/Lang (2008), S. 469. Vgl. weiterhin Barth/Landsman/Lang/Williams (2007).
[414] Vgl. Barth/Landsman/Lang (2008), S. 492.
[415] Vgl. Barth/Landsman/Lang (2008), S. 495.

10.6 Informationsasymmetrie und IFRS

Zum Abbau von Informationsasymmetrie aufgrund der Nutzung von IFRS-Daten liegen mehrere Ergebnisse vor, die sich auf die Güte von Gewinnschätzungen durch Finanzanalysten, die Geld-Brief-Spanne und die Eigenkapitalkosten beziehen. Letztere behandele ich im nächsten Kapitel, weil deren Messbarkeitsprobleme eine umfangreichere Erörterung verlangen.

Ashbaugh/Pincus zeigen, dass die **Vorhersagefehler** für den Gewinn **von Finanzanalysten** abnehmen[416], wenn die Zahl der Unterschiede bei den Bilanzierungs- und Bewertungsmethoden des nationalen Rechts gegenüber den IFRS abnimmt.

„This suggests that firms domiciled in countries with accounting standards that require less disclosure and/or have more measurement method choices as compared to IAS benefit relatively more from adopting IAS because sophisticated users of their financial reports are now able to predict with greater accuracy a key valuation-relevant factor."[417]

Ihre Ergebnisse basieren auf 80 Unternehmen aus 13 Ländern, die zwischen 1990 und 1993 auf IFRS wechselten. Deutschland war hierbei nicht vertreten.

Cuijpers/Buijink untersuchten die Konsequenzen des Wechsels auf IFRS oder US-GAAP im Jahre 1999 in einer Stichprobe von 114 Unternehmen aus 12 Ländern (80 davon wechselten auf IFRS; 35 waren in Deutschland notiert[418]) und erhielten eine stärkere Streuung der Analystenschätzungen für den Gewinn[419]. Daske fand für den Zeitraum zwischen 1993 und 2002 für in Deutschland notierte Unternehmen eine geringere Prognosegenauigkeit und eine höhere Streuung der Prognosen zwischen Analysten, aber keinen signifikanten Unterschied in der Streuung der Änderung der Analystenprognosen, die (u. a.) aufgrund von Abschlüssen nach IFRS oder US-GAAP und HGB vorgenommen wurden[420].

Ernstberger/Krotter/Stadler untersuchen 591 deutsche Unternehmen, die zwischen den Jahren 1998 und 2004 von HGB auf IFRS oder US-GAAP gewechselt haben. Über den gesamten Zeitraum betrachtet ist der absolute skalierte Prognosefehler nach HGB zwar geringer als nach IFRS oder US-GAAP, aber Verlustjahre kommen häufiger bei Gesellschaften

---

[416] Der Fehler ist die Differenz aus berichtetem Gewinn pro Aktie im Jahr t und dem Median der Analystenschätzungen für das Jahr t, dividiert durch den Aktienkurs zu Beginn des Jahres. Vgl. Ashbaugh/Pincus (2001), S. 422 f.
[417] Ashbaugh/Pincus (2001), S. 430.
[418] Vgl. Cuijpers/Buijink (2005), S. 494.
[419] Vgl. Cuijpers/Buijink (2005), S. 515.
[420] Vgl. Daske (2005a), S. 106–110.

10. Vermeintliche Vorteile der IFRS gegenüber dem HGB

vor, die nach IFRS oder US-GAAP anstelle von HGB bilanzieren[421], und Prognosen fallen für Gesellschaften mit Verlusten schwerer. Hinzu kommt, dass die Betaschätzungen nach Barra als Maß des Risikos für die Unternehmen, die nicht nach HGB bilanzieren, höher sind, was die Analystenprognose ebenfalls erschweren kann. Regressionsanalysen zeigen, dass die Prognosegüte zunimmt, wenn IFRS- statt HGB-Zahlen verwendet werden. Die Prognosegüte ist am schlechtesten für das Jahr 2002 nach dem Platzen der Aktienmarktblase und am besten für das Jahr 1998[422]. Sensitivitätsanalysen lassen vermuten, dass die Ergebnisse nicht durch eine Selbstselektion der Unternehmen verzerrt sind[423].

Die meines Wissens nach neueste und umfangreichste Untersuchung stammt von Paarz[424]. Er kritisiert zu Recht (1) die in der Literatur vorherrschende lineare Regressionsbeziehung bei der Erklärung von Prognosefehlern, die bei einer linksschiefen Verteilung für diese nicht angemessen ist, (2) den unberechtigten Schluss von abnehmendem Prognosefehler auf die Güte des Rechnungslegungssystems, ohne für die Bilanzpolitik zu kontrollieren, und (3) die Vernachlässigung von rechnungslegungsunabhängigen Aktienkursen.

Auf Basis von 3913 Beobachtungen von 173 deutschen Unternehmen aus den Jahren 1998 bis 2004 präsentiert er die Resultate für die Analystenschätzungen des Gewinns pro Aktie. Hierbei zeigt sich die positive Wirkung von Abschlüssen nach IFRS und US-GAAP gegenüber denen nach HGB, wobei US-GAAP Vorteile aufweisen. Hingegen zeigen sich nur bei den US-GAAP positive Effekte in den Folgejahren nach einem Wechsel. Paarz führt dies auf die Möglichkeiten der Bilanzpolitik nach IFRS 1 zurück[425]. Für die Prognose des Aktienkurses sind die IFRS vorteilhafter als US-GAAP[426].

Anschließend werden die individuelle Prognosegenauigkeit von Finanzanalysten und das der Aktienkursprognose mutmaßlich zugrunde liegende Bewertungsmodell untersucht. Basis sind 2779 Analystenberichte des Zeitraums 1998 bis 2007 von 19 Analysten für 249 deutsche Mutterunternehmen. Es zeigt sich ein auf dem 1%-Niveau signifikanter negativer Zusammenhang von Prognosefehler des Gewinns pro Aktie und IFRS-Verwendung; der Zusammenhang für HGB ist hingegen po-

---

[421] IFRS verwendende Unternehmen haben in 34% der Beobachtungsfälle Verlustjahre, für nach US-GAAP bilanzierende Unternehmen sind es 45%, während HGB verwendende Unternehmen 16% der Beobachtungen mit Verlustjahren aufweisen. Vgl. Ernstberger/Krotter/Stadler (2008), S. 39.
[422] Vgl. Ernstberger/Krotter/Stadler (2008), S. 42.
[423] Vgl. Ernstberger/Krotter/Stadler (2008), S. 45–48.
[424] Vgl. Paarz (2011); vgl. jedoch auch Tan/Wang/Welker (2011).
[425] Vgl. Paarz (2011), S. 126-135.
[426] Vgl. Paarz (2011), S. 145 f.

10.6 Informationsasymmetrie und IFRS

sitiv[427]. Wie erwartet sinken die Schätzfehler für den Aktienkurs bei Übernahme von IFRS[428].

Sehr anspruchsvoll und völlig neu ist der Versuch, aus den Finanzanalystenberichten auf die Verwendung des Bewertungsmodells und aus den erhobenen Daten auf den Einfluss des Rechnungslegungssystems zurück zu schließen. Dies führt zu den Resultaten, dass die IFRS (anders als US-GAAP) einen positiven Einfluss auf die Wahl von Kapitalwertverfahren auszuüben scheinen, und die IFRS und US-GAAP die Wahrscheinlichkeit zu erhöhen scheinen, sog. Sum-of-the-parts-Modelle anzuwenden[429].

Leuz/Verrecchia haben Unternehmen untersucht, die in Deutschland in den Jahren 1997 bis 1998 ihre Rechnungslegung von HGB auf IFRS oder US-GAAP umgestellt haben[430]. Sie zeigen, dass die **Geld-Brief-Spanne** zurückgeht, das **Handelsvolumen** der Aktien und (überraschenderweise auch) die **Aktienkursvolatilität** zunehmen. Die Geld-Brief-Spanne ist die Differenz zwischen Angebots- und Nachfragepreis einer Aktie. Sie gilt als Maß für Marktliquidität und Informationsasymmetrie der Marktteilnehmer. Die Spanne ist erwartungsgemäß umgekehrt proportional zur Güte der Offenlegungspolitik[431]: Je besser die Offenlegungspolitik, desto geringer die Geld-Brief-Spanne. Das Handelsvolumen ist Ausdruck der Bereitschaft einiger Investoren, die Aktien haben, zu verkaufen, sowie einiger Investoren, die Aktien zu erwerben. Insofern kann es als Maß der Liquidität herangezogen werden[432].

Grundlage bei der Studie von Leuz/Verrecchia waren 21 Unternehmen aus einer Stichprobe von 102 Gesellschaften, die eine internationale Rechnungslegung verwendet haben. Nur 14 haben die IFRS angewendet, davon zehn im Rahmen dualer Bilanzierung, d.h. allein unter Ausnutzung der Freiräume des HGB. Gassen/Sellhorn erhalten in ihrer wesentlich größeren, schon beschriebenen Stichprobe eine Reduktion der Geld-Brief-Spanne um 70 Basispunkte, die ökonomisch bedeutsam erscheint[433].

In einem noch unveröffentlichten Papier präsentieren Dumontier/Maghraoui Auswirkungen der IFRS-Bilanzierung auf die Geld-Brief-Spanne aufgrund einer Untersuchung von 64 auf IFRS wechselnden deutschen Unternehmen in den Jahren 1999 bis 2002[434]. Danach scheinen sich

---

[427] Vgl. Paarz (2011), S. 191.
[428] Vgl. Paarz (2011), S. 205.
[429] Vgl. Paarz (2011), S. 215 und S. 224.
[430] Vgl. Leuz/Verrecchia (2000).
[431] Vgl. Welker (1995), S. 803; Ballwieser (2001a), S. 647.
[432] Vgl. Leuz/Verrecchia (2000), S. 99.
[433] Vgl. Gassen/Sellhorn (2006), S. 382.
[434] Vgl. Dumontier/Maghraoui (2007), S. 10.

niedrigere Geld-Brief-Spannen nach der Umstellung zu ergeben, aber dieser Effekt ist nur für große Gesellschaften signifikant. Die Geld-Brief-Spanne sinkt nicht im Umstellungsjahr, sondern erst im darauf folgenden Jahr. Die auf Anwendung der IFRS zurückzuführende zusätzliche Information scheint vollständig erst nach zwei Jahren zur Wirkung zu gelangen.

Wesentlich umfangreicher ist die Studie von Möller/Hüfner/Kavermann[435]. Sie zeigen[436], dass sich bei Anwendung von IFRS oder US-GAAP sowohl für die **Geld-Brief-Spannen** von Aktienkursen als auch die **Volatilität der Aktienrenditen wie der Residualrenditen gegenüber dem Marktmodell** höhere Werte als bei HGB-Anwendern ergeben haben.

Die Geld-Brief-Spanne wurde bereits als Maß für Informationsasymmetrie und Marktliquidität erklärt. Die Betrachtung der Volatilität der Aktien- oder Residualrenditen gegenüber dem Marktmodell soll ähnliche Einblicke wie die Geld-Brief-Spanne liefern:

Die Streuung der Aktienkurse um ihren Durchschnittswert, das ist die **Volatilität**, müsste „mit zunehmender Qualität der Rechnungslegung unter sonst gleichen Bedingungen abnehmen."[437] Statt der Aktienkurse werden die Aktienrenditen genommen, damit Niveauunterschiede der Preise, unterschiedlich große Unternehmensanteile und Dividendenzahlungen nicht auf das Ergebnis durchschlagen[438].

Das Marktmodell erklärt die Rendite einer einzelnen Aktie durch Rückgriff auf einen Marktindex. Es kann mit dem CAPM verbunden werden, das die erwartete Rendite aus einer Aktie als Funktion ihrer Kovarianz mit der Rendite des Gesamtmarktes erklärt[439]. Die Residualrendite ist der durch das CAPM nicht erklärte Renditebestandteil. Auch hier ist die Erwartung, dass die Volatilität mit steigender Güte des Informationssystems sinkt.

Möller/Hüfner/Kavermann analysieren alle zwischen den Geschäftsjahren 1996 und 2002 im Amtlichen Handel und am Neuen Markt notierten Aktien. Details können hier übergangen werden. Die Verfasser kommen zu der Schlussfolgerung: „Die Ergebnisse geben keinen Anlass, die Vermutung von der Überlegenheit der IFRS/IAS oder der U.S.-GAAP für den deutschen Aktienmarkt weiterhin aufrechtzuerhalten."[440]

---

[435] Vgl. Möller/Hüfner/Kavermann (2004).
[436] Die folgenden Ausführungen folgen eng, teilweise wörtlich, Ballwieser (2005c), S. 41 f., und Ballwieser (2005d), S. 26 f. Zu weiteren als den hier erwähnten Untersuchungen vgl. auch Daske (2005b), S. 466–470.
[437] Möller/Hüfner/Kavermann (2004), S. 826.
[438] Vgl. Möller/Hüfner/Kavermann (2004), S. 826.
[439] Zum Marktmodell vgl. Sharpe (1970), S. 119.
[440] Möller/Hüfner/Kavermann (2004), S. 840. Nach Daske (2005b), S. 468, fällt die Beurteilung dieser Ergebnisse schwer, „da die Unternehmen methodisch

10.7 Eigenkapitalkostensenkung

10.7.1 Einflussfaktoren auf Eigenkapitalkosten

Von besonderem Interesse ist, inwiefern die in Kapitel 10.1 zitierten Mutmaßungen der Wirkung der Verwendung von IFRS auf Eigenkapitalkosten empirisch gestützt werden können.

Den Effekt der IFRS hierauf empirisch zu messen, ist schwierig, weil Eigenkapitalkosten (im Sinne erwarteter Renditen von Eigenkapitalgebern)

(a) nicht monokausal beeinflusst werden und
(b) als nicht pagatorische und unbeobachtbare Größe erhebliche Meßprobleme bereiten.

Aus theoretischen Gründen hängen Eigenkapitalkosten von dem durch die Eigentümer getragenen Risiko ab, wobei als wesentliche Komponenten das **Geschäfts- oder operative Risiko** und das **Finanzierungs- oder Kapitalstrukturrisiko** hervorragen. Höheres Risiko führt bei risikoscheuen Investoren, wovon in der Theorie ausgegangen wird, zu höheren Eigenkapitalkosten. Soweit Investoren Portefeuilles zusammenstellen, was aus Sicht der Risikoaversion vorteilhaft ist, kommt es nur auf das **systematische Risiko** an, also das Risiko, das nicht durch Wertpapierstreuung zu vernichten ist. Eine Form der Konkretisierung der Überlegung liefert das Capital Asset Pricing Model (CAPM)[441], in dem die Eigenkapitalkosten im Sinne des Erwartungswertes der Rendite eine lineare Funktion des Beta-Faktors sind. In diesen geht insbesondere die stochastische Abhängigkeit – ausgedrückt durch die Kovarianz – der Rendite des Wertpapiers des betrachteten Unternehmens mit der Rendite des Marktportfolios, das aus allen Aktien zusammengesetzt ist, ein.

Auch wenn das CAPM eine erste Grundlage ist, um Einflussfaktoren auf die Eigenkapitalkosten zu zeigen, muss es aufgrund seiner Annahmen von zahlreichen Sachverhalten abstrahieren. Das betrifft insbesondere das Zinsänderungs- oder das Fremdwährungsrisiko, oder allgemeiner: das **Preisänderungsrisiko**.

Darüber hinaus muss das CAPM **Anreiz- und Vertragsrisiken** vernachlässigen. Anreizrisiken resultieren aus unterschiedlichen Zielsetzungen von Vertragsparteien und der zwischen ihnen bestehenden **Informationsasymmetrie**. Die Entwickler von Agency-Modellen verdeutlichen die Probleme anhand vor- und nachvertraglicher Informationsrisiken[442]. Im

---

nur nach den Rechnungslegungsstandards und zugehörigen Marktsegmenten getrennt worden sind und somit nicht für die anderen Einflussfaktoren kontrolliert worden ist."

[441] Vgl. Sharpe (1964); Lintner (1965); Mossin (1966).
[442] Vgl. auch zu diesem Ausdruck, aber unter Vernachlässigung von Agency-Überlegungen, Oehler (2006), S. 114: „Das Informationsrisiko bezeichnet das

10. Vermeintliche Vorteile der IFRS gegenüber dem HGB

CAPM wird nicht zwischen Auftraggeber und Auftragnehmer unterschieden; entsprechende Anreizprobleme existieren in ihm nicht. Dasselbe gilt für **Risiken der Vertragsdurchsetzung** oder des Schutzes aufgrund anderer Regelungen. Wie diese Risiken durch Rechtssysteme oder andere Schutzmechanismen im Rahmen der Corporate Governance bewältigt werden können, bleibt offen.

Die jüngere Literatur hat sich intensiv mit den Einflussfaktoren auf Eigenkapitalkosten auseinandergesetzt. Sie hat hierzu den **Einfluss**

(a) **des** obligatorischen oder gewählten **Rechnungslegungssystems**[443],
(b) der Anreize, des Ausmaßes und der Güte **freiwilliger Publizität**[444] sowie
(c) **des Schutzes der Investoren** durch Rechtssystem, Gerichte, Aufsichtsbehörden und die Strenge der Durchsetzung von Regeln[445]

zu analysieren versucht[446].

Risiko einer Fehleinschätzung des tatsächlichen wirtschaftlichen Risikos aufgrund fehlender Informationen." Zu einer Form der Modellierung von Informationsrisiko als systematisches Risiko in einem Ansatz mit rationalen Erwartungen und öffentlicher wie nicht-öffentlicher Information und informierten wie nicht-informierten Investoren vgl. Easley/O'Hara (2004). Zu einem weiteren analytischen Ansatz, nicht auf Basis des CAPM, aber mit diesem vereinbar, vgl. Lambert/Leuz/Verrecchia (2007).

[443] Vgl. Daske (2006) und (2005a).

[444] Vgl. Francis/Khurana/Pereira (2005): „Using a sample from 34 countries, we find that firms in industries with greater external financial needs have higher voluntary disclosure levels, and that an expanded disclosure policy for these firms leads to a lower cost of both debt and equity capital. Cross-country differences in legal and financial systems affect observed disclosure levels in predicted ways. However, a surprising result in the study is that voluntary disclosure incentives appear to operate independently of country-level factors, which suggests the effectiveness of voluntary disclosure in gaining access to lower cost external financing around the world." (Im Original z. T. hervorgehoben) Zu den Motiven einer freiwilligen Publizität vgl. auch Graham/Harvey/Rajgopal (2005), S. 53–59.

[445] Vgl. Hail/Leuz (2006): „We analyze whether the effectiveness of a country's legal institutions and securities regulation is systematically related to cross-country differences in the cost of equity capital. (...) We find that countries with extensive securities regulation and strong enforcement mechanisms exhibit lower levels of cost of capital than countries with weak legal institutions, even after controlling for various risk and country factors. We also show that, consistent with theory, these effects become substantially smaller or insignificant as capital markets become more integrated." (Abstract) Vgl. ferner Healy/Palepu (2001), S. 414: „There is currently heated debate about the merits of global standards. Global standards, however, are only likely to be optimal if the institutions that monitor and enforce adherence to standards work equally well across countries." Vgl. auch Daske (2005b), S. 457–459, u. a. mit dem Hinweis, dass IFRS ohne ausreichende Durchsetzung als billiges Qualitätssignal verwendet werden könnten. Vgl. hierzu Ball/Robin/Wu (2003), S. 260; Daske/Hail/Leuz/Verdi (2012).

[446] Vgl. zu allen Aspekten insbesondere auch Daske/Hail/Leuz/Verdi (2008).

10.7 Eigenkapitalkostensenkung

Das alles zeigt, dass eine isolierte Untersuchung des Einflusses des Rechnungslegungssystems auf Eigenkapitalkosten, selbst unter der Annahme, diese wäre operational zu messen, nur gelingen kann, wenn man die anderen Einflussfaktoren hinreichend zu kontrollieren vermag[447].

10.7.2 Messung von Eigenkapitalkosten

Es wurde schon im letzten Kapitel deutlich, dass die Messung von Eigenkapitalkosten mithilfe des CAPM engen Grenzen unterliegt. Darüber hinaus könnte man das CAPM nicht in seiner Ex-ante-Form verwenden, man müsste vielmehr realisierte Renditen messen und Vergangenheitsergebnisse auf die Zukunft übertragen. Entsprechend wurde in jüngerer Zeit vielfältige Kritik an der Verwendung historischer Daten zur Bestimmung von Eigenkapitalkosten laut. Warum verwendet man nicht Marktdaten aus prospektiv ausgerichteten Rechnungen? Dies gelingt scheinbar mühelos mit den **Ex-ante-Modellen zur Bestimmung von Eigenkapitalkosten**, wie sie seit langem propagiert werden[448] und mittlerweile auch mit deutschen Daten verwendet wurden[449].

Die Idee der Ex-ante-Modelle besteht darin[450], den **internen Zinsfuß** aus einer Datenreihe zu gewinnen, die (1) aus der Börsenkapitalisierung als Annäherung an den Unternehmenswert und (2) aus von Finanzanalysten geschätzten künftigen Gewinnen und daraus abgeleiteten Dividenden oder Residualgewinnen erzeugt wird. Da die Schätzungen der Finanzanalysten auf wenige Jahre begrenzt sind, benötigt man als weiteren Einflussfaktor (3) ein Modell, mit dessen Hilfe die kurzfristigen Schätzungen fortgeschrieben werden oder ein Endwert abgebildet wird.

Der interne Zinsfuß ist der Zinsfuß, der den Kapitalwert einer Zahlungsreihe Null werden lässt.

Nehmen wir an, die Börsenkapitalisierung eines Unternehmens sei gegenwärtig 100, und der Alleineigentümer des Unternehmens erwarte künftige Mittelzuflüsse, d.h. Erträge, E_t in folgender Höhe:

---

[447] Zu den dabei entstehenden methodischen Problemen vgl. insb. Daske (2005b), S. 464–466.
[448] Vgl. insb. Malkiel (1979); Claus/Thomas (2001); Gebhardt/Lee/Swaminathan (2001). Zu weiteren Ansätzen vgl. Ballwieser (2005b).
[449] Vgl. insb. Daske/Gebhardt/Klein (2006); Reese (2007), S. 62–128.
[450] Ich folge in den nächsten Abschnitten wörtlich Ballwieser (2005b), S. 322 f.

10. Vermeintliche Vorteile der IFRS gegenüber dem HGB

Zeitpunkt t	0	1	2	3	4	5	6 ff.
Erwartungswert des Ertrags $\mu(E_t)$		10	12	16	14	14	12
Börsenkapitalisierung	100						

Tab. 11: Zahlungsströme

Nehmen wir an, die Börsenkapitalisierung entspräche dem Unternehmenswert und dieser werde durch Diskontierung der Erträge berechnet, dann gilt:

(6) $\quad UW = \sum_{t=1}^{\infty} \frac{\mu(E_t)}{(1+r)^t}$.

Dann ergibt sich der interne Zinsfuß r als Lösung der folgenden Gleichung:

(7) $\quad \frac{10}{1+r} + \frac{12}{(1+r)^2} + \frac{16}{(1+r)^3} + \frac{14}{(1+r)^4} + \frac{14}{(1+r)^5} + \frac{12}{r \cdot (1+r)^5} - 100 = 0$.

Es resultiert $r \cong 12{,}42\,\%$.

Gilt das clean surplus accounting als hinreichende Bedingung für die Gültigkeit des **Kongruenzprinzips**, wonach die Summe der Periodengewinne mit dem Totalgewinn identisch ist (vgl. Kapitel 5.5), so lässt sich auch ein Residualgewinnmodell mit identischem Ergebnis verwenden. Ein **Residualgewinn** ergibt sich[451] als Saldo aus Buchgewinn und Verzinsung des Eigenkapitals, stellt also einen Gewinn nach Abzug von Eigenkapitalkosten dar. Formal gilt:

(8) $\quad UW = EK_0 + \sum_{t=1}^{\infty} \frac{\mu(G_t - r \cdot EK_{t-1})}{(1+r)^t}$.

mit

EK_0 = Buchwert des Eigenkapitals in t = 0,

G_t = Gewinn in t.

Die Auflösung von Gleichung (8) nach r ist komplizierter als die Auflösung der Gleichung (6) oder (7), weil der gesuchte Eigenkapitalkostensatz r nicht nur den Nenner der Barwertgleichung bestimmt, sondern auch die absoluten Eigenkapitalkosten $r \cdot EK_{t-1}$ im Zähler, und die Buchwerte des Eigenkapitals von t = 0 ausgehend fortzuschreiben sind.

---

[451] Ich folge wörtlich Ballwieser (2005b), S. 324.

10.7 Eigenkapitalkostensenkung

Statt dieses Residualgewinnmodells lassen sich weitere Modelltypen verwenden[452], die hier nicht näher ausgeführt werden müssen.

10.7.3 Empirische Ergebnisse für Eigenkapitalkosten

Daske hat aufgrund einer großzahligen Untersuchung den Einfluss des Rechnungslegungssystems auf die Eigenkapitalkosten erhoben. Basis waren 735 deutsche Gesellschaften mit Abschlüssen der Jahre 1993 bis 2002. Von ihnen haben 377 das HGB angewendet, 207 die IFRS und 151 die US-GAAP[453]. Für die unterschiedlich bilanzierenden Gesellschaften hat er – idealerweise in ein und demselben institutionellen Umfeld – die Eigenkapitalkosten nach einem Ex-ante-Kalkül berechnet.

Daske erhält[454] für die nach ausländischem Recht Bilanzierenden im Mittel nach zwei verschiedenen Modellen jeweils höhere Eigenkapitalkosten als für die HGB-Bilanzierer. Die Werte betragen rd. 10 % bis 11 % für Bilanzierende nach HGB, rd. 13 % bis 14 % für Bilanzierende nach IFRS und rd. 13 % bis 15 % für Bilanzierende nach US-GAAP[455]. Da das Resultat darauf zurückgehen kann, dass die nicht nach HGB bilanzierenden Gesellschaften ein höheres Risiko aufweisen, kontrolliert Daske diesen Einflussfaktor mithilfe zahlreicher Risikoindikatoren und findet diese Hypothese bestätigt. Jedoch ergibt eine multivariate Querschnittsanalyse das unerwartete Resultat, dass **kein statistisch signifikanter Einfluss des Rechnungslegungssystems auf die Eigenkapitalkosten** festgestellt werden kann[456].

Betrachtet man nur diejenigen Gesellschaften, die innerhalb des Untersuchungszeitraums von HGB auf IFRS oder US-GAAP wechselten, so stieg in jedem Fall nach dem Wechsel die absolute geforderte Risikoprämie[457]. Das ist konträr zur Erwartung.

Daske hat auch die Entwicklung der relativen Risikoprämie untersucht. Diese wird berechnet, indem von der absoluten Risikoprämie der Durchschnitt der Risikoprämien des Marktes abgezogen wird. Der Test ergibt auch hier ein mehrheitliches Ansteigen der relativen Risikoprämie, das jedoch nicht signifikant ist[458].

---

[452] Vgl. hierzu insb. Daske (2006); Reese (2007), S. 64–96.
[453] Vgl. Daske (2006), S. 347. 52 der Bilanzierenden nach IFRS und 24 der Bilanzierenden nach US-GAAP sind vom HGB umgestiegen.
[454] Die folgenden Ausführungen folgen eng, teilweise wörtlich, Ballwieser (2005c), S. 39–41, und Ballwieser (2005d), S. 24–26.
[455] Vgl. Daske (2006), S. 349.
[456] Vgl. Daske (2006), S. 360.
[457] Vgl. Daske (2006), S. 360.
[458] Vgl. Daske (2006), S. 363.

10. Vermeintliche Vorteile der IFRS gegenüber dem HGB

Man kann Daskes Ergebnisse zu relativieren versuchen, weil er

(a) keine Langfristwirkungen einer Bilanzierung nach IFRS erhebt,
(b) verbundene Hypothesen testet,
(c) IFRS zugrundelegen muss, die in seinem Untersuchungszeitraum weniger ausgereift waren als sie heute sind.

Der erste und der dritte Einwand erscheinen mir wenig stark. Langfristwirkungen sind kaum empirisch zu testen. Die Güte heutiger IFRS ist ein genauso großes Problem wie die Güte früherer IFRS. Zutreffend ist der Einwand, dass man nicht ohne weiteres die Richtigkeit des verwendeten Bewertungsmodells und der eingesetzten Parameter unterstellen darf. Zwar verwendet Daske zwei in der Literatur prominente Alternativen. Dennoch kann das Ergebnis durch eine falsche Spezifizierung der Bewertungsgleichung, speziell bei der Extrapolation der Gewinne über die erste Phase hinaus, und eine falsche Vorgabe wichtiger Parameter, speziell der Gewinnschätzungen der Finanzanalysten, verursacht sein[459].

In einer großzahligen internationalen Untersuchung bestätigt sich die Schwierigkeit des Findens eines Effekts der IFRS auf die Eigenkapitalkosten. In ihrem Abstract schreiben hierzu Daske/Hail/Leuz/Verdi:

„We also document a decrease in firms' cost of capital and an increase in equity valuations, but only if we account for the possibility that the effects occur prior to the official adoption date. Partitioning our sample, we find that the capital-market benefits occur only in countries where firms have incentives to be transparent and where legal enforcement is strong, underscoring the central importance of firms' reporting incentives and countries' enforcement regimes for the quality of financial reporting. Comparing mandatory and voluntary adopters, we find that the capital market effects are most pronounced for firms that voluntarily switch to IFRS, both in the year when they switch and again later, when IFRS become mandatory. While the former result is due to self-selection, the latter result cautions us to attribute the capital-market effects for mandatory adopters solely or even primarily to the IFRS mandate."[460]

Die Untersuchung von Li mit Beobachtungen aus den Jahren 1995 bis 2006 bei EU-Gesellschaften geht in dieselbe Richtung: „I find evidence that, on average, the IFRS mandate significantly reduces the cost of equity for mandatory adopters by 47 basis points. I also find that this reduction is present only in countries with strong legal enforcement, and that increased disclosure and enhanced information comparability are

---

[459] Vgl. zu den Problemen der Ex-ante-Modelle Ballwieser (2005b); Daske (2005b), S. 463 f.; Daske/Wiesenbach (2005); zur Sensitivität der Ergebnisse vgl. Reese (2007), S. 103–108.
[460] Daske/Hail/Leuz/Verdi (2008), S. 1085 f. (im Original z. T. hervorgehoben).

10.8 Einfluss auf Fremdkapitalkosten

two mechanisms behind the cost of equity reduction. Taken together, these findings suggest that while mandatory IFRS adoption significantly lowers firms' cost of equity, the effects depend on the strength of the countries' legal enforcement."[461]

10.8 Einfluss auf Fremdkapitalkosten

Wie die IFRS auf den **Fremdkapitalmarkt** wirken, ist bisher weniger gut untersucht:

„Die Zinssätze für die Kredite der Banken sind nicht breit für den Forscher verfügbar, die Verwendung von beobachtbaren Renditen der notierten Unternehmensanleihen wegen ihrer sehr unterschiedlichen Ausgestaltungsformen problematisch."[462]

Zum Fremdkapitalmarkt liegen deshalb nur wenige Untersuchungen vor, die darüber hinaus oftmals auf Befragungen mit relativ kleinen Stichproben aufbauen[463].

Kiefer/Schorn legen die erste mir bekannte kapitalmarktorientierte Untersuchung der Auswirkungen auf Fremdkapitalkosten vor. Ihre Ergebnisse sprechen für einen positiven Effekt der IFRS-Umstellung auf diese:

„Bei der Analyse der prozentualen Veränderung der Risikoprämie zeigt sich, dass eine IFRS-Umstellung im ersten und zweiten Jahr nach der Umstellung jeweils zu einer Reduktion der Veränderung der Risikoprämie in Höhe von etwa 40 % verglichen mit Nichtwechselunternehmen führt."[464]

Die Autoren erfassen Sekundärmarktdaten der Anleihen von 25 Unternehmen, die zwischen 1997 und 2005 auf IFRS wechselten.

Eine jüngere Studie von Florou/Kosi[465] findet bei einer globalen Stichprobe von öffentlichen Schuldverschreibungen und privaten Krediten eine Präferenz der IFRS-Verwender für Schuldverschreibungen anstelle der Kredite in der Zeit nach der Umstellung auf IFRS. Die Zinsspanne auf Schuldverschreibungen sinkt im Gegensatz zu der auf private Kredite.

---

[461] Li (2010), S. 607 (Abstract).
[462] Daske (2005b), S. 463.
[463] Vgl. z. B. Oehler (2006), dessen Ergebnisse auf 30 Antworten von Kreditinstituten basieren.
[464] Kiefer/Schorn (2009), S. 359.
[465] Vgl. Florou/Kosi (2012).

10.9 Zusammenfassung in Thesen

(1) Die IFRS haben gegenüber dem HGB durch ihre eindimensionale Zielsetzung der Information von Kapitalgebern und dem weitgehenden Verzicht auf explizite Bilanzierungswahlrechte vermeintliche Vorteile, die man insbesondere im Hinblick auf Kapitalmarktwirkungen zu testen versucht.

(2) Das Gros der empirischen Untersuchungen widmet sich beim Übergang von nationalen Regelungen auf IFRS oder dem Vergleich von unterschiedlich bilanzierenden Unternehmen der Prognoseeignung, der Wertrelevanz, den Gewinneigenschaften (wie Zeitnähe und bedingter Vorsicht) und dem Abbau von Informationsasymmetrie.

(3) Bei diesen Untersuchungen sind nicht nur verbundene Hypothesen zu testen, sondern es ist auch für institutionelle Rahmenbedingungen, z. B. hinsichtlich der Durchsetzung von Regeln, zu kontrollieren. Um Selbstselektionsprobleme zu bewältigen, ist zwischen einer obligatorischen und einer freiwilligen Anwendung von IFRS zu unterscheiden.

(4) Finanzanalysten scheinen mit IFRS-Abschlüssen besser Gewinne pro Aktien und Aktienkurse prognostizieren zu können, als dies mit HGB-Abschlüssen möglich ist.

(5) Dass IFRS-Abschlüsse allein zur Eigenkapitalkostensenkung beitragen, lässt sich nicht belegen.

11. Probleme der IFRS

11.1 Konzeptionelle Probleme

Die IFRS haben eine Vielzahl konzeptioneller Probleme, deren sich der IASB teilweise bewusst ist, wozu aber Lösungen noch ausstehen:

(a) **Fehlende Widerspruchsfreiheit**: Die Standards sind weder immer mit dem Rahmenkonzept noch immer untereinander kompatibel. Auch gibt es Widersprüche innerhalb ein und desselben Standards[466].
- Ein erstes Beispiel betrifft die Rückstellungen, für die gemäß IAS 37 eine doppelte Wahrscheinlichkeitshürde für Existenz und Ressourcenabfluss besteht (vgl. Kapitel 4.3.3), während das Rahmenkonzept allein auf die Wahrscheinlichkeit des Ressourcenabflusses abstellt.
- Ein zweites Beispiel betrifft IAS 2. Hier grenzt der Standard den Nettoveräußerungswert vom beizulegenden Zeitwert insoweit ab, als ersterer unternehmensindividuelle Züge aufweist: „Ersterer ist ein unternehmensspezifischer Wert; letzterer ist es nicht." (IAS 2.7) Die Vorräte sind zum niedrigeren Wert aus Anschaffungs- und Herstellungskosten und Nettoveräußerungswert zu bewerten (IAS 2.9). Anzugeben ist jedoch der „Buchwert der zum beizulegenden Zeitwert abzüglich Veräußerungskosten angesetzten Vorräte" (IAS 2.36(c)). „Nettoveräußerungswert und fair value less costs to sell werden hier synonym verwendet, was IAS 2.7 widerspricht."[467]

(b) **Fehlende logische Ableitbarkeit**: Die Standards müssten aus dem Ziel der Vermittlung entscheidungsnützlicher Information für die Adressaten abgeleitet werden. Dies kann nicht ohne Wertungen geschehen und ist insofern nur begrenzt nachvollziehbar, weil zur Entscheidungsnützlichkeit sowohl die Relevanz als auch die Zuverlässigkeit (Verlässlichkeit) der Information gehören und beide oftmals im Widerspruch zueinander stehen. Der im neuen Rahmenkonzept verwendete Ersatz von Verlässlichkeit durch glaubwürdige Darstellung ändert daran nichts. Darüberhinaus muss die Entscheidungsnützlichkeit öfter angenommen werden als dass sie bewiesen werden könnte.

---

[466] Vgl. zu weiteren Beispielen auch Schildbach (2005), S. 47 f.
[467] Hettich (2006), S. 175; im Original z. T. kursiv.

11. Probleme der IFRS

- Es ist zu erwarten, dass Rechnungslegungsadressaten über unsichere Schulden informiert werden wollen. Die Information erscheint relevant. Je höher aber der Unsicherheitsgrad sein darf, der für den Ansatz einer Schuld noch akzeptiert wird, desto geringer ist die damit verbundene Zuverlässigkeit der Information. Nach IAS 37 ist eine doppelte Wahrscheinlichkeitshürde zu bewältigen, bevor es zum Ansatz von Rückstellungen kommt. Diese Regelung kann aus Sicht nahezu vergleichbarer Fälle bezüglich des Erwartungswertes der unkompensierten Belastung zu Unbilligkeiten führen (vgl. Kapitel 4.3.3), ist aber der unumgängliche Preis der Abwägung von Relevanz und Zuverlässigkeit.
- Der IASB erwägt, in einem Änderungsprojekt die Kategorien der Rückstellungen und der Eventualschulden sowie die doppelte Wahrscheinlichkeitshürde für Rückstellungen aufzugeben. Da sich die Zielsetzung des IASB, sprich: die Entscheidungsnützlichkeit der Information, nicht geändert hat, kann dies nur Ausfluss einer Fehlerkorrektur oder einer nunmehr anders vorgenommenen Wertung in der Abwägung von Relevanz und Zuverlässigkeit sein. Das bedeutet zwangsläufig, dass es keine Regeln „aus der Natur der Sache" (durch einfache logische Ableitung) geben kann. Das ist aufgeklärten Personen wohl bekannt[468], wird aber durch den Verweis, man suche „das System qualitativ hochwertiger Regeln" vernebelt.
- Entwicklungskosten werden nach US-GAAP und nach IFRS ungleich behandelt, obwohl beide Regelwerke nahezu wortgleiche Grundlagen im Rahmenkonzept über die Zielsetzungen der Rechnungslegung aufweisen. Bei logischer Ableitbarkeit dürften sich diese Differenzen nicht ergeben.

(c) **Unklare Erfolgsmessung**: Den IFRS fehlt in der bisherigen Ausprägung ein klares Erfolgskonzept. Das beginnt in der Terminologie und endet bei den Detailregelungen.

- Das Rahmenkonzept definiert in Abs. 4.60 den Gewinn als Differenz von Erträgen und Aufwendungen. Hingegen sagt Rahmenkonzept Abs. 4.24: „Die direkt mit der Ermittlung des Gewinns verbundenen Posten sind Erträge und Aufwendungen." Das lässt indirekt verbundene Posten erwarten. Die kann es aber nach IAS 1.88 nicht geben, denn nach dieser Regelung „hat ein Unternehmen alle Ertrags- und Aufwandsposten der Periode im Gewinn oder Verlust, d. h. aufwands- oder ertragswirksam, zu erfassen, es sei denn, etwas anderes ist durch einen IFRS gestattet oder vorgeschrieben."

---

[468] Vgl. insb. Moxter (2009), S. 8–10; Moxter (2000), S. 2147 f.; Beisse (1997), S. 403.

11.1 Konzeptionelle Probleme

- Zwar ist mittlerweile erkennbar, dass der IASB der statischen Bilanztheorie (dem assets and liabilities approach) zuneigt, wonach Gewinn Vermögensänderung ist[469], und die Bewertung zum beizulegenden Zeitwert voranschreiten lässt (vgl. Kapitel 2.5). Dennoch wird das Konzept nicht vollständig realisiert. Es gibt sowohl imparitätische und damit asymmetrische Anwendungen des beizulegenden Zeitwertes, z. B. nach IAS 16 bei Verwendung der Anschaffungskostenmethode (vgl. Kapitel 4.2.2), als auch symmetrische Anwendungen, z. B. bei bestimmten Finanzinstrumenten (vgl. Kapitel 4.2.4). Auch kann ein Geschäfts- oder Firmenwert nur abgeschrieben (vgl. Kapitel 9.11), nicht aber zugeschrieben werden (IAS 36.124). Wenn man davon ausgeht, dass der beizulegende Zeitwert jeweils zuverlässig bestimmt werden kann, ist diese Lösung nicht überzeugend[470].

(d) **Die Vergleichbarkeit erschwerender Managementansatz**: Ohne dass dies zu den grundlegenden Charakteristika des Rahmenkonzepts zählt, wird ein Managementansatz in dem Sinne umgesetzt, dass firmeninterne Regelungen die externe Rechnungslegung prägen.

- Ein Beleg ist die Fair-value-Option des IAS 39. Zwar darf die Widmung der Finanzinstrumente zur Bewertung zum beizulegenden Zeitwert nur erfolgen, wenn – jenseits von Instrumenten, die ein eingebettetes Derivat enthalten – durch die Nutzung der Option eine Ansatz- oder Bewertungsinkongruenz reduziert oder eine Übereinstimmung von Bilanzierung und Risikomanagement- oder Anlagestrategie erreicht werden kann (IAS 39.9, noch EU-rechtlich geltend; vgl. auch Kapitel 2.4). Der letztgenannte Punkt entspricht aber genau dem Managementansatz, wonach unternehmensinterne Strukturen und Strategien Gründe liefern, wie die Rechnungslegung vorzunehmen ist. Zweifellos lässt sich das mit Arbeitsvereinfachung und einheitlicher Sprache rechtfertigen, aber zugleich wird eine u. U. erhebliche Beeinträchtigung an zwischenbetrieblicher Vergleichbarkeit in Kauf genommen.
- Der Managementansatz zeigt sich weiterhin in der Abgrenzung zahlungsmittelgenerierender Einheiten[471] und dem auf ihrer Ebene stattfindenden Wertminderungstest des Goodwill.

---

[469] Vgl. Dobler (2008b), S. 2 und S. 10; Wüstemann/Kierzek (2005), S. 429 f.
[470] Zwar ergibt sich bei Zuschreibungen des Goodwill das bereits bekannte Problem, originären Goodwill mit derivativem zu vermengen, aber das nehmen die IFRS beim Wertminderungstest auch schon bisher in Kauf.
[471] Vgl. auch Heyd/Lutz-Ingold (2005), S. 168 f.; Pottgießer/Velte/Weber (2005), S. 1751.

- Managementabsichten bestimmen mit, ob Entwicklungskosten gemäß IAS 38.57 aktiviert werden müssen, und schaffen ein faktisches Wahlrecht (vgl. Kapitel 4.2.5).
- Der Managementansatz wird ferner bei der Segmentberichterstattung bemüht (IFRS 8.5).

(e) **Mangelnde Zuverlässigkeit**: Der Rechnungslegung droht dann mangelnde Zuverlässigkeit, wenn dem Management große Freiräume bei Ansatz, Bewertung und Berichterstattung bleiben.
- Von beachtlicher Problematik ist die Identifikation der bei einem Unternehmenskauf erworbenen immateriellen Vermögenswerte (vgl. Kapitel 9.10.1.3). Während Rechte relativ gut dokumentiert sind und sich bei ihnen das Problem eher auf die Bewertungsebene verschiebt, gilt dies für vom Geschäfts- oder Firmenwert separierbare Güter nicht. Mit der externen Verwertbarkeit, die keine Einzelverwertbarkeit verlangt, wird ein relativ unscharfes Kriterium verwendet.
- Ein wichtiger, die Zuverlässigkeit beeinträchtigender Punkt ist die Feststellung von beizulegenden Zeitwerten, sofern liquide Märkte fehlen. Die Zeitwerte müssen dann durch Rückgriff auf frühere Transaktionen desselben Guts oder Transaktionen vergleichbarer Güter oder Bewertungskalküle erhoben werden (vgl. Kapitel 5.4). Hierbei bestehen beachtliche Beurteilungsspielräume, die vom Management ausgenutzt werden können.
- Eine beachtliche Gestaltungsmöglichkeit findet sich auch bei der Abgrenzung von zahlungsmittelgenerierenden Einheiten, in der Verteilung des Konsolidierungsgoodwill auf diese (vgl. Kapitel 9.10.1.6) und im später stattfindenden Werthaltigkeitstest für den Geschäfts- oder Firmenwert (vgl. Kapitel 9.11).

11.2 Akzeptanzprobleme

Der IASB sieht sich mit seinem Regelwerk aus mehreren Gründen Akzeptanzproblemen ausgesetzt:

(a) Bis heute ist das Ziel, international akzeptiert zu werden, gerade in den USA für börsennotierte Gesellschaften noch nicht erreicht. Zwar ist für ausländische Unternehmen mit Börsennotierung in den USA die Überleitungspflicht von Gewinn und Eigenkapital entfallen und es wird (angeblich) erwogen, die IFRS auch für US-Unternehmen zu erlauben, aber diese Pläne sind trotz jahrelanger Vorarbeit noch nicht umgesetzt. Der IASB hat die Befürchtung, dass sie endgültig unrealisiert bleiben werden (vgl. oben Kapitel 4.2.3 sowie Kapitel 1).

11.2 Akzeptanzprobleme 239

(b) Ein weiterer Bereich eröffnet sich durch die Übernahme der Vorschriften durch die EU. Hier kam es bei der Verabschiedung von IAS 39 zu vielfältigen Problemen, die eine Nachbesserung des in London verabschiedeten Standards nötig machten (vgl. Kapitel 2.4).

(c) Einwendungen gegen eine EU-weite Übernahme sind besonders dann zu erwarten, wenn konzeptionelle Änderungen geplant oder Unternehmen stark durch Zusatzarbeiten belastet werden. Hierzu trägt derzeit der IASB durch Projekte zu Revenue Recognition, Leasing oder Finanzinstrumente bei. Es stellt sich umso eher die Frage nach der Legitimationsbasis des Vorgehens, wenn der IASB bei scheinbar in ihrem Objektbereich begrenzten Standards weitgehende konzeptionelle Änderungen quasi nebenbei einzuführen versucht. Dies wurde besonders bei der Diskussion der Erstbewertung deutlich[472].

(d) Akzeptanzprobleme werden sich weiterhin ergeben, wenn einzelne Standards oder Änderungen von ihnen viele abweichende Meinungen der Board-Mitglieder hervorrufen. Das war z. B. bei den vorgeschlagenen Änderungen von IFRS 3 hinsichtlich des Wahlrechts zur Abweichung von der Full-Goodwill-Methode (vgl. Kapitel 9.10.1.5) zu beobachten[473]. Ähnliches gilt, wenn nicht zum Standard zählende Erläuterungen (Grundlage für Schlussfolgerungen, Erläuternde Beispiele und Anwendungsleitlinien = Implementation Guidance) mehr Seiten beanspruchen als die Standards oder wenn die zum Standard zählenden Leitlinien für die Anwendung (EU-Übersetzung) = Anleitungen zur Anwendung (IASB-Übersetzung) = Application Guidance (im Anhang) den Kernstandard seitenmäßig erreichen oder gar übertreffen: Musterfälle hierfür sind IAS 39[474] und IFRS 3[475].

---

[472] Vgl. Schmidt (2006), S. 75, zu IASB (2005): „Die eigentliche Brisanz des Diskussionspapiers dürfte (...) darin liegen, dass für Fragen der Folgebewertung implizit eine Vorentscheidung getroffen wird. (...) Dies würde dafür sprechen, Erst- und Folgebewertung gemeinsam zu untersuchen. Letztlich müsste aber dann zuvor grundsätzlich diskutiert werden, welcher Konzeption die Rechnungslegung (für Gewinnmessung und Kapitalerhaltung) bei unterstellter Informationsfunktion überhaupt insgesamt folgen soll. Insofern erscheint es nicht sachgerecht, derlei grundsätzliche Entscheidungen mittelbar in einem Diskussionspapier anzusprechen, welches sich – zumindest dem Titel nach – ‚nur' mit der Erstbewertung befasst."

[473] Es gab bezüglich dieser Frage „Dissenting Opinions" von drei der 14 Mitglieder des IASB (Barth, Garnett und Smith).

[474] Basis for Conclusions, Illustrative Example und Implementation Guidance von IAS 39 umfassen im englischen Text zum 1. Januar 2012 141 Druckseiten, der Standard hat mit Anhängen 42 Druckseiten, ohne Anhänge 21.

[475] Die zum Standard gehörende Application Guidance ist mit 23 Seiten im englischen Text zum 1. Januar 2012 nahezu gleich lang wie der Kernstandard mit 19 Seiten; vgl. zu früheren Umfängen auch Brücks/Richter (2005), S. 409.

11.3 Durchsetzungsprobleme

Die IFRS drohen, gegenüber bisherigen nationalen Rechnungslegungssystemen aufwändiger zu sein. Sie sind aufgrund ihrer Komplexität und zahlreichen Berichtspflichten unter Umständen fehleranfälliger als die Vorschriften, die sie ersetzen oder ergänzen. Um so wichtiger wird, dass ihre sachgemäße Anwendung überwacht wird[476].

Ihre supranationale Überwachung, die eine Vergleichbarkeit von IFRS-Abschlüssen über Landesgrenzen hinaus sichern könnte, fällt aus verschiedenen Gründen schwer. Zum einen gibt es politische Vorbehalte gegen eine derartige, beispielsweise europaweite Enforcement-Institution. Zum anderen gibt es Vorbehalte gegen die damit verbundenen Kosten und Skepsis bezüglich der Gewinnbarkeit von kompetenten Mitgliedern.

Die Überprüfung der Einhaltung des obligatorischen Rechnungslegungsrechts obliegt – bei prüfungspflichtigen Unternehmen – bisher dem Aufsichtsrat (sofern vorhanden), den Abschlussprüfern und den nationalen Gerichten. Hinzu kamen ab 2005 die Deutsche Prüfstelle für Rechnungslegung (DPR) und die sanktionsbewehrte Bundesanstalt für Finanzdienstleistungsaufsicht (BaFin).

Der EuGH ist kein unmittelbarer Adressat von Adressaten der Rechnungslegung, sondern muss von Gerichten angerufen werden, soweit er nicht selbst im Hinblick auf die Durchsetzung von Europarecht tätig wird. Die Parteien können die Vorlage beim EuGH durch das nationale Gericht lediglich anregen[477].

Die Überwachung benötigt fachliche und rechtliche Kompetenz.

Während man bei Abschlussprüfern die **fachliche Kompetenz** bezüglich IFRS am ehesten unterstellen darf – u. a. deshalb, weil die Entwicklung der IFRS in hohem Maße durch Vertreter der vier großen Wirtschaftsprüfungsgesellschaften beeinflusst wird[478] –, müssen sich die Vertreter der Aufsichtsräte und Gerichte die IFRS-Kenntnisse in größerem Umfange erst aneignen. Von besonderem Interesse ist die erst jüngst geschaffene DPR. Ihre Aufgabe ist die Überwachung der Einhaltung der Rechnungslegung, wozu sie einerseits stichprobenweise ohne weiteren Anlass und andererseits aufgrund von Mängelhinweisen durch Dritte

---

[476] Zur Bedeutung der Überwachung im Hinblick auf die Eigenschaften von Kapitalmärkten, die Bewertung von Unternehmen oder die Senkung von Kapitalkosten vgl. La Porta/Lopez-De-Silanes/Shleifer/Vishny (1997) und (2002); La Porta/Lopez-De-Silanes/Shleifer (2006) und Hail/Leuz (2006).
[477] Vgl. auch Niedermühlbichler (1998).
[478] Das wird nicht nur positiv gesehen. Vgl. Schildbach (2004).

tätig wird. Es wird sich zeigen, ob die geschaffenen organisatorischen Voraussetzungen ausreichen, effizient und hinreichend großzahlig zu arbeiten. Hierüber können angesichts der jungen Geschichte dieser Institution noch keine verallgemeinerungsfähigen Erfahrungen vorliegen. Allerdings zeigt sich bereits eine beachtliche Fehlervielfalt und diese keineswegs nur bei der Rechnungslegung kleinerer Unternehmen oder der Prüfung durch kleinere Wirtschaftsprüfungsgesellschaften[479].

Bei der **rechtlichen Kompetenz** ist zu beachten, dass die SEC hierbei eine immer größere Bedeutung zu erlangen scheint. Auch nach dem Entfallen der früher notwendigen Überleitungsrechnung von Gewinn und Eigenkapital nach IFRS auf Zahlen nach US-GAAP wird zu prüfen sein, inwieweit die Auslegungen aus Europa und den USA in Übereinstimmung zu bringen sind. Ob man das Drohpotential der SEC für die EU als glücklich ansieht[480], ist eine (strittige) Wertungsfrage.

11.4 Entwicklungsprobleme

Der IASB hat ehrgeizige Ziele, um die IFRS weltweit zu verankern. Dazu tragen das Konvergenzprojekt mit dem FASB ebenso bei wie die Ausrichtung auf Asien, aus dessen Bereich die Zahl der Board-Mitglieder erhöht worden ist[481]. Sowohl aus Gründen der Konvergenz als auch aus Gründen der Geschlossenheit des Systems der IFRS sind gewaltige Anstrengungen nötig. Ich möchte hierzu im Folgenden drei Punkte diskutieren, die miteinander verwoben sind:

(a) Systemgeschlossenheit,
(b) Prioritätensetzung,
(c) Konvergenz.

---

[479] Vgl. zur Unternehmensgröße auch den Tätigkeitsbericht 2008 der DPR, S. 4, http://www.frep.info/docs/jahresberichte/2008_tb_prufstelle.pdf (Stand: 13. Dezember 2012). Vgl. ferner Kapitel 1.
[480] Noch vor Wegfall der Überleitungspflicht meinte Kiefer (2003), S. 189: „Im Grunde genommen kann sich die EU ‚glücklich schätzen', dass die SEC noch keinen Beschluss zugunsten der IAS/IFRS getroffen hat. Falls Europa bis dahin nicht mit einer ähnlichen Institution gleichgezogen hat, werden die IAS/IFRS faktisch von der mächtigeren SEC durchgesetzt. Wird eine nationale Instanz etabliert, sind Fälle, in denen die größenmäßig überlegene SEC national unentdeckt gebliebene Fehler identifiziert, nur eine Frage der Zeit. Eine Folge wäre die Diskussion über die Existenzberechtigung der nationalen Regulierungseinrichtungen." Das Problem bleibt auch in der neuen Rechtssituation bestehen.
[481] Bei den 16 Board-Mitgliedern gibt es neben einem japanischen Mitglied nun auch ein chinesisches und ein koreanisches.

Für die **Systemgeschlossenheit** wäre ein Zweck-Mittel-Ansatz geboten. Nach diesem wären die grundlegenden Ziele und Konzepte der Rechnungslegung vorab explizit zu formulieren und anschließend wäre mittels logischer Kalküle, Plausibilitäten **und Wertungen** (!) ein Regelungssystem zu schaffen, das Ziele und Konzepte möglichst gut erfüllt. Der wichtigste Ort der Auseinandersetzung wäre insofern das **Rahmenkonzept**, das schon lange nicht mehr zu dem heutigen System der IFRS passt. Beispielsweise spielen dort der derzeit vom IASB propagierte assets and liabilities approach und der Ansatz von beizulegenden Zeitwerten keine spürbare Rolle.

Zwar existierte ein gemeinsam mit dem FASB betriebenes Projekt „Conceptual Framework", aber dieses ist bisher nur teilweise überarbeitet. Zum anderen treibt der IASB aus Angst, durch diese konzeptionellen Überlegungen viel Zeit zu verlieren[482] und bei der Lösung von Einzelfragen stark behindert zu werden, Einzelprojekte voran, in denen er zugleich wichtige konzeptionelle Vorentscheidungen trifft oder Verfestigungen bereits getroffener Entscheidungen vornimmt. Musterbeispiel war die Beschäftigung im Jahr 2005 mit dem Erstbewertungsansatz, der vollständig zum beizulegenden Zeitwert erfolgen sollte[483]. Als Konsequenz der fehlenden Deduktionsbasis und mangelnder Abstimmung zwischen den Projekten drohen weitere Inkonsistenzen zwischen zu schaffenden Standards und Rückwirkungen auf das zu überarbeitende Rahmenkonzept[484]. Ein weiteres Beispiel ist das Projekt zur Ertragsvereinnahmung (revenue recognition). Dieses **piecemeal engineering** hat mehr Aussicht auf schnellen politischen Erfolg, gefährdet aber zugleich die Geschlossenheit des Systems.

Schlechte Erfahrungen mit dieser Vorgehensweise haben die SEC und die sie unterstützenden Rechnungslegungsinstitutionen gemacht, als sie nach der Entwicklung bereits bestehender Einzelregelungen ein konsistentes Rahmenkonzept zu schaffen versucht haben. Das ist auch in den USA weitgehend gescheitert. Nach Niehus enthält es „Gemeinplätze in

---

[482] Für Ziele und qualitative Eigenschaften (Phase A) gab es eine Überarbeitung; vgl. Kapitel 1. Für Elemente und Ansatz (Phase B) liegen neben einem revidierten Standardentwurf zu Revenue Recognition (ED/2011/6) nur Arbeitsdefinitionen für Vermögenswerte und Schulden vor; vgl. www.fasb.org/project/cf_phase-b.shtml (Stand: 21. Dezember 2012). Zur Bewertung (Phase C) existiert mit IFRS 13 ein Standard zur Bewertung zum beizulegenden Zeitwert vom Mai 2011. Zur Berichtseinheit (Phase D) liegt ein bisher noch nicht verabschiedeter Entwurf vom März 2010 vor (ED/2010/2). Zu Präsentation und Offenlegung (Phase E) existieren Preliminary Views vom Oktober 2008, vgl. IASB (2008b). Die letzten drei Teilprojekte (Phasen F bis H) wurden noch nicht angegangen. Wie in Kapitel 1 ausgeführt, schreitet der IASB nun allein voran. Vgl. auch Gassen/Fischkin/Hill (2008).
[483] Vgl. IASB (2005).
[484] Vgl. auch Dobler (2006), S. 168.

11.4 Entwicklungsprobleme

einer Breite und Ausführlichkeit, die man als bemerkenswert bezeichnen muß"[485]. Haller konstatiert: „Dort, wo der Rat suchende Leser eigentlich normative Aussagen erwarten würde, werden entweder wenig greifbare Definitionen geboten, oder es wird lediglich die herrschende Rechnungslegungspraxis beschrieben."[486]

Auch wenn man sich die Meinung des IASB zu eigen macht, vorrangig Einzelprojekte voranzutreiben, überraschen die **Prioritätensetzungen**. So mutet es merkwürdig an, dass man – wie im Projekt Financial Statement Presentation, vormals Performance Reporting, zu beobachten – zwar intensiv die Gliederung der GuV diskutiert, aber den Gewinnbegriff hintanstellt[487].

Gleichermaßen unverständlich ist die Beschäftigung mit Grundsatzfragen wie der Gewinnermittlung quasi am Rande bei der Überarbeitung einzelner Standards, wie dies bezüglich der Rückstellungen im Zusammenhang mit dem Projekt „Business Combinations II" ohne vorhergehende Grundsatzdebatte und bei dem Projekt zur Erstbewertung[488] zu beobachten war. Solche „trickreichen" Entwicklungen müssen Misstrauen gegenüber dem IASB erzeugen. Es hatte schon einmal durch Beschäftigung mit „Nebenkriegsschauplätzen" wie Land- und Forstwirtschaft die Ausbreitung von beizulegenden Zeitwerten vorangetrieben[489]. Es ist naheliegend, dass dies zu einer kritischen Auseinandersetzung mit der Legitimation der Arbeit des IASB führt[490].

Bezüglich der **Konvergenz** mit dem FASB gibt es zahlreiche Projekte, mit deren Hilfe diese gefördert werden soll. Zugleich wurden verstärkt gemeinsame Arbeiten unternommen.

Trotz dieser (schwierigen) Bemühungen kann das Resultat zumindest für in den USA börsennotierte deutsche Unternehmen nicht überzeugen, weil der Konvergenzprozess langsam abläuft (und mittlerweile noch stärker stockt). Diese Unternehmen waren zwar erst ab dem Jahr 2007 gezwungen, zur Erfüllung des EU-Rechts auf IFRS zu wechseln, aber bis dahin hatte es keine Anerkennung der IFRS als gleichwertige Normen zu den US-GAAP in den USA gegeben. Das erhoffte Resultat ergab sich erst im November 2007.

D.h. diese Unternehmen mussten weiterhin eine Rechnungslegungsvielfalt vorhalten, neben HGB und EStG sowohl US-GAAP als auch

---

[485] Niehus (1979), S. 207. Vgl. auch Ballwieser (1993), S. 119 f.
[486] Haller (1994), S. 220. Vgl. auch Ballwieser (2003), S. 344.
[487] Vgl. auch Ballwieser/Hettich (2004), S. 82 und 85.
[488] Vgl. IASB (2005).
[489] Vgl. z. B. Ballwieser/Küting/Schildbach (2004), S. 544.
[490] Vgl. hier auch zu Recht bezüglich der Rückstellungsdiskussion die Kritik bei Brücks/Richter (2005), S. 415; allgemeiner: Schildbach (2005).

IFRS. Man darf weiterhin gespannt sein, wie sehr die Amerikaner an einer Beschleunigung des Prozesses interessiert sind. Trotz früherer Willensbekundungen scheinen sie hierbei stark gebremst, weil sie nicht nur ihr System, sondern auch ihre Form der Überwachung von dessen Einhaltung für die besten halten.

11.5 Zusammenfassung in Thesen

(1) Die IFRS sind weder untereinander noch gegenüber dem Rahmenkonzept widerspruchsfrei. Die alleinige Ableitung aus Rechnungslegungszielen gelingt nicht, was keine Besonderheit von IFRS darstellt; die mit der Entwicklung der Regeln nötige Wertung wird hingegen meist nicht expliziert.

(2) Den IFRS fehlt ein nachvollziehbares Konzept der Vermögens- oder Gewinnermittlung. Das führt beispielsweise zur intensiven Beschäftigung mit der Frage, wie der beizulegende Zeitwert zu ermitteln ist, bei gleichzeitiger Vernachlässigung des Punktes, wo er verwendet werden soll.

(3) Mit der Ermittlung von beizulegenden Zeitwerten mithilfe von Barwertkalkülen ist die Gefahr einer geringen Zuverlässigkeit der Rechnungslegung verbunden.

(4) Mit dem Voranschreiten des Managementansatzes, wonach die Bilanzierung der internen Steuerung folgt, resultiert eine erleichterte Erstellung, aber eine erschwerte Vergleichbarkeit von Abschlüssen.

(5) Der IASB hat sein Ziel, weltweit akzeptierte Regeln zu entwickeln, bis heute nicht realisieren können, da die IFRS für US-Unternehmen nicht zugelassen sind.

(6) Selbst wenn man weltweit akzeptierte Regeln für wünschenswert hält (was unter dem Gesichtspunkt fehlender Konkurrenz nicht selbstverständlich ist), muss eine weitgehend einheitliche Anwendung bzw. Durchsetzung gesichert sein, um die Vergleichbarkeit der Abschlüsse zu gewährleisten. Das verlangt supranationale Institutionen, die bisher fehlen und aus politischen Gründen vermutlich noch länger fehlen werden.

(7) Das piecemeal engineering der Entwicklung von zahlreichen Einzelregelungen vor Beendigung der Beschäftigung mit dem Rahmenkonzept und der Abstimmung der Einzelregelungen mit diesem ist politisch verständlich, gefährdet aber die Systemgeschlossenheit.

(8) Von prinzipiengestützten IFRS ist der IASB noch weit entfernt. Es dominieren Beschäftigungen mit vielen Details, wie sie für US-GAAP typisch sind.

Abkürzungsverzeichnis der Zeitschriften

AER	American Economic Review
AH	Accounting Horizons
AOS	Accounting, Organizations and Society
AR	Accounting Review
BB	Betriebs-Berater
BFuP	Betriebswirtschaftliche Forschung und Praxis
BuR	Business Research
CAR	Contemporary Accounting Research
DB	Der Betrieb
DBW	Die Betriebswirtschaft
DK	Der Konzern
DStR	Deutsches Steuerrecht
DU	Die Unternehmung
EAR	European Accounting Review
Econ	Econometrica
FB	Finanz Betrieb
IRZ	Zeitschrift für Internationale Rechnungslegung
JAAF	Journal of Accounting, Auditing and Finance
JAE	Journal of Accounting and Economics
JAPP	Journal of Accounting and Public Policy
JAR	Journal of Accounting Research
JBFA	Journal of Business Finance and Accounting
JEP	Journal of Economic Perspectives
JoF	Journal of Finance
KoR	Zeitschrift für internationale und kapitalmarktorientierte Rechnungslegung
PiR	Praxis der internationalen Rechnungslegung
RAS	Review of Accounting Studies
sbr	Schmalenbach Business Review
STH	Der Schweizer Treuhänder
TIJA	The International Journal of Accounting
WPg	Die Wirtschaftsprüfung
zfbf	Schmalenbachs Zeitschrift für betriebswirtschaftliche Forschung
ZfCM	Zeitschrift für Controlling und Management
ZGR	Zeitschrift für Unternehmens- und Gesellschaftsrecht

ZfhF	Zeitschrift für handelswissenschaftliche Forschung
ZIP	Zeitschrift für Wirtschaftsrecht

Literaturverzeichnis

Aders, Christian/Wiedemann, Florian (2001), Brand Valuation: Errechnen die bekannten Ansätze der Markenbewertung entscheidungsrelevante Markenwerte?, in: FB, 3. Jg., S. 469–478.

Adler/Düring/Schmaltz (2003), Rechnungslegung nach Internationalen Standards, bearb. v. Hans-Friedrich Gelhausen, Jochen Pape, Wienand Schruff und Klaus Stolberg, Stuttgart (Stand: Dezember 2003).

Ahmed, Anwer S./Neel, Michael/Wang, Dechun (2012), Does Mandatory Adoption of IFRS Improve Accounting Quality? Preliminary Evidence, Working Paper, angenommen für CAR (Stand: 19. Dezember 2012).

Altman, Edward I. (1968), Financial Ratios, Discriminant Analysis and the Prediction of Corporate Bankruptcy, in: JoF, Vol. 23, S. 589–609.

Arrow, Kenneth J./Debreu, Gérard (1954), Existence of an Equilibrium for a Competitive Economy, in: Econ, Vol. 22, S. 265–290.

Ashbaugh, Hollis/Pincus, Mort (2001), Domestic Accounting Standards, International Accounting Standards, and the Predictability of Earnings, in: JAR, Vol. 39, S. 417–434.

Baetge, Jörg (2009), Verwendung von DCF-Kalkülen bei der Bilanzierung nach IFRS, in: WPg, 62. Jg., S. 13–23.

Baetge, Jörg (1980), Früherkennung negativer Entwicklungen der zu prüfenden Unternehmung mithilfe von Kennzahlen, in: WPg, 33. Jg., S. 651–665.

Baetge, Jörg/Beuter, Hubert B./Feidicker, Markus (1992) Kreditwürdigkeitsprüfung mit Diskriminanzanalyse, in: WPg, 45. Jg., S. 749–761.

Baetge, Jörg/Kirsch, Hans-Jürgen/Thiele, Stefan (2012), Bilanzen, 12. Aufl., Düsseldorf.

Baetge, Jörg/Kirsch, Hans-Jürgen/Thiele, Stefan (2011), Konzernbilanzen, 9. Aufl., Düsseldorf.

Baetge, Jörg/Zülch, Henning (2001), Fair Value Accounting, in: BFuP, 53. Jg., S. 543–562.

Ball, Ray J./Brown, Philip (1968), An Empirical Evaluation of Accounting Income Numbers, in: JAR, Vol. 6, S. 159–178.

Ball, Ray/Robin, Ashok/Wu, Joanna S. (2003), Incentives versus standards: properties of accounting income in four East Asian countries, in: JAE, Vol. 36, S. 235–270.

Ballwieser, Wolfgang (2012), IAS 16, in: Baetge, Jörg et al. (Hrsg.), Rechnungslegung nach IFRS, 2. Aufl., Stuttgart 2002, Stand: Dezember 2012.

Ballwieser, Wolfgang (2011a), Unternehmensbewertung – Prozeß, Methoden und Probleme, 3. Aufl., Stuttgart.

Ballwieser, Wolfgang (2011b), Möglichkeiten und Grenzen der Erstellung einer Einheitsbilanz – Zur Rolle und Entwicklung des Maßgeblichkeitsprinzips, in: Mellinghoff, Rudolf/Schön, Wolfgang/Viskorf, Hermann-Ulrich (Hrsg.), Steuerrecht im Rechtsstaat. Festschrift für Wolfgang Spindler, Köln 2011, S. 577–594.

Ballwieser, Wolfgang (2008), Empirische Wirkungen einer Rechnungslegung nach IFRS, in: Wagner, Franz W./Schildbach, Thomas/Schneider, Dieter (Hrsg.), Private und öffentliche Rechnungslegung, Festschrift für Hannes Streim zum 65. Geburtstag, Wiesbaden, S. 1–21.

Ballwieser, Wolfgang (2006), Unternehmensbewertung in der IFRS-Bilanzierung, in: Börsig, Clemens/Wagenhofer, Alfred (Hrsg.), IFRS in Rechnungswesen und Controlling, Stuttgart, S. 265–282.

Ballwieser, Wolfgang (2005a), Die Konzeptionslosigkeit des International Accounting Standards Board (IASB), in: Hirte, Heribert/Crezelius, Georg/Vieweg, Klaus (Hrsg.), Festschrift zum 65. Geburtstag von Volker Röhricht, Köln, S. 727–745.

Ballwieser, Wolfgang (2005b), Die Ermittlung impliziter Eigenkapitalkosten aus Gewinnschätzungen und Aktienkursen: Ansatz und Probleme, in: Schneider, Dieter/Rückle, Dieter/Küpper, Hans-Ulrich/Wagner, Franz W. (Hrsg.), Kritisches zu Rechnungslegung und Unternehmensbesteuerung: Festschrift zur Vollendung des 65. Lebensjahres von Theodor Siegel, Berlin, S. 321–337.

Ballwieser, Wolfgang (2005c), Vor- und Nachteile einer Rechnungslegung nach IFRS für nicht kapitalmarktorientierte Unternehmen, in: Marten, K(ai)-U(we)/Quick, R(einer)/Ruhnke, K(laus) (Hrsg.), IFRS für den Mittelstand?, Düsseldorf, S. 31–56.

Ballwieser, Wolfgang (2005d), Bilanzrecht zwischen Wettbewerb und Regulierung – Eine ökonomische Analyse, in: Abhandlungen der Bayerischen Akademie der Wissenschaften, München.

Ballwieser, Wolfgang (2004a), The Limitations of Financial Reporting, in: Leuz, Christian/Pfaff, Dieter/Hopwood, Anthony (Hrsg.), The Economics and Politics of Accounting, Oxford, New York, S. 58–77.

Ballwieser, Wolfgang (2004b), Schaden IAS dem Mittelstand?, in: Küting, Karlheinz/Pfitzer, Norbert/Weber, Claus-Peter (Hrsg.), Herausforderungen und Chancen durch weltweite Rechnungslegungsstandards, Stuttgart, S. 11–27.

Ballwieser, Wolfgang (2003), Rahmenkonzepte der Rechnungslegung: Funktionen, Vergleich, Bedeutung, in: DK, 1. Jg., S. 337–348.

Ballwieser, Wolfgang (2002a), Rechnungslegung im Umbruch – Entwicklungen, Ziele, Missverständnisse, in: STH, 76. Jg., S. 295–304.

Ballwieser, Wolfgang (2002b), Informations-GoB – auch im Lichte von IAS und US-GAAP, in: KoR, 2. Jg., S. 115–121.

Ballwieser, Wolfgang (2001a), Konzernrechnungslegung und Wettbewerb, in: DBW, 61. Jg., S. 640–657.

Ballwieser, Wolfgang (2001b), Anforderungen des Kapitalmarktes an Bilanzansatz- und Bilanzbewertungsregeln, in: KoR, 1. Jg., S. 160–164.

Ballwieser, Wolfgang (2001c), Rechnungslegung und Prüfung am Neuen Markt, in: zfbf, 53. Jg., S. 840–853.

Ballwieser, Wolfgang (Hrsg.) (2000), US-amerikanische Rechnungslegung, 4. Aufl., Stuttgart.

Ballwieser, Wolfgang (1997), Grenzen des Vergleichs von Rechnungslegungssystemen – dargestellt anhand von HGB, US-GAAP und IAS, in: Forster, Karl-Heinz/Grunewald, Barbara/Lutter, Marcus/Semler, Johannes (Hrsg.), Aktien- und Bilanzrecht, Festschrift für Bruno Kropff, Düsseldorf, S. 371–391.

Ballwieser, Wolfgang (1993), Die Entwicklung der Theorie der Rechnungslegung in den USA, in: Wagner, Franz W. (Hrsg.), Ökonomische Analyse des Bilanzrechts – Entwicklungslinien und Perspektiven, Sonderheft 32 der zfbf, Düsseldorf, Frankfurt am Main, S. 107–138.

Ballwieser, Wolfgang (1985a), Ergebnisse der Informationsökonomie zur Informationsfunktion der Rechnungslegung, in: Stöppler, Siegmar (Hrsg.), Information und Produktion – Beiträge zur Unternehmenstheorie und Unternehmensplanung, Festschrift zum 60. Geburtstag von Prof. Dr. Waldemar Wittmann, Stuttgart, S. 21–40.

Ballwieser, Wolfgang (1985b), Sind mit der neuen Generalklausel zur Rechnungslegung auch neue Prüfungspflichten verbunden?, in: BB, 40. Jg., S. 1034–1043.

Ballwieser, Wolfgang (1982), Zur Begründbarkeit informationsorientierter Jahresabschlussverbesserungen, in: zfbf, 34. Jg., S. 772–793.

Ballwieser, Wolfgang/Dobler, Michael (2003), Bilanzdelikte: Konsequenzen, Ursachen und Maßnahmen zu ihrer Vermeidung, in: DU, 57. Jg., S. 449–469.

Ballwieser, Wolfgang/Hettich, Silvia (2004), Das IASB-Projekt „Reporting Comprehensive Income": Bedeutung für Controlling, in: ZfCM, 48. Jg., Sonderheft 2/2004, hrsg. v. Barbara Weißenberger, S. 79–88.

Ballwieser, Wolfgang/Kuhner, Christoph (1994), Rechnungslegungsvorschriften und wirtschaftliche Stabilität, Bergisch Gladbach.

Ballwieser, Wolfgang/Küting, Karlheinz/Schildbach, Thomas (2004), Fair value – erstrebenswerter Wertansatz im Rahmen einer Reform der handelsrechtlichen Rechnungslegung?, in: BFuP, 46. Jg., S. 529–549.

Ballwieser, Wolfgang/Leuthier, Rainer (1986), Grundprinzipien, Verfahren und Probleme der Unternehmensbewertung, in: DStR, 24. Jg., S. 545–551 und S. 604–610.

Barth, Mary E./Beaver, William H./Landsman, Wayne R. (2001), The relevance of the value relevance literature for financial accounting standard setting: another view, in: JAE, Vol. 31, S. 77–104.

Barth, Mary E./Landsman, Wayne R./Lang, Mark H. (2008), International Accounting Standards and Accounting Quality, in: JAR, Vol. 46, S. 467–498.

Barth, M.E./Landsman, W.R./Lang, M.H./Williams, C.D. (2007), Accounting Quality: International Accounting Standards and US GAAP, Working Paper, Stanford University/University of North Carolina, Stand: November 2007.

Bartov, Eli/Goldberg, Stephen R./Kim, Myungsun (2005), Comparative Value Relevance Among German, U.S. and International Accounting Standards: A German Stock Market Perspective, in: JAAF, Vol. 20, S. 95–120.

Basu, Sudipta (1997), The conservatism principle and the asymmetric timeliness of earnings, in: JAE, Vol. 24, S. 3–37.

Beaver, William H. (1968), The Information Content of Annual Earnings Announcements, in: JAR, Supplement: Empirical Research in Accounting: Selected Studies, Vol. 6, S. 67–92.

Beaver, William H. (1966), Financial Ratios as Prediction of Failure, in: JAR, Vol. 4, Supplement: Empirical Research in Accounting: Selected Studies, S. 71–111.

Beck'scher Bilanz-Kommentar (2012), Handels- und Steuerbilanz, hrsg. v. Helmut Ellrott u. a., 8. Aufl., München.

Beck'sches IFRS-Handbuch (2013), Kommentierung der IFRS/IAS, hrsg. v. Werner Bohl, Joachim Riese und Jörg Schlüter, 4. Aufl., München, Wien, Bern (zitiert als Beck-IFRS-HB).

Beisse, Heinrich (1997), Wandlungen der Grundsätze ordnungsmäßiger Bilanzierung – Hundert Jahre „GoB", in: Schön, Wolfgang (Hrsg.), Gedächtnisschrift für Brigitte Knobbe-Keuk, Köln, S. 385–409.

Bender, Christian (2005), Umsatzerfassung nach US-GAAP und IFRS – Konzeption, Problembereiche, Lösungsansätze, Wiesbaden.

Benston, George/Bromwich, Michael/Litan, Robert E./Wagenhofer, Alfred (2006), Worldwide Financial Reporting – The Development and Future of Accounting Standards, New York u. a.

Benston, George/Bromwich, Michael/Litan, Robert E./Wagenhofer, Alfred (2003), Following the Money – The Enron Failure and the State of Corporate Disclosure, Washington, D.C.

Berndt, Thomas/Hommel, Michael (2005), Konzernrechnungslegung zwischen Konvergenz und Wettbewerb – US-GAAP, IFRS oder Euro-IFRS?, in: BFuP, 57. Jg., S. 407–423.

Beyer, Sven (2008), Fair value-Bewertung von Vermögenswerten und Schulden, in: Ballwieser, Wolfgang/Beyer, Sven/Zelger, Hansjörg (Hrsg.), Unternehmenskauf nach IFRS und US-GAAP – Purchase Price Allocation, Goodwill und Impairment-Test, 2. Aufl., Stuttgart, S. 151–202.

Beyhs, Oliver (2002), Impairment of Assets nach International Accounting Standards, Frankfurt am Main.

Bialas, Alexander A. (2005), Marken in der internationalen Rechnungslegung, Berlin.

Bieg, Hartmut et al. (2008), Die Saarbrücker Initiative gegen den Fair Value, in: DB, 61. Jg., S. 2549–2552.

Bieg, Hartmut/Hossfeld, Christopher/Kußmaul, Heinz/Waschbusch, Gerd (2006), Handbuch der Rechnungslegung nach IFRS – Grundlagen und praktische Anwendung, Wiesbaden.

Bieker, Marcus (2006), Ökonomische Analyse des Fair Value Accounting, Frankfurt am Main.

Blackwell, David/Girshick, M.A. (1954), A Theory of Games and Statistical Decisions, New York.

Blaum, Ulf (2009), Amendments to IAS 32 – Financial Instruments: Presentation and IAS 1 – Presentation of Financial Statements: Puttable Financial Instruments and Obligations Arising on Liquidation, in: Vater, Hendrik et al. (Hrsg.), IFRS Änderungskommentar 2009, 2. Aufl., Weinheim, S. 121–141.

Böcking, Hans-Joachim/Lopatta, Kerstin/Rausch, Benjamin (2005), B 165 Wertkategorien der IAS/IFRS, in: Beck'sches Handbuch der Rechnungslegung, hrsg. v. Hans-Joachim Böcking et al., München ab 1987, Stand: Mai 2005.

Bores, Wilhelm (1935), Konsolidierte Erfolgsbilanzen und andere Bilanzierungsmethoden für Konzerne und Kontrollgesellschaften, Leipzig.

Brauer, Sebastian/Leuschner, Carl-Friedrich/Westermann, Frank (2011), Does the Introduction of IFRS Change the Timeliness of Loss Recognition? Evidence from German Firms, Working Paper 87, Universität Osnabrück, September 2011.

Breidert, Ulrike (1994), Grundsätze ordnungsmäßiger Abschreibungen auf abnutzbare Anlagegegenstände, Düsseldorf.

Brötzmann, Ingo (2004), Bilanzierung von güterwirtschaftlichen Sicherungsbeziehungen nach IAS 39 zum Hedge Accounting, Düsseldorf.

Brücks, Michael/Kerkhoff, Guido/Richter, Michael (2005), Impairmenttest für den Goodwill nach IFRS – Vergleich mit den Regelungen nach US-GAAP: Gemeinsamkeiten und Unterschiede, in: KoR, 5. Jg., S. 1–7.

Brücks, Michael/Richter, Michael (2005), Business Combinations (Phase II) – Kritische Würdigung ausgewählter Vorschläge des IASB aus Sicht eines Anwenders, in: KoR, 5. Jg., S. 407–415.

Brüggemann, Ulf/Hitz, Jörg-Markus/Sellhorn, Thorsten (2012), Intended and Unintended Consequences of Mandatory IFRS Adoption: A Review of Extant Evidence and Suggestions for Future Research, in: EAR, iFirst Article, 1–37, 2012.

Burger, Anton/Fröhlich, Jürgen/Ulbrich, Philipp (2004), Die Auswirkungen der Umstellung von HGB auf IFRS auf wesentliche Kennzahlen der externen Unternehmensrechnung, in: KoR, 4. Jg., S. 353–366.

Busse von Colbe, Walther/Ordelheide, Dieter/Gebhardt, Günther/Pellens, Bernhard (2006), Konzernabschlüsse, 8. Aufl., Wiesbaden.

Capkun, Vedran/Collins, Daniel W./Jeanjean, Thomas (2012), Does Adoption of IAS/IFRS Deter Earnings Management?, Working Paper, http://ssrn.com/abstract=1850228 (Stand: 19. Dezember 2012).

Castedello, Marc (2008), Fair Value-Bewertung ausgewählter immaterieller Vermögenswerte, in: Ballwieser, Wolfgang/Beyer, Sven/Zelger, Hansjörg (Hrsg.), Unternehmenskauf nach IFRS und US-GAAP – Purchase Price Allocation, Goodwill und Impairment-Test, 2. Aufl., Stuttgart, S. 203–227.

Castedello, Marc/Klingbeil, Christian (2012), IFRS 13: Anwendungsfragen bei nicht-finanziellen Vermögenswerten in der Praxis, in: WPg, 65. Jg., S. 482–488.

Christensen, Hans B./Lee, Edward/Walker, Martin (2008), Incentives or standards: What determines accounting quality changes around IFRS adoption?, Working Paper, http://ssrn.com/abstract=1013054 (Stand: 19. Dezember 2012).

Claus, James/Thomas, Jacob (2001), Equity Premia as Low as Three Percent? Evidence from Analysts' Earnings Forecasts for Domestic and International Stock Markets, in: JoF, Vol. 56, S. 1629–1666.

Coenenberg, A(dolf) G. (2005), International Financial Reporting Standards (IFRS) auch für den Mittelstand?, in: DBW, 65. Jg., S. 109–113.

Coenenberg, Adolf G./Blaum, Ulf/Burkhardt, Henriette (2010), IAS 12 Ertragsteuern (Income Taxes), in: Baetge, Jörg et al. (Hrsg.), Rechnungslegung nach IFRS, 2. Aufl., Stuttgart 2002, Stand: Juni 2010.

Coenenberg, Adolf G./Haller, Axel/Schultze, Wolfgang (unter Mitarbeit von Simon Berger u.v. a.) (2012), Jahresabschluss und Jahresabschlussanalyse – Betriebswirtschaftliche, handelsrechtliche, steuerrechtliche und internationale Grundlagen – HGB, IAS/IFRS, US-GAAP, DRS, 22. Aufl., Stuttgart.

Cuijpers, Rick/Buijink, Willem (2005), Voluntary Adoption of Non-local GAAP in the European Union: A Study of Determinants and Consequences, in: EAR, Vol. 14, S. 487–524.

Daske, Holger (2006), Economic Benefits of Adopting IFRS or US-GAAP – Have the Expected Cost of Equity Capital Really Decreased?, in: JBFA, Vol. 33, S. 329–373.

Daske, Holger (2005a), Adopting International Financial Reporting Standards in the European Union – Empirical Essays on Causes, Effects and Economic Consequences, unveröffentlichte Dissertation, Johann Wolfgang Goethe-Universität Frankfurt am Main.

Daske, Holger (2005b), Internationale Rechnungslegung und Kapitalkosten: Zum Stand der empirischen Rechnungslegungsforschung, in: BFuP, 57. Jg., S. 455–473.

Daske, Holger/Gebhardt, Günther (2006), International Financial Reporting Standards and Experts' Perceptions of Disclosure Quality, in: Abacus, Vol. 42, S. 461–502.

Daske, Holger/Gebhardt, Günther/Klein, Stefan (2006), Estimating the Expected Cost of Equity Capital Using Analysts' Consensus Forecasts, in: sbr, Vol. 58, S. 2–36.

Daske, Holger/Hail, Luzi/Leuz, Christian/Verdi, Rodrigo (2012), Adopting a Label: Heterogeneity in the Economic Consequences Around IAS/IFRS Adoptions, Working Paper, May 2012, papers.ssrn.com/sol3/papers.cfm?abstract_id=1502413 (Stand: 10. Februar 2013).

Daske, Holger/Hail, Luzi/Leuz, Christian/Verdi, Rodrigo (2008), Mandatory IFRS Reporting around the World: Early Evidence on the Economic Consequences, in: JAR, Vol. 46, S. 1085–1142.

Daske, Holger/Wiesenbach, Kai (2005), Praktische Probleme der zukunftsorientierten Schätzung von Eigenkapitalkosten am deutschen Aktienmarkt, in: FB, 7. Jg., S. 407–419.

Demski, Joel S. (1973), The General Impossibility of Normative Accounting Standards, in: AR, Vol. 48, S. 718–723.

Dobler, Michael (2008a), Auswirkungen des Wechsels der Rechnungslegung von HGB zu IFRS auf die Gewinnsteuerung, in: BFuP, 60. Jg., S. 259–275.

Dobler, Michael (2008b), Rethinking Revenue Recognition – The Case of Construction Contracts under International Financial Reporting Standards, in: International Journal of Revenue Management, Vol. 2, S. 1–22.

Dobler, Michael (2006), Ertragsvereinnahmung bei Fertigungsaufträgen nach IAS 11 und den Vorschlägen des Projekts Revenue Recognition – Vergleich und kritische Würdigung, in: KoR, 6. Jg., S. 160–170.

Dobler, Michael (2005), Folgebewertung des Goodwill nach IFRS 3 und IAS 36, in: PiR, 3. Jg., S. 24–29.

Dobler, Michael/Günther, Nina (2008), Stand der de facto-Konvergenz von IFRS und US GAAP – Eine empirische Analyse der Überleitungsrechnungen nach Form 20-F von Unternehmen aus der Europäischen Union, in: zfbf, 60. Jg., S. 809–845.

Dobler, Michael/Kuhner, Christoph (2009), Die internationale Rechnungslegung im Belastungstest der subprime-Krise, in: WPg, 62. Jg., S. 24–33.

Dumontier, Pascal/Maghraoui, Randa (2007), Does the adoption of IAS-IFRS reduce information asymmetry systematically? Working Paper, HEC, University of Geneva, February 2007.

Easley, David/O'Hara, Maureen (2004), Information and the Cost of Capital, in: JoF, Vol. 59, S. 1553–1583.

Ebeling, Ralf Michael (1995), Die Einheitsfiktion als Grundlage der Konzernrechnungslegung, Stuttgart.

Elliott, Brooke W./Hodge, Frank D./Kennedy, Jane/Pronk, Maarten (2007), Are M.B.A. Students a Good Proxy for Nonprofessional Investors?, in: AR, Vol. 82, S. 139–168.

Ernst, Edgar/Gassen, Joachim/Pellens, Bernhard (2009), Verhalten und Präferenzen deutscher Aktionäre – Eine Befragung von privaten und institutionellen Anlegern zum Informationsverhalten, zur Dividendenpräferenz und zur Wahrnehmung von Stimmrechten, Studien des Deutschen Aktieninstituts, Heft 42, hrsg. v. Rüdiger von Rosen, Frankfurt am Main.

Ernst, Edgar/Gassen, Joachim/Pellens, Bernhard (2005), Verhalten und Präferenzen deutscher Aktionäre – Eine Befragung privater und institutioneller Anleger zu Informationsverhalten, Dividendenpräferenz und Wahrnehmung von Stimmrechten, Studien des Deutschen Aktieninstituts, Heft 29, hrsg. v. Rüdiger von Rosen, Frankfurt am Main.

Ernstberger, Jürgen/Krotter, Simon/Stadler, Christian (2008), Analysts' Forecast Accurarcy in Germany: The Effect of Different Accounting Principles and Changes of Accounting Principles, in: BuR, Vol. 1, S. 26–53.

Ewert, Ralf/Wagenhofer, Alfred (2008), Interne Unternehmensrechnung, 7. Aufl., Berlin, Heidelberg, New York.

Ewert, Ralf/Wagenhofer, Alfred (2003), Aspekte ökonomischer Forschung in der Rechnungslegung und Anwendung auf Ausschüttungsbemessung und Unabhängigkeit des Prüfers, in: BFuP, 55. Jg., S. 603–622.

Feltham, Gerald A./Ohlson, James A. (1995), Valuation and Clean Surplus Accounting for Operating and Financial Activities, in: CAR, Vol. 11, S. 689–731.

Financial Accounting Standards Board (2008), FASB Staff Position No. 157-3, Determining the Fair Value of a Financial Asset When the Market for That Asset Is Not Active, 10 October 2008, Norwalk, CT.

Financial Accounting Standards Board (2006), Project Updates – Conceptual Framework – Joint Project of the IASB and FASB, Latest revisions: 10 March 2006, http://www.fasb.org/project/conceptual_framework.shtml (Stand: 24. März 2006).

Fink, Christian (2008), Bilanzierung von Unternehmenszusammenschlüssen nach der Überarbeitung von IFRS 3, in: PiR, 4. Jg., S. 114–125.

Fink, Christian/Ketterle, Günter/Scheffel, Steve (2012), Revenue Recognition: Bilanzpolitische, -analytische und prozessuale Auswirkungen des Re-Exposure Draft auf die Bilanzierungspraxis, in: DB, 65. Jg., S. 1997–2006.

Florou, Annita/Kosi, Urska (2012), Does Mandatory IFRS Adoption Facilitate Debt Financing? Working Paper, November 2012, http://ssrn.com/abstract=1508324 (Stand: 19. Dezember 2012).

Frahm, Lars-Gunnar (2004), Markenbewertung – Ein empirischer Vergleich von Bewertungsmethoden und Markenwertindikatoren, Frankfurt am Main.

Francis, Jere R./Khurana, Inder K./Pereira, Raynolde (2005), Disclosure Incentives and Effects on Cost of Capital around the World, in: AR, Vol. 80, S. 1125–1162.

Franzen, Ottmar (1994), Markenbewertung mit Hilfe von Ertragswertansätzen, in: DStR, 32. Jg., S. 1625–1630.

Fülbier, Rolf (2012), Reform der Leasingbilanzierung nach IFRS, in: Küting, Karlheinz/Pfitzer, Norbert/Weber, Claus-Peter (Hrsg.), Brennpunkte der Bilanzierungspraxis nach IFRS und HGB, Stuttgart, S. 99–115.

Fülbier, Rolf Uwe/Gassen, Joachim (2010), IFRS for European Small and Medium-Sized Entities? A Theoretical and Empirical Analysis, Research Report commissioned by DGRV – Deutscher Genossenschafts- und Raiffeisenverband e.V., o.O., April 2010.

Gaber, Christian (2005), Der Erfolgsausweis im Wettstreit zwischen Prognosefähigkeit und Kongruenz, in: BFuP, 57. Jg., S. 279–295.

Gassen, Joachim/Fischkin, Michael/Hill, Verena (2008), Das Rahmenkonzept-Projekt des IASB und des FASB: Eine normendeskriptive Analyse des aktuellen Stands, in: WPg, 61. Jg., S. 874–882.

Gassen, Joachim/Sellhorn, Thorsten (2006), Applying IFRS in Germany – Determinants and Consequences, in: BFuP, 58. Jg., S. 365–386.

Gaughan, Patrick A. (2007), Mergers, Acquisitions, and Corporate Restructurings, 4. Aufl., New York u. a.

Gebhardt, William R./Lee, Charles M.C./Swaminathan, Bhaskaran (2001), Toward An Implied Cost of Capital, in: JAR, Vol. 39, S. 135–176.

Gerum, Elmar/Mölls, Sascha H./Shen, Chunqian (2011), Kapitalmarktorientierte Rechnungslegung in Deutschland zwischen Anspruch und Realität – Theorie und Empirie, in: zfbf, 63. Jg., S. 534–577.

Glaum, Martin/Street, Donna (2003), Compliance with the disclosure requirements of Germany's New Market: IAS versus U.S. GAAP, in: Journal of International Financial Management and Accounting, Vol. 14, S. 64–100.

Glaum, Martin/Street, Donna (2002), Rechnungslegung der Unternehmen am Neuen Markt. Die Einhaltung der Ausweispflichten nach IAS und US-GAAP, Studien des Deutschen Aktieninstituts, Heft 17, Frankfurt am Main.

Glaum, Martin/Wyrwa, Sven (2011), Making Acquisitions Transparent. Goodwill Accounting in Times of Crisis, Frankfurt am Main.

Goncharov, Igor/Zimmermann, Jochen (2007), Do Accounting Standards Influence the Level of Earnings Management? Evidence from Germany, in: DU, 61. Jg., S. 371–388.

Graham, John R./Harvey, Campbell R./Rajgopal, Shiva (2005), The Economic Implications of Corporate Financial Reporting, in: JAE, Vol. 40, S. 3–73.

Grau, Andreas (2002), Gewinnrealisierung nach International Accounting Standards, Wiesbaden.

Grote, Andreas/Herold, Christiane/Pilhofer, Jochen (2012), Führt der Re-Exposure Draft ED/2011/6 zu gravierenden Änderungen der Umsatzrealisierung oder wird der Berg eine Maus gebären?, in: KoR, 11. Jg., S. 105–113.

Haaker, Andreas (2005), Das Wahrscheinlichkeitsproblem bei der Rückstellungsbilanzierung nach IAS 37 und IFRS 3 – Eine Analyse der Regelungen im Hinblick auf die Erfüllung des Informationszwecks, in: KoR, 5. Jg., S. 8–15.

Hachmeister, Dirk (2008), Impairment-Test nach IFRS und US-GAAP, in: Ballwieser, Wolfgang/Beyer, Sven/Zelger, Hansjörg (Hrsg.), Unternehmenskauf nach IFRS und US-GAAP – Purchase Price Allocation, Goodwill und Impairment-Test, 2. Aufl., Stuttgart, S. 229–266.

Hachmeister, Dirk (2006), Verbindlichkeiten nach IFRS – Bilanzierung von kurz- und langfristigen Verbindlichkeiten, Rückstellungen und Eventualschulden, München.

Hachmeister, Dirk (2000), Der Discounted Cash Flow als Maß der Unternehmenswertsteigerung, 4. Aufl., Frankfurt am Main.

Hachmeister, Dirk/Kunath, Oliver (2005), Die Bilanzierung des Geschäfts- und Firmenwerts im Übergang auf IFRS 3, in: KoR, 5. Jg., S. 62–75.

Hachmeister, Dirk/Schwarzkopf, Ann-Sophie (2011), C 402 Kapitalkonsolidierung nach der Erwerbsmethode: Regelungen nach IFRS, in: Beck'sches Handbuch der Rechnungslegung, hrsg. v. Hans-Joachim Böcking, Edgar Castan, Gerd Heymann, Norbert Pfitzer und Eberhard Scheffler, München ab 1987, Stand: Juni 2011.

Hacker, Bernd (2002), Segmentberichterstattung – Eine ökonomische Analyse, Frankfurt am Main.

Hager, Simon/Hitz, Jörg-Markus (2007), Immaterielle Vermögenswerte in der Bilanzierung und Berichterstattung – eine empirische Bestandsaufnahme für die Geschäftsberichte deutscher IFRS-Bilanzierer 2005, in: KoR, 7. Jg., S. 205–218.

Hail, Luzi/Leuz, Christian (2006), International Differences in the Cost of Equity Capital: Do Legal Institutions and Securities Regulation Matter?, in: JAR, Vol. 44, S. 485–532.

Hain, Thorsten (2000), Restrukturierungsaufwendungen in der Rechnungslegung nach HGB, IAS und U.S. GAAP – Grundsätze für die Rechnungslegung von geplanten Beendigungen und Einschränkungen von Geschäftstätigkeiten in Deutschland im Vergleich zu den Grundsätzen des IASC und zu den Grundsätzen in den U.S.A., Düsseldorf.

Haller, Axel (1994), Die Grundlagen der externen Rechnungslegung in den USA, 4. Aufl., Stuttgart.

Hartgraves, Al (2004), Andersen's Role in Enron's Failure, in: DBW, 64. Jg., S. 753–771.

Haufe IFRS-Kommentar (2012), hrsg. v. Norbert Lüdenbach und Wolf-Dieter Hoffmann, 10. Aufl., Freiburg, München, Berlin, Würzburg.

Hayn, Sven/Grüne, Michael (2006), Konzernabschluss nach IFRS – Konsolidierung und Bilanzierung, München.

Hayn, Sven/Hold-Paetsch, Christiane/Vater, Hendrik (2009), Amendments to IAS 39 – Financial Instruments: Recognition and Measurement and IFRS 7 – Financial Instruments: Disclosures – Reclassification of Financial Assets, in: Vater, Hendrik et al. (Hrsg.), IFRS Änderungskommentar 2009, 2. Aufl., Weinheim, S. 141–169.

Healy, Paul M./Palepu, Krishna G. (2001), Information asymmetry, corporate disclosure, and the capital markets: A review of the empirical disclosure literature, in: JAE, Vol. 31, S. 405–440.

Hebertinger, Martin (2002), Wertsteigerungsmaße – Eine kritische Analyse, Frankfurt am Main.

Heidemann, Christian (2005), Die Kaufpreisallokation bei einem Unternehmenszusammenschluss nach IFRS 3, Düsseldorf.

Hendler, Matthias/Zülch, Henning (2005), Anteile anderer Gesellschafter im IFRS-Konzernabschluss, in: WPg, 58. Jg., S. 1155–1166.

Herzig, Norbert (2010), BilMoG, Tax Accounting and Corporate Governance-Aspekte, in: DB, 63. Jg., S. 1–8.

Hettich, Silvia (2006), Zweckadäquate Gewinnermittlungsregeln, Frankfurt am Main.

Heuser, Paul J./Theile, Carsten (unter Mitarbeit von Kai Udo Pawelzik) (2012), IFRS Handbuch – Einzel- und Konzernabschluss, 5. Aufl., Köln.

Heyd, Reinhard (2004), Fair-Value-Bewertung von Intangibles sowie die bilanzielle Behandlung des Goodwill im Rahmen von Business Combinations, in: Horváth, Péter/Möller, Klaus (Hrsg.), Intangibles in der Unternehmenssteuerung, München, S. 269–291.

Heyd, Reinhard/Lutz-Ingold, Martin (2005), Immaterielle Vermögenswerte und Goodwill nach IFRS – Bewertung, Bilanzierung und Berichterstattung, München.

Hinz, Michael (2005), Rechnungslegung nach IFRS – Konzept, Grundlagen und erste Anwendung, München.

Hitz, Jörg-Markus (2005), Rechnungslegung zum fair value – Konzeption und Entscheidungsnützlichkeit, Frankfurt am Main.

Hitz, Jörg-Markus/Kuhner, Christoph (2002), Die Neuregelung zur Bilanzierung des derivativen Goodwill nach SFAS 141 und 142 auf dem Prüfstand, in: WPg, 55. Jg., S. 273–287.

Holthausen, Robert W./Watts, Ross L. (2001), The Relevance of the Value-Relevance Literature for Financial Accounting Standard Setting, in: JAE, Vol. 31, S. 3–75.

Hommel, Michael/Benkel, Muriel/Wich, Stefan (2004), IFRS 3 Business Combinations: Neue Unwägbarkeiten im Jahresabschluss, in: BB, 59. Jg., S. 1267–1273.

Hommel, Michael/Schmidt, Achim/Wüstemann, Sonja (2010), Rückstellungsbewertung nach ED/2010/1 – ein Standardsetter auf unsicheren Pfaden, in: BB, 65. Jg., S. 557–561.

Hommel, Michael/Schmitz, Stefanie/Wüstemann, Sonja (2009), Discussion Paper „Revenue Recognition" – Misstrauensvotum gegen den Fair Value?, in: BB, 64. Jg., S. 374–378.

Hoogervorst, Hans (2012), LSE – Accounting Harmonisation and Global Economic Consequences, Public Lecture at the London School of Economics, 6 November 2012, 6:30 p.m.; http://www.ifrs.org/Current-Projects/IASB-Projects/Leases/Pages/Leases.aspx# (Stand: 30.11.2012).

Hung, Mingyi Y./Subramanyam, K.R. (2007), Financial Statement Effects of Adopting International Accounting Standards: The Case of Germany, in: RAS, Vol. 12, S. 623–657.

Institut der Wirtschaftsprüfer in Deutschland e.V. (Hrsg.) (2012a), WP Handbuch 2012, Bd. I: Wirtschaftsprüfung, Rechnungslegung, Beratung, 14. Aufl., Düsseldorf.

Institut der Wirtschaftsprüfer in Deutschland e.V. (2012b), IDW Stellungnahme zur Rechnungslegung: Einzelfragen zur Anwendung von IFRS (IDW RS HFA 2) (Stand: 06.06.2012), in: WPg, Supplement 3/2012, 65. Jg., S. 18–42.

Institute of Chartered Accountants in England and Wales (2007), EU Implementation of IFRS and the Fair Value Directive. A report for the European Commission, London.

International Accounting Standards Board (2008a), Discussion Paper: Preliminary Views on Revenue Recognition in Contracts with Customers, December 2008, London.

International Accounting Standards Board (2008b), Discussion Paper: Preliminary Views on Financial Statement Presentation, October 2008, London.

International Accounting Standards Board (2008c), Expert Advisory Panel, Measuring and disclosing the fair value of financial instruments in markets that are no longer active, October 2008, London.

International Accounting Standards Board (2006), A Roadmap for Convergence between IFRSs and US GAAP – 2006–2008 – Memorandum of Understanding between the FASB and the IASB, 27 February 2006, http://www.iasb.org/uploaded_files/documents/10_774_FinalMOU(clean)24Feb06.pdf (Stand: 10. April 2006).

International Accounting Standards Board (2005), Discussion Paper: Measurement Bases for Financial Accounting – Measurement on Initial Recognition, Prepared by staff of the Canadian Accounting Standards Board, November 2005, London.

Johnson, L. Todd (2004), The Project to Revisit the Conceptual Framework, in: The FASB Report, December 28, 2004, http://www.fasb.org/articles&reports/project_revisit_cf_tfr_dec2004.pdf (Stand: 24. März 2006).

Johnson, L. Todd/Petrone, Kimberley R. (1998), Commentary: Is Goodwill an Asset?, in: AH, Vol. 12, S. 293–303.

Kaiser, Thomas (2009), Fair Value Accounting für den Kapitalmarkt, in: Weber, Claus-Peter et al. (Hrsg.), Berichterstattung für den Kapitalmarkt, Festschrift für Karlheinz Küting, Stuttgart, S. 73–99.

Kiefer, Kerstin/Schorn, Philipp (2009), Auswirkungen der IFRS-Umstellung auf die Risikoprämie von Unternehmensanleihen – Eine empirische Studie für Deutschland, Österreich und die Schweiz, in: ZfB, 79. Jg., S. 335–365.

Kiefer, Marcus (2003), Kritische Analyse der Kapitalmarktregulierung der U.S. Securities and Exchange Commisson – Lösungsansatz für eine deutsche und europäische Enforcement-Instanz als Bestandteil der Corporate Governance, Wiesbaden.

Kirchner, Christian/Schmidt, Matthias (2005), Private Law-Making: IFRS – Problems of Hybrid Standard Setting, in: Nobel, Peter (Hrsg.), International Standards and the Law, Bern, S. 67–82.

Kirsch, Hans-Jürgen/Koelen, Dieter/Olbrich, Alexander/Dettenrieder, Dominik (2012), Die Bedeutung der Verlässlichkeit der Berichterstattung im Conceptual Framework des IASB und des FASB, in: WPg, 65. Jg., S. 762–771.

Knorr, Liesel/Schmidt, Martin (2006), Jahres-/Konzernabschlüsse 2005 – anwendbare IFRS, in: KoR, 6. Jg., S. 128–130.

KPMG (2011), Kapitalkosten- und Impairment Test-Studie 2010: Zukunftserwartungen managen. Empirische Befragung von europäischen Unternehmen, http://www.kpmg.de/Publikationen/20031.asp (Stand: 13. Juni 2012).

Kruschwitz, Lutz/Löffler, Andreas (2006), Discounted Cash Flow – A Theory of the Valuation of Firms, Chichester, West Sussex.

Kuhlewind, Andreas-Markus (2008), Purchase Price Allocation und Impairment-Test nach US-GAAP und IFRS in der unternehmerischen Praxis, in: Ballwieser, Wolfgang/Beyer, Sven/Zelger, Hansjörg (Hrsg.), Unternehmenskauf nach IFRS und US-GAAP – Purchase Price Allocation, Goodwill und Impairment-Test, 2. Aufl., Stuttgart, S. 379–412.

Kuhn, Steffen (2005), Finanzinstrumente: Fair Value-Option in IAS 39 überarbeitet, in: DB, 58. Jg., S. 1341–1348.

Kuhn, Steffen/Scharpf, Paul (2006), Rechnungslegung von Financial Instruments nach IFRS, 3. Aufl., Stuttgart.

Kuhner, Christoph (2008), Die Zielsetzungen von IFRS, US-GAAP und HGB und deren Konsequenzen für die Abbildung von Unternehmenskäufen, in: Ballwieser, Wolfgang/Beyer, Sven/Zelger, Hansjörg (Hrsg.), Unternehmenskauf nach IFRS und US-GAAP – Purchase Price Allocation, Goodwill und Impairment-Test, 2. Aufl., Stuttgart, S. 1–34.

Kuhner, Christoph (2005a), Zur Zukunft der Kapitalerhaltung durch Ausschüttungssperren im Gesellschaftsrecht der Staaten Europas, in: ZGR, 34. Jg., S. 753–788.

Kuhner, Christoph (2004), Auf dem Weg zur Prinzipienbasierung der kapitalmarktorientierten Rechnungslegung? – einige Anmerkungen zur aktuellen Diskussion –, in: WPg, 57. Jg., S. 261–271.

Kuhner, Christoph (2001), Das Spannungsverhältnis zwischen Einzelfallgerechtigkeit und Willkürfreiheit – im Recht und in der Rechnungslegung, in: BFuP, 53. Jg., S. 523–542.

Kümpel, Thomas (2005), Vorratsbewertung und Auftragsfertigung nach IFRS – Grundlagen, Bewertungsverfahren und Folgebewertung, München.

Kümpel, Thomas/Becker, Michael (2006), Leasing nach IFRS – Beurteilung, Bilanzierung und Berichtspflichten, München.

Kußmaul, Heinz/Tcherveniachki, Vassil (2005), Entwicklung der Rechnungslegung mittelständischer Unternehmen im Kontext der Internationalisierung der Bilanzierungspraxis, in: DStR, 43. Jg., S. 616–621.

Küting, Karlheinz (2012), Zur Komplexität der Rechnungslegungssysteme nach HGB und IFRS, in: DB, 65. Jg., S. 297–304.

Küting, Karlheinz/Lam, Siu (2012), Umsatzrealisierung dem Grunde nach – Ein Vergleich zwischen HGB, IFRS und dem Standardentwurf ED/2011/6, in: DStR, 50. Jg., S. 2348–2354.

Küting, Karlheinz/Lam, Siu (2011), Bilanzierungspraxis in Deutschland – Theoretische und empirische Überlegungen zum Verhältnis von HGB und IFRS, in: DStR, 49. Jg., S. 991–996.

Küting, Karlheinz/Wohlgemuth, Frank (2004), Möglichkeiten und Grenzen der internationalen Bilanzanalyse, in: DStR, 42. Jg., Beihefter zu Heft 48/2004.

Lambert, Richard A./Leuz, Christian/Verrecchia, Robert E. (2007), Accounting Information, Disclosure, and the Cost of Capital, in: JAR, Vol. 45, S. 385–420.

Landsman, Wayne R./Maydew, Edward L./Thornock, Jacob R. (2012), The information content of annual earnings announcements and mandatory adoption of IFRS, in: JAE, Vol. 53, S. 34–54.

Lanfermann, Georg (2009), Steht das IAB durch die Finanzkrise vor einer Zerreißprobe?, in: DB, 62. Jg., S. I.

La Porta, Rafael/Lopez-De-Silanes, Florencio/Shleifer, Andrei (2006), What Works in Securities Laws?, in: JoF, Vol. 61, S. 1–32.

La Porta, Rafael/Lopez-De-Silanes, Florencio/Shleifer, Andrei/Vishny, Robert W. (2002), Investor Protection and Corporate Valuation, in: JoF, Vol. 57, S. 1147–1170.

La Porta, Rafael/Lopez-De-Silanes, Florencio/Shleifer, Andrei/Vishny, Robert W. (1997), Legal Determinants of External Finance, in: JoF, Vol. 52, S. 1131–1150.

Laux, Christian/Leuz, Christian (2010), Did Fair Value Accounting Contribute to the Financial Crisis?, in: JEP, Vol. 24, S. 93–118.

Laux, Christian/Leuz, Christian (2009), The Crisis of Fair Value Accounting: Making Sense of the Recent Debate, in: AOS, Vol. 34, S. 826–834.

Leftwich, Richard (1983), Accounting Information in Private Markets: Evidence from Private Lending Agreements, in: AR, Vol. 58, S. 23–42.

Leitner-Hanetseder, Susanne/Rebhan, Elisabeth (2012), Praxis der Goodwill-Bilanzierung der DAX-30-Unternehmen, in: IRZ, 7. Jg., S. 157–162.

Leuz, Christian (2003), Auslandslisting und Offenlegung: Chancen und Probleme empirischer Rechnungswesenforschung, in: BFuP, 55. Jg., S. 623–636.

Leuz, Christian/Verrecchia, Robert E. (2000), The Economic Consequences of Increased Disclosure, in: JAR, Vol. 38, Supplement, S. 91–124.

Levitt, Arthur (1998), The Importance of High Quality Accounting Standards, in: AH, Vol. 12, S. 79–82.

Li, Siqi (2010), Does Mandatory Adoption of International Financial Reporting Standards in the European Union Reduce the Cost of Equity Capital?, in: AR, Vol. 85, S. 607–636.

Libby, Robert/Bloomfield, Robert/Nelson, Mark W. (2002), Experimental research in financial accounting, in: AOS, Vol. 27, S. 775–810.

Lindemann, Jens (2006), Kapitalmarktrelevanz der Rechnungslegung – Konzepte, Methodik und Ergebnisse empirischer Forschung, in: ZfB, 76. Jg., S. 967–1003.

Lintner, John L. (1965), Security Prices, Risk, and Maximal Gains from Diversification, in: JoF, Vol. 20, S. 587–615.

Lobo, Gerald J./Zhou, Jian (2006), Did Conservatism in Financial Reporting Increase after the Sarbanes-Oxley Act? Initial Evidence, in: AH, Vol. 20, S. 57–73.

Lücke, Wolfgang (1955), Investitionsrechnungen auf Grundlage von Ausgaben oder Kosten?, in: Zfhf, 7. Jg., S. 310–324.

Lüdenbach, Norbert/Prusaczyk, Peter (2004a), Bilanzierung von Kundenbeziehungen in der Abgrenzung zu Marken und Goodwill, in: KoR, 4. Jg., S. 204–214.

Mahlstedt, Dirk (2008), IFRS und Bilanzrating, Lohmar/Köln.

Maijoor, Steven (2012), Developments in European Financial Reporting Regulation and Enforcement, London, 12. November 2012, http://www.esma.europa.eu/system/files/2012-731.pdf (Stand: 23. November 2012).

Malkiel, Burton G. (1979), The Capital Formation Problem in the United States, in: JoF, Vol. 34, Papers and Proceedings, S. 291–306.

Mandl, Gerwald (2005), Zur Berücksichtigung des Risikos bei Ermittlung des Nutzungswertes gemäß IAS 36: Darstellung und Kritik, in: Schneider, Dieter/Rückle, Dieter/Küpper, Hans-Ulrich/Wagner, Franz W. (Hrsg.), Kritisches zu Rechnungslegung und Unternehmensbesteuerung: Festschrift zur Vollendung des 65. Lebensjahres von Theodor Siegel, Berlin, S. 139–159.

Marten, Kai-Uwe/Schlereth, Dieter/Crampton, Adrian/Köhler, Annette G. (2002), Rechnungslegung nach IAS – Nutzeneffekte aus Sicht von Eigenkapitalgebern, in: BB, 57. Jg., S. 2007–2012.

Matena, Sonja (2004), Bilanzielle Vermögenszurechnung nach IFRS – Konzept und Analyse der Zurechnung von Vermögenswerten zum bilanziellen Vermögen von Unternehmen, Düsseldorf.

Merkt, Hanno (2006), IFRS und die Folgen für den Kapitalschutz im Gesellschaftsrecht, in: Börsig, Clemens/Wagenhofer, Alfred (Hrsg.), IFRS in Rechnungswesen und Controlling, Stuttgart, S. 89–109.

Mißler, Peter/Duhr, Andreas (2012), Neufassung der Regelungen zum Konsolidierungskreis gemäß IFRS 10, IFRS 11 und IFRS 12, in: Küting, Karlheinz/Pfitzer, Norbert/Weber, Claus-Peter (Hrsg.), Brennpunkte der Bilanzierungspraxis nach IFRS und HGB, Stuttgart, S. 9–36.

Modigliani, Franco/Miller, Merton H. (1958), The Cost of Capital, Corporation Finance and the Theory of Investment, in: AER, Vol. 48, S. 261–297.

Möller, Hans Peter/Hüfner, Bernd (2002), Zur Bedeutung der Rechnungslegung für den deutschen Aktienmarkt – Begründung, Messprobleme und Erkenntnisses empirischer Forschung, in: Seicht, Gerhard (Hrsg.), Jahrbuch für Controlling und Rechnungswesen 2002, Wien, S. 405–462.

Möller, Hans Peter/Hüfner, Bernd/Kavermann, Markus (2004), Zur Aktienmarktwirkung „international anerkannter" Rechnungslegung in Deutschland, in: Wildemann, Horst (Hrsg.), Personal und Organisation, Festschrift für Rolf Bühner, München, S. 817–843.

Mossin, Jan (1966), Equilibrium in a Capital Asset Market, in: Econ, Vol. 34, S. 768–783.

Moxter, Adolf (2009), IFRS als Auslegungshilfe für handelsrechtliche GoB?, in: WPg, 62. Jg., S. 7–12.

Moxter, Adolf (2003), Grundsätze ordnungsgemäßer Rechnungslegung, Düsseldorf.

Moxter, Adolf (2000), Rechnungslegungsmythen, in: BB, 55. Jg., S. 2143–2149.

Moxter, Adolf (1999), Rückstellungen nach IAS: Abweichungen vom geltenden Handelsrecht, in: BB, 54. Jg., S. 519–527.

Moxter, Adolf (1984), Bilanzlehre, Bd. I: Einführung in die Bilanztheorie, 3. Aufl., Wiesbaden.

Moxter, Adolf (1983), Grundsätze ordnungsmäßiger Unternehmensbewertung, 2. Aufl., Wiesbaden.

Moxter, Adolf (1982), Betriebswirtschaftliche Gewinnermittlung, Tübingen.

Moxter, Adolf (1974), Bilanzlehre, 1. Aufl., Wiesbaden.

Müller, Stefan/Reinke, Jens (2010), Parameter bei der Bestimmung von Wertminderungen nach IAS 36: Eine empirische Analyse mit Blick auf Angabepflichten und abschlusspolitische Auswirkungen auf der Basis der im DAX, MDAX und SDAX notierten Unternehmen, in: KoR, 10. Jg., S. 23–32.

Müller, Stefan/Wobbe, Christian/Reinke, Jens (2008), Empirische Analyse der Bilanzierung des Sachanlagevermögens nach IFRS: Eine Analyse der Ansatz-, Bewertungs- und Ausweisentscheidungen der DAX-, MDAX- und SDAX-Unternehmen, in: KoR, 8. Jg., S. 630–640.

Niedermühlbichler, Hannes (1998), Verfahren vor dem EuG und EuGH, Wien.

Niehus, Rudolf J. (1979), Bemühungen des FASB um Grundsatzgutachten, in: WPg, 32. Jg., S. 207–208.

Niehus, Rudolf J./Thyll, Alfred (2000), Konzernabschluss nach US-GAAP – Grundlagen und Gegenüberstellung mit den deutschen Vorschriften, 2. Aufl., Stuttgart.

Nobes, Christopher W. (2005), Rules-Based Standards and the Lack of Principles in Accounting, in: AH, Vol. 19, S. 25–34.

Oehler, Ralph (2006), Auswirkungen einer IFRS-Umstellung auf das Kreditrating mittelständischer Unternehmen, in: DB, 58. Jg., S. 113–119.

Ohlson, James A. (1995), Earnings, Book Values, and Dividends in Equity Valuation, in: CAR, Vol. 11, S. 661–687.

Ohlson, James A./Penman, Stephen H./Biondi, Yuri/Bloomfield, Robert J./Glover, Jonathan C./Jamal, Karim/Tsujiyama, Eiko (2012), American Accounting Association's Financial Accounting Standards Committee (AAA FASC), Accounting for Revenues: A Framework for Standard Setting, in: AH, Vol. 25, S. 577–592.

Ordelheide, Dieter (1998), Bedeutung und Wahrung des Kongruenzprinzips („clean surplus") im internationalen Rechnungswesen, in: Matschke, Manfred Jürgen/Schildbach, Thomas (Hrsg.), Unternehmensberatung und Wirtschaftsprüfung, Festschrift für Günter Sieben, Stuttgart, S. 515–530.

Ordelheide, Dieter (1987), Konzernerfolgskonzeptionen und Risikokoordination, in: zfbf, 39. Jg., S. 975–986.

Paarz, Roland (2011), Einfluss der Rechnungslegung auf Finanzanalysten – Eine empirische Analyse von Prognosegenauigkeit und Bewertungsverfahren von Finanzanalysten in Deutschland, Frankfurt am Main.

Pellens, Bernhard/Crasselt, Nils (1999), Virtuelle Aktienoptionsprogramme im Jahresabschluss, in: WPg, 52. Jg., S. 765–772.

Pellens, Bernhard/Epstein, Rolf/Barth, Daniela/Ruhwedel, Peter/Sellhorn, Thorsten (2005), Goodwill Impairment Test – ein empirischer Vergleich der IFRS- und US-GAAP-Bilanzierer im deutschen Prime Standard, in: BB, 60. Jg., BB-Special 10, S. 10–18.

Pellens, Bernhard/Fülbier, Rolf U./Gassen, Joachim/Sellhorn, Thorsten (2011), Internationale Rechnungslegung, 8. Aufl., Stuttgart.

Pellens, Bernhard/Jödicke, Dirk/Richard, Marc (2005), Solvenztests als Alternative zur bilanziellen Kapitalerhaltung?, in: DB, 58. Jg., S. 1393–1401.

Pellens, Bernhard/Sellhorn, Thorsten (2001), Neue Goodwill-Bilanzierung nach US-GAAP, in: DB, 54. Jg., S. 713–720.

Penman, Stephen H. (2003), The Quality of Financial Statements: Perspectives from the Recent Stock Market Bubble, in: AH, Vol. 17, Supplement, S. 77–96.

Pilhofer, Jochen (2002), Umsatz- und Gewinnrealisation im internationalen Vergleich – Bilanzpolitische Gestaltungsmöglichkeiten nach HGB, US-GAAP und IFRS, Herne und Berlin.

Plock, Marcus (2004), Ertragsrealisation nach International Financial Reporting Standards (IFRS), Düsseldorf.

Pottgießer, Gaby/Velte, Patrick/Weber, Stefan C. (2005), Ermessensspielräume im Rahmen des Impairment-Only-Approach – Eine kritische Analyse zur Folgebewertung des derivativen Geschäfts- oder Firmenwerts (Goodwill) nach IFRS 3 und IAS 36 (rev. 2004), in: DStR, 43. Jg., S. 1748–1752.

Prasse, Silvia (2009), Kapitel V – IFRS für KMU, in: Baetge, Jörg et al. (Hrsg.), Rechnungslegung nach IFRS, 2. Aufl., Stuttgart 2002, Stand: Dezember 2009.

Preinreich, G.A.D. (1938), Annual Study of Economic Theory: The Theory of Depreciation, in: Econ, Vol. 6, S. 219–241.

Preißler, Gerald (2005), Prinzipienbasierung der Rechnungslegung nach IAS/IFRS?, Frankfurt am Main.

Preißler, Gerald (2002), „Prinzipienbasierung" der IAS?, in: DB, 55. Jg., S. 2389–2395.

Qin, Sigang (2005), Bilanzierung des Excess nach IFRS 3, Düsseldorf.

Rammert, Stefan (2005), Steuerlatenz im IFRS-Abschluss – Gestaltung und Analyse, in: PiR, 1. Jg., S. 7–13.

Rammert, Stefan/Thies, Angelika (2009), Mit dem Bilanzrechtsmodernisierungsgesetz zurück in die Zukunft – was wird aus Kapitalerhaltung und Besteuerung?, in: WPg, 62. Jg., S. 34–46.

Reese, Raimo (2007), Schätzung von Eigenkapitalkosten für die Unternehmensbewertung, Frankfurt am Main.

Rogler, Silvia/Straub, Sandro Veit/Tettenborn, Martin (2012), Bedeutung des Goodwill in der Bilanzierungspraxis deutscher kapitalmarktorientierter Unternehmen, in: KoR, 12. Jg., S. 343–351.

Rudolph, Bernd (2011), Hintergründe und Verlauf der internationalen Finanzkrise 2008, in: Bähr, Johannes/Rudolph, Bernd, 1931 Finanzkrisen 2008, München, Zürich, S. 143–241.

Rudolph, Bernd (2008), Lehren aus den Ursachen und dem Verlauf der internationalen Finanzkrise, in: zfbf, 60. Jg., S. 713–741.

Ryan, S.G. (2008), Accounting in and for the Subprime Crisis, in: AR, Vol. 83, S. 1605–1638.

Saelzle, Rainer/Kronner, Markus (2004), Die Informationsfunktion des Jahresabschlusses – dargestellt am sog. „impairment-only-Ansatz", in: Wirtschaftsprüfung und Zeitgeist, WPg, Sonderheft 2004, Prof. Dr. Dr. h.c. mult. Adolf Moxter zum 75. Geburtstag, S. S154–S165.

Scheffler, Eberhard (2006), Eigenkapital im Jahres- und Konzernabschluss nach IFRS – Abgrenzung, Konsolidierung, Veränderung, München.

Schildbach, Thomas (2012), Fair value accounting und Information des Markts, in: zfbf, 64. Jg., S. 522–535.

Schildbach, Thomas (2011), Information des Kapitalmarkts mithilfe der fair value-Statik: „fair is foul and foul is fair", in: IRZ, 6. Jg., S. 71–77.

Schildbach, Thomas (2010), Fair Value – Leitstern für Wege ins Abseits, in: DStR, 48. Jg., S. 69–76.

Schildbach, Thomas (2008), Was bringt die Lockerung der IFRS für Finanzinstrumente?, in: DStR, 46. Jg., S. 2381–2385.

Schildbach, Thomas (2005), Das System der IAS/IFRS in der EU: Charakter und Probleme, in: Schneider, Dieter/Rückle, Dieter/Küpper, Hans-Ulrich/Wagner, Franz W. (Hrsg.), Kritisches zu Rechnungslegung und Unternehmensbesteuerung, Festschrift zur Vollendung des 65. Lebensjahres von Theodor Siegel, Berlin, S. 45–63.

Schildbach, Thomas (2004), Rechnungslegung im Spannungsfeld zweier Kulturen der Regulierung, in: STH, 78. Jg., S. 159–172.

Schildbach, Thomas (2003a), Prinzipienorientierung – wirksamer Schutz gegen Enronitis?, in: BFuP, 55. Jg., S. 247–266.

Schildbach, Thomas (2003b), Personalaufwand aus Managerentlohnung mittels realer Aktienoptionen – Reform der IAS im Interesse besserer Informationen?, in: DB, 17. Jg., S. 893–898.

Schildbach, Thomas (2002), US-GAAP, 2. Aufl., München.

Schildbach, Thomas (1999), Zeitbewertung, Gewinnkonzeption und Informationsgehalt – Stellungnahme zu „Financial Assets and Liabilities – Fair Value or Historical Cost?", in: WPg, 52. Jg., S. 177–185.

Schimansky, Alexander (Hrsg.) (2004), Der Wert der Marke, München.

Schmalenbach, E(ugen) (1939), Dynamische Bilanz, 7. Aufl., Leipzig.

Schmalenbach, E(ugen) (1926), Dynamische Bilanz, 4. Aufl., Leipzig.

Schmidt, Martin (2006), Der Bewertungsmaßstab bei erstmaliger Erfassung – Das IASB-Diskussionspapier, in: KoR, 6. Jg., S. 65–75.

Schmidt, Reinhard H./Maßmann, Jens (1999), Drei Missverständnisse zum Thema „Shareholder Value", in: Kumar, Brij N./Osterloh, Margit/Schreyögg, Georg (Hrsg.), Unternehmensethik und die Transformation des Wettbewerbs, Festschrift für Horst Steinmann, Stuttgart, S. 125–157.

Schmidt, Reinhard H./Terberger, Eva (2006), Grundzüge der Investitions- und Finanzierungstheorie, 4. Aufl., Wiesbaden.

Schneider, Dieter (1997), Betriebswirtschaftslehre, Band 2: Rechnungswesen, 2. Aufl., München.

Schneider, Dieter (1983), Betriebswirtschaftliche Gewinnermittlung oder ökonomische Analyse des Bilanzrechts?, in: zfbf, 35. Jg., S. 1040–1065.

Schultze, Wolfgang (2005), The Information Content of Goodwill-Impairments under FAS 142: Implications for External Analysis and Internal Control, in: sbr, Vol. 57, S. 276–297.

Schultze, Wolfgang/Hirsch, Cathrin (2005), Unternehmenswertsteigerung durch wertorientiertes Controlling – Goodwillbilanzierung in der Unternehmenssteuerung, München.

Schulze-Osterloh, Joachim (2003), Internationale Rechnungslegung für den Einzelabschluss und für Unternehmen, die den öffentlichen Kapitalmarkt nicht in Anspruch nehmen, in: ZIP, 24. Jg., S. 93–101.

Securities and Exchange Commission (2012), Work Plan for the Consideration of Incorporating International Financial Reporting Standards into the Financial Reporting System for U.S. Issuers, Final Staff Report, July 12, 2012; http://www.sec.gov/spotlight/globalaccountingstandards/ifrs-work-plan-final-report.pdf (Stand: 21. Dezember 2012).

Securities and Exchange Commission (2008a), Roadmap for the Potential Use of Financial Statements Prepared in Accordance With International Financial Reporting Standards by U.S. Issuers; Proposed Rule vom 21. Nov. 2008; http://www.sec.gov/rules/proposed/2008/33-8982fr.pdf (Stand: 21. Dezember 2012).

Securities and Exchange Commission (2008b), SEC Office of the Chief Accountant and FASB Staff, Clarifications on Fair Value Accounting, Washington D.C.

Securities and Exchange Commission (2007), Acceptance From Foreign Private Issuers of Financial Statements Prepared in Accordance With International Financial Reporting Standards Without Reconciliation to U.S. GAAP; Proposed Rule vom 11. Juli 2007; http://www.sec.gov/rules/proposed/2007/33-8818fr.pdf (Stand: 21. Dezember 2012).

Securities and Exchange Commission (2003), Report on the Role and Function of Credit Rating Agencies in the Operation of the Securities Markets, Stand: 1. Januar 2003, http://www.sec.gov/news/studies/credratingreport0103.pdf (Stand: 21. Dezember 2012).

Sharpe, William F. (1970), Portfolio Theory and Capital Markets, New York.

Sharpe, William F. (1964), Capital Asset Prices: A Theory of Market Equilibrium under Conditions of Risk, in: JoF, Vol. 19, S. 425–442.

Streim, Hannes (2000), Die Vermittlung von entscheidungsnützlichen Informationen durch Bilanz und GuV – Ein nicht einlösbares Versprechen der internationalen Standardsetter, in: BFuP, 52. Jg., S. 111–131.

Streim, Hannes/Bieker, Marcus/Esser, Maik (2003), Vermittlung entscheidungsnützlicher Informationen durch Fair Values – Sackgasse oder Licht am Horizont?, in: BFuP, 55. Jg., S. 457–479.

Sunder, Shyam (2002), Regulatory competition for low cost-of-capital accounting rules, in: JAPP, Vol. 21, S. 147–149.

Swartz, Mimi/Watkins, Sherron (2003), Power Failure – The Inside Story of the Collapse of ENRON, New York u. a.

Tan, Hongping/Wang, Shiheng/Welker, Michael (2011), Analyst Following and Forecast Accuracy After Mandated IFRS Adoptions, in: JAR, Vol. 49, S. 1307–1357.

Tweedie, David (2002), Statement of Sir David Tweedie, Chairman, International Accounting Standards Board before the Committee on Banking, Housing and Urban Affairs of the United States Senate, Washington, D.C., February 14, 2002, http://www.iasb.org/uploaded_files/documents/8_129_020214-dpt.pdf (Stand: 25. April 2004).

Van der Meulen, Sofie/Gaeremynck, Ann/Willekens, Marleen (2007), Attribute differences between U.S. GAAP and IFRS earnings – An Explanatory Study, in: TIJA, Vol. 42, S. 123–142.

Van Tendeloo, Brenda/Vanstraelen, Ann (2005), Earnings Management under German GAAP versus IFRS, in: EAR, Vol. 14, S. 155–180.

von Keitz, Isabel (2005), Praxis der IASB-Rechnungslegung, 2. Aufl., Stuttgart.

Vorstius, Sven (2004), Die Wertrelevanz von Jahresabschlussdaten – Eine theoretische und empirische Betrachtung von Wertrelevanz im Zeitverlauf in Deutschland, Wiesbaden.

Wagenhofer, Alfred (2009), Internationale Rechnungslegungsstandards – IAS/IFRS, 6. Aufl., München.

Wagner, Franz W. (1984), Periodenabgrenzung als Prognoseverfahren – Konzeption und Anwendungsbereich der „einkommensapproximativen Bilanzierung", in: Ballwieser, Wolfgang/Böcking, Hans Joachim/Drukarczyk, Jochen/Schmidt, Reinhard H. (Hrsg.), Bilanzrecht und Kapitalmarkt, Festschrift für Adolf Moxter, Düsseldorf, S. 1175–1197.

Währisch, Mark (2001), The Evolution of International Accounting Systems, Frankfurt am Main.

Watts, Ross L. (2003), Conservatism in Accounting, Part I: Explanations and Implications, in: AH, Vol. 17, S. 207–221.

Welker, Michael (1995), Disclosure Policy, Information Asymmetry, and Liquidity in Equity Markets, in: CAR, Vol. 11, S. 801–827.

White, Gerald I./Sondhi, Ashwinpaul C./Fried, Dov (2006), The Analysis and Use of Financial Statements, 3. Aufl., Hoboken, N.J.

Witzleben, Annette (2013), Anreiz- und Entscheidungsnützlichkeit der bedingten Vorsicht, Frankfurt am Main.

Wollmert, Peter (2012), Neue Wege der Gewinnrealisierung nach IFRS, in: Küting, Karlheinz/Pfitzer, Norbert/Weber, Claus-Peter (Hrsg.), Brennpunkte der Bilanzierungspraxis nach IFRS und HGB, Stuttgart, S. 73–97.

Wolz, Matthias (2005), Grundzüge der internationalen Rechnungslegung nach IFRS: Umstellung einer Rechnungslegung von HGB auf IFRS, München.

Wüstemann, Jens (1999), Generally Accepted Accounting Principles, Zur Bedeutung und Systembildung der Rechnungslegungsregeln der USA, Berlin.

Wüstemann, Jens/Kierzek, Sonja (2005), Ertragsvereinnahmung im neuen Referenzrahmen von IASB und FASB – internationaler Abschied vom Realisationsprinzip?, in: BB, 60. Jg., S. 427–434.

Wüstemann, Jens/Wüstemann, Sonja (2011), Exposure Draft ED/2011/6 „Revenue from Contracts with Customers" – Überarbeitung als Kompromiss, in: BB, 66. Jg., S. 3117–3119.

Zelger, Hansjörg (2008), Purchase Price Allocation nach IFRS und US-GAAP, in: Ballwieser, Wolfgang/Beyer, Sven/Zelger, Hansjörg (Hrsg.), Unternehmenskauf nach IFRS und US-GAAP – Purchase Price Allocation, Goodwill und Impairment-Test, 2. Aufl., Stuttgart, S. 101–150.

Zwirner, Christian (2009), Finanzkrise – Auswirkungen auf die Rechnungslegung, in DB, 62. Jg., S. 353–356.

Stichwortverzeichnis

A
Abgegrenzte Schulden 80, 85
Abzinsung 60, 111, 133
accruals 80, 85
Adressaten 9, 16, 20f., 25, 32, 48, 162, 213, 240
Aktien 36, 68, 96, 115, 225ff.
Aktienoptionen 68, 114f., 138
aktiver Markt 99ff., 129f.
Amortisation 94
Anhang 51, 142, 149f., 153, 158
Anschaffungs- und Herstellungskosten 38, 91f., 95, 97, 103ff., 140, 235
Anwartschaftsbarwertverfahren 113
assets and liabilities approach 27, 33, 237, 242
assoziiertes Unternehmen 142, 166, 169, 209f.
Aufwand 76, 85, 109, 115, 120, 122, 132, 138, 141, 143, 146, 167f.
Aufwandskonsolidierung 167, 171, 173, 199

B
Barwert 36, 39, 59ff., 64, 91ff., 96, 110ff., 125, 135, 137, 202f., 207
Barwertidentität 138
Beherrschung 75, 166, 168f., 176, 182, 184, 209
Beizulegender Zeitwert 26f., 67, 70f., 73f., 81, 87, 91ff., 95, 97, 99ff., 106f., 110, 115ff., 122, 126f., 129, 132ff., 139f., 182ff., 189f., 193, 201f., 207f., 211f., 235, 237f., 242ff.
bestmögliche Schätzung 83, 111, 115, 132, 140
Beteiligung 166, 168, 170f., 175, 181, 209f.
Bewertungsverfahren 191, 202
Bilanz 21, 38, 42f., 45, 47ff., 51, 60ff., 64, 78, 86, 149, 152, 158, 174, 179
Bilanzposten 35, 52, 152, 179

Bild der Vermögens-, Finanz- und Ertragslage 162, 172
Börsenkapitalisierung 36, 229f.

C
Capital Asset Pricing Model (CAPM) 203, 226f.
Cash Flow 73, 151f., 159, 179, 202ff.
cash generating unit 201, 203
clean surplus accounting 137, 230
Comprehensive Income 44f.

D
Derivat 27, 69f., 81, 237
Deutsche Prüfstelle für Rechnungslegung (DPR) 1, 9, 240
Diskontierung 113, 137, 230
Durchsetzung 9, 228, 240

E
Effektivvermögen 35f., 39, 46
Effektivzins 113, 127
Effektivzinsmethode 64, 94, 126f., 132, 145
Eigenkapital 30, 46ff., 50, 79, 86ff., 98, 115, 120f., 126f., 129, 135, 138, 140, 148, 171, 173f., 179, 181, 199, 211, 238, 241
Eigenkapitalgeber 214
Eigenkapitalkosten 19, 204ff., 213, 227ff.
Eigenkapitalveränderungsrechnung 45, 149f., 152, 158
Einheitstheorie 172ff.
Einzelbewertung 35ff.
Einzelverwertbarkeit 186, 212, 238
Endorsement 4
Enforcement 1, 9, 240
Entkonsolidierung 168
Entscheidungsnützlichkeit 15, 18f., 21f., 46, 102, 136, 140, 198, 235f.
Entscheidungsrelevanz 16, 134f., 198
Entscheidungsunterstützung 12, 15, 32, 137
Equity-Bewertung 209

Equity-Methode 48f., 142, 166, 210
Erfüllungsbetrag 91f., 94, 96, 110f., 132, 140
Erstkonsolidierung 168, 181ff.
Ertrag 46, 53, 120, 143f., 146, 167f., 182, 210f., 230
Ertragskonsolidierung 167, 171, 173, 199
Ertragslage 22, 30, 159, 171, 173, 178
Ertragsvereinnahmung 25, 29, 242
Ertragswert 36
Erwartungswert 83f., 111, 115, 203, 236
Erwerbsmethode 169, 182, 185, 210f.
Erwerbszeitpunkt 182ff.
Eventualschulden 80, 183, 188f., 236
Ex-ante-Modelle 229

F
fair value 27f., 133ff.
Fair-value-Option 26f., 237
Feinheitstheorem 21
Fertigungsaufträge 77, 85, 98, 109f.
Finanzanalysten 20, 223f., 229, 232
finanzielle Verbindlichkeiten 80f., 132
Finanzielle Vermögenswerte 26, 49, 67ff., 81, 88, 93f., 126, 129
Finanzierungsleasing 58ff., 88
Finanzinstrumente 27ff., 33, 67f., 70ff., 77, 80f., 86f., 97ff., 126, 128f., 134, 140, 237
Finanzlage 50, 159, 171, 173, 178
Folgebewertung 28, 36, 54, 88, 91f., 94f., 97, 116, 126, 129f., 132, 139f., 189
Folgekonsolidierung 168, 210
Forderungen 37, 49, 68ff., 126, 180, 199, 202
Fortführungsvermögen 35f., 46
Fortgeführte Anschaffungskosten 91ff., 116f., 140
Free Cash Flow 204
Fremdwährungsumrechnung 139, 172ff., 176, 178
Full-Goodwill-Methode 192ff., 239

G
Gebäude 21, 38, 56, 63, 116, 119, 183
Geld-Brief-Spanne 217, 225f.
Gemeinschaftsunternehmen 69, 166, 168f., 210

Generalklausel 159, 161
Gesamtbewertung 36
Gesamtkostenverfahren 141, 200
Geschäfts- oder Firmenwert 30, 75, 175, 181ff., 185, 187f., 195f., 198, 208, 210, 212
Gewinn 22, 27f., 35, 38f., 42, 44ff., 78, 87, 127, 138, 141ff., 171, 181, 230, 236ff., 241
Gewinnkonzept 18, 42, 44, 46
Gewinnrealisationsrisiko 171
Gewinn- und Verlustrechnung 21, 45f., 65, 74, 89, 105, 138, 141ff., 148, 200
Glaubwürdige Darstellung 15ff., 19, 24, 32, 42, 46, 65, 198, 235
Gliederungskriterien 52
Goodwill 54, 173ff., 183, 187f., 192ff., 198, 200f., 206ff., 212, 237
Grundstücke 21, 38, 56, 63, 116

H
Herstellungskosten 91f., 95, 97, 103ff., 140

I
Identifizierbarkeit 74, 185, 188, 212
immaterielle Anlagewerte 28, 74f., 129, 213
Impairmenttest 201, 208
Informationsasymmetrie 217f., 223, 225ff., 234
Interessentheorie 172ff.
Investoren 12f., 15, 19, 208, 225, 227f.

J
Joint Venture 152, 166, 169

K
Kapitalflussrechnung 149, 151f.
Kapitalkonsolidierung 69, 167f., 171, 175, 181ff., 211
Kapitalkosten 204f., 214
Kapitalmarkt 19, 32, 100, 213
Kaufpreisaufteilung 183, 212
Kongruenzprinzip 137f., 140, 143, 230
Konsolidierung 164, 166f., 177, 199, 210
Konsolidierungskreis 176
Konvergenz 241, 243
Konvergenzprojekt 2ff., 241

Stichwortverzeichnis 269

Konzernabschluss 1, 5, 10, 13, 139, 163 ff., 169 ff., 175 ff., 198 f., 211

L
Langfristfertigung 110
latente Steuern 42, 50 f., 96, 98 f., 174
Lieferungen und Leistungen 49 f., 86, 132, 180, 199 f.
Liquidität 48, 88, 100, 225
Lücke-Theorem 138

M
Managementansatz 237 f., 244
management approach 195, 212
Management Commentary 157
Marken 191 f.
Markenbewertung 191
Marktliquidität 225 f.
Marktmodell 226
mark-to-market 100
mark-to-model 100
Marktpreisvermögen 35, 37
matching principle 146
Minderheit 165, 173 f., 192
Modalwert 111, 115, 203
Mutterunternehmen 158, 163 ff., 168 ff., 211

N
negativer Unterschiedsbetrag 182
Nettoveräußerungswert 91 f., 95, 131, 235
Neubewertungsmethode 117, 126, 130
Nutzenabfluss 61, 79, 88
Nutzenzufluss 43, 47, 52 f., 61, 75, 88
Nützlichkeit 16
Nutzungswert 38, 91 f., 94 ff., 125, 139, 201 f., 205 ff., 212

O
öffentliche Rechenschaftspflicht 13
Operating-Leasingverhältnis 58 ff., 62 ff., 88
Operationalität 22

P
Parent-Company-Konzept 174
Performance Reporting 243
Periodenabgrenzung 25, 47
Phasenmodell 203
piecemeal engineering 242, 244

planmäßige Abschreibungen 116, 124, 141 f.
Preisänderungsrisiko 227
Prinzip 23, 32, 98, 153
Prinzipien 22 ff., 26 f.
Prognoseeignung 21, 215, 218 f., 234

Q
quotale Konsolidierung 169

R
Rahmenkonzept 4, 15 f., 21, 24 ff., 32 f., 42 ff., 46 ff., 52, 54, 71, 79, 82, 86, 91, 93 f., 96, 98, 110, 143 f., 158, 189, 235 ff., 242, 244
Ratingagenturen 20
Realisation 49, 84, 144
Recycling 138
Relevanz 16 ff., 26 f., 38, 42, 133, 136, 161, 198, 235 f.
Residualgewinn 230
Risiko 102, 111, 227, 231
Risikozuschlagsmethode 202
Rücklagen 50, 87
Rückstellungen 50, 80, 82, 84 ff., 99, 110 f., 132, 199, 235 f., 243
Rumpfgeschäftsjahr 152

S
Sachanlagen 49, 51, 55 ff., 67, 104 f., 107 f., 116 f., 120 ff., 124 f., 129, 140
Schätzung 82 f., 101 f., 109, 111, 115, 123 f., 132, 134 f., 140
Schenkung 58, 98
Schulden 27 f., 36 ff., 42 f., 47 ff., 60 ff., 79 f., 82, 84 ff., 88 f., 92 ff., 96, 99, 110, 134 f., 139 f., 157, 164 ff., 171 ff., 179, 181 ff., 189 f., 195, 199, 210 f., 236, 250
Schuldenkonsolidierung 167, 175, 199
Segmentbericht 149, 158
Segmente 116, 154 f., 157
Separierbarkeit 186, 188, 212
Sicherheitsäquivalentmethode 202
Spezialleasing 59
Stetigkeitsprinzip 196
Steuerabgrenzung 168
Steuern 89, 96, 111, 121, 127 f., 173, 202, 204 f.
Steuerwert 78, 86, 96
Stichtag 153, 167, 172, 211
Stichtagskursmethode 179
Stichtagsprinzip 113

stille Lasten 184
stille Reserven 183 f.
Summenabschluss 167, 171
Summenidentität 138
Synergien 133, 196 f.
Systemgeschlossenheit 241 f.
Systemgrundsätze 42

T
Tageswert 91, 94, 96, 115, 139
Tausch 49, 105, 107
Tochterunternehmen 152, 163, 165 f., 168 ff., 173 ff., 179, 181, 209, 211

U
Umklassifikation 128
Umsatzerlöse 40, 43, 141 f., 144 ff., 155 f.
Umsatzkostenverfahren 142, 200
Umsatzrealisierung 3, 146, 148
Unternehmensfortführung 26, 32, 35, 42, 124

V
Veräußerungswert 91 f., 95
Verbindlichkeiten 50 f., 67 f., 80 f., 86, 93 f., 98, 101, 110, 114 f., 132
Verfügungsmacht 42 f., 47, 52 f., 61, 88, 144, 147 f., 174
Vergleichbarkeit 1, 9 f., 24, 32, 42, 198, 237, 240
Verlässlichkeit 18, 26, 36, 38 f., 54, 102, 235
Verlust 109, 127, 176, 181
Vermögens-, Finanz- und Ertragslage 22, 159, 162, 172, 178
Vermögenswert 28 ff., 40, 43, 47 ff., 54 ff., 68 ff., 73 ff., 85 f., 88 f., 92 ff., 116 f., 125 ff., 129 f., 134 f., 139 f., 142 ff., 146, 155, 157, 163, 165 f., 171 ff., 179, 181 ff., 190 f., 193, 195 f., 198 f., 210 ff., 238
Verständlichkeit 9 f., 22, 25, 32
Vertrag 62, 68, 75, 77, 79, 81, 85 f., 88, 109, 146, 186
Volatilität 226
Vollausschüttungshypothese 204

Vollkonsolidierung 166, 178, 181
Vollständigkeit 16, 22
Vollständigkeitsprinzip 176
Vorräte 49, 51, 77, 104, 108, 131 f., 235
Vorratsvermögen 122

W
Wahlrecht 76, 238
Wahrscheinlichkeit 53, 79, 82, 84, 134, 145, 189, 198, 235
Währung 106, 113, 167, 173, 178 ff., 203
Weiterveräußerung 176
Werthaltigkeitstest 125, 127, 168, 194, 200 f., 238
Wertkategorien 36, 42, 91 f., 94, 96 f.
Wertminderungsaufwand 85, 201, 207
Wertminderungstest 212, 237
Wesentlichkeit 17, 32, 48, 106, 111
Widerspruchsfreiheit 22, 235
wirtschaftliche Betrachtungsweise 52, 58, 73, 88
wirtschaftliche Einheit 154, 163, 172, 199, 211
wirtschaftlicher Eigentümer 63

Z
Zahlungsmittel 49 ff., 95, 151 f.
Zahlungsmitteläquivalente 49 ff., 95, 151 f.
zahlungsmittelgenerierende Einheiten 125, 194, 198, 201, 212, 238
Zeitbezugsmethode 173, 176, 179 f.
Zeiteffekt 36, 111, 204
Zeitnähe 25, 217, 221, 234
Zeitwertbilanzierung 27, 29 ff.
Zerschlagungsvermögen 35
Zins 111, 202 ff.
Zugangsbewertung 36, 54, 91 ff., 95, 97 f., 107, 113, 115, 139
Zuschreibungen 125
Zuverlässigkeit 27, 136, 207, 235 f., 238
Zweckgesellschaft 24, 30, 163, 168 ff., 176
Zwischenergebniseliminierung 200